Die Reihe
„Wahlen in Deutschland“
wird herausgegeben von

Prof. Dr. Hans Rattinger, Universität Mannheim
Prof. Dr. Sigrid Roßteutscher, Universität Frankfurt a.M.
Prof. Dr. Rüdiger Schmitt-Beck, Universität Mannheim
Prof. Dr. Bernhard Weßels, Wissenschaftszentrum Berlin (WZB)

im Auftrag der Deutschen Gesellschaft für Wahlforschung (DGfW)

Band 2

Rüdiger Schmitt-Beck | Hans Rattinger |
Sigrid Roßteutscher | Bernhard Weßels |
Christof Wolf

und

Ina Bieber | Manuela S. Blumenberg | Jan Eric Blumenstiel | Thorsten Faas |
André Förster | Heiko Giebler | Isabella Glogger | Tobias Gummer |
Sascha Huber | Mona Krewel | Patrick Lamers | Jürgen Maier |
Julia Partheymüller | Thomas Plischke | Joss Roßmann | Anne Schäfer |
Philipp Scherer | Markus Steinbrecher | Aiko Wagner | Elena Wiegand

Zwischen Fragmentierung und Konzentration: Die Bundestagswahl 2013

Nomos

Die Deutsche Nationalbibliothek verzeichnet diese Publikation in der Deutschen Nationalbibliografie; detaillierte bibliografische Daten sind im Internet über http://dnb.d-nb.de abrufbar.

ISBN 978-3-8487-0821-5 (Print)
ISBN 978-3-8452-5009-0 (ePDF)

1. Auflage 2014

Vorwort

Auf Basis der in der German Longitudinal Election Study (GLES) erhobenen Daten bietet der vorliegende Band eine umfassende Analyse der Bundestagswahl 2013. Mit dem Instrumentarium der empirischen Sozialforschung dokumentiert und untersucht er ihre Vorgeschichte seit der vorangegangenen Bundestagswahl im Jahr 2009, das Wahlergebnis mit einigen seiner Eigenheiten, das Verhalten der Wähler[1], das zu diesem Wahlergebnis geführt hat, und schließlich die Regierungsbildung. Die Verfasser sind oder waren ausnahmslos innerhalb der GLES tätig, sei es als Projektmitarbeiter oder als Kooperationspartner im Rahmen einzelner Studienkomponenten dieses bislang umfangreichsten Forschungsprojekts der deutschen Wahlforschung. Ihnen allen sei für ihre Bereitschaft gedankt, ihre Beiträge unter großem Druck in einem sehr kurzen Zeitrahmen zu erstellen, dessen Beginn durch die Verfügbarkeit der für die Analysen notwendigen Daten und dessen Ende durch den Wunsch nach einer möglichst raschen Publikation diktiert wurde.

Das GLES-Projekt wäre nicht denkbar ohne umfangreiche Vorarbeiten der Deutschen Gesellschaft für Wahlforschung (DGfW). Diese wissenschaftliche Organisation der an Universitäten und anderen Einrichtungen der Grundlagenforschung verankerten deutschen Wahlforscher wurde 2007 gegründet. Sie hat derzeit rund 60 Mitglieder, die zahlreiche Universitäten und Forschungseinrichtungen repräsentieren (siehe http://www.dgfw.eu). Das erste und wichtigste Ziel der DGfW besteht darin, die deutsche Wahlforschung auf dem Weg zu einer institutionalisierten Deutschen Wahlstudie voranzubringen. Das GLES-Projekt versteht sich als Pilotstudie zu diesem zentralen Teil der Forschungsinfrastruktur der deutschen Sozialwissenschaften. Vermittelt über die Gremien der DGfW erhielt das GLES-Projekt von Beginn an wichtige Impulse aus der wissenschaftlichen Gemeinschaft. Zahlreiche Experten wirkten bei der Vorbereitung und Realisierung der unterschiedlichen Studienteile mit. Den Mitgliedern des Präsidiums der DGfW

1 Rollenbezeichnungen wie diese beziehen sich hier und im Folgenden stets auf weibliche wie männliche Rollenträger/innen gleichermaßen.

gebührt Dank für ihre stete Bereitschaft, als Resonanzboden und Ideengeber für das Projekt zu fungieren. Allen Angehörigen der DGfW ist zu danken für ihre durch die Mitgliedschaft zum Ausdruck gebrachte Unterstützung der GLES, die ihnen als selbstlose Beteiligung an der Erzeugung eines öffentlichen Gutes keinerlei persönliche Vorteile bringt.

Die Verantwortung für die Studie trägt eine Gruppe von Primärforschern, die an mehreren wissenschaftlichen Institutionen tätig sind (den Universitäten Mannheim und Frankfurt, dem Wissenschaftszentrum Berlin sowie GESIS – Leibniz-Institut für Sozialwissenschaften mit den Standorten Mannheim und Köln) und gleichzeitig (mit einer Ausnahme) den Vorstand der DGfW bilden. Projektleiter und DGfW verstehen alle im GLES-Projekt erzeugten Datensätze als öffentliches Gut. Über das GESIS-Datenarchiv werden sie allesamt möglichst rasch nach Abschluss der Datenaufbereitung der wissenschaftlichen Öffentlichkeit für Zwecke eigener Analysen einschränkungslos zur Verfügung gestellt (siehe http://www.gesis.org/wahlen/gles/). GESIS unterstützt das Projekt mit eigenen Ressourcen und macht sich dadurch in höchstem Maße um die deutsche und internationale Wahlforschung verdient. Dank ist insbesondere aber auch der Deutschen Forschungsgemeinschaft auszusprechen, ohne deren Förderung im Rahmen ihres Langfristprogramms das GLES-Projekt nie zustande gekommen wäre.

Dankenswerterweise hat sich der Nomos-Verlag bereit erklärt, zusammen mit den ursprünglich vier und seit der zweiten Projektphase fünf Primärforschern der GLES eine Buchreihe aufzulegen, die im Auftrag der DGfW herausgegeben wird und ab 2009 zu jeder Bundestagswahl eine umfassende empirische Analyse zur Verfügung stellt. Der zweite Band dieser Reihe wird hiermit vorgelegt. Beate Bernstein (Nomos-Verlag) sei großer Dank für ihre großzügige Unterstützung und intensive Betreuung dieser Publikation. Dass die Vorbereitung eines Buchmanuskriptes, an dem 25 Autoren beteiligt sind, zumal dann, wenn sie unter großem Zeitdruck stattfindet, eine besondere logistische Herausforderung darstellt, bedarf keiner weiteren Erläuterung. „Zeitnah" kann man eine Publikation ein Jahr nach der untersuchten Bundestagswahl nicht nennen. Schneller können jedoch Analysen nicht sein, die sich auf gründliche Auswertung eigens mittels komplexer Erhebungsmethoden gesammelter Daten stützen, die überdies zunächst aufwendige Qualitätskontrollen und Aufbereitungsarbeiten durchlaufen müssen. Ohne den unermüdlichen Einsatz von Josephine Hörl und Sascha Huber (Lehrstuhl für Politische Wissenschaft – Politische Soziologie der Universität Mannheim) wäre es nicht gelungen, diese Untersuchung der jüngsten Bundestagswahl so rasch der interessierten Öffentlichkeit zugänglich zu machen. Beiden gebührt großer Dank!

Mannheim, Frankfurt, Berlin
im Juli 2014

Rüdiger Schmitt-Beck
Hans Rattinger
Sigrid Roßteutscher
Bernhard Weßels
Christof Wolf

Inhaltsverzeichnis

1. Einleitung

Rüdiger Schmitt-Beck, Hans Rattinger, Sigrid Roßteutscher, Bernhard Weßels, Christof Wolf

Mit der vorliegenden Publikation legt die German Longitudinal Election Study (GLES) die zweite ausführliche Analyse einer Bundestagswahl vor. Aus unterschiedlichen Blickwinkeln untersucht sie die Bundestagswahl vom 22. September 2013. Der erste Band hatte sich unter dem Titel „Zwischen Langeweile und Extremen“ mit der Vorgeschichte, der öffentlichen Meinung, dem Wählerverhalten und dem Ergebnis der Bundestagswahl 2009 auseinander gesetzt (Rattinger et al. 2011). Das Stichwort „Langeweile“ spielte dabei auf den Wahlkampf an, dem Beobachter ein seltenes Maß an politischer Reizarmut bescheinigt hatten. Die „Extreme“ bezogen sich hingegen auf Aspekte des Wahlergebnisses, die in ihrer Gesamtheit darauf hindeuteten, dass der Wahlprozess in Deutschland zu Beginn des 21. Jahrhunderts durch erheblich gewachsene Fluidität gekennzeichnet ist. Derselbe Titel hätte sich durchaus auch zur Wiederverwendung für den vorliegenden Band angeboten. Aber die Gesetze der Aufmerksamkeitsökonomie gebieten Abwechslung, und so musste ein neuer Titel erdacht werden.

Die Entscheidung fiel für ein anderes, bei erstem Ansehen ebenfalls durchaus paradox anmutendes Begriffspaar: „Zwischen Fragmentierung und Konzentration“. War schon bei der Bundestagswahl 2009 ein deutlicher Trend in Richtung stärkerer Zersplitterung des Parteiensystems feststellbar gewesen, so hat sich diese Entwicklung 2013 teilweise fortgesetzt. Dieser Prozess erschwerte die Regierungsbildung beträchtlich. Am Ende der längsten Koalitionsverhandlungen in der Geschichte der Bundesrepublik wurde nach nur einer Legislaturperiode Unterbrechung erneut eine Große Koalition aus CDU/CSU und SPD gebildet. Allerdings stützt sich diese im Deutschen Bundestag auf einen deutlich größeren Mandatsanteil als die letzte gemeinsame Regierung der beiden Großparteien, die von 2005 bis 2009 amtiert hatte. Das Gewicht der beiden verbliebenen Oppositionsparteien Linke und Grüne ist im Bundestag so gering, dass die Regierungsbildung von kritischen Debatten über die Gewährleistung grundlegender Oppositionsrechte begleitet wurde. Zudem entfällt eine deutliche Mehrzahl der Mandate, auf welche sich die Große Koalition im 18. Deutschen Bundestag stützen kann, auf die Kanzlerpartei CDU/CSU, während das Mandatsgewicht von Union und Sozialdemokraten in der letzten Großen Koalition 2005 bis 2009 noch annähernd gleich groß gewesen war. Am Wahlabend hatte es sogar vorübergehend so ausgesehen, als könne die Union mit einer absoluten Mehrheit der Mandate rechnen und damit erstmals in der Geschichte der Bundesrepublik eine Alleinregierung bilden. Diese kritische Schwelle wurde zwar schließlich verfehlt, aber nur um einige wenige Mandate. Unter mehreren Aspekten hat die Parteienfragmentierung also bei der Bundestagswahl 2013 im Ergebnis zu einer stärkeren Machtkonzentration geführt.

Die GLES wird von der Deutschen Forschungsgemeinschaft im Rahmen ihres Langfristprogramms gefördert. Sie untersucht mit einem integrierten Forschungskonzept drei Bundestagswahlen: 2009, 2013 und 2017. Dazu gehören mehrere unterschiedliche Untersuchungskomponenten, von der „klassischen" großen, vor und nach der Bundestagswahl durchgeführten Querschnittsstudie über eine Rolling Cross-Section-Erhebung während des Wahlkampfes sowie kurzfristige und langfristige Wiederholungsbefragungen bis hin zu einer Kandidatenbefragung und Untersuchungen zur Berichterstattung der Nachrichtenmedien und speziell den Fernsehdebatten zwischen den Kanzlerkandidaten (für eine vollständige Übersicht des Gesamtprojekts und seiner Komponenten siehe Schmitt-Beck et al. 2010; http://www.gles.eu).

Wissenschaft findet im sozialen Kontext statt, und die Ergebnisse von Wissenschaft betreffen jeden einzelnen Bürger. Das gilt für die Umwelt- oder Klimaforschung ebenso wie für die Wahlforschung, beschäftigt sich doch letztere mit dem Zustandekommen von Wahlentscheidungen und Wahlergebnissen, von denen abhängt, wer ein Land künftig regieren wird. Deshalb setzte sich die GLES zum Ziel, neben einem gewichtigen Beitrag zur Weiterentwicklung der einschlägigen Grundlagenforschung (siehe Weßels et al. 2014; für weitere Buchpublikationen aus dem Projektzusammenhang siehe Bytzek/Roßteutscher 2011; Schmitt-Beck 2012; Weßels et al. 2013) zu jeder Bundestagswahl auch einen Band vorzulegen, in dem Ergebnisse der Wahlanalysen für einen breiteren Leserkreis aufbereitet werden.

Die 26 Beiträge dieses Bandes vermitteln in gebotener Kürze einen umfassenden Überblick über die Vorgeschichte, das Wahlergebnis und seine Hintergründe sowie die Regierungsbildung bei der Bundestagswahl 2013. Während sich die Vorgängerpublikation nur auf einen kleinen Teil der im GLES-Projekt erhobenen Datensätze gestützt hatte, bringt der vorliegende Band den Datenreichtum des Projekts wesentlich breiter zur Geltung. Seit Projektstart wurden in der GLES rund 40 Einzelerhebungen durchgeführt.

Die Mehrzahl davon wurde für das vorliegende Buch ausgewertet. Die Datenquellen werden detailliert im Anhang dokumentiert und erläutert.

Getreu dem von Politikern wie Journalisten gern gebrauchten Sinnspruch „Nach der Wahl ist vor der Wahl“ beginnt der Analysezeitraum unmittelbar nach der Bundestagswahl 2009 und der Bildung der schwarz-gelben Koalition, die seither das Land regierte. Kapitel 2 behandelt die politischen Entwicklungen während der Amtsperiode des 17. Deutschen Bundestages und die Ausgangslage der Bundestagswahl 2013. Den Verlauf des Wahlkampfs aus Sicht der Parteien und der Wähler charakterisiert das dritte Kapitel. Es nimmt durch seine Aufspaltung in fünf Unterkapitel eine breitere Betrachtungsperspektive als das entsprechende Kapitel im Vorgängerband ein. Nicht nur die bundesweiten Wahlkampagnen der Parteizentralen werden untersucht (3.1), sondern auf Grundlage einer eigens konzipierten Befragung auch die Wahlkampfaktivitäten der Kandidaten, welche die Parteien für die Wahlkreise und Landeslisten nominiert hatten (3.2). Neu ist auch die Beschäftigung mit der Verwendung des Microbloggingdienstes Twitter durch die Kandidaten im Wahlkampf (3.3). Die Entwicklung der öffentlichen Meinung in den Wochen vor der Bundestagswahl wird auf zweierlei Weise ins Visier genommen. Unterkapitel 3.4, das direkt der entsprechenden Analyse der Bundestagswahl 2009 vergleichbar ist, macht auf Basis täglicher Umfragen mittels des sogenannten Rolling Cross-Section-Designs nachvollziehbar, wie sich politische Involvierung und Mobilisierung sowie Einstellungen, Wahrnehmungen und Parteipräferenzen der Wähler während des Wahlkampfes entwickelt haben. Anhand einer mehrwelligen Panelbefragung während des Wahlkampfes untersucht Unterkapitel 3.5 hingegen die Bedeutung bestimmter Wahlkampfereignisse für das Wahlverhalten.

Das vierte Kapitel präsentiert eine detaillierte Beschreibung des Wahlergebnisses der Bundestagswahl 2013 und ordnet es in die langfristige Entwicklung des deutschen Parteiensystems ein. Im fünften Kapitel werden ausgewählte Aspekte des Wahlergebnisses genauer analysiert. Dazu gehört die Wahlbeteiligung, die zwar nach dem Tief bei der Bundestagswahl 2009 nicht weiter gesunken ist, aber auch keinen nennenswerten Zuwachs erfuhr (5.1). Unterkapitel 5.2 widmet sich dem wechselhaften Wahlverhalten in kurz- und langfristiger Perspektive. Zu den „Extremen“, welche die Bundestagswahl 2009 kennzeichneten, hatte nicht nur die niedrigste jemals gemessene Wahlbeteiligung gehört, sondern auch der höchste bis dahin erreichte Anteil der Wähler, die Erst- und Zweitstimme an verschiedene Parteien vergeben hatten. 2013 war zwar ein geringfügiger Rückgang des Stimmensplitting zu verzeichnen, aber mit einem Anteil von 23 Prozent kam es immer noch deutlich häufiger vor als bei sämtlichen Bundestagswahlen vor 2005, so dass eine gesonderte Untersuchung des Stimmensplittings und seiner Hintergründe bei der Bundestagswahl 2013 angebracht erschien (5.3). Einer der „extremen“ Aspekte der Bundestagswahl 2013, in dem sich die zunehmende Fragmentierung des Wahlergebnisses deutlich widerspiegelte, war ein nie zuvor erreichter Anteil von Wählerstimmen, die bei der Verteilung der Bundestagsmandate unberücksichtigt blieben, weil die gewählten Parteien an der Fünf-Prozent-Hürde des Wahlsystems gescheitert waren. Dazu trugen nicht nur in ungewöhnlich hoher Zahl vergebene Stimmen für außerparlamentarische Klein- und Kleinstparteien bei, darunter insbesondere die Piratenpartei und die Alternative für Deutschland (AfD), sondern auch der Umstand, dass die FDP nach ununterbrochener Zugehörigkeit zu allen Deutschen Bundestagen seit 1949 erstmals an der Sperrklausel scheiterte. Vor diesem Hintergrund widmet sich Unterkapitel 5.4 den Wählern der Kleinparteien bei der Bundestagswahl 2013. Eine weitere gesonderte Analyse gilt den Hintergründen der Briefwahl, deren Nutzung bei der Bundestagswahl 2013 ihren bisherigen Höhepunkt erreichte (5.5).

Das sechste Kapitel liefert Einsichten in die Hintergründe der Wahlentscheidungen der Bürger. Nur auf wenige oder gar nur auf eine einzige Ursache zurückgehende Erklärungsversuche für das Verhalten der Bürger an der Urne greifen zwangsläufig zu kurz. Jahrzehnte empirischer Forschung haben aufgezeigt, dass die Parteiwahl von zahlreichen Faktoren abhängt, die von sozialstrukturellen Merkmalen über politische Wahrnehmungen und Einstellungen bis zu strategischen Erwägungen reichen (vgl. z.B. Thomassen 2005; Falter/Schoen 2005; Schoen 2009; Gabriel/Westle 2012). Manche dieser Faktoren betreffen stabile, tief in der politischen Persönlichkeit verankerte Orientierungen, andere sind mit den besonderen Umständen der einzelnen Wahlen verknüpft. Nach einer kurzen Einleitung, in der die Auswahl und Abfolge der in Kapitel 6 untersuchten Hintergründe des Wahlverhaltens erläutert werden (6.1), widmet sich Unterkapitel 6.2 den sozialstrukturellen Wurzeln der Parteiwahl. Es folgen Analysen der Bedeutung von Parteibindungen und ideologischen Grundpositionen (6.3 und 6.4), Wirtschaftswahrnehmungen (unter besonderer Berücksichtigung der Eurokrise, die als eines der wichtigsten Ereignisse der vergangenen Legislaturperiode die Bundestagswahl überschattete), Leistungsbewertungen für Bundesregierung und Parteien sowie politischen Sachfragen und Spitzenkandidaten (6.5 bis 6.8). Unterkapitel 6.9 gibt eine Einschätzung der Bedeutung des TV-Duells der Kanzlerkandidaten, Unterkapitel 6.10 analysiert den Einfluss von Koalitionswahrnehmungen und –präferenzen der Wähler auf das Stimmverhalten. Einer Zusammenfassung der zentralen Befunde dieser Teilkapitel zu einem Gesamtmodell (6.11) folgt dann schließlich als Abschluss der Analyse des Wahlverhaltens eine Analyse des Entscheidungsprozesses der Wähler. Auf Basis des mehrwelligen Wahlkampfpanels der GLES beobachtet Unterkapitel 6.12, wie sich die Parteipräferenzen der Wähler entwickelt und schließlich in Wahlentscheidungen übersetzt haben.

Kapitel 7 beschließt die Untersuchung der Bundestagswahl 2013 mit einer Skizze des Prozesses der anschließenden Regierungsbildung, die nach langwierigen Verhandlungs- und Entscheidungsprozessen der Parteien zur dritten Großen Koalition in der Geschichte der Bundesrepublik Deutschland führte (nach 1966 und 2005). Nach einer kurzen Zusammenfassung der wichtigsten Befunde und einem Ausblick für die Zukunft werden in den Anhängen das Wahlverfahren und das Wahlergebnis dargestellt, die in den Kapiteln verwendeten GLES-Datenquellen dokumentiert und die entsprechenden Datensätze beschrieben sowie schließlich einige methodische Erläuterungen gegeben, um die einzelnen Kapitel von diesen eher technischen Aspekten zu entlasten.

Literatur

Bytzek, Evelyn/Roßteutscher, Sigrid, Hg., 2011: Der unbekannte Wähler? Mythen und Fakten über das Wahlverhalten der Deutschen, Frankfurt/New York: Campus.

Falter, Jürgen W./Schoen, Harald, Hg., 2005: Handbuch Wahlforschung, Wiesbaden: VS-Verlag.

Gabriel, Oscar W./Westle, Bettina 2012: Wählerverhalten in der Demokratie. Eine Einführung, Baden-Baden: Nomos.

Rattinger, Hans/Roßteutscher, Sigrid/Schmitt-Beck, Rüdiger/Weßels, Bernhard et al. 2011: Zwischen Langeweile und Extremen: Die Bundestagswahl 2009, Baden-Baden: Nomos.

Schmitt-Beck, Rüdiger, Hg., 2012: Wählen in Deutschland, PVS Sonderheft 45, Baden-Baden: Nomos.

Schmitt-Beck, Rüdiger/Rattinger, Hans/Roßteutscher, Sigrid/Weßels, Bernhard 2010: Die deutsche Wahlforschung und die German Longitudinal Election Study (GLES), in: Faulbaum, Frank/Wolf, Christof, Hg., Gesellschaftliche Entwicklungen im Spiegel der empirischen Sozialforschung, Wiesbaden: VS Verlag für Sozialwissenschaften, 141-172.

Schoen, Harald 2009: Wahlsoziologie, in: Kaina, Viktoria/Römmele, Andrea, Hg., Politische Soziologie, Wiesbaden: VS-Verlag, 181-208.

Thomassen, Jacques, Hg., 2005: The European Voter. A Comparative Study of Modern Democracies, Oxford: Oxford University Press.

Weßels, Bernhard/Rattinger, Hans/Roßteutscher, Sigrid/Schmitt-Beck, Rüdiger, Hg., 2014: Voters on the Move or on the Run?, Oxford: Oxford University Press.
Weßels, Bernhard/Schoen, Harald/Gabriel, Oscar W., Hg., 2013: Wahlen und Wähler. Analysen aus Anlass der Bundestagswahl 2009, Wiesbaden: Springer VS.

2. Dominante Union und taumelnde FDP: Zur Ausgangslage der Bundestagswahl 2013

Ina Bieber und Sigrid Roßteutscher

2.1 Einleitung

Nur 30 Tage nach der Bundestagswahl 2009, die das Ende der zweiten Großen Koalition von CDU/CSU und SPD gebracht hatte, wurde das schwarzgelbe Wunschbündnis von Union und FDP durch Abschluss eines Koalitionsvertrages beschlossen. Zwei Tage später wurde Angela Merkel zur Bundeskanzlerin gewählt. Mit 332 von 622 Sitzen im Bundestag koalierten nicht nur zwei Parteien mit einer stabilen Mehrheit, sondern auch zwei, die unbedingt miteinander koalieren wollten (vgl. Bytzek/Roßteutscher 2011). Zudem konnten sie mit einer Mehrheit im Bundesrat rechnen. Somit bestanden günstige Ausgangsbedingungen für eine handlungsfähige, erfolgreiche Bundesregierung.

Die Zeit glücklichen gemeinsamen Regierens währte allerdings nur kurz. Die FDP, die mit 14,6 Prozent Zweistimmen ihr bestes Bundestagswahlergebnis erzielt hatte, stürzte schon 2010 rasant in ein Umfragetief. Die europäische Schuldenkrise war ein zentrales Thema der gesamten Legislaturperiode. Allerdings entwickelte sich die deutsche Wirtschaft gerade im Vergleich zu den europäischen Nachbarländern sehr positiv und die Wähler honorierten dies mit steigender Zustimmung zu Kanzlerin Merkel und den Unionsparteien. So zeigte sich in Umfragen bald eine zunehmende Kluft in der Wertschätzung der beiden Regierungsparteien. Die Atomkatastrophe in Fukushima erzwang einen „Ausstieg vom Ausstieg vom Ausstieg“ in der Atompolitik (noch im Oktober 2010 hatte die schwarz-gelbe Koalition ein Energiekonzept zur Laufzeitverlängerung deutscher Atomkraftwerke im Bundestag durchgesetzt) und bescherte den Grünen einen massiven Zuwachs an Zustimmung in Meinungsumfragen. Schließlich erzwang ein Urteil des Bundesverfassungsgerichts eine Veränderung des Wahlrechts, die bei der Bundestagswahl 2013 erstmals zur Anwendung kommen sollte. Insbesondere wurde eine direkte Auswirkung des neuen Wahlrechts für die großen Parteien erwartet, die nun nicht länger durch Überhangmandate ihren Sitzanteil im Bundestag relativ zu den kleinen Parteien vergrößern konnten (Details zur Wahlrechtsreform siehe Anhang).

Im Folgenden werden die Hauptereignisse der 17. Legislaturperiode skizziert, mit denen sich die Wahlkampfmanager der einzelnen Parteien bei der Vorbereitung der Wahlkampfstrategie für 2013 auseinandersetzen mussten. Schon vor Beginn der „heißen" Wahlkampfphase waren bereits viele Weichen gestellt. Für die CDU/CSU und Bundeskanzlerin Merkel schien eine weitere Regierungsbeteiligung fast ein Automatismus, die FDP hingegen kämpfte ums parlamentarische Überleben. Die Grünen konnten zwar auf ein Rekordergebnis hoffen, gleichzeitig erschien die Wunschkoalition Rot-Grün vor allem aufgrund der Schwäche der SPD chancenlos. Zudem brachte die Wahlrechtsreform eine gewisse Unbekannte in die Gleichung und es war eine spannende Frage, wie die Wähler auf die veränderten Bedingungen reagieren würden. Spannend war auch, ob sich die Wahlbeteiligung, die 2009 ein absolutes Tief erreicht hatte, wieder erholen würde. Es ist die Aufgabe dieses Kapitels, die Rahmenbedingungen nachzuzeichnen, unter denen die politischen Parteien ihre Wahlkampfstrategien für die „heiße" Phase planen mussten. Was die einzelnen Parteien und Kandidaten dann aus der jeweiligen Situation gemacht haben und wie die Wähler auf diese Situation schließlich regiert haben, bildet dann das Thema der nachfolgenden Kapitel.

2.2 Die schwarz-gelbe Regierungskoalition

Dass verhältnismäßig kurze Koalitionsverhandlungen nicht gleichbedeutend mit einer einvernehmlichen und harmonischen Regierungsführung sein müssen, zeigte die schwarz-gelbe Koalition bereits nach kurzer Zeit. Die erste Regierungsbilanz nach 100 Tagen fiel denkbar schlecht aus: So war in der Presse schnell von „chaotisch, kleingeistig, verbiestert, schlecht vorbereitet" (Schlieben 2010) zu lesen und auch der damalige Vize-Kanzler Guido Westerwelle (FDP) räumte „Anlaufschwierigkeiten" ein (Handelsblatt 2010).

Bereits bei den Koalitionsverhandlungen deutete sich ein zentraler Konfliktpunkt der schwarz-gelben Koalition an (Bytzek/Roßteutscher 2011): Die FDP hatte im Wahlkampf 2009 mit dem Versprechen einer tiefgreifenden Steuerstrukturreform und umfassender Steuersenkungen für sich geworben. Aber die Ziele der Steuerentlastung und der Umgestaltung des Steuersystems wurden im Koalitionsvertrag nur vage festgeschrieben, vom Finanzminister unter Finanzierungsvorbehalt gestellt und letztlich kaum umgesetzt. Die von der FDP Anfang 2010 unterstützten Steuererleichterungen für Hoteliers waren in der Öffentlichkeit zudem höchst umstritten (Poguntke 2011). Der Vorwurf der „Klientel-Politik" und des „Lobbyismus" stand im Raum (Niedermayer 2014). Von den Subventionen war ein treuer Spender der FDP und Miteigentümer der Mövenpick-Gruppe, August Baron von Flick, direkt betroffen. Zu diesem Zeitpunkt verlor die FDP inklusive des damaligen Parteivorsitzenden und Außenministers Westerwelle, der zunehmend auch innerparteilich unter Beschuss geriet und sich gegen Rücktrittsforderungen wehren musste (Niedermayer 2014), in Umfragen immer stärker an Zuspruch. Zwar sanken in diesem Zeitraum auch die Zustimmungsraten der Unionsparteien, jedoch in deutlich geringerem Maße (siehe Abbildung 1).

Für Zündstoff in der Koalition sorgten die Rücktritte von zwei Bundespräsidenten in kurzem Abstand und die jeweils darauf folgenden Neuwahlen. Schon 2010 trat Horst Köhler überraschend aufgrund Kritik an seinen Äußerungen zu sicherheitspolitischen Fragen zurück. Sein Nachfolger Christian Wulff verzichtete 2012, einen Tag, nachdem die Staatsanwaltschaft Hannover seine Immunität wegen des Verdachts der Vorteilnahme aufhob, auf sein Amt. Wulff war 2010 eindeutig der Wunschkandidat der Union gewesen, die sich mit einer schnellen Kandidatenernennung gegenüber der FDP durchgesetzt hatte. Mehrere FDP-Landesverbände hatten jedoch bereits damals mit dem Gegenkandidaten Joachim Gauck sympathisiert. So wurde Wulff, auch wegen Abweichlern aus dem Regierungslager, erst im dritten Wahlgang von der Bundesversammlung gewählt (Poguntke 2011). Das dominierende Verhalten der Union bei der Nominierung Wulffs rächte sich 2012: Die FDP gab dem erneut nominierten und von SPD und Grünen unterstützen Gauck frühzeitig ihre Zustimmung und stellte Bundeskanzlerin Merkel und die Union dadurch vor vollendete Tatsachen, da ein eigener Unionskandidat in dieser Konstellation kaum Hoffnung auf Erfolg haben konnte (Korte/Switek 2013; Niedermayer 2014).

Die zweite Amtszeit von Bundeskanzlerin Merkel war neben den Rücktritten der Bundespräsidenten Köhler und Wulff zudem von einer außergewöhnlich hohen Zahl an Rücktritten, Entlassungen und Neubesetzungen von Bundesministerien gekennzeichnet: Verteidigungsminister Karl Theodor zu Guttenberg im Frühjahr 2011 und Bildungsministerin Annette Schavan anfangs 2013 scheiterten an akademischen Plagiatsaffären und verloren neben ihren Doktortiteln auch ihre Ämter; den Arbeitsminister Franz Josef Jung kostete eine Affäre aus seiner Zeit als Verteidigungsminister während der vorangegangenen Legislaturperiode – mangelhafte Kommunikationspolitik im Zusammenhang mit einem Militäreinsatz mit vielen Zivilopfern in Afghanistan – schon nach nur 34 Tagen Ende Oktober 2009 sein Amt. Umweltminister Norbert Röttgen legte die Regierungschefin den Rücktritt nahe, nachdem die CDU unter seiner Führung bei der Landtagswahl in Nordrhein-Westfalen im Mai 2012 ein sehr schlechtes Ergebnis erzielt hatte. Zu weiteren Wechseln an der Spitze von Bundesministerien führten interne Personalprobleme der FDP: Der als Gesundheitsminister ernannte Philipp Rösler wechselte im Mai 2011 ins Wirtschaftsministerium und das Gesundheitsministerium wurde von Daniel Bahr übernommen. Am Ende der Legislaturperiode wurden nur noch fünf Ressorts von denselben Ministern geführt wie zu Beginn der schwarz-gelben Koalition.

Abbildung 1: *Zufriedenheit mit der Bundesregierung und den Regierungsparteien in der 17. Legislaturperiode*

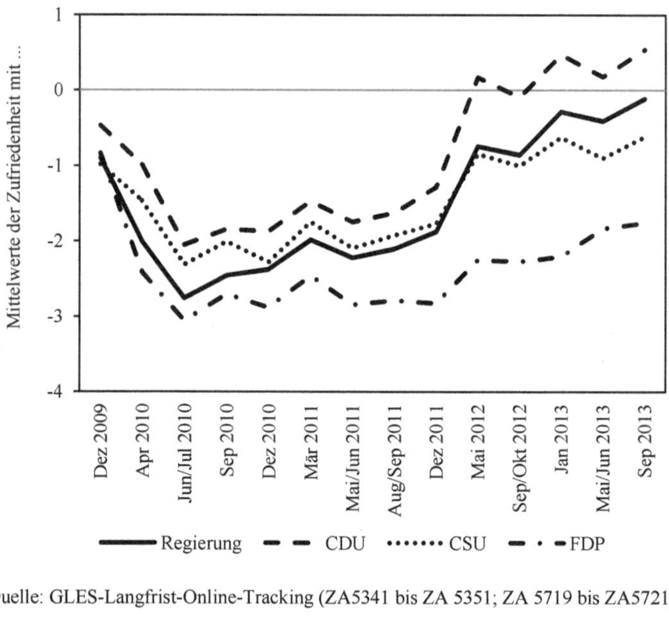

Quelle: GLES-Langfrist-Online-Tracking (ZA5341 bis ZA 5351; ZA 5719 bis ZA5721).

Der verunglückte Start der schwarz-gelben Koalitionsregierung sowie die zunehmende Kluft zwischen den Regierungsparteien ab Frühjahr 2010 spiegeln sich in Abbildung 1 wider, welche die Zufriedenheit der Bürger mit der Bundesregierung insgesamt und mit den einzelnen Regierungsparteien darstellt. Es ist deutlich zu erkennen, wie in der Frühphase der schwarz-gelben Koalition die Zufriedenheitswerte der beiden Unionsparteien und in besonders starkem Maße der FDP sanken. Allerdings erholten sich die Werte in Bezug auf die Bundesregierung allgemein und die Unionsparteien nach dem II. Quartal 2011 wieder tendenziell, während jene der FDP nochmals sanken bzw. auf niedrigem Niveau verharrten und sich erst Anfang 2012 wieder langsam verbesserten. Interessanterweise kam diese Erholung zu einem Zeitpunkt, als sich die FDP gegen staatliche Unterstützungsleistungen für die Frauen aussprach, die durch die Insolvenz des Drogeriemarktkonzerns Schlecker ihre Arbeitsplätze verloren hatten – ein unpopulärer, jedoch im Einklang mit den traditionellen Werten der FDP stehender Standpunkt (Korte/Switek 2013).

Abbildung 2: Koalitionsbewertungen in der 17. Legislaturperiode

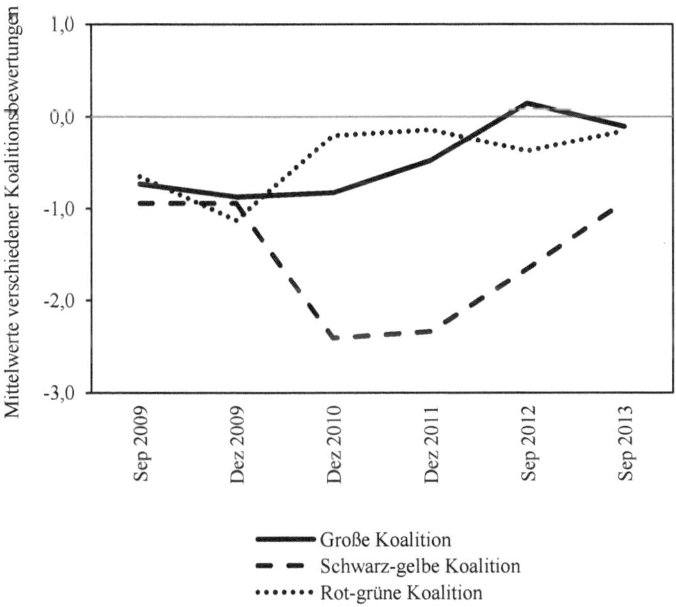

Quelle: GLES-Langfrist-Online-Tracking (ZA5339, ZA5341, ZA5345, ZA5349, ZA5351, ZA5721).

Abbildung 1 zeigt deutlich, dass die Bürger zwischen der Politik der einzelnen Regierungsparteien unterschieden und insbesondere mit der Politik der FPD unzufrieden waren. In der Folge verlor allerdings auch die schwarz-gelben Koalition zunehmend an Wertschätzung (siehe Abbildung 2): Noch Ende 2009 erfreuten sich die drei Koalitionsoptionen Schwarz-Gelb, Rot-Grün und Große Koalition sehr ähnlicher Beliebtheit. Dies änderte sich in den folgenden Monaten grundlegend. Die zunehmende Unzufriedenheit mit der Regierungskoalition und insbesondere dem kleinen Partner, der FDP, resultierte in einem deutlichen Sympathieverlust für die schwarz-gelbe Option. Erst im Laufe des Jahres 2012 gewann sie wieder an Zuspruch. Zur gleichen Zeit stiegen die Werte für eine rot-grüne Koalition deutlich an und verweilten bis zur Bundestagswahl 2013 auf ähnlichem Niveau. Dies war sicherlich auch der Nuklearkatastrophe in Fukushima im März 2011 geschuldet, die insbesondere den Grünen deutliche Zuwächse an Sympathie bescherte. Ab 2010 stieg allerdings auch die Beliebtheit der Großen Koalition, die ab 2012 durchgehend die von den Bürger am stärksten geschätzte Koalition darstellte – durchaus ein Vorbote für die anstehende Bundestagswahl.

2.3 Die Entwicklung der Parteipräferenzen

Die europäische Schuldenkrise war das zentrale Thema der schwarz-gelben Regierung unter Angela Merkel. Die wirtschaftliche Krise, welche aufgrund enormer Staatsverschuldungen, insbesondere in Griechenland, Irland, Portugal, Spanien und Zypern, seit 2010 den europäischen Raum erfasst hatte, dominierte die internationale Politik in Europa. Auf zahlreichen Treffen der europäischen Staats- und Regierungschefs, der Europäischen Zentralbank und des Internationalen Währungsfonds wurden diverse Hilfsmaßnahmen und Rettungspakete auf den Weg gebracht. So wurden Griechenland im April 2010 Hilfskredite in Gesamthöhe von 110 Milliarden Euro zugesichert, die jedoch partiell in den im Mai 2010 verabschiedeten, vorläufigen Rettungsschirm EFSF (Europäische Finanzstabilisierungsfazilität) mit insgesamt 440 Milliarden Kreditausfallbürgschaften mündeten. Schließlich trat im Oktober 2012 der ESM (Europäische Stabilitätsmechanismus) mit Kredithilfen von bis zu 500 Milliarden Euro in Kraft, der die dauerhafte Stabilisierung innerhalb Europas sichern sollte. All diese Maßnahmen waren nicht unumstritten und Angela Merkel, die sich intensiv für die Rettung des Euros einsetzte und ein Scheitern der gemeinsamen Währung mit dem Scheitern Europas gleichsetzte, bekam inner- und außerhalb Deutschlands nicht nur Zustimmung zu spüren. Schließlich begünstigte sie mit ihrem Kurs nicht zuletzt auch das Entstehen der Alternative für Deutschland (AfD) – für die CDU/CSU ein schwer kalkulierbares Risiko in Bezug auf die bevorstehende Bundestagswahl.

Abbildung 3: *Wahlabsichten in der 17. Legislaturperiode und Zeitpunkte von Landtagswahlen*

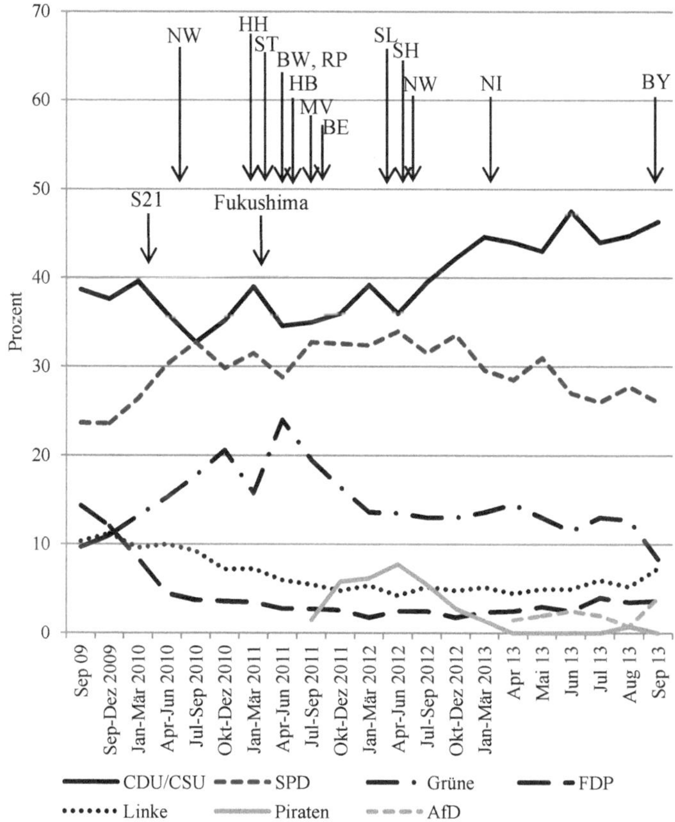

Quelle: Forschungsgruppe Wahlen e.V. Bei mehreren Erhebungen im selben Zeitraum sind Durchschnittswerte ausgewiesen.

Grundsätzlich war es um die politische Situation der Union in der 17. Legislaturperiode allerdings gut bestellt und sie konnte zumeist die höchsten Zustimmungsraten in der Wählerschaft verbuchen. Dank der im europäischen Kontext außergewöhnlich guten Konjunktur hatte sich die Haushaltslage enorm verbessert: Eine Reduktion der Neuverschuldung war möglich, sogar ein ausgeglichener Bundeshaushalt erschien vor der Bundestagswahl als kurzfristig realistische Perspektive. Während das Bruttoinlandsprodukt (BIP) 2009 im Vergleich zum Vorjahr noch um 5,1 Prozent eingebrochen war, konnte bereits im Jahr 2010 wieder Wachstum verzeichnet werden, das auch in den Folgejahren anhielt. Auch die Lage am Arbeitsmarkt entspannte sich deutlich: Die Arbeitslosenquote sank in der 17. Legislaturperiode auf 5,3 Prozent.

Diese Leistungen wurden – wie schon 2009 (Bieber/Roßteutscher 2011) innerhalb der Regierungskoalition ausschließlich der CDU/CSU und Kanzlerin Merkel zugeschrieben. So zeigten Umfragen die Unionsparteien seit Ende 2012 kontinuierlich und deutlich über der 40-Prozent-Marke (siehe Abbildung 3). Ganz anders die Situation der SPD: Sie hatte im Schatten der Großen Koalition bei der Bundestagswahl 2009 ihr schlechtestes Bundestagswahl-Ergebnis erhalten (Bieber/Roßteutscher 2011). Eine Erholung fiel ihr schwer. Zumindest teilweise lag dies an der parteiinternen Verunsicherung und Uneinigkeit in zentralen inhaltlichen und strategischen Fragen. Dies betrifft zum einen das Verhältnis der Partei zu ihrer eigenen jüngeren Vergangenheit, insbesondere der Reformpolitik der „Agenda 2010“ von Gerhard Schröder, dem Kanzler der rot-grünen Vorgänger-Koalition, und der damit in Verbindung stehenden bundesweiten Etablierung der Linken (Jung et al. 2013). Nicht wirklich geklärt war folglich auch das Verhältnis der SPD zur Konkurrenz im linken Lager. Auf Bundesebene wurde ein rot-rot-grünes Bündnis für 2013 zwar kategorisch ausgeschlossen, jedoch zumindest von Teilen der Partei in der Zukunft durchaus für möglich gehalten. Die SPD legte sich stattdessen, wie schon 2009, auf eine rot-grüne Koalition fest. Allerdings konnte diese Wunschkoalition den Meinungsumfragen zufolge, wie auch schon 2009, zu kaum einem Zeitpunkt realistisch mit einer Regierungsmehrheit rechnen. Spätestens seit dem auf die Traumwerte folgenden Stimmungstief bei den Grünen musste eine solche Konstellation völlig aussichtslos erscheinen. Für Anhänger der SPD ergab sich so die schwierige Ausgangslage, dass eine Stimme für die eigene Partei sicherlich nicht der Wunschkoalition ins Amt verhelfen, sondern mit großer Wahrscheinlichkeit wieder in eine Große Koalition führen würde.

Tabelle 1: Landtagswahlen 2009 bis 2013 – Ergebnisse in Prozent der Stimmen

Jahr/ Monat	Land	CDU/ CSU	SPD	FDP	Grüne	Die Linke	Weitere im Landtag vertretene Parteien
2009/08	Sachsen	40,2	10,4	10,0	6,4	20,6	NPD: 5,6
2009/08	Thüringen	31,2	18,5	7,6	6,2	27,4	
2009/09	Schleswig-H.	31,5	25,4	14,9	12,4	6,0	SSW: 4,3
2009/09	Brandenburg	19,8	33,0	7,2	5,7	27,2	
2010/05	NRW	34,6	34,5	6,7	12,1	5,6	
2011/02	Hamburg	21,9	48,4	6,7	11,2	6,4	
2011/03	Sachsen-Anhalt	32,5	21,5	[3,8]	7,1	23,7	
2011/03	Baden-Württ.	39,0	23,1	5,3	24,2	[2,8]	
2011/03	Rheinland-Pfalz	35,2	35,7	[4,2]	15,4	[3,0]	
2011/05	Bremen	20,4	38,6	[2,4]	22,5	5,6	BiW: 3,7
2011/09	Mecklenb.-V.	23,0	35,6	[2,8]	8,7	18,4	NPD: 6,0
2011/09	Berlin	23,3	28,3	[1,8]	17,6	11,7	Piraten: 8,9
2012/03	Saarland	35,2	30,6	[1,2]	5,0	16,1	Piraten: 7,4
2012/05	Schleswig-H.	30,8	30,4	8,2	13,2	[2,3]	Piraten: 8,2 SSW: 4,6
2012/05	NRW	26,3	39,1	8,6	11,3	[2,5]	Piraten: 7,8
2013/01	Niedersachsen	36,0	32,6	9,9	13,7	[3,1]	
2013/09	Bayern	47,7	20,6	[3,3]	8,6	[2,1]	FW: 9,0

Quelle: Landeswahlleiter.
Sonstige Parteien, die keine Landtagssitze gewonnen haben, sind nicht ausgewiesen.
Graue Hinterlegung bedeutet, dass diese Partei(en) nach der Wahl die Regierung bildeten.
Eckige Klammern bedeuten, dass diese Partei(en) aufgrund der Sperrklausel kein Mandat gewonnen haben.

Eine Besonderheit der 17. Legislaturperiode ist sicherlich die sprunghafte Entwicklung bei den kleinen Parteien. Wie bereits diskutiert, gestaltete sich die Ausgangslage für die FDP als besonders schwierig. Ihre Wahlversprechen der Steuersenkung und Steuersystemreform konnte sie nicht realisieren. Dort, wo sie sich durchsetzen konnte – Entlastung für Hoteliers – erntete sie mehr Empörung als Zustimmung. Hinzu kamen interne Personalquerelen um den Parteivorsitzenden Guido Westerwelle und seinem Nachfolger Philipp Rösler. Auch die Ernennung von Rainer Brüderle zum Spitzenkandidaten der Bundestagswahl 2013 begann mit dem Vorwurf des „Sexismus“ (seitens einer Journalistin, die Brüderle bezichtigte, er habe sich ihr gegenüber anzüglich geäußert) eher unglücklich (Niedermayer 2014). Der negative Trend der FDP während der gesamten Regierungszeit zeigte sich auch bei diversen Landtagswahlen: In neun Ländern verlor die FDP deutlich an Stimmen. Viel entscheidender ist jedoch, dass es der FDP bei sieben Landtagswahlen nicht gelang, die Fünf-Prozent-Hürde zu erreichen, und sie dadurch aus den Landtagen in Sachsen-Anhalt, Rheinland-Pfalz, Bremen, Mecklenburg-Vorpommern, Berlin, Saarland und Bayern schied. Anfang 2013 bei der Landtagswahl in Niedersachsen wuchs kurzfristig der Glaube, die FDP hätte ihr Tief überwunden (siehe Tabelle 1). Dank einer expliziten, seitens der Union zumindest passiv unterstützten Zweitstimmenkampagne holte sie fast zehn Prozent der Stimmen, bescherte der Union jedoch zeitgleich das schlechteste Ergebnis aller Zeiten. Damit war diese alarmiert. Außerdem konnten die großen Parteien die Auswirkungen des neuen Wahlrechts nur schwer abschätzen. Erstmals bei der Bundestagswahl 2013 würden alle Überhangmandate ausgeglichen werden. Damit bekam die Zweitstimme nun ein ganz neues Gewicht. Mit einer von den Unionsparteien tolerierten Zweitstimmenkampagne konnte die FDP nach dem „Fall Niedersachsen" auf jeden Fall nicht mehr rechnen. Die Landtagswahl in Bayern, die nur eine Woche vor der Bundestagswahl stattfand, nahm so ein Stück weit das Ergebnis der Bundestagswahl vorweg. Eine auf ihren eigenen Erfolg konzentrierte CSU erlangte die absolute Mehrheit der Sitze im Parlament, die FDP schied aus dem bayrischen Landtag aus (siehe Tabelle 1).

Turbulente Zeiten erlebten, wie die FDP, auch die Grünen, allerdings in einem für die Partei vorteilhaftem Sinne. Sie übersprangen Ende 2010 in Umfragen erstmals die 20-Prozent-Marke – ein Ergebnis der Mobilisierung im Zusammenhang mit dem Streit um den Ausbau des Stuttgarter Bahnhofs (das Projekt „Stuttgart 21") – und durchbrachen diese im Anschluss an die Atomkatastrophe in Fukushima im Frühjahr 2011 ein weiteres Mal (siehe Abbildung 3). Bei der Landtagswahl in Baden-Württemberg, die kurz nach der Atomkatastrophe stattfand, schafften sie es erstmals, aus einer Landtagswahl als stärkste Partei hervorzugehen und in einer Landesregierung die Führung zu übernehmen. Winfried Kretschmann wurde Ministerpräsident der ersten grün-roten Landesregierung. Bei zahlreichen weiteren Landtagswahlen konnten die Grünen sehr gute Wahlergebnisse erzielen: 2011 gelang mit einem starken Ergebnis von 15,4 Prozent in Rheinland-Pfalz die Beteiligung an einer rot-grünen Landesregierung. 2012 lösten sie in Nordrhein-Westfalen und Schleswig-Holstein sowie 2013 in Niedersachsen gemeinsam mit der SPD schwarz-gelbe Landesregierungen ab (siehe Tabelle 1). Doch die positiven Werte blieben den Grünen nicht bis zur Bundestagswahl

2013 erhalten. Der von der schwarz-gelben Regierung unter Kanzlerin Merkel beschlossene „Ausstieg vom Ausstieg vom Ausstieg“, entschärfte das Thema Atomkraft als mögliches Mobilisierungsthema im Wahlkampf (Poguntke 2012). Dennoch standen die Grünen bis in den Sommer 2013 hinein in den Medienumfragen durchweg deutlich über der Zehn-Prozent-Marke.

Auch die Linke konnte relativ entspannt der Bundestagswahl entgegensehen. Zwar hatte sie im Westen der Republik bei einigen Landtagswahlen den Einzug ins Parlament deutlich verfehlt (so etwa in Baden-Württemberg, Rheinland-Pfalz, Schleswig-Holstein und Nordrhein-Westfalen im Jahr 2012 sowie Niedersachen und Bayern 2013), dennoch sahen Meinungsforscher sie kontinuierlich deutlich oberhalb der Fünf-Prozent-Marke (siehe Tabelle 1 und Abbildung 3). Da sich die SPD gegen ein Regierungsbündnis mit der Linken auf Bundesebene aussprach, konnte diese einen Wahlkampf führen, der keine Rücksichten auf mögliche Koalitionspartner nehmen musste (Bieber/Roßteutscher 2011). Wie schon 2009 war sie der Paria im Parteiensystem, der von allen anderen Parteien als möglicher Koalitionspartner ausgeschlossen wurde. So konnte sie, wie bereits 2009, provokative Forderungen stellen und die SPD mit Koalitionsangeboten reizen.

Schließlich konnten sich zwei weitere kleine Parteien im Vorfeld der Bundestagswahl 2013 durchaus Hoffnung auf den Einzug in den Bundestag machen: Die Piratenpartei gewann bei der Wahl zum Berliner Abgeordnetenhaus 2011 erstmals 15 Sitze im Parlament. Weitere Erfolge und Parlamentseinzug folgten im Saarland, in Schleswig-Holstein und in Nordrhein-Westfalen. Doch durch Personalquerelen und mangelnde Organisationsfähigkeit (Niedermayer 2014) verloren die Piraten zunehmend an Unterstützung und konnten bei späteren Landtagswahlen diese Erfolge nicht wiederholen (siehe Tabelle 1). Seit Anfang 2013 standen sie in Meinungsumfragen durchweg sehr deutlich unterhalb der Fünf-Prozent-Marke. Allerdings erschien im Frühjahr 2013 eine weitere Partei, die Alternative für Deutschland (AfD), auf der Bühne. Erst im Februar des Wahljahres gegründet, erregte diese Partei große Medienaufmerksamkeit. Als konservativ-liberale Partei, die bisweilen auch nicht vor rechtspopulistischen Themen zurückscheute, mobilisierte sie gegen die Politik der Bundesregierung zur Bewältigung der europäischen Schuldenkrise, insbesondere den aus Sicht der AfD unmäßig hohen deutschen Anteil an der Rettung insolventer Schuldenstaaten, und forderte den Austritt des Landes aus der Euro-Zone (siehe auch Schmitt-Beck 2014). Mit ihrem Einzug in den Bundestag musste seitens der anderen Parteien durchaus gerechnet werden. Da die kleinen Parteien in einem ansonsten eher spannungsarmen Wahlkampf die größten Akzente setzen, ist ihnen und ihrer Wählerschaft in diesem Band ein eigener Abschnitt gewidmet (siehe Unterkapitel 5.4).

2.4 Kanzlerkandidaturen

Lange Zeit blieb es das Geheimnis der SPD, wer ihr Spitzenkandidat im Bundestagswahlkampf 2013 werden sollte. Die Parteispitze der SPD hatte sich darauf verständigt, dass offiziell noch alles offen sei und es drei potentielle Anwärter gäbe: Franz-Walter Steinmeier, der bereits 2009 kandidiert und den Wahlkampf gegen Angela Merkel eindeutig verloren hatte; der ehemalige Finanzminister Peer Steinbrück, dem es allerdings in der Parteilinken an Rückhalt fehlte, sowie der Parteivorsitzende Sigmar Gabriel. Intern stand jedoch wohl schon seit langer Zeit fest, dass Peer Steinbrück kandidieren würde, was im Herbst 2012 verfrüht an die Öffentlichkeit gelangte und die SPD zu schnellem Handeln zwang. So setzte die Nominierung des SPD-Kanzlerkandidaten nicht wie erhofft den Startschuss für eine fulminante Aufholjagd, sondern begann mit einer heftigen Mediendebatte um Steinbrücks Nebeneinkünfte durch gut honorierte Vertragstätigkeit (Poguntke/Kette 2013). Damit offenbarte er einen Lebenswandel und eine persönliche Einkommenssituation, die weit von der der SPD-Stammwählerschaft entfernt war. Weitere Kommunikationspannen kamen hinzu und schon bald wurde der Kandidat in den Medien als „Pannen-Peer", „Problem-Peer" oder „Peerlusconi" tituliert. Die Süddeutsche Zeitung bot ihm kurz vor der Wahl die Möglichkeit, in einem „ohne-Worte-Interview" zu reagieren, indem er nur mit Gestik und Mimik auf diese Bezeichnungen seiner Person antworten konnte. Mit finsterem Gesicht und gestrecktem Mittelfinger schaffte er es auf die Titelseite des SZ-Magazins und stand damit schon wieder inmitten der öffentlichen Diskussion (siehe hierzu auch Unterkapitel 3.1, 3.4, 3.5).

Für die Union boten sich hingegen sehr gute Ausgangsbedingungen: Bundeskanzlerin Angela Merkel wurde in der Bevölkerung – auch über Parteigrenzen hinweg – hoch geschätzt. Von außen betrachtet, erschien es häufig so, als ob die Bundeskanzlerin in wichtigen Fragen, insbesondere bei dem dominierenden Thema „europäische Schuldenkrise", praktisch allein regierte (Poguntke 2012). Ihr Regierungsstil wurde in den Medien zwar zuweilen als leidenschaftslos, extrem wendig, passiv, ruhig und mit Hang zur Orientierung an aktuellen Meinungsumfragen beschrieben. Jedoch bescherten ihr vermutlich gerade dieser Pragmatismus und der Anschein der Überparteilichkeit eine starke national und international anerkannte Stellung. Abbildung 4 zeigt die Entwicklung der Präferenzen für beide Kanzlerkandidaten im Vergleich. Deutlich ist vor allem der klare – und wachsende – Vorsprung von Angela Merkel seit der Nominierung Steinbrücks. Erst ganz kurz vor der Wahl konnte der Sozialdemokrat ein wenig Boden gut machen.

Abbildung 4: *Die Entwicklung der Kanzlerpräferenz*

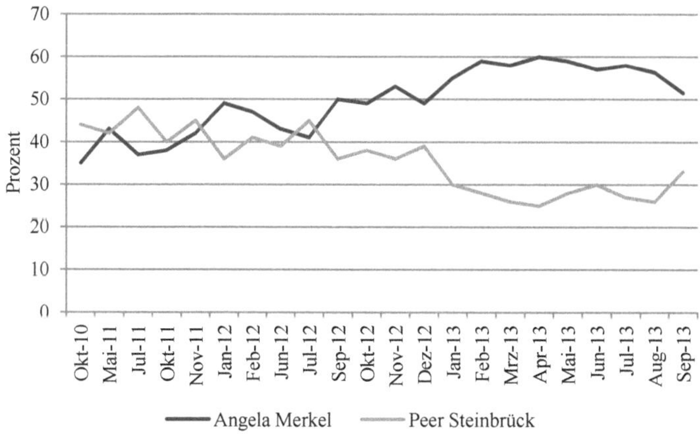

Quelle: ARD-DeutschlandTREND Oktober 2010 bis September 2013.
Bei mehreren monatlichen Erhebungen: Angabe des Mittelwerts.

2.5 Fazit

Die Ausgangslage bei der Bundestagswahl 2013 war für die SPD denkbar schlecht. Die seit 2009 im Raum stehende Frage einer Koalition mit den Grünen unter Einbindung der Linken hatte sie – zumindest für diese Bundestagswahl – abschlägig beantwortet. Angesichts der Prognosen der Demoskopen blieb somit als einzige realistische Alternative die Große Koalition. Auch die Kanzlerkandidatur Peer Steinbrücks geriet eher zur Hypothek und eröffnete kein Potenzial für einen fulminanten Endspurt im Wahlkampf.

Deutlich bessere Aussichten hatten die Unionsparteien, die, solange die SPD ein rot-rot-grünes Bündnis ausschloss, eigentlich zu keinem Zeitpunkt den Verlust der Regierung befürchten mussten. Wie schon während der Großen Koalition von 2005 bis 2009 war es der Union gelungen, alle Regierungserfolge (wie etwa Wirtschaftsaufschwung, Reduktion der Arbeitslosigkeit) auf ihrem Konto zu verbuchen (Bieber/Roßteutscher 2011).

Ungünstig und unsicher war hingegen die Ausgangslage der FDP. So kämpfte die FPD meist mit sich selbst – und zunehmend mit der Angst vor dem Scheitern an der Fünf-Prozent-Hürde. Bei den Grünen träumte man nach der Landtagswahl in Baden-Württemberg schon davon, quantitativ zu den sogenannten Volksparteien aufzuschließen. Dieser Traum platzte nicht zuletzt, weil es Angela Merkel und der Union gelang, das Thema Atomkraft durch den Ausstiegsbeschluss zu befrieden und der Wahlkampfagenda zu entziehen. Dennoch standen die Grünen bis kurz vor Beginn der „heißen" Wahlkampfphase sehr gut da und konnten mit einem Rekordergebnis rechnen. Auch die Linkspartei konnte insgesamt entspannt die „heiße" Wahlkampfphase einläuten. Zu keinem Zeitpunkt war der Einzug in den Bundestag zweifelhaft. Die Piratenpartei, die zur Mitte der Legislaturperiode beste Aussichten zu haben schien, erstmals den Sprung in den Bundestag zu schaffen, stand 2013 in den Messungen der Meinungsforschungsinstitute zwischen zwei und drei Prozent und spielte im Wahlkampf demzufolge auch keine bedeutende Rolle mehr. Ganz anders die Aussichten des zweiten Neulings, der AfD. Erst Anfang des Jahres 2013 gegründet, schien ein Erfolg in Form von Bundestagsmandaten durchaus im Rahmen der Möglichkeiten.

Literatur:

Bieber, Ina/Roßteutscher, Sigrid 2011: Große Koalition und Wirtschaftskrise: zur Ausgangslage der Bundestagswahl 2009, in: Rattinger, Hans, Roßteutscher, Sigrid, Schmitt-Beck, Rüdiger, Weßels, Bernhard, Bieber, Ina, Blumenstiel, Jan Eric et al. Hg.: Zwischen Langeweile und Extreme: Die Bundestagswahl 2009. Baden-Baden: Nomos-Verlagsgesellschaft, 17–31.

Bytzek, Evelyn/Roßteutscher, Sigrid 2011: Holpriger Start einer Wunschehe? Die Regierungsbildung der schwarz-gelben Koalition, in: Rattinger, Hans, Roßteutscher, Sigrid, Schmitt-Beck, Rüdiger, Weßels, Bernhard, Bieber, Ina, Blumenstiel, Jan Eric et al. Hg.: Zwischen Langeweile und Extreme: Die Bundestagswahl 2009. Baden-Baden: Nomos-Verlagsgesellschaft, 265–280.

Handelsblatt 2010: 100 Tage schwarz gelb: Westerwelle redet Chaos-Koalition schön, in: Handelsblatt 2010, 03.02.2010, online verfügbar unter http://www.handelsblatt.com/politik/deutschland/100-tage-schwarz-gelb-westerwelle-redet-chaos-koalition-schoen/3361504.html, letzter Zugriff am 15.4.2014.

Jung, Matthias/Schroth, Yvonne/Wolf, Andrea 2013: Angela Merkels Sieg in der Mitte, in: Aus Politik und Zeitgeschichte 48-49, 9–20.

Korte, Karl-Rudolf/Switek, Niko 2013: Regierungsbilanz: Politikwechsel und Krisenentscheidungen, in: Aus Politik und Zeitgeschichte 48-49, 3-9.

Niedermayer, Oskar 2014: Aufsteiger, Absteiger und ewig "Sonstige": Klein- und Kleinstparteien bei der Bundestagswahl 2013, in: Zeitschrift für Parlamentsfragen, 1, 73-93.

Poguntke, Thomas 2011: Germany, in: European Journal of Political Research 50, 980–984.

Poguntke, Thomas 2012: Germany, in: European Journal of Political Research 51, 117–121.

Poguntke, Thomas/Kette, Jan 2013: Germany, in: European Journal of Political Research 52, 83–86.

Schlieben, Michael 2010: 100 Tage Chaos, mal wieder, in: Die Zeit - Online. Online verfügbar unter http://www.zeit.de/politik/deutschland/2010-02/100-tage-regierung-schwarz-gelb-historisch, zuletzt geprüft am 13.01.2014.

Schmitt-Beck, Rüdiger 2014: Euro-Krise, Wirtschaftspessimismus und Einwanderungsskepsis: Hintergründe des Beinah-Wahlerfolges der Alternativen für Deutschland (AfD) bei der Bundestagswahl 2013, in: Zeitschrift für Parlamentsfragen (1), 94–112.

3. Der Wahlkampf

3.1 Die Wahlkampagnen der Parteien und ihr Kontext

Mona Krewel

3.1.1 Einleitung

In demokratischen Staaten sind Wahlkämpfe das Ritual, mit dem Parteien und Kandidaten in der Absicht, ein gutes Wahlergebnis zu erreichen, im Vorfeld einer Wahl um die Stimmen der Wahlberechtigten werben und sich darum bemühen, diese zum einen von ihren Botschaften, zum anderen aber auch von ihrem Personal zu überzeugen (Schmitt-Beck 2007). Neben den Parteien und ihren Kandidaten sind außerdem die Massenmedien und die wahlberechtigte Bevölkerung am Wahlkampf beteiligt. Während die Wahlkampfkommunikation dabei größtenteils von den politischen Eliten angestoßen wird, verfolgen die Wahlberechtigten das Geschehen mehr oder minder aufmerksam. Die Massenmedien nehmen eine Brückenfunktion wahr, in dem sie einerseits über das programmatische und personelle Angebot der politischen Akteure berichten, andererseits aber auch die Vorstellungen, Einstellungen und Präferenzen der Bevölkerung durch die Veröffentlichung von Umfrageergebnissen, Leserbriefen und ähnlichem an die Parteien und Kandidaten zurückmelden (Klingemann/Voltmer 1998). Das nachfolgende Kapitel stellt daher die Kampagnen der Parteien zur Bundestagswahl 2013 im medialen Kontext vor und basiert im Wesentlichen auf einer qualitativen Auswertung der Medienberichterstattung während des Bundestagswahlkampfs 2013. Aus Platzgründen muss auf Einzelnachweise aller genutzten Medienquellen verzichtet werden.

3.1.2 Die Rolle der Massenmedien

Zu Beginn des Wahlkampfs schien das Urteil der Medien über die Kampagnen zur Bundestagswahl 2013 schnell gefällt: Noch langweiliger als 2009 (siehe Krewel et al. 2011). Zu diesem Eindruck trug vor allem die Tatsache bei, dass bereits lange vor dem Wahltag entschieden schien, wer das Rennen machen würde. Abbildung 1 sind die Ergebnisse der Wahlprojektionen bzw. Sonntagsfragen zu entnehmen, die in den Medien vor der Wahl publiziert wurden. Sie stellen die Basis für die Erwartungen von Politikern, Journalisten und Wählern im Hinblick auf den Wahlausgang dar. Demnach schien der Zug ins Kanzleramt für den SPD-Kanzlerkandidaten Peer Steinbrück lange abgefahren, während Amtsinhaberin Angela Merkel (CDU) wie die bereits ausgemachte Siegerin erscheinen musste (siehe auch Kapitel 2). Dementsprechend mussten politische Beobachter annehmen, dass eine Wiederauflage der schwarz-gelben Regierungskoalition den wahrscheinlichsten Ausgang der Wahl darstellen würde – vorausgesetzt der FDP, die im Verlaufe des Wahlkampfs stets knapp an der Fünf-Prozent-Hürde lavierte, würde der Wiedereinzug in den Bundestag gelingen. Als ausgeschlossen musste hingegen ein rot-grüner Wahlsieg betrachtet werden. Das Szenario einer Großen Koalition erschien im Falle einer Wahlschlappe für die Liberalen ebenfalls naheliegend, wenngleich dieser Option seitens des SPD-Kandidaten aber eine Absage erteilt wurde. Lediglich für ein rot-rot-grünes Bündnis aus SPD, den Grünen und der Linken hätte rechnerisch noch eine Chance erwartet werden können, die Regierung Merkel abzulösen. Freilich schlossen sowohl die SPD als auch die Grünen diese Option kategorisch aus. Im Gegensatz zur FDP war für die Grünen und die Linke aber immerhin ein Abschneiden oberhalb der Sperrklausel sicher zu erwarten. Die Alternative für Deutschland (AfD), die erstmals bei einer Bundestagswahl antrat, schien den Einzug in den Bundestag hingegen den Medienumfragen zufolge knapp zu verfehlen. Einzig die FDP stellte für Parteien, Medien und Wähler somit einen Unsicherheitsfaktor im Hinblick auf den Wahlausgang dar. Die Möglichkeit, den Wahlkampf als knappes Wettrennen zwischen den Kanzlerkandidaten darzustellen, blieb den Medien jedoch über den gesamten Wahlkampf hinweg verwehrt. Dies trug sicherlich auch dazu bei, dass sie nicht müde wurden, wie schon bei der Vorwahl ihr Klagelied über die Wahlkampfflaute anzustimmen.

Auf den letzten Metern des Wahlkampfs revidierten die Wahlkampfbeobachter schließlich jedoch ihr Urteil über den langweiligsten Wahlkampf, den Deutschland bislang gesehen habe, als das Geschehen doch noch einmal Fahrt aufzunehmen schien. Die Tatsache, dass der SPD-Kanzlerkandidat auf dem Cover des Magazins der Süddeutschen Zeitung eine Woche vor der Wahl seinen Mittelfinger präsentierte und der grüne Spitzenkandidat Jürgen Trittin in eine Debatte um die Akzeptanz von Pädophilie in der Gründungsphase der Grünen verwickelt wurde, bescherte den Medien schlussendlich doch noch zwei attraktive Wahlkampfthemen (siehe auch Unterkapitel 3.4, 3.5). Freilich dürfte es sich dabei um mit einer unverhältnismäßigen Aufmerksamkeit bedachte Themen gehandelt haben, die von den Journalisten angeheizt wurden, um das eigene Bedürfnis nach Dramatik im Wahlkampf zu befriedigen.

Abbildung 1: Parteienunterstützung in demoskopischen Umfragen

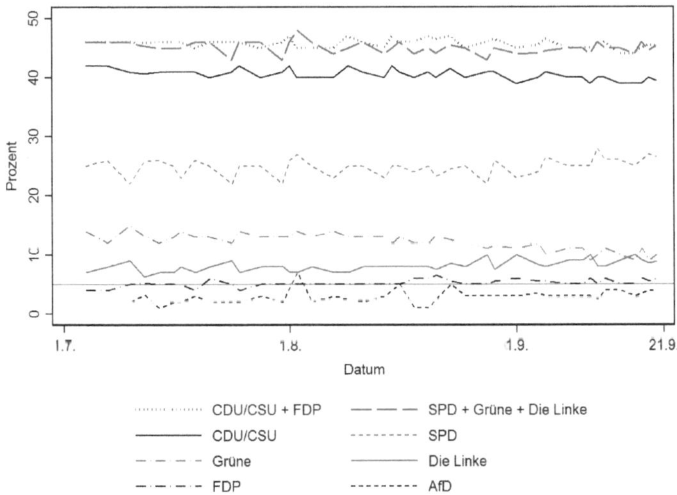

Quelle: www.wahlrecht.de (publizierte Umfrageergebnisse von FORSA, Forschungsgruppe Wahlen, Gesellschaft für Markt und Sozialforschung, Infratest Dimap, Institut für Demoskopie Allensbach, TNS-Emnid; bei Publikation mehrerer Ergebnisse am selben Tag wurden Durchschnitte gebildet)

3.1.3 Die Wahlkampagnen der Parteien

Betrachtet man die Kampagnen der Parteien, so ließen sich auch im Wahlkampf 2013 wie schon 2009 erneut wieder einige Gemeinsamkeiten feststellen. Dies galt vor allem für den Einsatz partizipativer Elemente. Bürgerbeteiligung erschien den Parteien offenbar als das Wahlkampfrezept der Stunde. So haben die Parteien im Wahljahr 2013 den vor allem in den 1950er und 1960er Jahren praktizierten Haustürwahlkampf (Norris 1997, 2000) wiederentdeckt. Damit haben sich die Parteien erstmals wieder verstärkt den parteiorganisatorischen Kampagnenformen zugewendet, die lange Zeit gegenüber massenmedialen Vermittlungsformen ins Hintertreffen geraten waren (Jun 2009). Das galt im Besonderen für die SPD und die Grünen. War die Idee der interpersonalen Kommunikation mit dem Wähler somit an sich nicht neu, wenngleich sie von den Parteien als Innovation inszeniert wurde, so war es doch zumindest das Ausmaß der Hausbesuche. In diesem Sinne setzten sich die Sozialdemokraten das Ziel, fünf Millionen Wähler erreichen zu wollen. Inspiriert wurden die Parteien offenbar vom amerikanischen Präsidentschaftswahlkampf 2012, wenngleich eine solche Strategie der zielgruppenspezifischen Wählermobilisierung in Deutschland allein schon aus Datenschutzgründen letztlich aber schnell an ihre Grenzen stoßen musste. Neben der Obama-Kampagne fungierten aber auch der Präsidentschaftswahlkampf des Sozialisten François Hollande in Frankreich sowie zwei sehr erfolgreiche SPD-Wahlkämpfe um Oberbürgermeisterämter in Frankfurt am Main und Bremen als Vorbild für den Retro-Wahlkampf der Sozialdemokraten.

Eine weitere Gemeinsamkeit zwischen den Parteien bestand 2013 in der Tatsache, dass die Wahlkampfbudgets erstmals seit Jahrzehnten wieder sanken oder zumindest auf gleichem Niveau verblieben. Schien es bislang ein ungeschriebenes Gesetz zu sein, dass Kampagnen immer kapitalintensiver werden (Tenscher 2011), so wurde dieser Trend 2013 durchbrochen. Basierend auf Angaben über ihre Budgets, die von den Parteien gegenüber den Medien gemacht wurden, lässt sich für die CDU ein Wahlkampfetat in Höhe von 20 Mio. Euro angeben, während der SPD 23 Mio. Euro zur Verfügung standen. Die Grünen investierten 5,5 Mio. Euro, die FDP 4 Mio. Euro und die Linke immerhin 4,5 Mio. Euro. Der AfD standen zwar nur 2,3 Mio. Euro zur Verfügung, für eine Kleinpartei muss das aber als durchaus hohe Summe betrachtet werden. Sie verdankte sich vor allem Privatkrediten und hohen Spendeneinnahmen (Schmitt-Beck 2014). Lediglich für die CSU wurden bislang noch keine Zahlen veröffentlicht. Während die Wahlkampfausgaben der CDU somit bereits seit 2002 konstant bei 20 Mio. Euro liegen, hat die SPD ihr Budget in den Wahlkämpfen 2002, 2005 und 2009 zunächst erhöht und von zuletzt 27 Mio. Euro nun erstmalig wieder um vier Millionen Euro gesenkt. Auch der Etat der Linken ist seit der letzten Bundestagswahl um eine halbe Million Euro zurückgegangen, und bei den Liberalen wurde um immerhin 800.000 Euro gekürzt. Lediglich die Grünen stellen eine Ausnahme dar; sie haben 2013 als einzige Partei ihr Budget um 1,5 Mio. Euro erhöht (Krewel et al. 2011; Schmitt-Beck/Faas 2006).

Dominierende Kampagnenereignisse waren wie schon bei vorangegangenen Bundestagswahlen (Krewel et al. 2011; Schmitt-Beck/Faas 2006) auch 2013 wieder die Auftaktkundgebungen der Parteien genauso wie auch das TV-Duell der Kanzlerkandidaten (siehe Unterkapitel 6.9). Besondere Aufmerksamkeit im Wahlkampf fand auch die Landtagswahl in Bayern, deren Ausgang infolge des umstrittenen Wahltermins am 15. September 2013 als Signal für die unmittelbar bevorstehende Bundestagwahl gewertet wurde. Während die CSU eine Woche vor der Bundestagswahl die absolute Mehrheit in Bayern zurück gewann, endete der Wahlabend in einem Fiasko für die Liberalen, denen es nicht gelang, wieder in den Landtag einzuziehen. Das FDP-Ergebnis konnte von taktisch wählenden FDP-Anhängern dahingehend interpretiert werden, dass die FDP mit hoher Wahrscheinlichkeit auch bei der Bundestagswahl an der Fünf-Prozent-Hürde scheitern würde. Die Wahl der Liberalen hätte somit eine Stimmenverschwendung bedeutet, weshalb die Stimmabgabe für eine alternative Partei sinnvoller erscheinen musste.

Wendet man sich nun den Kampagnen der einzelnen Parteien zu, so ist bemerkenswert, dass die *CDU/CSU* wie schon 2009 abermals konsequent auf die Kanzlerin setzte (Krewel et al. 2011), deren Sympathiewerte nach zwischenzeitlichen Einbrüchen im Verlaufe der Legislaturperiode erneut kaum hätten besser sein können (Hilmer/Merz 2014; siehe auch Kapitel 2 und Unterkapitel 3.4). Auf konfrontative Inhalte verzichtete die Union ganz, um dem politischen Gegner keine Angriffsfläche zu bieten und ihm dadurch die Chance zu nehmen, seine Anhänger zu mobilisieren („Strategie der asymmetrischen Demobilisierung“). Sofern neben der alles überragenden Kanzlerin überhaupt Inhalte im Wahlkampf der Unionsparteien erkennbar wurden, hatten CDU und CSU den Wählern 2013 in einem noch nie dagewesenen Ausmaß Wahlgeschenke ins Schaufenster gelegt: Die Einführung einer Mütterrente, die Erhöhung des Kindergeldes und des Kinderfreibetrags, Mehrausgaben für Lehrer und eine Lohnuntergrenze waren nur einige der Versprechen, welche die Union den Wählern im Wahlkampf machte. Evident wurde der Feel-Good-Wahlkampf mit Merkel schließlich vor allem im TV-Spot der Unionsparteien. Er zeigte allein Angela Merkel, die im Stile eines sogenannten Statement-Spots (Holtz-Bacha 2000) einen Monolog über ihre Regierungsbilanz hielt („Deutschland steht heute gut da“) und Zukunftsoptimismus verbreitend („Gemeinsam schaffen wir das“) dafür warb, ihren Kurs fortsetzen zu dürfen. Noch deutlicher kam der positiv optimistische Kanzlerinnenwahlkampf aber in einem Großplakat zum Ausdruck, das die zu einer Raute gefalteten Hände Merkels zeigte – eine Geste, die zu einem Markenzeichen der CDU-Kandidatin geworden waren. Zwar entwickelte sich das Plakatmotiv schnell zum Internet-Meme (siehe u.a. merkelraute.tumblr.com) und die Union musste einige Verballhornungen über sich ergehen lassen, die auch von den klassischen Medien aufgegriffen wurden. Sie erreichte mit der „Merkel-Raute“ aber eine Anschlusskommunikation, wie es keiner anderen Maßnahme im Bundestagswahlkampf 2013 gelungen ist. Neben diesem eher unüblichen Wahlkampfmotiv präsentierte die CDU/CSU mit dem interaktiven Plakat zudem eine weitere Neuerung: Ein Wahlkampfplakat, auf das der Betrachter mit der Merkel-App seines Smartphone zielen musste, um ein Video der Kanzlerin ansehen zu können. Im Großen und Ganzen schwenkte auch die CSU auf den Merkel-Wahlkampf ein und reihte sich in das „teAM Deutschland“ ein. Sie kam aber nicht umhin, über die Forderung nach einer Autobahn-Maut für Ausländer deutlich zu machen, dass sie vor dem Hintergrund ihres erfolgreichen Abschneidens bei der Bayernwahl in der nächsten Bundesregierung mit gewichtiger Stimme eigene Akzente setzen wollte (Hilmer/Merz 2014). Während die Personalisierungsstrategie der Union recht erfolgreich verlief, scheinen die Aufforderungen, mit beiden Stimmen CDU/CSU zu wählen („Zweitstimme ist Merkelstimme“) aus dem Ruder gelaufen zu sein. Aus Angst, erneut wie schon bei der Landtagswahl in Niedersachsen am 20. Januar 2013, Leihstimmenverluste zu erleiden (siehe Kapitel 2), trug die Union vermutlich aktiv dazu bei, eine Fortsetzung der schwarz-gelben Regierungskoalition zu verhindern (Tils/Raschke 2013; siehe auch Unterkapitel 6.10).

Die *SPD* konnte nicht im selben Maße wie die CDU auf ihren deutlich unbeliebteren Kandidaten Peer Steinbrück setzen, der von den Medien spöttisch „Pannen-Peer“, „Problem-Peer“, oder auch „Peerlusconi“ (Steffen 2013), getauft wurde (siehe hierzu Kapitel 2). Somit war das Ausmaß der Personalisierung im SPD-Wahlkampf deutlich geringer als im Falle der christdemokratischen Kampagne. Diese Tatsache kam auch im TV-Spot der Sozialdemokraten zum Ausdruck. Im typischen Format eines Testimonials (Holtz-Bacha 2000) traten gewöhnliche Bürger in verschiedenen Alltagsumgebungen an ein Rednerpult und verkündeten Forderungen der SPD. Dem Spitzenkandidaten kam indes nur die Aufgabe zu, sich in der Schlussszene noch einmal direkt an den Wähler zu wenden und ihm mitzuteilen, dass er Bundeskanzler werden wolle, um diese Forderungen umzusetzen. Die in der SPD-Wahlkampfzentrale „Kampa 2013“ geplante Kampagne setzte an die Stelle einer massiven Präsenz des Spitzenkandidaten somit vor allem den Bürger. Die SPD versuchte, dem Demobilisierungswahlkampf der Union auf diese Weise einen Mobilisierungswahlkampf entgegenzusetzen. Das wurde nicht nur in dem bereits erwähnten Tür-zu-Tür-Wahlkampf sichtbar, sondern auch in zahlreichen Veranstaltungen, die klingende Titel wie „Bürgerdialog“ trugen, und schließlich auch im Online-Wahlkampf durch Plattformen wie „www.mitmachen.spd.de“. Sogar den Spitzenkandidaten selbst konnte man sich nach Hause einladen. Thematisch setzte die

SPD auf konkrete Versprechungen traditionell sozialdemokratischer Provenienz wie einen gesetzlichen Mindestlohn von 8,50 Euro pro Stunde, ein vorgezogenes Rentenalter für langjährige Beitragszahler, die Einführung einer Mietpreisbremse oder auch die Senkung der Energiekosten für Privathaushalte, kombiniert mit der Forderung nach Steuererhöhungen für Wohlhabende. Demnach bemühte die SPD im Wahlkampf genauso wie auch die Unionsparteien thematisch vor allem eine klientelorientierte Versprechenspolitik.

Die Grünen waren mit ihrer schon fast einem amerikanischen Vorwahlkampf gleichenden Urwahl der Spitzenkandidaten, bei der die grüne Basis für die Bundestagsvizepräsidentin Katrin Göring-Eckhardt und den Fraktionsvorsitzenden Jürgen Trittin votiert hatte, recht erfolgreich in das Wahljahr gestartet. Im Verlaufe des Wahlkampfs änderte sich dies jedoch: Das in den Vordergrund der Kampagne gerückte Steuerkonzept, das erhebliche Steuererhöhungen bereits für die obere Mittelschicht vorsah, erwies sich als schwer vermittelbar. Die Grünen unterschieden sich in ihrem thematischen Ansatz dementsprechend deutlich von den anderen Parteien. So machten sie anstelle von Wahlgeschenken vor allem höhere finanzielle Belastungen für Besserverdienende und Vermögende zu ihrem Wahlkampfthema. Und für den Vorschlag, einen fleischlosen Tag in den Kantinen einzuführen, der unter dem Stichwort „Veggie-Day“ Schlagzeilen machte, erntete die Partei vor allem Spott. Nur eine Woche vor dem Wahltag stolperte ihr Spitzenkandidat Trittin dann schließlich auch noch über die sogenannte Pädophilie-Affäre. In Reaktion auf entsprechende Vorwürfe in den Medien hatte die Partei zwei Wissenschaftler mit der Untersuchung von „Umfang, Kontext und Auswirkungen pädophiler Forderungen in den Milieus der Neuen Sozialen Bewegung sowie der Grünen“ beauftragt. Diese präsentierten kurz vor dem Wahltermin vorläufige Ergebnisse, denen zufolge der Spitzenkandidat 1981 die presserechtliche Verantwortung für Forderungen nach Streichung des Pädophilie-Paragraphen im Strafrecht übernommen hatte. Darüber hinaus waren die Grünen auch mit ihren in der Wahlkampfzentrale „Basislager“ – der einzigen Kampagnenzentrale, die tatsächlich räumlich außerhalb der Parteizentrale lag – entworfenen Werbemitteln eher glücklos. Wenig medialen Beifall fand insbesondere der Angriffswahlkampf auf den grünen Wahlplakaten, die Bilder diverser Unions- und FDP-Politiker mit einem von Vielen als etwas zu gewollt empfundenen humoristischem Subtext zeigten.

Die Linke, die ihren Wahlkampf in der Kampagnenzentrale „Wahlquartier“ geplant hatte, zog mit der ungewöhnlichen Konstellation von acht Spitzenkandidaten in den Wahlkampf, was eine Personalisierungsstrategie von vornherein unmöglich machte. Öffentlich beachtet wurden vor allem die bekannten Spitzenpolitiker Gregor Gysi und Sarah Wagenknecht (Hilmer/ Merz 2014). Wie schon im Bundestagswahlkampf 2009 bewegte sich die Partei thematisch auch 2013 wieder auf vertrautem Terrain (Krewel et al. 2011). Dementsprechend richtete die Linke ihren Wahlkampf entlang der Maxime „Die Linke ist 100% sozial" aus. Im Mittelpunkt standen daher klassische linke Themen wie Einkommensobergrenzen, ein Mindestlohn von 10 Euro, wodurch man offenbar vor allem die SPD zu überbieten gedachte, oder auch die Erhöhung des Hartz IV-Satzes. Mit dem Versuch, vor allem den unteren Einkommensschichten und den Erwerbslosen finanzielle Verbesserungen zu versprechen, befand sich die Partei dabei in strategischer Hinsicht zudem im Einklang mit den beiden großen Parteien, da auch in den Wahlkampfthemen der Linken letztlich eine klientelorientierte Versprechenspolitik erkannt werden konnte. Im Vergleich zu den anderen Parteien setzte die Linke als einzige Partei aber auf sehr textlastige Plakate und blieb bei einem eher schlichten Design ihres Kampagnenmaterials. Ihr TV-Spot war wie derjenige der SPD als „Testimonial" gestaltet, in dem die Partei Bürger für sich sprechen ließ. Allerdings war die Idee deutlich radikaler umgesetzt, da den Sprechern von Unbekannten unter anderem der Mund zuklebt wurde und man sie nicht ausreden ließ. Durch die – beabsichtigte oder zufällige – Ähnlichkeit mit dem SPD-Spot bei gleichzeitig erheblich stärkerer Radikalität gelang es der Partei aber, den Unterschied zwischen der Linken und der SPD herauszuarbeiten und die Botschaft zu transportieren, dass die Linke die sozialere Partei wäre.

Die *FDP*, die im Bundestagswahlkampf 2013 um nicht weniger als ihr Überleben als Bundestagspartei kämpfte und letzten Endes mit 4,8 Prozent auch an der Fünf-Prozent-Hürde scheiterte, hatte im Wahlkampf vor allem mit enttäuschten Hoffnungen zu kämpfen. Die Liberalen hatten sich zuvor jahrelange als Steuersenkungspartei profiliert, konnten ihre Steuerentlastungsversprechen als Regierungspartei aber nicht wirklich einlösen (Niedermayer 2014; siehe auch Kapitel 2). Umso schwieriger vermittelbar war demnach auch die in der Wahlkampfzentrale „mit mach zentrum", ersonnene Regierungsbilanzstrategie. Diese kam vor allem auf ihren Plakaten durch den hoch gestreckten Daumen des Spitzenkandidaten („Gut gemacht, FDP!") und im Wahlwerbespot durch Bilder von arbeitenden Menschen („Deutschland geht es gut") zum Ausdruck. Personelle Wechsel an der Parteispitze in Konsequenz aus der weg brechenden Unterstützung hatten der FDP außerdem zwar eine längere Führungskrise beschert, aber keine deutlich sichtbare Erneuerung der Partei gebracht. So zog sie dann auch mit dem

„Urgestein“ Rainer Brüderle (der nur zwei Jahre zuvor als Bundeswirtschaftsminister im Zuge der Rochade des Parteivorsitzenden Philipp Röslers zurückgetreten war, um anschließend das Amt des Fraktionsvorsitzenden zu übernehmen) in den Wahlkampf. Brüderle konnte einen Kurswechsel seiner Partei demnach nur schwerlich verkörpern und wurde zudem in eine Debatte um sexuelle Belästigung verwickelt (Niedermayer 2014). Strategisch konzentrierte sich die FDP wie schon 2009 vor allem auf eine Zweitstimmenkampagne („Wer Merkel haben will, wählt FDP“). Durch die Beschwörung des Schreckgespenstes einer Großen Koalition versuchte man, Wähler von den Unionsparteien ins liberale Lager zu ziehen. Ihre Interpretation des Ergebnisses der Landtagswahl in Bayern als Weckruf verfing jedoch letzten Endes nicht. Die Entschlossenheit der CDU/CSU, die Liberalen nicht nochmals mit den Leihstimmen taktisch wählender Unionsanhänger davon kommen zu lassen, tat ihr Übriges dazu, einen erneuten Niedersachsen-Effekt zu verhindern (Tils/Raschke 2013). Thematisch drang die FDP mit ihren Forderungen nach Steuerentlastungen und Haushaltskonsolidierung in den Medien kaum durch. Einzig die Ankündigung, den Solidaritätszuschlag abschaffen zu wollen, mit der sich auch die Liberalen in die Riege der konkret greifbaren Wahlgeschenke der anderen Parteien einzureihen versuchten, verschaffte zumindest kurzfristig Aufmerksamkeit.

Die erst kurz vor der Bundestagswahl von einer Gruppe um den Hamburger Wirtschaftsprofessor Bernd Lucke gegründete *AfD*, die den Einzug in den Bundestag letzten Endes nur knapp verfehlte, bestritt ihren Wahlkampf fast ausschließlich über ihre Kritik am Euro und der rigorosen Ablehnung von Hilfsleistungen für die im Zuge der Schuldenkrise in finanzielle Schieflagen geratenen Mitgliedsländer der Europäischen Währungsunion. Damit gelang es der AfD aber erfolgreich, in eine Lücke des programmatischen Angebots der etablierten Parteien vorzustoßen und den Steuerzahlern zu versprechen, dass mit der AfD keine aus europäischen Verpflichtungen erwachsenden Belastungen auf sie zukämen. Darüber hinaus positionierte die Partei sich vor allem auf ihren Wahlplakaten auch recht immigrationskritisch. In ihrer für eine Kleinpartei durchaus professionellen Wahlkampagne, die der Partei eine steigende Bekanntheit in der Wählerschaft einbrachte (Schmitt-Beck 2014), setzte die AfD dabei vor allem auf eine Verbreitung von Bildern ihrer Protestaktionen über soziale Netzwerke. Auch die auf dem Videokanal Youtube ausgestrahlte Reihe „Lucky und die Kanzelette“, eine Art Muppetshow-Adaption, mit der die AfD Ausschnitte aus ihrem Programm humorvoll aufzugreifen versuchte, erreichte eine durchaus beachtliche Zahl an Klicks.

3.1.3 Fazit

Zusammenfassend kann man festhalten, dass der Bundestagswahl 2013 genauso wie schon der Wahl vier Jahre zuvor erneut ein wenig spektakulärer Wahlkampf vorausging. Hierfür waren abermals mehrere Gründe verantwortlich. Dazu gehörte der Umstand, dass bereits lange vor dem Wahltag festzustehen schien, dass Angela Merkel erneut ins Kanzleramt einziehen würde, und es dem sozialdemokratischen Kanzlerkandidaten nicht gelang, zur Kanzlerin aufzuschließen. Darüber hinaus blieb der Wahlkampf zudem weitgehend ereignisarm und kam lediglich auf den letzten Metern ein wenig in Fahrt. Das lag unter anderem daran, dass die den Wahlkampf klar dominierende CDU/CSU kein Interesse daran hatte, ihre Führungsposition in einer Auseinandersetzung mit den anderen Parteien unnötig aufs Spiel zu setzen, und sich auf eine risikoarme Personalisierungsstrategie konzentrierte. Die in der Bevölkerung sehr populäre Bundeskanzlerin Angela Merkel war das Gesicht des Wahlkampfes. Darüber hinaus versuchten die Christdemokraten, genauso wie im Übrigen auch alle anderen Parteien mit Ausnahme der Grünen, im Bundestagswahlkampf 2013 so deutlich wie nie zuvor mit Wahlgeschenken bei den Wählern zu punkten. Themen mit Konfliktpotential wurden soweit es ging gemieden. Trotz der allseits beklagten Eintönigkeit müssen jedoch auch einige äußerst interessante Entwicklungen in diesem Wahlkampf konstatiert werden: So haben die Parteien 2013 zum einen den Schlussstrich unter den lange anhaltenden Trend steigender Wahlkampfkosten gesetzt. Zum anderen erlebte mit dem Haustürwahlkampf eine parteiorganisatorische Form der Kampagnenkommunikation ihr Comeback im Wahlkampf. Darüber hinaus demonstrierte schließlich insbesondere die CDU, dass das Wahlplakat durch die Integration interaktiver Elemente mit dem digitalen Wahlkampf verzahnt werden kann. Damit vermag es in heutigen Wahlkämpfen als Impulsgeber von Metakommunikation eine Funktion für die Parteien zu erfüllen, die über eine dem Wahlplakat in der Forschung zumeist nur zugestandene Bedeutung als visueller Startschuss der Wahlkampfsaison hinausgeht.

Literatur

Hilmer, Richard/Merz, Stefan 2014: Die Bundestagswahl vom 22. September 2013: Merkels Meisterstück, in: Zeitschrift für Parlamentsfragen 45, 175-206.

Holtz-Bacha, Christina 2000: Wahlwerbung als politische Kultur. Parteienspots im Fernsehen 1957 – 1998, Wiesbaden: Westdeutscher Verlag.

Jun, Uwe 2009: Parteien, Politik und Medien. Wandel der Politikvermittlung unter den Bedingungen der Mediendemokratie, in: Marcinkowski, Frank/Pfetsch, Barbara, Hg., Politik in der Mediendemokratie, Wiesbaden: Springer, 270-295.

Klingemann, Hans-Dieter/Voltmer, Katrin 1998: Politische Kommunikation als Wahlkampfkommunikation, in: Jarren, Otfried/Sarcinelli, Ulrich/Saxer, Ulrich, Hg., Politische Kommunikation in der demokratischen Gesellschaft. Ein Handbuch mit Lexikonteil, Opladen, Wiesbaden: Westdeutscher Verlag, 396-405.

Krewel, Mona/Schmitt-Beck, Rüdiger/Wolsing, Ansgar 2011: Geringe Polarisierung, unklare Mehrheiten und starke Personalisierung: Parteien und Wähler im Wahlkampf, in: Rattinger, Hans/Roßteutscher, Sigrid/Schmitt-Beck, Rüdiger/Weßels, Bernhard et al., Zwischen Langeweile und Extremen: Die Bundestagswahl 2009, Baden-Baden: Nomos, 33-57.

Niedermayer, Oskar 2014: Aufsteiger, Absteiger und ewig „Sonstige“: Klein- und Kleinstparteien bei der Bundestagswahl 2013, in: Zeitschrift für Parlamentsfragen 45, 73-93.

Norris, Pippa 1997: Introduction: The Rise of Postmodern Political Communications?, in: Norris, Pippa, Hg., Politics and the Press. The News Media and their Influences, Boulder, CO: L. Rienner Publishers, 1 17.

Norris, Pippa 2000: A Virtuous Circle. Political Communications in Postindustrial Societies, Cambridge: Cambridge University Press.

Schmitt-Beck, Rüdiger 2007: New Modes of Campaigning, in: Dalton, Russell J./ Klingemann, Hans-Dieter, Hg., Oxford Handbook of Political Behavior, Oxford: Oxford University Press, 744-764.

Schmitt-Beck, Rüdiger 2014: Euro-Kritik, Wirtschaftspessimismus und Einwanderungsskepsis: Hintergründe des Beinahe-Wahlerfolgs der Alternative für Deutschland (AfD) bei der Bundestagswahl 2013, in: Zeitschrift für Parlamentsfragen 45, 94-112.

Schmitt-Beck, Rüdiger/Faas, Thorsten 2006: The Campaign and its Dynamics at the 2005 German Federal Election, in: German Politics 15, 393-419.

Steffen, Alfred 2013: Sagen Sie jetzt nichts, Peer Steinbrück, in: Süddeutsche Zeitung Magazin 37/2013, München: Süddeutscher Verlag.

Tenscher, Jens 2011: Defizitär – und trotzdem professionell? Die Parteienkampagnen im Vergleich, in: Tenscher, Jens, Hg., Superwahljahr 2009. Vergleichende Analysen aus Anlass der Wahlen zum Deutschen Bundestag und zum Europäischen Parlament, Wiesbaden: VS Verlag, 65-95.

Tils, Ralf/Raschke, Joachim 2013: Strategie zählt. Die Bundestagswahl 2013, in: Aus Politik und Zeitgeschichte 48-49, 20-27.

3.2 Die Kandidaten im Wahlkampf

Heiko Giebler

3.2.1 Einleitung

Ein allgemeines Wahlrecht allein ist für die Beschreibung eines politischen Systems als demokratisch nicht ausreichend; vielmehr muss es auch unterschiedliche Angebote in Gestalt unterschiedlicher Parteien geben, zwischen welchen die Bürger wählen können. Um aus einem solchen Angebot eine möglichst optimale Auswahl treffen zu können – sei es in Bezug auf politische Inhalte, Personen oder mögliche Koalitionsregierungen – sind Informationen notwendig. Hierzu dienen Wahlkämpfe, in denen sich die Parteien und ihre Kandidaten dem Wahlvolk präsentieren. Diese eröffnen den Bürgern die Möglichkeit, mit wenig Aufwand in Erfahrung zu bringen, für welche spezifischen Programme einzelne Parteien stehen oder wie kompetent oder sympathisch ihr jeweiliges Personal ist. Damit sind Wahlkämpfe ein zentrales und notwendiges Merkmal der modernen Demokratie. Der Rückgang stabiler Parteibindungen, die Bürgern als innere Richtschnur im politischen Wettbewerb dienen (siehe Unterkapitel 6.3), unterstreicht die große Bedeutung von Wahlkämpfen als Gelegenheitsstrukturen zur Informationsbeschaffung für die Bürger. Konventionelle und neue Medien bieten Zugang zu diesen Informationen, welcher von den Bürgern auch umfassend genutzt wird.

Als weitere zentrale Informationsquelle fungieren die politischen Parteien und ihre Kandidaten, etwa durch den Versand von Informationsmaterial, durch Plakate oder durch Straßenwahlkampf. Neben Wahlkampfhelfern treten auch die Kandidaten selbst – bei der Bundestagswahl 2013 fast 4.500 an der Zahl – als primäre Multiplikatoren von Information in Erscheinung. Sie sind das Bindeglied zwischen der Partei als Organisation und der potentiellen Wählerschaft. Da sie selbst zur Wahl stehen, sind Kandidaten aber mehr als nur Kommunikatoren. Sofern sie in einem Wahlkreis antreten, sind sie selbst Adressaten der mit der Erststimme getroffenen Wahlentscheidung und stellen somit zusätzlich zu den Parteien eine zweite politische Angebotsdimension dar. Entsprechend wird nicht nur im Kontext US-amerikanischer Präsidentschaftswahlen oder bezüglich der deutschen Spitzenkandidaten oftmals von einer Personalisierung der Politik gesprochen (siehe Unterkapitel 6.8). Auch auf die individuellen Wahlkämpfe der Kandidaten bei Bundestagswahlen kann das Konzept der Personalisierung bezogen werden. Es lässt sich nicht nur zeigen, dass sich die Wahlkämpfe von Kandidaten erheblich unterscheiden (Giebler/Wüst 2011b), sondern auch, dass etwa das Ausmaß der Personalisierung das Wahlergebnis beeinflusst (Zittel/Gschwend 2008; Giebler et al. 2014).

In diesem Unterkapitel wird zum einen betrachtet, wer kandidierte, zum anderen wird die individuelle Wahlkampfführung der Kandidaten untersucht, die bei der Bundestagswahl 2013 um einen Sitz im Deutschen Bundestag wetteiferten. Die Datengrundlage bildet die nach der Wahl durchgeführte Kandidatenstudie des GLES-Projektes, welche alle Kandidaten der aktuell im Bundestag vertretenen Parteien sowie der FDP, der AfD und der Piraten umfasste. Wahlkämpfe selbst lassen sich durch verschiedene Merkmale charakterisieren. Dieser Beitrag richtet den Fokus auf vier Merkmale: (1) Dauer und Intensität, (2) eingesetzte Mittel, (3) Inhalte und (4) Fokus des Wahlkampfs, d.h. die Frage, ob dieser im Sinne eines Erst- bzw. Zweitstimmenwahlkampfes eher auf die individuellen Kandidaten selbst oder eher auf die jeweilige Partei ausgerichtet war.

3.2.2 Wer kandidierte?

Tabelle 1 zeigt vier sozialstrukturelle Merkmale der Kandidaten insgesamt sowie der Kandidaten jeder einzelnen Partei. Somit können Ähnlichkeiten und Differenzen zur Wahlbevölkerung, also das Ausmaß der Spiegelung der Gesellschaft in der Kandidatenschaft, untersucht werden.

Bei der Geschlechterverteilung lassen sich zwischen den Parteien große Unterschiede aufzeigen. Zwischen Grünen und SPD auf der einen Seite sowie FDP, Piraten und AfD auf der anderen Seite klaffte bei der Bundestagswahl 2013 eine große Lücke von bis zu 30 Prozentpunkten. Dies lässt sich zu einem Teil auf die Mitgliederstrukturen der Parteien zurückführen, die ebenfalls deutliche Unterschiede aufweisen. Relevant ist jedoch auch, inwiefern parteiinterne Quoten bzw. bewusste Strategien von Parteien zur Herstellung von Geschlechtergerechtigkeit bei der Aufstellung von Kandidaten herangezogen wurden. Darauf deuten die Werte für die SPD und die Grünen hin. In jedem Fall lag der Gesamtanteil weiblicher Kandidaten jedoch weit unter dem Bevölkerungsanteil wahlberechtigter Frauen (51,5 Prozent) und tatsächlicher Wählerinnen (51,6 Prozent). Das durchschnittliche Alter der Kandidaten betrug 46 Jahre und war damit geringer als das Durchschnittsalter der Wahlberechtigten. Auffällig, aber wenig überraschend, ist das im Vergleich zu den anderen Parteien geringere Alter bei den Piraten; die AfD wies hingegen das höchste Durchschnittsalter auf. Der Bildungsgrad wiederum lag weit über jenem der wahlberechtigten Bevölkerung. 70 Prozent der Kandidaten verfügten über einen Hochschulabschluss, weitere 20 Prozent über das Abitur, während lediglich elf Prozent maximal einen Realschulabschluss oder vergleichbares aufwiesen. Die Linke und die Piraten unterschieden sich dabei deutlich von den anderen Parteien, da sie einen deutlich geringeren Anteil an Akademikern für die Bundestagswahl 2013 nominiert hatten. Im Fall der Linken mag dies an ihrer Positionierung im linken Spektrum des Parteiensystems, aber auch an der großen Bedeutung früherer WASG-Politiker, die maßgeblich gewerkschaftlich geprägt sind, in der aktiven Parteimitgliedschaft gelegen haben. Die Piraten besaßen den größten Anteil an Personen, die sich noch in (universitärer) Ausbildung befanden. Dies korrespondiert mit dem geringeren Durchschnittsalter und lässt perspektivisch einen höheren Bildungsgrad der Kandidaten dieser Partei erwarten.

Schließlich sind in Tabelle 1 noch Angaben zum Anteil von Kandidaten nicht-deutscher Herkunft ausgewiesen. Es handelt sich dabei um Personen, bei denen mindestens ein Elternteil bei Geburt nicht die deutsche Staatsangehörigkeit besessen hatte. Obwohl eine genaue Erfassung der Bevölkerung mit einem vergleichbaren Hintergrund nur schwer möglich ist, kann davon ausgegangen werden, dass der Durchschnittswert von acht Prozent leicht unterhalb des entsprechenden Werts in der Bevölkerung von etwa zehn Prozent (Bundesamt für Migration und Flüchtlinge 2014: 138) lag. Über die einzelnen Parteien hinweg schwankte der Anteil zwischen vier (FDP) und elf Prozent (Die Linke, AfD). Dabei ist es wenig verwunderlich, dass linke Parteien einen höheren Anteil aufwiesen, sehr wohl aber, dass dies auch bei der AfD der Fall war. Interessant erscheint diesbezüglich auch das Ergebnis einer Analyse von Wüst (2014), die aufzeigt, dass zumindest im linken Parteienspektrum ein positiver Zusammenhang zwischen der Aufstellung von Kandidaten mit Migrationshintergrund und dem Anteil von Personen ausländischer Herkunft im Wahlkreis existierte.

Insgesamt kann also bezüglich der soziodemographischen Merkmale auf der einen Seite festgehalten werden, dass die Kandidatenschaft im Vergleich zur Wahlbevölkerung „männlicher", jünger und höher gebildet war und in geringerem Umfang aus Personen nicht-deutscher Herkunft bestand, so dass sie unter sozialdemographischen Aspekten nicht als repräsentatives Spiegelbild der Gesellschaft gesehen werden kann. Auf der anderen Seite ist aber auch zu konstatieren, dass sich die Kandidaten der verschiedenen hier betrachteten Parteien diesbezüglich deutlich unterschieden haben.

Tabelle 1: Deskriptive Repräsentation (Soziodemographische Merkmale)

	Anteil weiblich	Alter (Durchschnitt)	Anteil Bildungsabschluss			Anteil nichtdeutscher Herkunft
			max. Realschule	Abitur	Hochschule	
CDU/CSU	31	47	8	15	77	6
SPD	40	46	9	16	75	10
FDP	20	46	7	16	77	4
Grüne	44	44	5	20	75	7
Die Linke	35	49	28	20	52	11
Piraten	17	39	13	34	53	8
AfD	14	50	11	16	73	11
Gesamt	29	46	11	20	70	8

Quelle: Informationen zum Alter und Geschlecht wurden den Listen des Bundeswahlleiters entnommen (Bundeswahlleiter 2014) und liegen damit für alle 2.776 Kandidaten vor. Die restlichen Zahlen basieren auf der GLES-Kandidaten-Studie 2013 (ZA5716); N = 1.131. Angaben in Prozent.

Die Kandidatenschaft war sozial also eher ein Zerrspiegel der Gesellschaft. Für das Funktionieren und die Qualität einer repräsentativen Demokratie wäre das aber nur entscheidend, wenn politische Zielvorstellungen und Handlungsorientierungen ausschließlich sozialstrukturell determiniert wären. Bereits Pitkin (1967) unterschied verschiedene Repräsentationskonzepte und führte die deskriptive Repräsentation auf der Basis sozialstruktureller Merkmale nur als eine mögliche Form auf, der jedoch das entscheidende Element der Handlungsorientierung fehle, welche wiederum für eine sinnvolle Bewertung der Performanz von Politikern durch die Wählerschaft unabdingbar sei (Pitkin 1967: 68). Die geringe Aussagekraft bestätigt auch eine aktuelle Studie von Lichteblau und Wagner (2014) zur Bundestagswahl 2009, die nur in sehr geringem Ausmaß einen Effekt von sozialstruktureller Übereinstimmung auf Repräsentationsqualität konstatiert.

Stattdessen erweist sich das Konzept der substantiellen Repräsentation für moderne Demokratien als passender; Politiker treten zur Wahl mit dem Angebot an, die Interessen ihrer jeweiligen Wählerschaft zu vertreten. Es geht also konkret um politische Präferenzen und politische Programme, wobei die Kongruenz zwischen Versprechen und Wirklichkeit während einer Legislaturperiode überprüft und dann als Grundlage für eine Belohnung durch Wiederwahl oder Bestrafung durch Wechselwahl herangezogen werden kann.

Bis heute stellt die Links-Rechts-Dimension das zentrale Merkmal des politischen Wettbewerbs in Deutschland dar (siehe Unterkapitel 6.4). Es handelt sich dabei um ein übergeordnetes „Superthema", das in der politischen Landschaft als Orientierungshilfe fungiert und unter welches sich viele zentrale Streitfragen moderner Gesellschaften subsummieren lassen. Entsprechend eignet sich die Links-Rechts-Dimension besonders gut, um die Qualität substantieller Repräsentation zu überprüfen (Lichteblau/Wagner 2014). In Abbildung 1 werden mithilfe geglätteter Histogramme sowohl die Verteilung der Links-Rechts-Selbstpositionierung der Bürger vor der Bundestagswahl (gestrichelte Linie; siehe auch Unterkapitel 6.4) als auch der Kandidaten (durchgezogene Linie) abgetragen. Je höher die jeweilige Linie, desto mehr Personen der jeweiligen Gruppe positionieren sich an dieser Stelle auf der Links-Rechts-Dimension. Im Idealfall, also bei perfekter substantieller Repräsentation der Bevölkerung durch die Kandidatenschaft, lägen komplett identische Verteilungen vor.

Abbildung 1: Substantielle Repräsentation (Links-Rechts-Dimension)

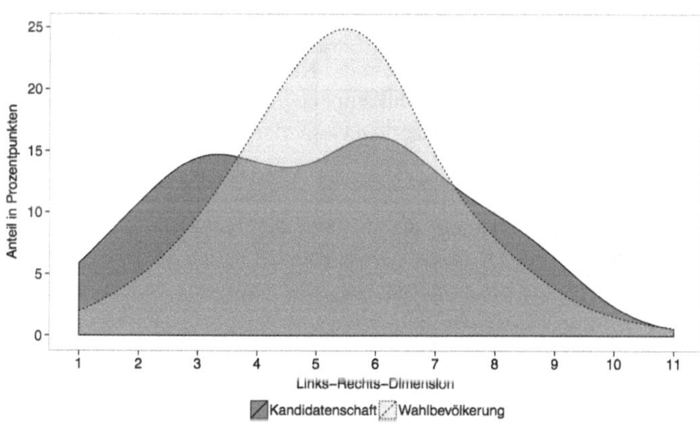

Quelle: GLES-Kandidaten-Studie 2013 (ZA5716); N=1.120.; GLES-Vorwahl-Querschnittsbefragung 2013 (ZA5700), N=1.779.
Die durchgezogene Linie gibt die Verteilung der Kandidaten wieder, die gestrichelte Linie die Verteilung der Bevölkerung.

Offensichtlich ist dies in Abbildung 1 nicht der Fall; die Bevölkerung konzentriert sich deutlich stärker um den Skalenmittelpunkt (6) bzw. etwas links von der Mitte als die Kandidaten. Bei den Kandidaten haben wir es hingegen mit einer bi-modalen Verteilung zu tun, mit Maxima bei den Skalenwerten von 3 und 6, was auf die Existenz unterschiedlicher politischer Lager hinweist. Die Bevölkerung tendierte viel stärker zu moderaten Positionen, während die Kandidatenschaft eher zu den Polen der Skala strebte, was auf Defizite im Sinne substantieller Repräsentation verweist. Es muss also auch diesbezüglich festgehalten werden, dass sich Kandidaten und Bürger deutlich unterschieden.

3.2.3 Wahlkampfdauer und -intensität

Zentrale Kennzahlen für die Beschreibung eines Wahlkampfs sind dessen Dauer sowie die Intensität, mit der er geführt wird (Giebler/Wüst 2011a). Wenngleich die Wahlkämpfe von den Partei- und Wahlkampfzentralen aus koordiniert werden (siehe Unterkapitel 3.1), existieren nichtsdestotrotz große Unterschiede zwischen den Kandidaten in Bezug darauf, wann sie ihre Wahlkampfaktivitäten beginnen und wie viel Zeit sie dafür investieren. Nicht jeder kann oder will über einen längeren Zeitraum hinweg in Vollzeit Wahlkampf betreiben. Tabelle 2 macht deutlich, wie sich die Kandidaten der verschiedenen Parteien diesbezüglich bei der Bundestagswahl 2013 unterschieden haben. Bei der AfD, sicherlich begründet durch das junge Alter der Partei, haben lediglich 40 Prozent der Kandidaten bereits mehr als drei Monate vor der Wahl mit dem Wahlkampf begonnen. Interessanterweise lag auch die CDU/CSU deutlich unter dem Gesamtdurchschnitt von 73 Prozent. An der Spitze standen die Grünen (80 Prozent) und die SPD (90 Prozent). Letztere wies, lediglich übertroffen von der Linken, zudem auch einen sehr hohen Anteil an Personen auf, die sich ab einem gewissen Zeitpunkt voll auf den Wahlkampf konzentrierten. Alle anderen Parteien lagen, bis auf die AfD, welche wiederum den geringsten Anteil aufwies, nahezu gleichauf zwischen 67 und 70 Prozent.

Vergleicht man den Anteil der Kandidaten, die 2013 im Umfang einer Vollzeitbeschäftigung Wahlkampf betrieben haben, mit dem entsprechenden Wert bei der Bundestagswahl 2009 (Giebler et al. 2012: 5), kann ein klarer Anstieg von etwa 60 auf 68 Prozent konstatiert werden. Dies ist insofern bemerkenswert, als 2013 im Unterschied zu 2009 mit den Piraten und der AfD zwei jüngere Parteien in der Befragung enthalten waren, die mit weniger professionellen und eingespielten Organisationsapparaten angetreten waren. Der Anteil jener Kandidaten, welche mit dem Wahlkampf mehr als drei Monate vor dem Wahltag begonnen haben, hat sich hingegen im Vergleich zur vorangegangenen Wahl kaum verändert.

Tabelle 2: Wahlkampfdauer und Ressourceneinsatz

	Beginn mehr als 3 Monate vor der Wahl	Vollzeitwahlkampf	Ressourcen	
	(Anteil in Prozent)	(Anteil in Prozent)	Geld (in Euro)	Zeit (in Std. pro Woche)
CDU/CSU	64	67	23.559	40
SPD	90	76	23.712	52
FDP	74	67	6.847	34
Grüne	80	70	9.620	39
Die Linke	76	78	3.467	38
Piraten	76	67	1.931	38
AfD	40	51	5.123	31
Gesamt	73	68	11.212	39

Quelle: GLES-Kandidaten-Studie 2013 (ZA5716); N = 992.

Für die individuellen Wahlkämpfe von Kandidaten haben sich die aufgewandten Eigenmittel und die zeitlichen Ressourcen pro Woche im letzten Monat vor der Wahl als aussagekräftige Indikatoren der Kampagnenintensität erwiesen (Wüst et al. 2006; Giebler/Wüst 2011b; Giebler/Wüst 2011a). Pro Kopf betrugen die Ausgaben der Kandidaten bei der Bundestagswahl 2013 11.212 Euro und mit 39 Stunden pro Woche wurde das Äquivalent einer kompletten Arbeitswoche auf Wahlkampfaktivitäten verwendet. Insbesondere wenn man in Betracht zieht, dass sich diese Daten auf alle Kandidaten beziehen und nicht nur auf diejenigen mit Aussichten, ein Mandat im Bundestag zu gewinnen, spricht dies für einen hohen Ressourceneinsatz. Erneut zeigt sich im Vergleich zur Bundestagswahl 2009 (Giebler/Wüst 2011b: 141f.), dass die durchschnittliche Intensität des Wahlkampfes trotz der Berücksichtigung der Piraten und der AfD weder in Bezug auf finanzielle, noch in Bezug auf zeitliche Ressourcen abgenommen hat. Diese Befunde deuten vielmehr insgesamt auf eine höhere Kampagnenintensität hin.

CDU/CSU und SPD wiesen mit Abstand die höchsten individuellen Wahlkampfausgaben auf; beide Parteien lagen bei etwa 23.000 Euro pro Kandidat. Mit fast 10.000 Euro lagen die Grünen auf dem dritten Platz und die Kandidaten der Piraten gaben mit 2.000 Euro den geringsten Betrag aus. Nicht nur auf der Ebene der zentral getätigten Gesamtausgaben für den Wahlkampf (siehe Unterkapitel 3.1), sondern auch auf der Ebene der Kandidaten mobilisierten die Parteien also in sehr unterschiedlichem Umfang finanzielle Ressourcen. Die Differenzen der eingesetzten zeitlichen Ressourcen fielen jedoch geringer aus. Die Kandidaten der meisten Parteien wandten durchschnittlich etwa 40 Stunden pro Woche auf, jene der FDP (34 Stunden) und der AfD (31 Stunden) deutlich weniger. Interessant erscheint der besonders hohe Zeitaufwand bei den Kandidaten der SPD, in dem sich vermutlich die Strategie des „Tür-zu-Tür"-Wahlkampfs niederschlug (siehe Unterkapitel 3.1). Gerade der direkte Kontakt zu den Bürgern kann nur durch einen hohen zeitlichen Einsatz hergestellt werden. Auf der anderen Seite zeigt sich am Beispiel der SPD aber auch, dass sich Dauer und Intensität nicht zwangsläufig in einem positiven Wahlergebnis widerspiegeln müssen.

3.2.4 Wahlkampfmittel

Im Verlauf eines Wahlkampfes kommen viele unterschiedliche Mittel zum Einsatz, um politische Positionen oder persönliche Qualitäten zu kommunizieren bzw. ganz generell Aufmerksamkeit zu erzeugen. Diese werden von der Wahlkampfforschung häufig in drei Kategorien eingeteilt, die einer chronologischen Ordnung folgen, aber auch unterschiedliche Funktionsweisen anzeigen: „vormoderne", „moderne" und „postmoderne" Wahlkampfmittel (Norris 2000; Giebler/Wüst 2011b). Bei sogenannten vormodernen Mitteln handelt es sich um nicht-elektronische Kommunikationsmedien, wie Plakate, Infomaterial, Wahlkampfstände oder öffentliche Reden. Mit der universellen Verbreitung elektronischer Massenmedien gewannen moderne Mittel deutlich an Bedeutung. Zu diesen zählen allen voran Interviews und Werbung in Radio und Fernsehen, was folglich zu einem Wandel stärker hin zu einem Wahlkampf führt, welcher die Logik der Werbeindustrie aufgreift. Postmoderne Wahlkämpfe nutzen primär das Internet als Medium, etwa in Form von Facebook und Twitter (siehe Unterkapitel 3.3).

Die Kandidaten haben diese Mittel bei der Bundestagswahl 2013 in sehr unterschiedlichem Ausmaß genutzt. In Abbildung 2 stellen die Balken den Anteil der Kandidatenschaft dar, welcher das entsprechende Mittel während des Wahlkampfes genutzt hat. Zur besseren Übersichtlichkeit werden lediglich die zehn am häufigsten verwendeten Wahlkampfmittel aufgeführt. Fast alle Kandidaten griffen auf die vormodernen Mittel des Wahlkampfstandes und der Bereitstellung von parteispezifischem Informationsmaterial zurück. Nicht zufällig sind es jene Mittel, die eng mit dem zentralen Wahlkampf der Parteiorganisationen verbunden sind, da von deren Wahlkampfzentralen sowohl das Informationsmaterial als auch Unterstützung für Wahlkampfstände abgerufen werden können. Zum Teil verlangen die Parteien solche Aktivitäten auch gezielt. Mit dem Straßenwahlkampf, dem Wahlkampf von Tür zu Tür, Unternehmens- und Vereinsbesuchen, öffentlichen Reden sowie personalisiertem Infomaterial waren es vor allem weitere vormoderne Wahlkampfmittel, welche darüber hinaus zum Einsatz kamen. Auf Platz drei lag das einzige Wahlkampfmittel, dass sich eher dem modernen Instrumentarium der Wahlkampfführung zuordnen lässt: Interviews und Pressemitteilungen. Zwar werden diese auch schon seit langem im Wahlkampf genutzt, verfügen aber aufgrund der Diversifikation der Medienlandschaft und die gesteigerte Zugänglichkeit eher über einen modernen Charakter. Insgesamt finden sich in der Abbildung auch drei Wahlkampfmittel, die als postmodern klassifiziert werden können (Kandidatenwatch/Wahl-O-Mat, Facebook und persönliche Internetseite). Diese waren auch schon bei der Wahl 2009 verbreitet (Giebler/Wüst 2011b: 144). Es kann aber ein deutlicher Anstieg konstatiert werden, der sich nicht allein durch den Einbezug der Internet-affinen Piraten, sondern insbesondere auch durch ein Umdenken bei den anderen Parteien erklären lässt.

Abbildung 2: Nutzungshäufigkeit einzelner Wahlkampfmittel

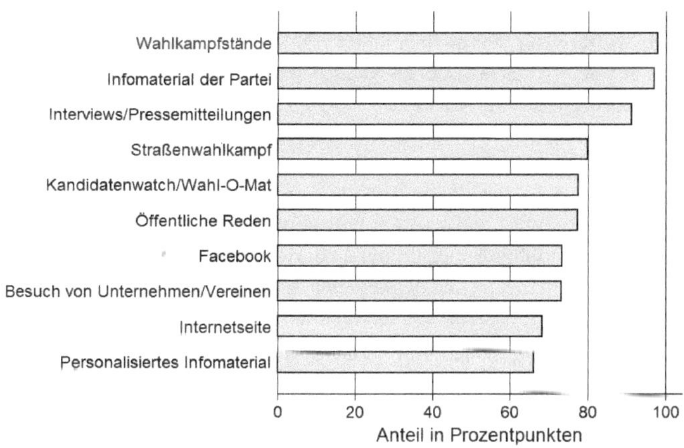

Quelle: GLES-Kandidaten-Studie 2013 (ZA5716); N=1.103.

Im Allgemeinen wird aber deutlich, dass die Kandidaten auf eine Vielzahl unterschiedlicher Mittel zurückgriffen. Selbst das lediglich am zehnthäufigsten genutzte Wahlkampfmittel kam noch immer in zwei von drei individuellen Wahlkämpfen zum Einsatz. Auch dies deckt sich mit früheren Befunden zur diversifizierten Natur des Wahlkampfes in Deutschland, aber auch anderen Ländern (Wüst et al. 2006; Giebler/Wüst 2011b; Giebler/Wüst 2011a).

3.2.5 Wahlkampfinhalte

Was aber wurde über die Vielzahl der verwendeten Mittel eigentlich kommuniziert? Mit welchen Inhalten versuchten Kandidaten Stimmen zu gewinnen? Abbildung 3 visualisiert die durchschnittlich zugeschriebene Relevanz verschiedener Aspekte in der individuellen Wahlkampfkommunikation. Die größte Betonung erfuhr das Wahlprogramm der eigenen Partei, also das, wofür die Partei im entsprechenden Wahlkampf stand. Dies ist nicht verwunderlich, da zum einen Parteizugehörigkeit noch immer eine relevante Heuristik für die Bewertung eines Kandidaten darstellt. Zum anderen erfuhr die Zweitstimme – also jene für die Partei – durch die Wahlsystemänderung eine weitere Aufwertung. Mit in etwa gleich starker Betonung im Wahlkampf folgten vier weitere Faktoren, die sich entweder auf persönliche Themen oder Eigenschaften bezogen oder aber erneut die Partei über den Spitzenkandidaten und die Leistungsbilanz in den Vordergrund rückten. Vergleichsweise wenig wurde über andere Parteien und deren Personal gesprochen, ein deutliches Anzeichen, dass negativer Wahlkampf, also die Abwertung von und Angriffe auf politische Konkurrenz, in Deutschland weniger verbreitet ist.

Auf Basis der Abbildung 3 lassen sich auch erste Aussagen über die Personalisierung von Wahlkampfinhalten im Gegensatz zur Betonung von durchgeführten oder angestrebten Politiken treffen. Über alle Kandidaten hinweg spielten Inhalte noch immer eine wichtigere Rolle als Persönlichkeit, selbst wenn man eigene und gegnerische Spitzenkandidaten einbezieht. Das schließt nicht aus, dass die Personalisierung des eigenen Wahlkampfes für die Kandidaten im Vergleich zu früheren Wahlen wichtiger geworden ist. Bis jetzt gibt es allerdings keinen Hinweis darauf, dass Persönlichkeit zum dominanten Faktor in den individuellen Bundestagswahlkämpfen geworden ist. Dies gilt auch bei Betrachtung der einzelnen Parteien. Lediglich die AfD betonte stärker Persönlichkeit als Inhalte. Am deutlichsten auf Inhalte und nicht auf Personen setzten hingegen die FDP und die Piraten.

Abbildung 3: Themenbetonung im Wahlkampf

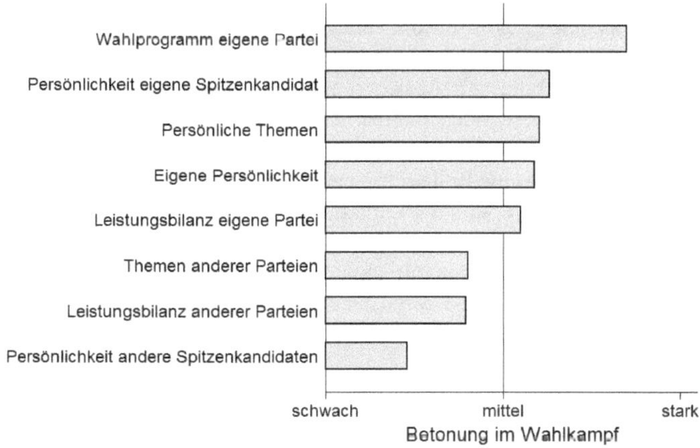

Quelle: GLES-Kandidaten-Studie 2013 (ZA5716); N=1.094.

3.2.6 Wahlkampffokus

Die angesprochene Personalisierung der Politik kann sich aber nicht nur über Inhalte des Wahlkampfes vollziehen. In dem Mischwahlsystem, das bei Bundestagswahlen eingesetzt wird, ist es vielmehr ebenso von Bedeutung, welchen Fokus – auf sich selbst als Person oder aber auf die vertretene Partei – ein Kandidat im Wahlkampf legt. So kann eine Person zwar inhaltlich über das Parteiprogramm sprechen, dabei aber sehr wohl die eigene Rolle bei der Entwicklung einzelner Punkte oder auch die individuelle Perspektive auf einzelne Aspekte des Programms in den Vordergrund stellen. Dasselbe gilt auch für unterschiedliche Wahlkampfmittel, Kandidaten können sich entscheiden, eher personalisierte oder eher parteibezogene Mittel zu verwenden. Auch zeitliche und finanzielle Ressourcen spielen eine Rolle, da sie den Spielraum einer Personalisierung im Wahlkampf definieren. Mit anderen Worten: Der Wahlkampffokus kann für eine übergeordnete Charakterisierung individueller Wahlkämpfe herangezogen werden (Zittel/Gschwend 2008; Giebler/Weßels 2013; Giebler et al. 2014).

Die Frage, ob der Fokus eher auf die Person oder die Partei gelegt wird, hängt maßgeblich von zwei Faktoren ab. Zentral ist der Typ der Kandidatur: tritt eine Person lediglich im Wahlkreis an, ist ausschließlich die Erststimme entscheidend für ihren Erfolg oder Misserfolg bei der Wahl, und ein personalisierter Wahlkampf erscheint sinnvoll. Listenkandidaten müssen hingegen daran interessiert sein, den Zweitstimmenanteil ihrer Partei zu maximieren, was einen Fokus auf die Partei nahelegt. Bei Doppelkandidaturen lässt sich keine eindeutige Aussage über sinnvolles strategisches Verhalten machen, da sie oftmals zur Absicherung von Spitzenpersonal als auch zur pro forma flächendeckenden Sichtbarkeit der Partei verwendet werden, was völlig unterschiedliche Logiken des Wahlkampfs erzeugt. Daneben spielt aber auch die Frage eine Rolle, für welche Partei eine Person kandidiert. In Deutschland verteilen sich die Direktmandate primär zwischen den Unionsparteien und der SPD, weshalb es für Kandidaten anderer Parteien nur in den seltensten Fällen sinnvoll ist, auf einen personenorientierten Wahlkampf zu setzen, da dies zu Kosten der Zweitstimme und damit der einzigen Chance, ein Mandat zu erringen, geschieht (Giebler et al. 2014).

Abbildung 4: Wahlkampffokus

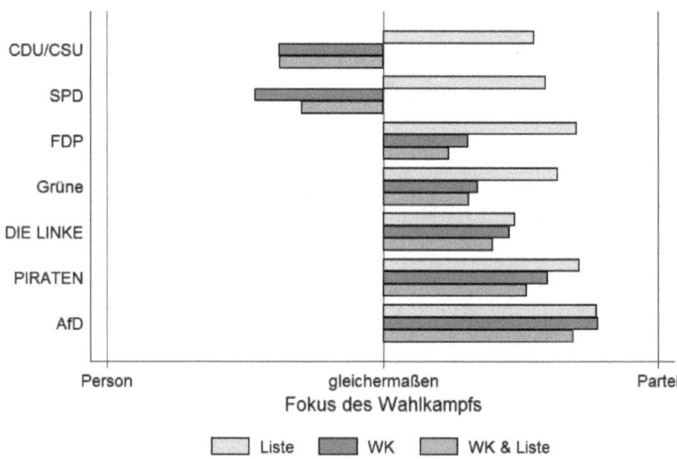

Quelle: GLES-Kandidaten-Studie 2013 (ZA5716); N=1.120.

Ein Blick in Abbildung 4 bestätigt diese Vermutungen. Einen stark auf die Person bezogenen Wahlkampffokus gab es nur bei Kandidaten der großen Parteien. Bei ihnen zeigten sich markante Unterschiede in Abhängigkeit vom Typ der Kandidatur. Interessant ist, dass Personen mit Doppelkandidatur ihren Wahlkampf ähnlich wie Wahlkreiskandidaten konzipierten. Je nach Parteizugehörigkeit waren Doppelkandidaturen eher auf die Person oder auf die Partei fokussiert. Bei der FDP und den Grünen ließ sich zumindest noch ein mit den beiden Großparteien vergleichbares Muster identifizieren, wenn auch auf stärker parteiorientiertem Niveau, da die Unterschiede zwischen reinen Listenkandidaturen und den anderen Typen noch relativ groß ausfiel. Bei den verbleibenden Parteien ging es grundsätzlich darum, den Fokus auf die Partei zu richten.

3.2.7 Fazit

Wahlkämpfe sind mehr als das TV-Duell und die zentralen Aktivitäten und Veranstaltungen der Parteien. Es sind vor allem auch die Aktivitäten der Kandidaten, die Inhalte kommunizieren oder um Stimmen kämpfen und damit als Multiplikatoren für eine generelle Mobilisierung im Vorfeld einer Wahl sorgen. Diese individuellen Wahlkämpfe der Kandidatenschaft, wie auch deren sozialstrukturelle und ideologische Zusammensetzung, unterscheiden sich durchaus. Entsprechend ist es nicht verwunderlich, dass lokale bzw. individuelle Wahlkämpfe relevante Effekte auf das Wahlverhalten oder die Wahlbeteiligung haben und dabei Wahlergebnisse vielleicht nicht entscheidend, aber durchaus signifikant beeinflussen können. Als Beispiel sei hier auf die FDP verwiesen, die 2013 zum ersten Mal an der Fünf-Prozent-Hürde gescheitert ist. Hätten Wahlkreiskandidaten und solche mit Doppelkandidaturen (noch) stärker den Wahlkampffokus auf die Partei und nicht auf sich als Person gelegt, dann wäre ein Sprung in den Bundestag durchaus wieder möglich gewesen. Gleichzeitig kann aber auch, betrachtet man das finanzielle und zeitliche Engagement der Kandidaten oder aber auch die Vielseitigkeit der individuellen Wahlkämpfe, die Mär von den „faulen" und „abgehobenen" Politikern fraglos dahin zurückverwiesen werden, wo sie herkommt: an die Stammtische der Republik und die Boulevardmedien.

Literatur

Bundesamt für Migration und Flüchtlinge 2014: Migrationsbericht 2012. Berlin: Bundesministerium des Innern.

Bundeswahlleiter 2014: Wahl zum 18. Deutschen Bundestag am 22. September 2013. Sonderheft: Die Wahlbewerber für die Wahl zum 18. Deutschen Bundestag 2013, Wiesbaden: Bundeswahlleiter.

Giebler, Heiko/Gschwend, Thomas/Schlote, Sara/Schmitt, Hermann/Vollmar, Maike/Weßels, Bernhard/Wüst, Andreas M./Zittel, Thomas 2012: GLES Kandidatenstudie 2009: Motive, Nominierung, Wahlkampf, Repräsentation und Demokratie aus der Sicht der Kandidatinnen und Kandidaten der Bundestagsparteien zur Bundestagswahl 2009 [http://www.wzb.eu/sites/default/files/zkd/dsl/kandidatenstudie_2009.pdf] <10.4.2014>.

Giebler, Heiko/Weßels, Bernhard 2013: Campaign Foci in European Parliamentary Elections: Determinants and Consequences, in: Journal of Political Marketing 12, 53-76.

Giebler, Heiko/Weßels, Bernhard/Wüst, Andreas M. 2014: Does Personal Campaigning Make a Difference?, in: Weßels, Bernhard/Rattinger, Hans/Roßteutscher, Sigrid/Schmitt-Beck, Rüdiger, Hg., Voters on the Run or on the Move?, Oxford: Oxford University Press, 140-164.

Giebler, Heiko/Wüst, Andreas M. 2011a: Campaigning on an Upper Level? Individual Campaigning in the 2009 European Parliament Elections in its Determinants, in: Electoral Studies 30, 53-66.

Giebler, Heiko/Wüst, Andreas M. 2011b: Individuelle Wahlkämpfe bei der Europawahl 2009. Länderübergreifende und ebenenspezifische Befunde, in: Tenscher, Jens, Hg., Kampagnen nach Wahl, Wiesbaden: VS Verlag, 121-152.

Lichteblau, Josephine/Wagner, Aiko 2014: Gelungene Repräsentation: Die Rolle sozialer und politischer Übereinstimmung, in: Mitteilungen des Instituts für Parteienrecht und Parteienforschung 20, 53-63.

Norris, Pippa 2000: A Virtuous Circle: Political Communications in Postindustrial Societies, Cambridge: Cambridge University Press.

Pitkin, Hanna F. 1967: The Concept of Representation, Berkely: University of California Press.

Wüst, Andreas M. 2014: Immigration into Politics: Immigrant-origin Candidates and Their Success in the 2013 Bundestag Election, in: German Politics and Society 32, 1-15.

Wüst, Andreas M./Schmitt, Hermann/Gschwend, Thomas/Zittel, Thomas 2006: Candidates in the 2005 Bundestag election: mode of candidacy, campaigning and issues, in: German Politics 15, 420 – 438.

Zittel, Thomas/Gschwend, Thomas 2008: Individualised Constituency Campaigns in Mixed-member Electoral Systems: Candidates in the 2005 German Elections, in: West European Politics 31, 978-1003.

3.3 Twitter im Wahlkampf

Joss Roßmann, Tobias Gummer und Christof Wolf

3.3.1 Einleitung

Seit dem Ende der 1990er Jahre wird das Internet von deutschen Parteien und Politikern regelmäßig für die politische Kommunikation in Wahlkämpfen genutzt (Jungherr/Schoen 2013: 124). Inzwischen hat es sich neben den Printmedien, dem Radio und dem Fernsehen als politisches Kommunikationsmedium etabliert und zur Erweiterung des politischen Informationsangebots beigetragen (Schulz 2011: 420). Während das Internet von Parteien zunächst vorwiegend zur internen Vernetzung der Mitglieder sowie für die Verbreitung von Informationen über Webseiten genutzt wurde, begann mit der Bundestagswahl 2002 eine Ausweitung der Online-Angebote seitens der Parteien. Mit dem spektakulären Erfolg der Kampagne von Barack Obama im US-amerikanischen Wahlkampf im Jahr 2008, die in starkem Maße auf das Internet setzte und für viele Beobachter zum Synonym für „Online-Wahlkampf" wurde (Jungherr/Schoen 2013: 102f.), erhöhten sich auch die Erwartungen der Parteien in Deutschland bezüglich der Möglichkeiten des Internets im Wahlkampf zur Bundestagswahl 2009 (Albers 2009: 33; Jungherr/Schoen 2013: 131; Voss 2013: 34). Mit diesem Wahlkampf wurden erstmals Elemente des „Web 2.0" eingebunden, die eine verstärkte Interaktivität und soziale Vernetzung zwischen den Parteien und Politikern und der Wählerschaft versprachen (Albers 2009: 33; Jürgens/Jungherr 2011: 201f.). Zu diesen neuen Elementen gehörten Videoportale wie YouTube, soziale Netzwerke wie Facebook, StudiVZ und MeinVZ sowie der Mikrobloggingdienst Twitter (siehe Albers 2009: 33; Jürgens/Jungherr 2011: 201f.). Obwohl sich die hohen Erwartungen sowohl der Öffentlichkeit als auch der Medien und Parteien an die Möglichkeiten des Online-Wahlkampfs bei der Bundestagswahl 2009 nicht vollkommen erfüllten, kann mit der Bundestagswahl 2013 festgestellt werden, dass sich Online-Wahlkämpfe als Mittel der politischen Kommunikation etabliert haben (Voss 2013: 34). Insbesondere Twitter hat in den vergangenen Wahlkämpfen eine zunehmende Aufmerksamkeit bei Politikern (Albers 2009: 35; Jürgens/Jungherr 2011: 202), aber auch Massenmedien und damit einhergehend Wahlberechtigten erfahren (siehe Voss 2013: 36). Ein prominentes Beispiel aus dem Bundestagswahlkampf 2013 ist der Hashtag „#aufschrei". Der von ihm bis in die konventionellen Massenmedien verbreitete Themenstrang betraf eine Debatte über Sexismus in Gesellschaft und Politik, welche durch eine Äußerung des FDP-Spitzenkandidaten Rainer Brüderle gegenüber einer Journalistin ausgelöst wurde. Auch und gerade zum TV-Duell der Kanzlerkandidaten wurden Twitter-Kommentare von Bürgern, Journalisten und Politikern durch die Massenmedien aufgenommen und zur Kommentierung und Bewertung dieses Medienereignisses herangezogen. In Anbetracht der gestiegenen Bedeutung von Twitter in deutschen Online-Wahlkämpfen der vergangenen Jahre soll in diesem Beitrag gezeigt werden, inwiefern und auf welche Art und Weise die Kandidaten der im letzten Bundestag vertretenen Parteien CDU/CSU, SPD, FDP, Grüne und Linke sowie Piratenpartei Twitter im Wahlkampf zur Bundestagswahl 2013, aber auch in der Zeit zwischen dem Wahltag und der Regierungsbildung genutzt haben. Ein besonderes Augenmerk liegt dabei auf der Betrachtung von Unterschieden in der Twitternutzung nach Zugehörigkeit der Kandidaten zu den Parteien sowie auf Veränderungen in der Nutzung zwischen dem laufenden Wahlkampf und der Zeit nach dem Wahltag (12. August bis 15. Dezember 2013). Zu diesem Zweck wurden sämtliche Nachrichten gesammelt und ausgewertet, die von den auf Twitter aktiven Kandidaten in dieser Zeit veröffentlicht wurden (siehe Kaczmirek et al. 2014).

3.3.2 Der Mikrobloggingdienst Twitter

Twitter wurde 2006 gegründet und hat seitdem sukzessive an Popularität gewonnen. Nutzer haben die Möglichkeit, Nachrichten, sogenannte Tweets, bis zur Länge von 140 Zeichen zu veröffentlichen. Diese erscheinen nach dem Absenden auf dem Profil des Nutzers und können von interessierten Personen gelesen werden. Es ist möglich, ähnlich wie bei anderen Sozialen Medien, der Twitter-Kommunikation eines Nutzers zu folgen, falls man selbst ein Nutzerkonto bei Twitter besitzt. In diesem Fall erhält man die gesamten Tweets dieses Nutzers. Personen, welche einem Nutzer folgen, bezeichnet man als Follower.

Beim Verfassen von Tweets gibt es eine Reihe von Möglichkeiten, mit anderen Nutzern zu interagieren. Erstens können Nutzer direkt angesprochen werden, indem das Zeichen @ in Kombination mit dem Namen des anzusprechenden Nutzers in den Text integriert wird. Solche Nachrichten werden dem adressierten Nutzer angezeigt, selbst wenn dieser dem Absender nicht folgt. Ein Beispiel ist folgender fiktiver Tweet: „@peteraltmaier:

Hallo!". Solche direkten Ansprachen werden üblicherweise verwendet, um mit einem Nutzer direkt zu kommunizieren und Antworten von diesem zu erhalten. Zweitens können Tweets mit sogenannten Hashtags Themen zugeordnet werden. Hashtags sind im Fließtext enthalten und durch eine Raute gekennzeichnet. Sie beschreiben üblicherweise den Inhalt eines Tweets. So gibt der Hashtag #bundestagswahl zu verstehen, dass der Tweet das Thema Bundestagswahl behandelt. Sucht ein Nutzer nach einem Thema über einen solchen Hashtag, werden alle Tweets angezeigt, die einen entsprechenden Hashtag beinhalten. Drittens ist es möglich, Links zu Webseiten in Tweets einzubinden. Solche Verlinkungen dienen üblicherweise dazu, die eigenen Follower oder Leser der Beiträge auf die Informationen, welche sich hinter dem Link verbergen, hinzuweisen. Viertens können Nutzer fremde Tweets auf ihrem eigenen Profil verbreiten. Dies bezeichnet man als Retweeten. Technisch ist es möglich, den gesamten Tweet eines Nutzers inklusive des Nutzernamens auf dem eigenen Profil darzustellen. Dies ist vergleichbar mit einem Gastbeitrag auf dem eigenen Profil. Weiterhin hat es sich etabliert, dass Nutzer den Text eines Tweets kopieren und ihm ein „RT" für Retweet voranstellen. Meist folgt dem ein Verweis auf den Urheber durch die Funktion @Nutzer. Ein Beispiel kann der folgende fiktive Tweet sein: „RT @Nutzer: @peteraltmaier: Hallo!".

Twitter offeriert also zahlreiche Funktionalitäten, um direkt mit anderen Nutzern zu interagieren und die Vernetzungsmöglichkeiten Sozialer Medien zu nutzen. Politiker, die Twitter als Medium zur politischen Kommunikation verwenden, machen von diesen Möglichkeiten Gebrauch. Twitter erlaubt es ihnen, direkt und unmittelbar mit Wählern oder auch Journalisten zu kommunizieren. Dadurch lässt sich Bürgernähe demonstrieren. Zudem können sie mit Hilfe von Links Informationsmaterial verbreiten und auf weiterführende Quellen verweisen. Die Verwendung von Hashtags erlaubt es darüber hinaus, die eigenen politischen Standpunkte und Botschaften gezielt in Diskussionen einzubringen und für interessierte Nutzer auffindbar zu machen.

3.3.3 Twitternutzung der Kandidaten im Wahlkampf 2013 und nach der Wahl

Die Bedeutung von Twitter für den Online-Wahlkampf zur Bundestagswahl 2013 kann gut anhand der Nutzung durch die Kandidaten zum Bundestag eingeordnet werden. Von den insgesamt 2.383 vorab recherchierten Kandidaten der sieben betrachteten Parteien hatten 1.018 Kandidaten oder 42,7 Prozent ein Nutzerkonto bei Twitter. Diese Zahl verdeutlicht einerseits, dass

Twitter inzwischen als nicht zu vernachlässigendes Instrument im Online-Wahlkampf wahrgenommen wird. Andererseits zeigt sich aber auch, dass Twitter von der Mehrheit der Kandidaten noch nicht als bedeutsames Mittel im Online-Wahlkampf angesehen wird. So gaben nur 4,6 Prozent der Teilnehmer der im Rahmen des GLES-Projektes durchgeführten Kandidatenbefragung an, dass sie Twitter als wichtigste Aktivität im Wahlkampf 2013 einschätzten. Im Vergleich dazu bewerteten 14,4 Prozent der Kandidaten den Straßenwahlkampf als wichtigste Aktivität (siehe auch Unterkapitel 3.2). Darüber hinaus zeigen sich gravierende Unterschiede in der Nutzung von Twitter zwischen den Parteien. Lediglich 27,9 Prozent der Kandidaten der Linken, 29,6 Prozent der CDU/CSU, 33,7 Prozent der SPD und 39,8 Prozent der FDP hatten ein Profil bei Twitter. Hiervon hoben sich die Grünen und die Piratenpartei deutlich ab, von deren Kandidaten 50,0 Prozent beziehungsweise 79,6 Prozent ein Nutzerkonto hatten. Die Piratenpartei hatte zudem mit 308 die im Vergleich der Parteien absolut meisten auf Twitter aktiven Kandidaten. Mit Ausnahme der Grünen wird Twitter von den im Parteiensystem Deutschlands etablierten Parteien vergleichsweise weniger stark genutzt. Diese Unterschiede in der Verbreitung von Twitter zwischen den Kandidaten der Piratenpartei und den Grünen gegenüber den Kandidaten anderer Parteien bleiben auch unter Berücksichtigung der Alters- und Geschlechterstruktur sowie der Art der Kandidatur (Wahlkreis- und/oder Listenkandidatur) bestehen. Die hohe Zahl der twitternden Kandidaten der Piratenpartei erklärt sich folglich auch durch die starke Affinität der Partei zum Internet an sich. Lediglich bei den Grünen findet sich nach statistischen Kontrollen ein ähnlicher Effekt der Parteizugehörigkeit, welcher aber deutlich schwächer ausfällt. Mit Ausnahme dieser beiden Parteien sind Unterschiede in der Verbreitung von Twitter unter den Kandidaten ausschließlich durch die Alters- und Geschlechterstruktur der Kandidaten sowie die Art der Kandidatur zu erklären. Die Verwendung von Twitter war vor allem unter jungen und männlichen Kandidaten verbreitet. Direktkandidaten mit und ohne Absicherung über einen Listenplatz nutzten Twitter vergleichsweise häufiger als diejenigen Kandidaten, welche lediglich über eine Liste kandidierten.

Die Unterschiede zwischen den Parteien spiegeln sich auch deutlich in der tatsächlichen Nutzung des Mikrobloggingdienstes wider. Im beobachteten Zeitraum, der sechs Wochen vor der Wahl begann und mit der Unterzeichnung des Koalitionsvertrags im Dezember 2013 endete, wurden von den 1.018 Kandidaten insgesamt 463.807 Tweets versendet. Die Kandidaten der Piratenpartei waren hierbei für 69,0 Prozent aller Mitteilungen verantwortlich, während sie insgesamt lediglich 30,3 Prozent der auf Twitter vertretenen Kandidaten ausmachten. Die Kandidaten der Grünen versendeten mit 15,1 Prozent die zweitmeisten Tweets. Die Anteile der Kandidaten der übrigen Parteien an der Gesamtzahl aller Tweets waren mit 5,9 Prozent bei der CDU/CSU, 3,7 Prozent bei der SPD, 3,4 Prozent bei der Linken und 2,8 Prozent bei der FDP recht gering. Die Nutzung von Twitter zur Bundestagswahl 2013 wurde folglich von der Piratenpartei klar dominiert, während von den etablierten Parteien lediglich die Kandidaten der Grünen Twitter in bedeutsamer Weise als Kommunikationsmittel nutzten.

Die Unterschiede in der Häufigkeit des Versendens von Tweets sollen jedoch nicht den Blick darauf verstellen, dass vor allem auch die Art und Weise der Nutzung von Twitter von Bedeutung ist. Blickt man auf die Verteilung der Tweets über den beobachteten Zeitraum hinweg (siehe Abbildung 1), so ist deutlich sichtbar, dass sich wichtige Ereignisse im Umfeld der Wahl in der Menge der versendeten Tweets widerspiegelten.

Abbildung 1: Twitternutzung im Wahlkampf und der Zeit bis zur Regierungsbildung

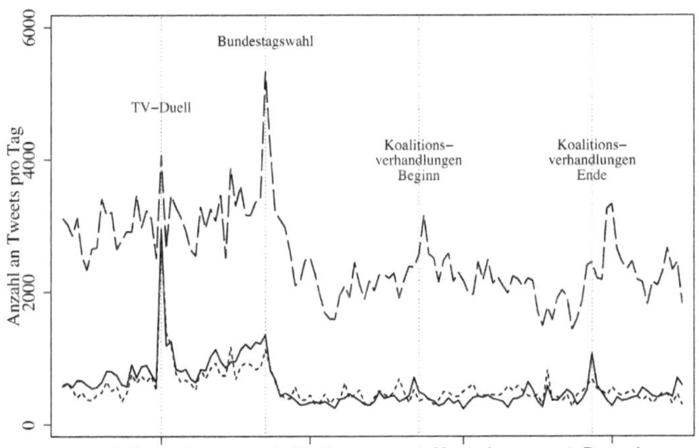

Die bedeutsamsten Ereignisse waren demnach das TV-Duell zwischen den Kanzlerkandidaten Angela Merkel (CDU/CSU) und Peer Steinbrück (SPD)

sowie die Bundestagswahl am 27. September selbst. Doch auch der Beginn und der Abschluss der Koalitionsverhandlungen zwischen der CDU/CSU und der SPD sowie die Bekanntgabe des Ergebnisses des Mitgliederentscheids der SPD über den Koalitionsvertrag am 14. Dezember wurden auf Twitter relativ intensiv begleitet. Die Ereignisse wurden von den Kandidaten der unterschiedlichen Parteien offenbar auch unterschiedlich gewertet. Während das TV-Duell bei den Kandidaten der etablierten Parteien eine stärkere Begleitung auf Twitter erfuhr als die Wahl selbst, war dies bei den Kandidaten der Piratenpartei umgekehrt. Der zweite Bundesparteitag der Piratenpartei am 30. November und 1. Dezember 2013 wurde von den Kandidaten der Partei ebenfalls stark auf Twitter kommentiert, während bei den anderen Parteien andere Ereignisse im Vordergrund standen. Für alle hier betrachteten Parteien ist jedoch festzustellen, dass die Nutzung von Twitter während der heißen Phase des Wahlkampfs stärker ausfiel als nach der Wahl. Diese Entwicklung wird auch deutlich, wenn man die durchschnittliche Anzahl der Tweets der Kandidaten nach Parteizugehörigkeit in den sechs Wochen vor der Wahl mit der Zeit bis zur Regierungsbildung vergleicht.

Abbildung 2: Twitternutzung der Kandidaten nach Parteien vor und nach der Wahl

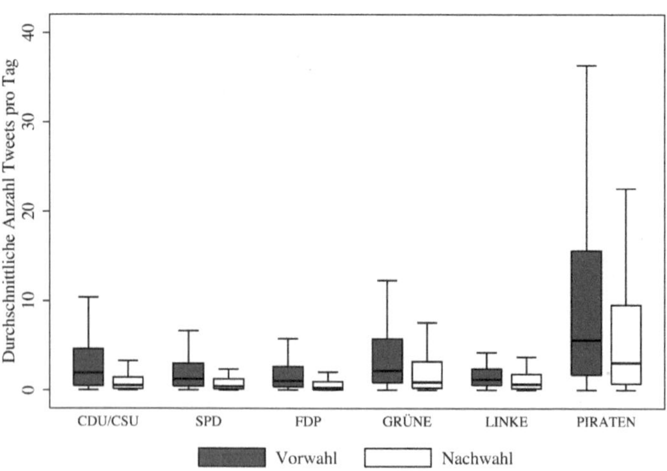

Anmerkung: Ausreißer sind nicht abgebildet.

In der Abbildung 2 ist die Verteilung der durchschnittlichen Anzahl der täglichen Tweets der Kandidaten der Parteien als Boxplot dargestellt. Die Box umfasst jeweils den Bereich, in dem sich die mittleren 50 Prozent der Kandidaten befanden. Die Linie innerhalb der Box gibt den Wert des Kandidaten an, der in der Mitte der Verteilung lag. Die Begrenzungen zeigen den Bereich an, für den beobachtete Werte vorliegen, die nicht als ungewöhnliche „Ausreißer" aus der Verteilung gelten. Die Abbildung illustriert, dass die Kandidaten der Grünen und der Piratenpartei einerseits durchschnittlich mehr Tweets versendeten. Andererseits ist zu sehen, dass der Rückgang in der Häufigkeit der Tweets je Tag bei diesen zwei Parteien und den Linken nach dem Wahltag weniger stark ausfiel als bei den anderen Parteien. Das zeigt sich durch die nur geringfügig zurückgehende Ausdehnung der Box und der Begrenzungslinien nach der Wahl. Bei CDU/CSU, SPD und FDP ist ein erheblich stärkerer Rückgang der Aktivität auf Twitter zu beobachten. Dies deutet daraufhin, dass die Kandidaten der Grünen, Linken und der Piratenpartei Twitter in stärkerem Maße auch abseits des Wahlkampfs zur politischen Kommunikation nutzten.

Abbildung 3: *Nutzung der Funktionalitäten von Twitter im Wahlkampf und der Zeit bis zur Regierungsbildung*

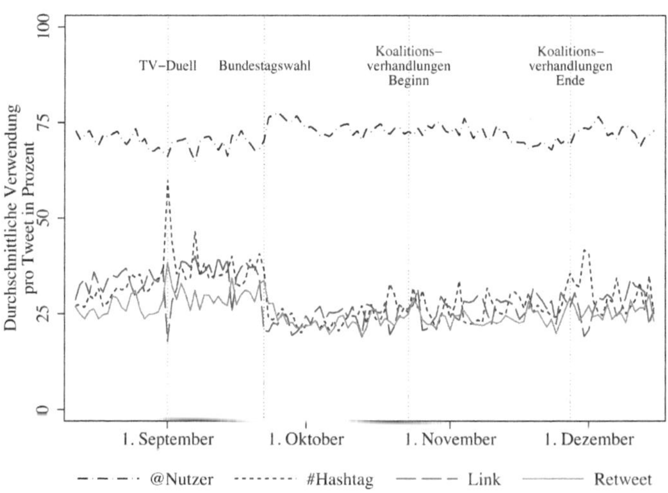

Wie eingangs beschrieben wurde, stellt Twitter Möglichkeiten zur Verfügung, um Mitteilungen inhaltlich zu gestalten, thematisch einzuordnen, an Andere zu adressieren und diese mit Anderen zu teilen. Abbildung 3 illustriert, wie diese Funktionalitäten von Twitter in den Tweets der Kandidaten während des Wahlkampfs und nach der Wahl genutzt wurden. Die Funktion, Nutzer mittels „@Nutzer" direkt anzusprechen, wurde vor der Wahl häufiger verwendet als nach der Wahl. Die Verwendung der anderen drei Funktionen war vor der Wahl deutlich geringer und lag nach der Wahl noch niedriger. Vor allem die Verwendung von Hashtags und Links war im Wahlkampf stärker ausgeprägt als nach dem Wahltag. Dies kann darauf zurückgeführt werden, dass diese beiden Funktionen vor allem dazu geeignet sind, politische Informationen und Botschaften einem breiten Publikum nahezubringen. Nach der Wahl war diese Art der Twitternutzung unter den Kandidaten der Parteien offenbar weniger gefragt und der Anteil der Tweets mit einer direkten Ansprache „@Nutzer" stieg an.

Tabelle 1: Nutzung der Funktionalitäten von Twitter nach Parteien vor und nach der Wahl

	Anteil an Tweets in Prozent							
	@Nutzer		#Hashtag		Link		Retweet	
	VW	NW	VW	NW	VW	NW	VW	NW
CDU/CSU	55,9	63,9	33,4	29,5	47,9	36,6	25,2	25,9
SPD	40,9	54,8	37,1	28,4	50,9	36,5	19,5	17,1
FDP	38,5	49,9	37,8	43,1	58,3	51,5	18,3	24,7
Grüne	64,6	64,8	50,5	36,3	39,6	31,0	35,3	26,2
Die Linke	48,7	50,8	43,9	38,8	49,3	50,5	19,7	18,5
Piraten	77,6	77,5	31,5	23,7	26,7	21,8	29,6	24,2

VW: Vorwahl, NW: Nachwahl. Angaben in Prozent.

Wiederum lassen sich Unterschiede zwischen den Parteien in der Nutzung der Funktionalitäten von Twitter in den Tweets der Kandidaten vor und nach der Wahl beobachten, wie Tabelle 1 zu entnehmen ist. Die direkte Ansprache von Personen mittels der @Nutzer-Funktion war sowohl vor als auch nach der Wahl am stärksten bei den Kandidaten der Piratenpartei und der Grünen vorzufinden. Die verbleibenden Parteien nutzten diese Funktionalität vor allem während des laufenden Wahlkampfs seltener, wobei die Nutzung in der Nachwahlzeit tendenziell anstieg. Links und Hashtags, die vor allem zur

Verbreitung von Informationen und zum gezielten Einbringen von eigenen politischen Standpunkten und Botschaften in Diskussionen genutzt wurden, verwendeten die Kandidaten aller Parteien vorwiegend im laufenden Wahlkampf und weniger stark nach der Wahl. Auffällig ist hierbei, dass diese Art der Nutzung vor allem bei den etablierten Parteien zu beobachten ist und nicht so sehr bei der Piratenpartei. Die Kandidaten der Grünen verwendeten im Wahlkampf vergleichsweise häufig Hashtags, jedoch im Vergleich zu den anderen etablierten Parteien seltener Links. Die Funktionalität des Retweetens wurde im laufenden Wahlkampf wiederum verstärkt von den Kandidaten der Piratenpartei und der Grünen genutzt und in geringerem Ausmaß von den Kandidaten der CDU/CSU sowie der verbleibenden etablierten Parteien. Die Muster unterscheiden sich nach der Wahl weniger deutlich zwischen den Parteien. Zusammenfassend kann festgestellt werden, dass vor allem die Kandidaten der Piratenpartei und, in geringerem Ausmaß, der Grünen die ganze Bandbreite der Funktionalitäten von Twitter ausschöpften und somit Nutzungsmuster aufwiesen, die sich von denen der Kandidaten der anderen Parteien unterschieden. Letztere nutzten Twitter vor allem während des Wahlkampfs zur Verbreitung von Informationen und von eigenen politischen Standpunkten und Botschaften und weniger zur direkten Ansprache anderer Twitternutzer.

3.3.4. Fazit

Parteien und Kandidaten verwenden seit etwa Ende der 1990er Jahre das Internet als Medium für die politische Kommunikation in Wahlkämpfen. Dabei setzen sie ganz gezielt auch auf interaktive Elemente, die eine Vernetzung zwischen Parteien und Politikern auf der einen und der Wählerschaft auf der anderen Seite versprechen. Von Beobachtern dieser Entwicklung wird insbesondere dem Mikrobloggingdienst Twitter viel Aufmerksamkeit geschenkt. Wie die hier präsentierten Analysen verdeutlichen, haben die Kandidaten zur Bundestagswahl 2013 unter anderem (siehe hierzu Unterkapitel 3.2) auch diesen Kommunikationskanal verwendet. Dabei zeigte sich, dass die aktive Verwendung von Twitter durch die Kandidaten nach der Wahl zurückging und sich darüber hinaus der Charakter der gesendeten Nachrichten tendenziell veränderte. Diese deutliche Zäsur in der Art, wie die Kandidaten über Twitter kommunizierten, ist ein offenkundiges Indiz dafür, dass sie Twitter gezielt für den Wahlkampf einsetzten. Die Analyse zeigt zudem, dass die Kandidaten Twitter häufig verwendeten, um wichtige Ereignisse zu kommentieren, wie beispielsweise die TV-Debatte der Kanzlerkandidaten, die Bundestagswahl selbst oder die Unterzeichnung des Koalitionsvertrags zwischen den künftigen Regierungsparteien.

Allerdings zeigen die Analysen auch, dass nur eine Minderheit von etwa 40 Prozent aller Kandidaten über einen Twitteraccount verfügte. Zudem schwankte der Anteil zwischen den Parteien erheblich und fiel, mit Ausnahme der Grünen, insbesondere bei den etablierten Parteien deutlich geringer aus. Doch nicht nur die Beteiligung an diesem neuen Kommunikationsmedium war ungleich über die Parteien verteilt, sondern auch seine Nutzung. Bei weitem die meisten Nachrichten wurden von Kandidaten der Piratenpartei (knapp 70 Prozent) verschickt. Es folgten mit großem Abstand die Kandidaten der Grünen (15 Prozent), während sich die vier übrigen Parteien auf die verbleibenden 15 Prozent der Nachrichten verteilten. Diese relative Zurückhaltung unter den Kandidaten der traditionellen Parteien wird verständlich, wenn man sich vergegenwärtigt, dass Twitter in Deutschland allgemein verhältnismäßig wenig genutzt wird. Statista (2012) weist auf Basis des GlobalWebIndex für das 2. Quartal 2012 2,4 Millionen aktive Twitternutzer aus. Das entspricht rund drei Prozent der Bevölkerung (im Vergleich: USA sieben Prozent und Italien fünf Prozent). Wie die 21. Webumfrage des Langfrist-Online-Trackings des GLES-Projektes zeigt, ist die Verwendung von Twitter auch unter den wahlberechtigten Internetnutzern in Deutschland zurzeit wenig verbreitet (4,2 Prozent). Twitter reicht somit noch lange nicht an die Reichweite traditioneller Kommunikationsmedien heran. Daher muss die Twitternutzung im Wahlkampf differenziert bewertet werden. Aus Sicht der etablierten Parteien ist dieser Kommunikationskanal offenbar nur wenig dazu geeignet, ihre traditionelle Wählerbasis zu erreichen. Vielmehr ist zu vermuten, dass sich die Kandidaten via Twitter vor allem an Journalisten und andere Kommunikations- oder Nachrichtenprofis wenden, die dann als Multiplikatoren dienen und entsprechende Inhalte in traditionelle Medien weitertragen. Außerdem hoffen sie vielleicht, auf diese Weise neue, jüngere Wählerschichten zu erschließen.

Literatur

Albers, Hagen 2009: Onlinewahlkampf 2009, in: Aus Politik und Zeitgeschichte 51/2009, 33-38.

Jungherr, Andreas/Schoen, Harald 2013: Das Internet in Wahlkämpfen: Konzepte, Wirkungen und Kampagnenfunktion, Wiesbaden: Springer VS.

Jürgens, Pascal/Jungherr, Andreas 2011: Wahlkampf vom Sofa aus: Twitter im Bundestagswahlkampf 2009, in: Schweitzer, Eva J./Albrecht, Steffen, Hg., Das Internet im Wahlkampf: Analysen zur Bundestagswahl 2009, Wiesbaden: VS Verlag für Sozialwissenschaften, 201-225.

Kaczmirek, Lars/Mayr, Philipp/Vatrapu, Ravi/Bleier, Arnim/Blumenberg, Manuela/Gummer, Tobias/Hussain, Abid/Kinder-Kurlanda, Katharina/Manshaei, Kaveh/Thamm, Mark/Weller, Kathrin/Wenz, Alexander/Wolf, Christof 2014: Social Media Monitoring of the Campaigns for the 2013 German Bundestag Elections on Facebook and Twitter, GESIS-Working Papers 2014|31, Köln: GESIS – Leibniz-Institut für Sozialwissenschaften.

Schulz, Winfried 2011: Parteineigung, kognitive Mobilisierung und Informationsverhalten der Wähler in der neuen Medienwelt, in: Schmitt-Beck, Rüdiger, Hg., Wählen in Deutschland, PVS Sonderheft 45/2011, Baden-Baden: Nomos, 419-441.

Statista 2012: Anzahl der aktiven Twitter-Nutzer in Deutschland und ausgewählten Ländern im 2. Quartal 2012 (in Millionen). [http://de.statista.com/statistik/daten/studie/244178/umfrage/aktiven-twitter-nutzer-in-deutschland-und-ausgewaehlten-laendern] <29.4.2014>.

Voss, Kathrin 2013: Bundestagswahl 2013 im Netz, in: Aus Politik und Zeitgeschichte 48-49/2013, 34-39.

3.4 Die Dynamik von Mobilisierung und Meinungswandel im Wahlkampf

Julia Partheymüller

3.4.1 Einleitung

Aus Sicht vieler politischer Beobachter schleppte sich der Bundestagswahlkampf 2013 während der Sommermonate nur müde dahin, nahm aber schließlich in den letzten vier Wochen vor der Wahl doch noch Fahrt auf. Erinnerte der Wahlkampf über lange Strecken zunächst stark an den „Valium-Wahlkampf" von 2009 (Krewel et al. 2011a, 2011b), kam letztlich angesichts medialer Ereignisse und Debatten sowie der Landtagswahl in Bayern eine Woche vor der Bundestagswahl doch noch Spannung auf (siehe Unterkapitel 3.1). Inwiefern übersetzte sich dieser Verlauf des Wahlkampfs in eine Dynamik auf Seiten der Wähler?

Der vorliegende Beitrag untersucht dazu zwei Teilfragen. Im ersten Schritt soll der Frage nachgegangen werden, inwiefern der Wahlkampf zur Bundestagswahl 2013 in der Lage war, die Wähler zur Wahlteilnahme zu motivieren. Das Augenmerk richtet sich hierbei speziell darauf, welche Dynamik sich aufgrund der stufenweisen Intensivierung der politischen Kommunikation in verschiedenen Phasen des Wahlkampfs entfaltete. Im zweiten Schritt wird dann analysiert, wie sich die Einstellungen, Wahrnehmungen und Wahlabsichten der Bürger im Wahlkampf entwickelten. Dabei wird speziell auf die Rolle einiger besonders sichtbarer Ereignisse (siehe auch Unterkapitel 3.5) sowie medialer Debatten eingegangen. Sämtliche Auswertungen in diesem Beitrag basieren dabei auf der Rolling Cross Section-Wahlkampfstudie des GLES-Projektes. Die Daten ermöglichen eine dynamische Betrachtung der öffentlichen Meinung im Wahlkampf und erlauben dadurch Rückschlüsse auf Mobilisierung und Meinungswandel im Bundestagswahlkampf.

3.4.2 Mobilisierung

Generell unternehmen die Parteien in Wahlkämpfen aktive politische Mobilisierungsversuche (Rosenstone/Hansen 1993), um gezielt ihre Anhänger zur Wahlteilnahme zu bewegen. Angesichts des Rückgangs der Wahlbeteiligung in Deutschland kamen dabei im Bundestagswahlkampf 2013 zuletzt auch verstärkt solche Kommunikationsstrategien zum Einsatz, die auf der persönlichen Kontaktierung von Wählern basieren (Nielsen 2012), wie zum Beispiel im Fall des Haustürwahlkampfs der SPD. Zusätzlich zu den Parteikampagnen (siehe Unterkapitel 3.1) weiten während des Wahlkampfs auch die Massenmedien ihre politischen Informationsangebote aus, wodurch der Zugang zu politischen Informationen für die Bürger weiter erleichtert wird. Dabei versuchen die Massenmedien gezielt, durch personalisierte und dramatisierende Darstellungsformate, wie zum Beispiel das TV-Duell der Kanzlerkandidaten (Maier/Faas 2011; siehe Unterkapitel 6.9), die Thematik auch für Personen interessant erscheinen zu lassen, die sich ansonsten nur wenig mit Politik auseinandersetzen.

Abbildung 1: Politische Involvierung

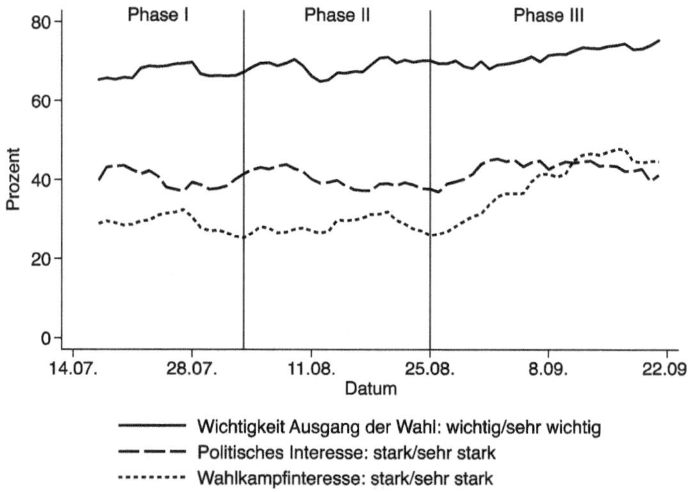

Quelle: GLES-Rolling Cross Section-Wahlkampfstudie 2013 (ZA5703).

Um vor diesem Hintergrund zu prüfen, inwiefern die Parteikampagnen und die Ausweitung des medialen Informationsangebots bei der Bundestagswahl 2013 eine motivierende Wirkung ausübten, werden in Abbildung 1 drei Aspekte der politischen Involvierung dargestellt, die als Voraussetzungen für die Wahlteilnahme gelten können. In Abbildung 1 (und allen folgenden Abbildungen in diesem Unterkapitel) sind jeweils nach Schulbildung gewichtete Durchschnittswerte über sieben Tage (nachlaufende gleitende Durchschnitte) aufgetragen. Außerdem wurde hier der Wahlkampf in drei typische Phasen unterteilt: Phase I kann als Frühphase bezeichnet werden, in der bereits die Programme der Parteien feststehen, aber viele der werblichen Maßnahmen noch rechtlich unzulässig sind oder aus anderen Gründen noch nicht intensiver genutzt werden. Phase II beginnt mit dem offiziellen Starttermin für die Plakatwerbung (im Wahljahr 2013 der 5. August). In dieser Phase beginnen auch die Wahlkampftouren der Spitzenpolitiker. In Phase III, der „heißen" Schlussphase, treten zusätzlich die Rundfunkwerbung und der Straßenwahlkampf als weitere Kommunikationsformen hinzu (im Wahljahr 2013 ab 26. August). Die massenmediale Berichterstattung intensiviert sich in dieser Phase besonders. Speziell fallen in diese Phase auch das TV-Duell (siehe auch Unterkapitel 6.9) sowie weitere Wahlsondersendungen.

Anhand Abbildung 1 wird ersichtlich, dass die große Mehrheit der wahlberechtigten Bevölkerung während des gesamten Wahlkampfs dem Ausgang der Bundestagswahl durchgängig eine hohe oder sehr hohe Wichtigkeit beimaß. Jedoch interessierte sich im Vergleich dazu nur ein deutlich geringerer Anteil der Bürger in stärkerem Maße für Politik im Allgemeinen oder für den Wahlkampf im Besonderen. Dass gerade das Interesse am Wahlkampf zunächst noch geringer ausfiel als das allgemeine Politikinteresse, deutet darauf hin, dass die Wahlbevölkerung ebenso wie die Journalisten (siehe Unterkapitel 3.1) den Wahlkampf zu Beginn überwiegend als langweilig empfand. Während die subjektive Wichtigkeit des Wahlausgangs und das Politikinteresse allenfalls in der dritten Phase einen leichten Anstieg erkennen lassen, zeigt sich für das Wahlkampfinteresse hier eine rasante Zunahme. Schließlich konnte der Wahlkampf also doch das Interesse der Öffentlichkeit verstärkt auf sich ziehen und galt auch unter den politischen Beobachtern letztlich als „not so boring after all" (Lees 2013).

Neben der politischen Involvierung ist zudem für die Mobilisierung wichtig, dass das politische Angebot für die Wähler klar differenzierbare Entscheidungsalternativen bereithält. Denn andernfalls kann auch Unentschlossenheit zur Stimmenthaltung führen. Abbildung 2 zeigt die Entwicklung der Unentschlossenheit hinsichtlich der Erst- und der Zweitstimme sowie der Neigung zur Nichtwahl. Auch hier konzentriert sich die Dynamik auf die „heiße" Schlussphase: Sowohl die Unentschlossenheit als auch die Disposition zur Nichtwahl gingen in dieser Phase stark zurück. Die Parteienkommunikation in den Phasen I und II in Form von Wahlprogrammen, Plakatwerbung und Wahlkampfveranstaltungen sowie die zu diesem Zeitpunkt noch wenig intensive Medienberichterstattung vermochten anscheinend keinen klaren Mobilisierungseffekt zu bewirken. Erst als zusätzliche Elemente der Parteikampagnen sowie die verstärkte Medienaufmerksamkeit in der „heißen“ Schlussphase hinzutraten, kam es zu einer deutlich sichtbaren Wählermobilisierung. Insgesamt intensivierte sich der Wahlkampf somit – ähnlich wie schon bei der Bundestagswahl 2009 (Krewel et al. 2011b) – erst in den letzten vier Wochen vor der Wahl.

Abbildung 2: Nichtwahl und Unentschlossenheit

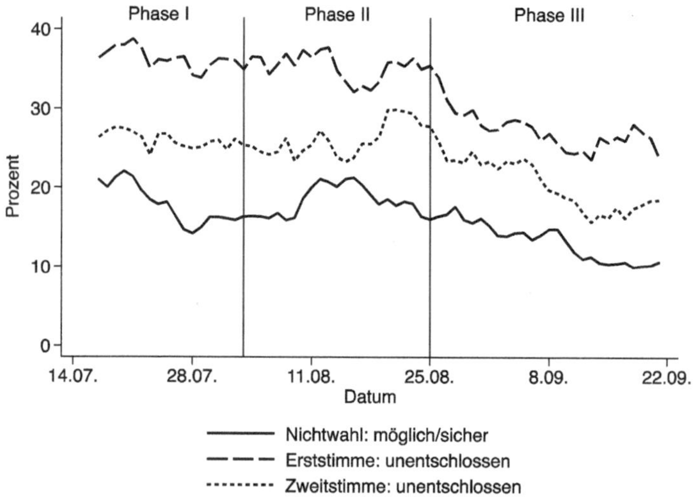

Quelle: GLES-Rolling Cross Section-Wahlkampfstudie 2013 (ZA5703).

3.4.3. Bewertungen von Parteien, Kandidaten und Koalitionen

Ein Grund dafür, warum das Interesse am Wahlkampf zunächst begrenzt ausfiel, kann darin gesehen werden, dass vielen Bürgern das Ergebnis der Bundestagswahl schon vor Beginn des Wahlkampfs als ausgemacht galt: Angesichts der guten Wirtschaftslage in Deutschland und der hohen Popularität von Bundeskanzlerin Angela Merkel (Korte/Switek 2013) bot sich für die Bundesregierung eine überwiegend günstige Ausgangslage. Eine Wiederwahl der Regierung erschien vielen daher als wahrscheinlich und eine neuerliche Kanzlerschaft Merkels als geradezu alternativlos (siehe hierzu auch Kapitel 2).

Abbildung 3: Zufriedenheit mit den Leistungen der Bundesregierung und der Regierungsparteien

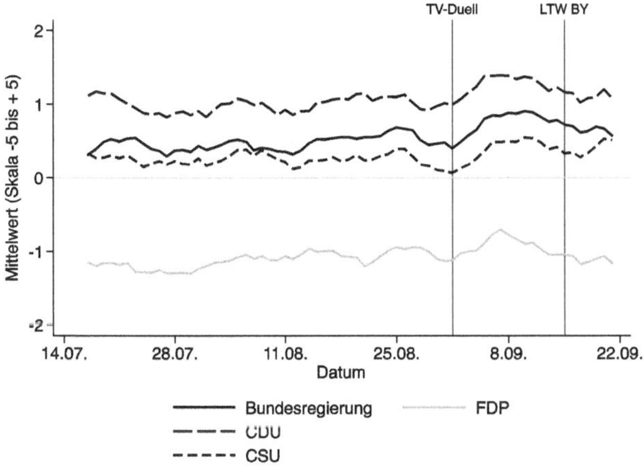

Quelle: GLES-Rolling Cross Section-Wahlkampfstudie 2013 (ZA5703).

Abbildung 4: Problemlösungskompetenz der Parteien

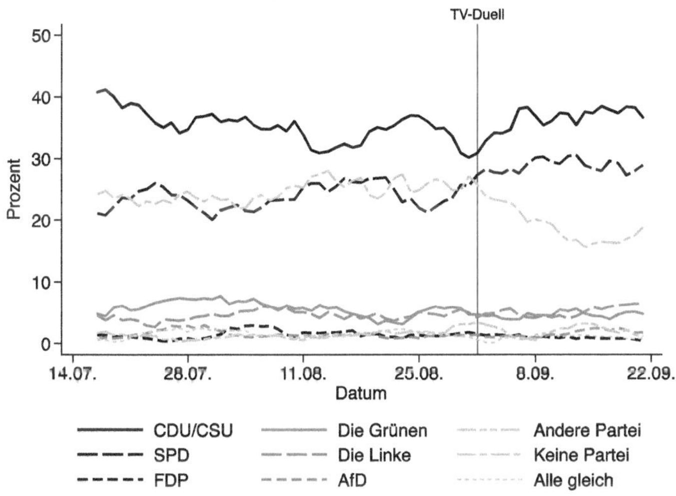

Quelle: GLES-Rolling Cross Section-Wahlkampfstudie 2013 (ZA5703).

Wie zufrieden die Bürger mit den Leistungen der Bundesregierung sowie der einzelnen Regierungsparteien waren, zeigt Abbildung 3. Während die Leistungsbilanz der Bundesregierung in der Tat überwiegend positiv ausfiel, ergibt sich für die einzelnen Regierungsparteien ein gemischtes Bild: Besonders zufrieden waren die Bürger mit den Leistungen der CDU. Die Werte für die CSU lagen ersichtlich darunter, aber noch im positiven Bereich der Skala. Außerordentlich unzufrieden zeigten sich die Bürger mit den Leistungen der FDP. Die Leistungsbewertungen verhielten sich im Wahlkampf über lange Zeit stabil. Jedoch in der Woche nach dem TV-Duell verbesserten sie sich vorübergehend. Obwohl die Entwicklungen für die einzelnen Parteien überwiegend gleichförmig verliefen, kam es außerdem mutmaßlich als Folge ihres Wahlsiegs bei der Landtagswahl in Bayern, die eine Woche vor der Bundestagswahl stattfand, speziell für die CSU zu einer Verbesserung der Leistungsbewertungen. Bemerkenswert ist, dass die Liberalen trotz ihres wirtschaftspolitisch akzentuierten Profils, der Besetzung des Wirtschaftsministeriums durch ihren Parteichef Philipp Rösler und der gezielten Thematisierung der guten Wirtschaftslage im Rahmen ihrer Wahlkampfstrategie offenbar im Zuge des Wahlkampfs nicht von der positiven Wirtschaftslage profitieren konnten. Stattdessen wurden die erbrachten Leistungen – ähnlich wie bereits bei früheren Bundestagswahlen (Debus et al. 2013) – vor allem der Kanzlerpartei innerhalb der Koalition zugesprochen.

Angesichts der hohen Zufriedenheit mit der Regierungsleistung trauten viele Bürger der Union ebenfalls zu, auch zukünftig die wichtigsten politischen Probleme des Landes zu lösen (siehe Abbildung 4). Die CDU/CSU verfügte gegenüber der SPD während des gesamten Wahlkampfs über einen deutlichen Kompetenzvorsprung, jedoch konnte die SPD – trotz einiger Schwankungen – den Abstand im Zeitverlauf insgesamt verringern: Lagen die beiden Parteien Mitte Juli noch rund 20 Prozentpunkte auseinander, schrumpfte der Vorsprung der Union bis zum Tag des TV-Duells auf circa fünf Prozentpunkte zusammen. Danach stiegen die Kompetenzwerte für die CDU/CSU jedoch erneut an, sodass sich der Abstand zur SPD bis zum Wahltermin wieder vergrößerte. Gleichzeitig nahm der Anteil derjenigen, die keine Partei für kompetent hielten, in den letzten drei Wochen vor der Wahl deutlich ab. Wie schon bei der Bundestagswahl 2009 wurden insgesamt wieder vorwiegend die großen Parteien als kompetent zur Lösung der wichtigsten politischen Probleme erachtet; besonders gering waren im Vergleich zur vorherigen Wahl die Kompetenzwerte für die FDP.

Abbildung 5: Allgemeine Bewertungen der Parteien

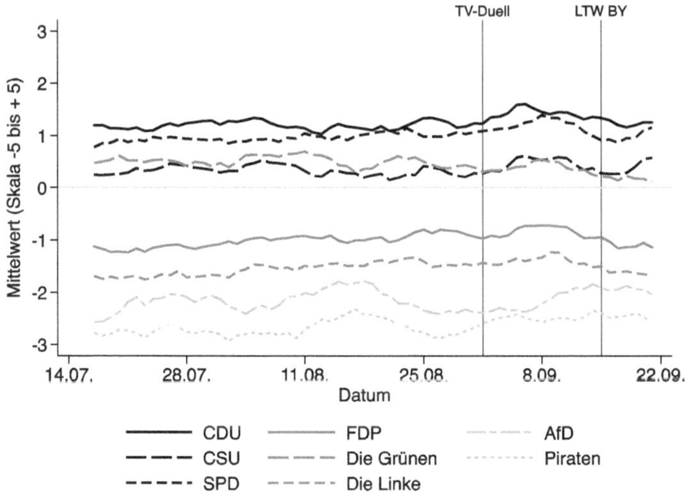

Quelle: GLES-Rolling Cross Section-Wahlkampfstudie 2013 (ZA5703).

Der Abstand zwischen den beiden großen Parteien fiel bei den allgemeinen Parteibewertungen deutlich geringer aus als bei der Problemlösungskompetenz, wie Abbildung 5 zeigt. Die CDU war die am besten bewertete Partei; sie lag dabei aber nur knapp vor der SPD. Danach folgten etwa gleich auf die Grünen und die CSU. Alle weiteren Parteien wurden überwiegend negativ beurteilt. Die FDP, die 2009 noch eine positive Bewertung vorweisen konnte, lag nun deutlich im negativen Bereich. Noch weniger hielten die Wähler allerdings von der Linken, der erst kurz vor der Wahl gegründeten Partei AfD sowie von der Piratenpartei. Die Bewertungen der beiden großen Parteien verbesserten sich in Folge des TV-Duells zeitweilig. Während die Grünen zum Wahltag hin insgesamt an Popularität einbüßten, konnte die CSU kurz vor der Wahl von der gewonnenen Landtagswahl in Bayern profitieren. Für FDP und Linke zeigen sich zunächst ansteigende, zum Wahltag hin jedoch wieder abfallende Verläufe. Die Bewertungen von AfD und Piratenpartei waren stärkeren Fluktuationen unterworfen. Dies könnte darauf zurückzuführen sein, dass diese vergleichsweise neuen Parteien vielen Wählern noch wenig vertraut waren und die Einstellungen zu ihnen daher noch nicht so verfestigt waren wie bei den etablierten Parteien.

Abbildung 6: Allgemeine Bewertungen der Spitzenpolitiker

Abbildung 6: Allgemeine Bewertungen der Spitzenpolitiker

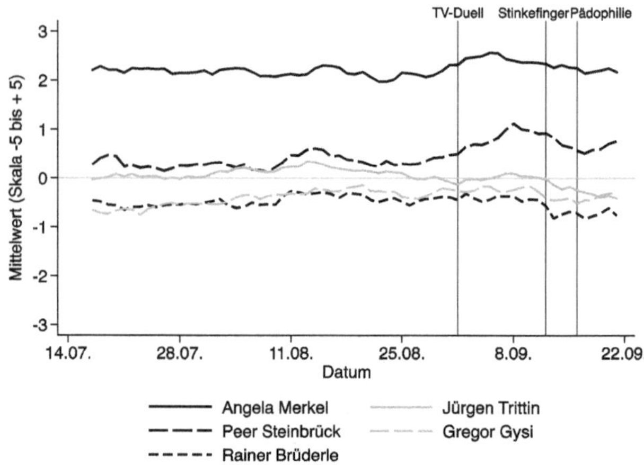

Quelle: GLES-Rolling Cross Section-Wahlkampfstudie 2013 (ZA5703).

Dass Bundeskanzlerin Merkel in Sachen Popularität eine Klasse für sich bildete, wird anhand Abbildung 6 ersichtlich. SPD-Kanzlerkandidat Peer Steinbrück, dessen Ansehen durch negative Presse im Vorwahlkampf gelitten hatte, konnte nach dem TV-Duell gegenüber der Amtsinhaberin kurzfristig zwar noch aufholen, jedoch gingen seine Beliebtheitswerte kurze Zeit später und speziell in Folge der „Stinkefinger"-Debatte (siehe auch Unterkapitel 3.1 und 3.5) wieder zurück. In den letzten Tagen vor der Wahl stiegen seine Bewertungen erneut an, ohne aber dabei das zwischenzeitliche Höchstniveau oder das seines Vorgängers Frank-Walter Steinmeier aus 2009 zu erreichen. Der grüne Spitzenkandidat Jürgen Trittin büßte kurz vor der Wahl erkennbar an Popularität ein. Hierbei könnte die Debatte um die Haltung der Grünen in den frühen 1980er Jahren zur Frage der Straffreiheit von Pädophilie insofern eine Rolle gespielt haben, als dass wenige Tage vor der Wahl Presseberichte eine Verbindung zu dem Kandidaten enthüllten (siehe auch Unterkapitel 3.1 und 3.5). Die Spitzenkandidaten der FDP und der Linken, Rainer Brüderle und Gregor Gysi, wurden ohne einen klar erkennbaren Trend während des Wahlkampfs durchgängig negativ bewertet. Insgesamt deuten die aufgezeigten zeitlichen Koinzidenzen darauf hin, dass die Entwicklungen der Kandidatenbewertungen in engem Zusammenhang mit einigen medialen Ereignissen und Debatten standen.

Abbildung 7: Wünschbarkeit von Koalitionen

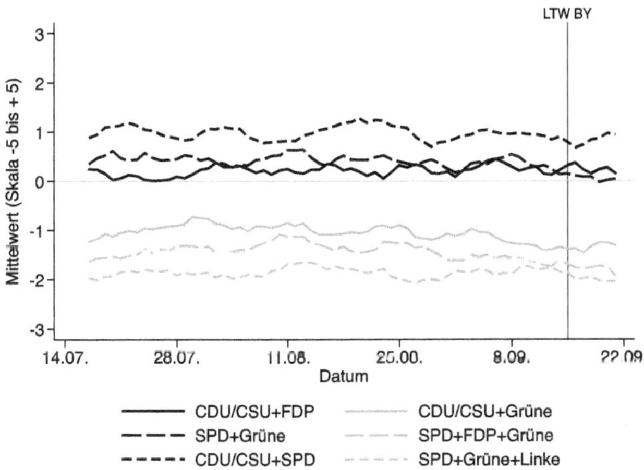

Quelle: GLES-Rolling Cross Section-Wahlkampfstudie 2013 (ZA5703).

Schließlich stellt sich angesichts der aufgezeigten Unterschiede in den Bewertungen der einzelnen Regierungsparteien die Frage, welche Zusammensetzung sich die Wähler für die künftige Regierung wünschten und wie sich die Haltungen dazu während des Wahlkampfes entwickelten. Wie bereits 2009 und im Kontext von anderen Wahlen wurden Koalitionen, die den dominanten Mustern der Regierungsbildung entsprechen (Debus/Müller 2012), insgesamt positiver bewertet als bisher auf Bundesebene noch unerprobte Konstellationen (siehe Abbildung 7). Die Bildung einer Großen Koalition fand dabei die größte Zustimmung. Ein schwarz-gelbes oder rot-grünes Regierungsbündnis hielten die Wähler dagegen für etwas weniger wünschenswert. Unter den bundespolitisch unerprobten Koalitionen, die vorwiegend auf Ablehnung stießen, schnitt die schwarz-grüne Koalition noch am besten ab, ein Linksbündnis aus SPD, Grünen und Linken am schlechtesten. Die Koalitionsbewertungen wandelten sich im Wahlkampf insgesamt nur geringfügig. Mögliche Koalitionen mit den Grünen verloren überwiegend an Zuspruch und nach der Niederlage der FDP bei der Landtagswahl in Bayern nahm der Wunsch nach einer Großen Koalition kurzfristig sogar noch etwas zu.

3.4.4 Wahrnehmungen zu Koalitionen und dem Wahlausgang

Koalitionen können nur gebildet werden, wenn die betreffenden Parteien auch bereit dazu sind. Für die Wunschkoalitionen der großen Parteien nahmen die meisten Bürgern eine hohe Koalitionsbereitschaft wahr (siehe Abbildung 8). Zum Eingehen einer Großen Koalition, die im Wahlkampf nur als politische „Vernunftehe" oder „Notlösung" gehandelt wurde, konnten deutlich weniger Bürger eine Bereitschaft erkennen. Für Koalitionsoptionen, die einseitig oder mehrseitig von den Parteien ausgeschlossen wurden, vermuteten nur wenige Bürger dennoch eine Koalitionsbereitschaft. Im Zuge des Wahlkampfs nahm die wahrgenommene Koalitionsbereitschaft für die Wunschkoalitionen zu und für die ausgeschlossenen Koalitionen ab. Nach der bayrischen Landtagswahl meinten die Bürger vermehrt eine Bereitschaft für eine Große Koalition zu erkennen.

Abbildung 8: Wahrgenommene Koalitionsbereitschaft der beteiligten Parteien

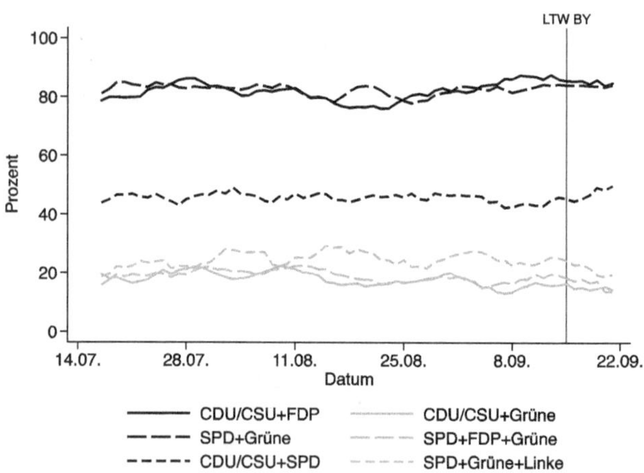

Quelle: GLES-Rolling Cross Section-Wahlkampfstudie 2013 (ZA5703).

Um ihre Stimme nicht zu vergeuden, ist für die Wähler bedeutsam, inwiefern zu erwarten ist, dass die bevorzugte Partei ausreichend Stimmen erhält, um in den Bundestag einzuziehen (Huber et al. 2009). Zu Beginn des Wahlkampfs hielt knapp die Hälfte der Bürger einen Wiedereinzug der FDP sowie der Linkspartei in den Bundestag für wahrscheinlich oder sicher; an einen Einzug der neu gegründeten Partei AfD glaubten demgegenüber nur wenige (siehe Abbildung 9). Mit dem Ausscheiden der FDP aus dem bayrischen Landesparlament war plötzlich auch ihr Einzug in den Bundestag in Frage gestellt. Für die Linkspartei, die auch zuvor nicht im bayrischen Landtag vertreten war, zeigt sich dies nur in abgeschwächter Form. Im Gegensatz dazu nahm die Einzugswahrscheinlichkeit der AfD, die zur bayrischen Landtagswahl nicht angetreten war, in den letzten Wochen und Tagen vor der Wahl geringfügig zu.

Abbildung 9: Erwarteter Einzug in den Bundestag

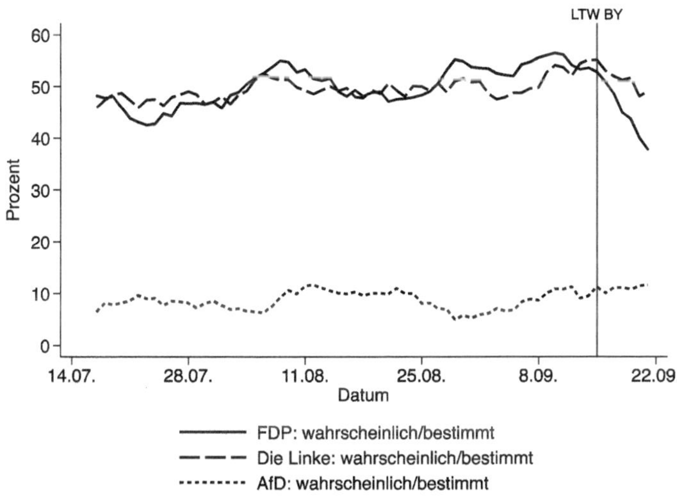

Quelle: GLES-Rolling Cross Section-Wahlkampfstudie 2013 (ZA5703).

Auch auf die Erwartungen über die Zusammensetzung der nächsten Bundesregierung wirkte sich die Bayern-Wahl aus (siehe Abbildung 10): Gingen vor der bayrischen Landtagswahl viele Bürger von einer Fortsetzung des schwarz-gelben Bündnisses aus, erschien nach der Wahl eine Große Koalition schlagartig wahrscheinlicher. Wie schon 2009 galt diese vielen Wählern als die wahrscheinlichste Alternative, sollte es nicht zu einer schwarz-gelben Regierung kommen. Andere Koalitionsoptionen hielten die Bürger für wenig wahrscheinlich. Speziell erwarteten sie – übereinstimmend mit den Meinungsumfragen –, dass das Wahlergebnis für eine rot-grüne Koalition nicht reichen würde.

Abbildung 10: Erwartete Zusammensetzung der nächsten Bundesregierung

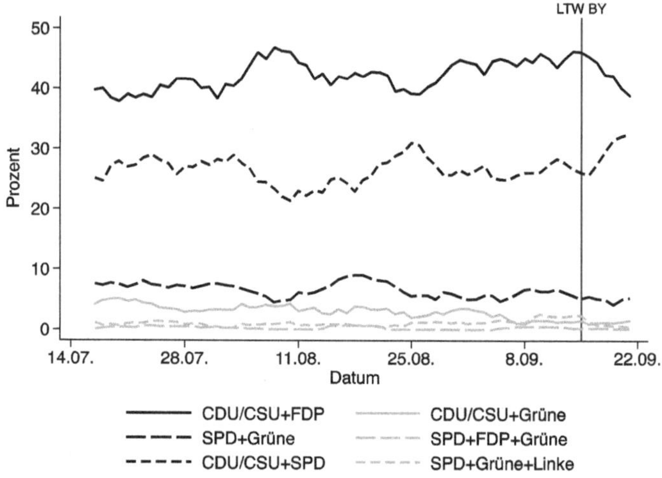

Quelle: GLES-Rolling Cross Section-Wahlkampfstudie 2013 (ZA5703).

3.4.5 Wahlabsichten

In Anbetracht der aufgezeigten Entwicklungen der Bewertungen und Wahrnehmungen während des Wahlkampfs stellt sich die Frage, inwiefern sich daraus Konsequenzen für die Parteipräferenzen ergaben. Abbildung 11 stellt die Entwicklung der Wahlabsichten für die Zweitstimmen dar (Prozentuierung unter Einschluss der Unentschlossenen und Nichtwähler). Hier zeigt sich, dass in Folge des TV-Duells die Unterstützung für die CDU/CSU anwuchs. Die SPD-Wahlabsicht blieb dagegen bei einigen Schwankungen auf etwa gleichbleibendem Niveau. Für die Grünen wird ein Abwärtstrend erkennbar. Für die anderen kleinen Parteien zeigte sich vor allem Stabilität. „Leihstimmen" für die FDP, um welche die Partei mit einer Zweistimmen-Kampagne in der letzten Woche vor der Wahl gezielt warb, blieben im Wesentlichen aus. Allein für die AfD zeichnete sich kurz vor der Wahl noch ein Aufwärtstrend ab. Das überraschend gute Abschneiden dieser Euro-kritischen Partei, die mit 4,7 Prozent der Zweistimmen den Einzug in den Bundestag nur knapp verfehlte, geht also primär auf Entscheidungen zurück, die die Wähler erst in letzter Minute getroffen haben (Schmitt-Beck 2014).

Abbildung 11: Entwicklung der Wahlabsichten (Zweitstimmen)

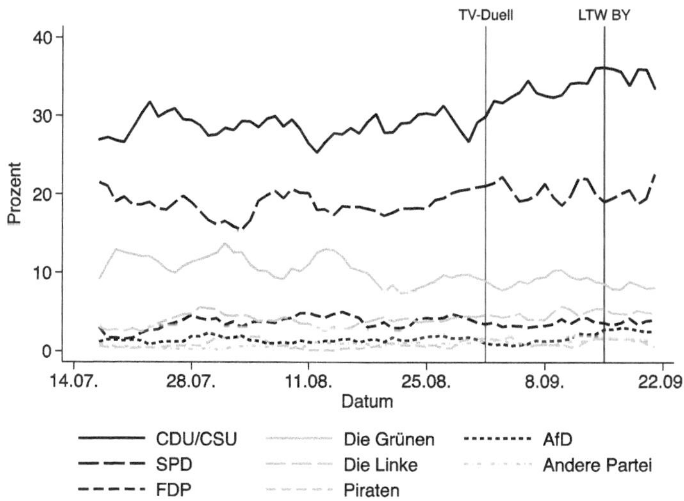

Quelle: GLES-Rolling Cross Section-Wahlkampfstudie 2013 (ZA5703).

3.4.6 Fazit

Der Bundestagswahlkampf 2013 rief anfänglich nur wenig Resonanz in der Wählerschaft hervor, entfaltete jedoch speziell in den letzten vier Wochen vor der Wahl noch eine durchaus beachtliche Dynamik. Die Parteien versuchten bereits früh, durch Plakatkampagnen, später auch durch Wahlkampfauftritte der Spitzenkandidaten, Wähler zu mobilisieren und die Aufmerksamkeit der Öffentlichkeit auf den Wahlkampf zu lenken. Jedoch erst als gegen Ende August weitere Elemente der Parteikampagnen hinzutraten und im Vorfeld des TV-Duells auch die Massenmedien verstärkt über den Wahlkampf berichteten, setzte die Mobilisierung der Wähler ein.

In dieser „heißen" Schlussphase des Wahlkampfs kam es dann auch vermehrt zu Ereignissen und medialen Debatten, die teilweise kurzzeitige Verschiebungen der Bewertungen, Wahrnehmungen und Wahlabsichten hervorriefen. Während das TV-Duell vor allem positiv auf die Einstellungen zu großen Parteien und die Kanzlerkandidaten ausstrahlte (siehe auch Unterkapitel 6.9), sorgte besonders die Landtagswahl in Bayern für ein strategisches Moment in letzter Minute. Allerdings blieb ein spürbarer Leihstimmenstrom zugunsten der FDP aus. Stattdessen konnte die AfD von spät getroffenen Wahlentscheidungen profitieren.

Während die systematische Mobilisierung durch den Wahlkampf deutlich zu erkennen ist, waren Phänomene des Meinungswandels häufig schwächer ausgeprägt, eher an Ereignisse gebunden und vergleichsweise kurzlebig. In einigen Fällen kann dabei allerdings aufgrund der Nähe zum Wahltag plausibel davon ausgegangen werden, dass auch diese kurzzeitigen Effekte noch am Wahltag wirkten, sodass der Wahlausgang letztlich doch für Überraschungen sorgte.

Literatur

Debus, Marc/Müller, Jochen 2012: Bewertungen möglicher Regierungen oder Spiegel des politischen Wettbewerbs? Determinanten der Koalitionspräferenzen der Wähler in den Bundesländern von 1990 bis 2009, in: Zeitschrift für Politikwissenschaft 22, 159-186.

Debus, Marc/Stegmaier, Mary/Tosun, Jale 2013: Economic voting under coalition governments: Evidence from Germany, in: Political Science Research and Methods, 1-19.

Huber, Sascha/Gschwend, Thomas/Meffert, Michael F./Pappi, Franz U. 2009: Erwartungsbildung über den Wahlausgang und ihr Einfluss auf die Wahlentscheidung, in: Gabriel, Oscar W./Weßels, Bernhard/Falter, Jürgen W., Hg., Wahlen und Wähler, VS Verlag für Sozialwissenschaften, 561-584.

Korte, Karl-Rudolf/Switek, Niko 2013: Regierungsbilanz: Politikwechsel und Krisenentscheidungen, in: Aus Politik und Zeitgeschichte 63, 3-9.

Krewel, Mona/Schmitt-Beck, Rüdiger/Wolsing, Ansgar 2011a: The Campaign and its Dynamics at the 2009 German General Election, in: German Politics 20, 28-50.

Krewel, Mona/Schmitt-Beck, Rüdiger/Wolsing, Ansgar 2011b: Geringe Polarisierung, unklare Mehrheiten und starke Personalisierung: Parteien und Wähler im Wahlkampf, in: Rattinger, Hans/Roßteutscher, Sigrid/Schmitt-Beck, Rüdiger/Weßels, Bernhard et al., Zwischen Langeweile und Extremen: Die Bundestagswahl 2009, Baden-Baden: Nomos, 33-57.

Lees, Charles 2013: The 2013 German federal election: Not so boring after all, in: [http://www.psa.ac.uk/psa-communities/specialist-groups/elections-public-opinion-and-parties-epop/blog/2013-german-federal] <6.4.2014>.

Maier, Jürgen/Faas, Thorsten 2011: 'Miniature Campaigns' in Comparison: The German Televised Debates, 2002–09, in: German Politics 20, 75-91.

Nielsen, Rasmus K. 2012: Ground Wars: Personalized Communication in Political Campaigns, Princeton: Princeton University Press.

Rosenstone, Steven/Hansen, John M. 1993: Mobilization, Participation and Democracy in America, New York: Macmillan Publishing.

Schmitt-Beck, Rüdiger 2014: Euro-Kritik, Wirtschaftspessimismus und Einwanderungsskepsis: Hintergründe des Beinah-Wahlerfolges der Alternative für Deutschland (AfD) bei der Bundestagswahl 2013, in: Zeitschrift für Parlamentsfragen 45, 94-112.

3.5 Ereignisse und Meinungsbildung der Wähler

Thomas Plischke

3.5.1 Einleitung

In Unterkapitel 3.4 wurde darüber berichtet, wie sich politische Wahrnehmungen, Meinungen und Präferenzen der Bürger im Verlauf des Wahlkampfes entwickelt haben. Es wurde erkennbar, dass sich vor allem in den letzten vier Wochen des Wahlkampfes – in der sogenannten „heißen Phase" – einiges bewegte. Aber auch bereits zuvor waren in den Wahlabsichtsanteilen sowohl wellenförmige Schwankungen als auch langfristige Aufwärts- (bei der Union) und Abwärtstrends (bei den Grünen) erkennbar. In diesem Unterkapitel sollen die Ursachen solcher Veränderungen in den Wahlabsichten genauer untersucht werden. Insbesondere geht es hierbei um die vermuteten Effekte von ausgewählten Ereignissen während des Wahlkampfes (siehe auch Unterkapitel 3.1). Im Folgenden wird etwas genauer betrachtet, wie die Bürger diese Ereignisse wahrnahmen und welche Folgen sich daraus für das Wahlverhalten ergaben. Dabei wird ein bestimmtes Ereignis als Fallbeispiel im Mittelpunkt der Betrachtung stehen: die Wirkung der „Stinkefinger"-Geste des SPD-Kanzlerkandidaten Peer Steinbrück gegen Ende des Wahlkampfes.

3.5.2. Wie können Ereignisse Wahlabsichten verändern?

Die erste detaillierte Untersuchung der Meinungsbildung von Bürgern während eines Wahlkampfes fand im Jahr 1940 anlässlich der US-Präsidentschaftswahl statt. Diese Studie stand unter der Leitung von Paul F. Lazarsfeld und seinen Mitarbeitern von der Columbia University (siehe Lazarsfeld et al. 1944). Die wesentliche Innovation bestand darin, dass die Forscher eine Gruppe von Bürgern über den gesamten Zeitraum des Wahlkampfes begleiteten, indem sie von Mai bis zur Wahl im November jeden Monat ein Interview mit ihnen durchführten. Durch diese wiederholten Befragungen wollten sie im Detail beobachten, wie sich die politischen Präferenzen durch den Wahlkampf veränderten. Überraschenderweise gelangte das Forscherteam aber zu der Erkenntnis, dass die Geschehnisse im Wahlkampf nur einen geringen Einfluss auf das Wahlverhalten der Bürger ausübten.

Als Erklärung für diese geringen Effekte identifizierten Lazarsfeld et al. (1944: 94-95) eine Reihe von psychologischen Mechanismen, die in ihrer Kombination stärkere Wahlkampfeffekte verhinderten. Im Speziellen nannten sie die folgenden „Hürden":

1. Ein großer Teil der Bürger war bereits zu Beginn des Wahlkampfes auf eine Partei festgelegt und konnte durch neue Informationen nur sehr schwer von bestehenden Wahlabsichten abgebracht werden.
2. Selbst wenn sich die Bürger noch nicht festgelegt hatten, standen sie häufig einer Partei nahe. Eine solche Bindung zu einer Partei bewirkte, dass Ereignisse im Wahlkampf durch eine „Parteibrille" wahrgenommen wurden: Ereignisse, die in das bestehende Weltbild passten, wurden unkritisch als Bestätigung schon bestehender Sichtweisen angesehen, während Ereignisse, die diesen Weltbildern widersprachen, heruntergespielt oder hinterfragt wurden („motiviertes Denken", siehe Taber/ Lodge 2006). Diese parteiische Wahrnehmung und Interpretation des Wahlkampfgeschehens erzeugte die Tendenz, dass Ereignisse bestehende Meinungen und Präferenzen eher verstärkten anstatt sie zu verändern.
3. Die Punkte 1. und 2. trafen lediglich in einem geringeren Ausmaß auf politisch gering interessierte Menschen zu. Diese verfügten noch nicht über verfestigte politische Einstellungen und waren daher potenziell am ehesten beeinflussbar. Dem wirkte jedoch entgegen, dass die politisch am geringsten interessierten Personen den Wahlkampf auch am wenigsten verfolgten. Da sie die Ereignisse seltener wahrnahmen, konnten sie folglich auch nicht von ihnen beeinflusst werden.

Infolgedessen verbreitete sich in der Wahlkampfforschung die Überzeugung, dass Wahlkämpfe das Wahlverhalten der Bürger kaum beeinflussen können. Ein wichtiger Befund der Lazarsfeld-Studie geriet jedoch in Vergessenheit, nämlich dass die Forschergruppe tatsächlich auch Bürger identifizierte, die aufgrund von Ereignissen im Wahlkampf ihre Wahlabsichten wechselten und danach dauerhaft bei ihrer neuen Partei blieben. Die Wirkung des Wahlkampfes fiel zwar insgesamt gering aus, aber noch immer groß genug, um bei einem knappen Wahlergebnis den Ausschlag geben zu können.

Mit Blick auf die Bundestagswahl 2013 stellt sich nun natürlich die Frage, ob sich die Ergebnisse von Lazarsfeld auch auf die heutige Zeit und auf Deutschland übertragen lassen. Es gibt durchaus Anhaltspunkte, die dafür sprechen. Die in den Punkten 1 bis 3 aufgelisteten Hürden sind Mechanismen, die in allen Gesellschaften auftreten und nicht nur bei US-Amerikanern in den vierziger Jahren. Vor allem der Umstand, dass ein Großteil der Bürger die Politik über seine jeweilige Parteibrille wahrnimmt, ist ein durch Psychologie und Politikwissenschaft gut belegtes Phänomen (siehe etwa Lord et al. 1979; Taber/Lodge 2006; Hawkins/Nosek 2012). Gleichwohl erscheint es angebracht, bei der Interpretation der Lazarsfeld-Studie auch den historischen und räumlichen Kontext zu berücksichtigen. So gab es im Jahr 1940 weder Fernsehen noch Internet. Daher ist es gut vorstellbar, dass das Wirkungspotenzial von Ereignissen durch die Verbreitung von bewegten Bildern zugenommen hat (siehe Schulz 2008: 234). Plausibel erscheint ebenfalls, dass heutzutage auch politisch gering interessierte Bürger durch das Fernsehen vermehrt mit politischen Geschehnissen in Kontakt kommen und somit von ihnen beeinflusst werden können.

Auch die Ausgestaltung des Parteiensystems hat möglicherweise einen Einfluss darauf, in welchem Ausmaß Ereignisse im Wahlkampf eine Rolle spielen (siehe Plischke 2014: 123-130). Wenn im US-amerikanischen Zweiparteiensystem die „eigene“ Partei in einen Strudel negativer Ereignisse gerät, gibt es – neben der Möglichkeit der Nichtwahl – nur eine einzige andere Partei, zu der man wechseln kann. Einem überzeugten Anhänger der Demokratischen Partei würde es aber verständlicherweise sehr schwer fallen, den republikanischen Kandidaten – den politischen Hauptkonkurrenten – zu unterstützen. Im deutschen Mehrparteiensystem gibt es hingegen naheliegende Ausweichmöglichkeiten. Wird etwa die SPD von einem Skandal erfasst, kann ein SPD-Anhänger durch einen Wechsel zu den Grünen auf den Skandal reagieren, ohne damit die politischen Hauptkonkurrenten (Union und FDP) zu stärken. In Mehrparteiensystemen sollten daher die psychologischen Hürden für einen Parteiwechsel niedriger sein als in Zweiparteiensystemen.

Schließlich ist zu berücksichtigen, dass die Wirkungsstärke eines Wahlkampfereignisses natürlich maßgeblich vom jeweiligen Ereignis selbst abhängt. Bislang wurde in diesem Unterkapitel pauschal von „Ereignissen“ gesprochen ohne die enorme Vielfalt möglicher Wahlkampfereignisse entsprechend zu würdigen (siehe hierzu Shaw 1999: 390-396). So dürfte etwa ein peinlicher Versprecher bei einem Wahlkampfauftritt eine wesentlich schwächere Reaktion hervorrufen als ein politischer Skandal, bei dem kriminelle Machenschaften ans Licht kommen. Die Wahrnehmung von extrem negativen oder extrem positiven Informationen kann demnach durchaus eine massenhafte Reaktion in der Wählerschaft auslösen. Ebenso sollte es eine Rolle spielen, ob ein Ereignis ausschließlich *nur* positive oder *nur* negative Reaktionen zulässt (etwa, weil die Beweislage bei einem Skandal so eindeutig ausfällt) oder ob man das Ereignis je nach Parteibrille positiv *oder* negativ interpretieren kann. Im ersten Fall würde man stärkere, im letzteren Fall geringere Effekte erwarten.

3.5.3 Ein Fallbeispiel: Steinbrücks „Stinkefinger"

Im Bundestagswahlkampf 2013 gab es kein einzelnes Ereignis, das in seiner Dimension eine ähnliche Tragweite wie beispielsweise der berühmte „Watergate-Skandal" hatte. Es gab jedoch eine Reihe kleinerer Ereignisse, die im Wahlkampf durchaus für Diskussionen sorgten (siehe Unterkapitel 3.1). Eines davon soll im Folgenden genauer betrachtet werden: Beeinträchtigte Peer Steinbrücks Mittelfinger die Wahlchancen der SPD? Zur Erinnerung: Das Magazin der Süddeutschen Zeitung veröffentlicht regelmäßig eine Foto-Interview-Reihe mit Prominenten, bei der Fragen nicht verbal, sondern anhand von Mimik und Gestik beantwortet werden sollen. In dieser Reihe war zwei Wochen vor der Wahl der SPD-Kanzlerkandidat Peer Steinbrück zu Gast. In Anspielung auf seinen bislang eher glücklosen Wahlkampf lautete eine der Fragen: „‚Pannen-Peer', ‚Problem-Peer', ‚Peerlusconi' – um nette Spitznamen müssen Sie sich keine Sorgen machen, oder?" Als Antwort zeigte Steinbrück spontan die bekannte "Stinkefinger"-Geste mit dem empor gereckten Mittelfinger (siehe sz-magazin.sueddeutsche.de/texte/liste/h/201337 <1.7.2014>). Mit Steinbrücks Einverständnis gelangte das Bild neun Tage vor der Wahl auf das Titelblatt und löste in einem bislang ereignisarmen Wahlkampf Spott, Häme und Diskussionen aus. Politische Gegner versuchten daraus Kapital zu schlagen und sprachen Steinbrück die nötige Seriosität für das Kanzleramt ab. Doch hat das Bild dem Bewerber und seiner Partei tatsächlich geschadet?

Um dies herauszufinden, können wir auf Daten des Wahlkampfpanels des GLES-Projektes zurückgreifen: einer Wiederholungsbefragung, die ähnlich angelegt war wie die damalige Studie von Lazarsfeld. Die erste Interview-Runde begann Ende Juni, mehr als 5000 Bürger nahmen daran online teil. Bis zur Wahl am 22. September wurden dieselben Bürger zu fünf weiteren Interviews eingeladen; eine siebte und letzte Interview-Runde fand kurz nach der Wahl statt. Die sechste Interview-Runde startete drei Tage nach dem Erscheinen des SZ-Magazins. Den Teilnehmern wurde hier die Frage vorgelegt, ob sie Steinbrücks Mittelfinger-Geste wahrgenommen hätten. 65 Prozent bejahten das, weitere 23 Prozent gaben an, davon gehört zu haben. Lediglich zwölf Prozent hatten überhaupt keine Notiz vom Mittelfinger genommen. Es ist somit festzuhalten, dass das Ereignis von den Befragten deutlich wahrgenommen wurde, womit eine notwendige Voraussetzung erfüllt ist, dass das Titelbild auch tatsächlich Wirkung entfalten konnte. Allerdings stellten die Befragten kein repräsentatives Abbild der Gesamtbevölkerung dar – insbesondere waren sie im Mittel politisch interessierter als der Durchschnittsbürger. Es ist also davon auszugehen, dass Steinbrücks Mittelfinger-Geste in dieser Studie häufiger wahrgenommen wurde als in der Gesamtbevölkerung.

Tabelle 1: Meinungen zu Peer Steinbrücks Mittelfinger-Geste in Abhängigkeit von der Einstellung zur SPD

„Wie finden Sie es, dass Peer Steinbrück […] den Mittelfinger gezeigt hat?“	Einstellung gegenüber der SPD *vor* dem Mittelfinger				
	sehr negativ	negativ	neutral	positiv	sehr positiv
überhaupt nicht problematisch	19	17	20	29	42
nicht problematisch	13	19	21	27	28
teils/teils	14	17	21	18	13
problematisch	16	21	20	17	11
sehr problematisch	38	26	18	9	6
Summe	100	100	100	100	100
N	402	802	564	1288	341

Quelle: GLES-Wahlkampfpanel 2013 (ZA5704).
Angaben in Prozent.

Als nächstes wurden die Teilnehmer, die Kenntnis vom Mittelfinger hatten, gefragt, ob sie die Geste für problematisch hielten. Es wäre an dieser Stelle zu erwarten, dass die Bürger das Ereignis durch ihre Parteibrille wahrnahmen: SPD-Anhänger sollten die Bedeutung der Geste tendenziell herunterspielen, während SPD-Gegner den „Stinkefinger“ als Bestätigung und Rechtfertigung ihrer schlechten Meinung über Peer Steinbrück nutzen konnten. Diese Erwartung lässt sich anhand von Tabelle 1 überprüfen. In den Spalten der Tabelle wird zwischen Personen mit unterschiedlichen Einstellungen gegenüber der SPD unterschieden. Diese Einstellungen wurden bereits in der fünften Interview-Runde gemessen – also noch bevor „Mittelfinger-Gate“ eintrat. In den Zeilen sind die unterschiedlichen Reaktionen der Befragten auf das Ereignis abgebildet: Auf der Antwortskala konnten die Befragten Steinbrücks Mittelfinger von „überhaupt nicht problematisch“ bis „sehr problematisch“ bewerten.

Tatsächlich unterschieden sich die Reaktionen auf den Mittelfinger deutlich zwischen SPD-Gegnern und SPD-Anhängern. Unter den Bürgern, die die SPD stark ablehnten, fanden 19 Prozent den Mittelfinger „überhaupt nicht problematisch", 38 Prozent hingegen „sehr problematisch". Völlig anders sieht die Verteilung der Antworten bei Personen aus, die gegenüber der SPD sehr positiv eingestellt waren: Hier fanden 42 Prozent den Mittelfinger völlig unproblematisch und nur sechs Prozent „sehr problematisch". Diese deutlichen Unterschiede in der Bewertung des Mittelfingers demonstrieren den Effekt von parteiischer Informationsverarbeitung: Sofern es möglich ist, ein Ereignis aus unterschiedlichen Blickwinkeln zu betrachten, besteht die Tendenz, dass die Urteilsbildung entlang bestehender Voreinstellungen verläuft. Dies erzeugt die Tendenz, dass Ereignisse bestehende Meinungen zu den Politikern und Parteien verstärken, anstatt sie zu verändern.

Tabelle 1 zeigt jedoch auch, dass Ereignisse nicht ausschließlich parteiisch wahrgenommen werden. Es gab eine kleine Gruppe von Bürgern, die trotz ihrer sehr positiven Einstellung zur SPD eine kritische Haltung zu Steinbrücks Mittelfinger einnahmen. Bei diesen Personen stellt sich die entscheidende Frage: Hat ihr kritisches Urteil zu Steinbrücks Mittelfinger dazu geführt, dass sie eine bestehende SPD-Wahlabsicht aufgaben und zu einer anderen Partei wechselten? Um herauszufinden, ob die Mittelfinger-Affäre die SPD Stimmen gekostet hat, erfolgt eine genauere Betrachtung jener Personen, die im letzten Interview vor dem Mittelfinger angegeben hatten, die SPD wählen zu wollen *und* die anschließend von Steinbrücks „Stinkefinger" Kenntnis nahmen. Damit kann untersucht werden, in welchem Ausmaß sich diese Bürger nach der Wahrnehmung des Mittelfingers von der SPD abwendeten – und ob sich die Abwanderungsraten je nach Bewertung der Geste unterschieden. Wenn sie keinen Effekt gehabt hätte, dann gäbe es keine Unterschiede in den Abwanderungsraten zwischen Personen mit unterschiedlichen Meinungen zur Mittelfinger-Geste.

In Tabelle 2 zeigt sich, dass es deutliche Unterschiede gab. Von allen Bürgern, die in der fünften Befragung eine SPD-Wahlabsicht aufwiesen *und* den Mittelfinger als völlig unproblematisch erachteten, wanderten nur zehn Prozent in der sechsten Befragung zu einer anderen Partei ab oder wurden unentschlossen. Hingegen wandten sich 41 Prozent von der SPD ab, wenn sie in der Geste ein großes Problem sahen. Auch die Zuwanderung zur SPD fiel umso geringer aus, je negativer Bürger das Ereignis bewerteten (hier nicht tabellarisch ausgewiesen).

Tabelle 2: Wechsel von der SPD zu einer anderen Partei in Abhängigkeit von der Bewertung der Mittelfinger-Geste

Von allen Wählern, die *vor* dem Mittelfinger SPD wählen wollten, …	Mittelfinger problematisch? überhaupt nicht	nicht	teils/ teils	proble- matisch	sehr
blieben *nach* dem Mittelfinger bei der SPD	90	91	86	79	59
wechselten *nach* dem Mittelfinger zu einer anderen Partei	10	9	14	21	41
Summe	100	100	100	100	100
N	211	182	98	79	59

Quelle: GLES-Wahlkampfpanel 2013 (ZA5704).
Angaben in Prozent.

Bedeutet dies also, dass Peer Steinbrück mit seiner Geste den Wahlchancen der SPD schadete? Die möglicherweise etwas überraschende Antwort an dieser Stelle lautet: Wir können es nicht sagen! Auf der Grundlage der bisherigen Analysen kann schlichtweg keine Aussagen darüber getroffen werden, ob Steinbrücks Mittelfinger die SPD Stimmen gekostet hat. Um dieser Behauptung Substanz zu verleihen, seien nochmals die Abwanderungsraten in Tabellen 2 betrachtet. Die sehr hohe Abwanderungsrate von 41 Prozent bei jenen Personen, die den Mittelfinger sehr problematisch fanden, scheint auf den ersten Blick das beste Indiz für eine starke Wirkung des Mittelfingers sein: Diese Leute waren hoch empört und zeigten eine dementsprechend deutliche Reaktion. Doch die eigentlich entscheidende Frage an dieser Stelle lautet: Wie hoch wäre die Abwanderungsrate bei diesen Personen ausgefallen, wenn Steinbrück den Mittelfinger nicht gezückt hätte?

Es sei daran erinnert, dass die Bewertung des Mittelfingers in einem sehr starken Maße davon abhing, wie positiv oder negativ man grundsätzlich gegenüber der SPD eingestellt war. Daher ist anzunehmen, dass jene Bürger, die zuvor eine SPD-Wahlabsicht aufwiesen, anschließend den Mittelfinger aber als höchst problematisch einstuften, keine typischen SPD-Stammwähler waren, die alle Ereignisse durch die SPD-Parteibrille betrachteten. Im Gegenteil, diese Gruppe setzte sich vermutlich überwiegend aus Personen zusammen, die keine starken Bindungen zur SPD hatten und die Wahl anderer Parteien in Betracht zogen. Berücksichtigt man diesen Umstand, würde dies bedeuten, dass diese Personen von Anfang an eine viel höhere Wahrscheinlichkeit zum Wechseln aufwiesen, selbst wenn das Ereignis nicht eingetreten wäre. Tabelle 2 suggeriert, dass die unterschiedlichen Wechselraten alleine durch die unterschiedlichen Bewertungen des Mittelfingers zustande gekommen sind – doch dem ist nicht so: Die Bewertungen des Mittelfingers reflektieren in einem hohen Maße unterschiedliche Einstellungen gegenüber der SPD. Der „pure" Effekt des Mittelfingers auf die Wechselwahrscheinlichkeit, der unabhängig von den Voreinstellungen zur SPD auftrat, fiel womöglich wesentlich geringer aus, sofern er überhaupt vorhanden war.

3.5.4. Der Gesamteffekt von ausgewählten Wahlkampfereignissen

Es gibt statistische Verfahren (sogenannte „fixed-effects"-Panelregressionen), die in der Lage sind, diesen „puren" kausalen Effekt eines Ereignisses auf Grundlage der jeweiligen individuellen Wahrnehmungen zu bestimmen. Die Funktionsweise dieser Verfahren kann an dieser Stelle aufgrund des begrenzten Rahmens dieses Kapitels nicht näher erläutert werden. Es werden daher nur die Endergebnisse berichtet. Ein wichtiger Hinweis vorab: Die folgende Tabelle 3 liefert Aufschluss über Prozentpunkt-Veränderungen in den Wahlabsichtsanteilen, die aufgrund der Wahrnehmung bestimmter Ereignisse *bei den Teilnehmern der Wiederholungsbefragung* aufgetreten sind. Wie bereits erwähnt, waren diese nicht repräsentativ für das Gesamtelektorat. Gleichwohl geben die Zahlen aber ein Gefühl für die Größenordnung, in der Ereignisse das Wahlverhalten bei der Bundestagswahl 2013 beeinflussten.

Insgesamt fielen die Effekte der Wahlkampfereignisse gering aus. Das liegt zum einen an den bereits besprochenen psychologischen Hürden, die stärkere Wahlkampfeffekte verhinderten. Zum anderen erscheinen die Effekte aber auch deshalb gering, weil sich gegensätzliche Wahrnehmungen von Ereignissen wechselseitig neutralisierten. Beim TV-Duell der Kanzlerkandidaten fanden beispielsweise durchaus substanzielle Veränderungen in den individuellen Wahlabsichten statt: Einige fanden Steinbrücks Auftritt gut und wechselten zur SPD, andere waren enttäuscht und verließen die SPD – und im Gesamtergebnis neutralisierten sich Zuströme und Abströme weitestgehend (+0,2 Prozentpunkte für die SPD). Das Gleiche gilt für den Auftritt seiner Kontrahentin Angela Merkel (CDU/CSU), wobei hier die Netto-Veränderungen negativ ausfielen (–0,3 Prozentpunkte). Davon abgesehen war jedoch das TV-Duell jenes Ereignis, das mit Abstand die meisten Veränderungen von individuellen Wahlabsichten hervorrief (siehe auch Unterkapitel 6.9).

Tabelle 3: Veränderungen von Partei-Anteilen in Reaktion auf Wahlkampf-Ereignisse

Ereignis	Am stärksten betroffene Partei	Veränderung des Stimmenanteils dieser Partei (in Prozentpunkten)
NSA-Affäre	Piratenpartei	+0,8
Euro-Hawk-Affäre	Kein Effekt	–
„Veggie-Day"-Debatte	Grüne	-0,1
Debatte um Autobahn-Maut für Ausländer	AfD	+0,4
TV-Duell	SPD	+0,2
TV-Duell	CDU/CSU	-0,3
Syrien-Krise	CDU/CSU	-0,2
Auftritte in der ARD-„Wahlarena"	Kein Effekt	–
Steinbrücks Mittelfinger	SPD	-0,9
Bayerische Landtagswahl	Kein Effekt	–
Pädophilie-Debatte	Kein Effekt	–

Quelle: GLES-Wahlkampfpanel 2013 (ZA5704).

Das TV-Duell war ein Ereignis, das den Zuschauern sehr viel Interpretationsspielraum einräumte und sowohl positive als auch negative Bewertungen zuließ. Andere Ereignisse hingegen, wie etwa politische Skandale, lassen nur negative oder im besten Fall neutrale Bewertungen zu. Solche Ereignisse haben ein größeres Potenzial, die Wahlchancen der betroffenen Parteien sichtbar zu schmälern, wie anhand von Steinbrücks Mittelfinger (−0,9 Prozentpunkte für die SPD) deutlich wird. Auch ein anderer Skandal hinterließ Spuren: Eines der Hauptthemen des Wahlkampfes waren die Enthüllungen des ehemaligen US-Geheimdienstmitarbeiters Edward Snowden, denen zufolge amerikanische und britische Geheimdienste in einem bislang unbekannten Ausmaß deutsche Telefon- und Internetverbindungen abhörten („NSA-Affäre"). Beim NSA-Skandal gab es keinen eindeutigen politischen Hauptverantwortlichen; die etablierten Parteien erlitten daher nur sehr schwache Verluste, von denen jedoch die Piratenpartei am stärksten profitieren konnte (+0,8 Prozentpunkte).

Andere Skandale hatten hingegen bei den Teilnehmern des Wahlkampfpanels keinen Effekt: Die Euro-Hawk-Affäre, bei der es um eine mögliche Veruntreuung öffentlicher Gelder im Zusammenhang mit einem Rüstungsprojekt ging, erreichte ihren Höhepunkt bereits vor Beginn des Wahlkampfes; der Untersuchungsausschussauftritt von Verteidigungsminister Thomas de Maizière während des Wahlkampfes brachte kaum neue Details ans Tageslicht. Auch die Enthüllung kurz vor der Wahl, dass der Grünen-Spitzenkandidat Jürgen Trittin in den 1980er Jahren für ein Wahlprogramm verantwortlich gezeichnet hatte, in dem die Legalisierung von Sex mit Minderjährigen gefordert wurde, hatte keinen Effekt auf das Wahlverhalten. Überhaupt bleibt es ein Mysterium, weshalb die Grünen im Verlauf des Wahlkampfes so stark an Popularität verloren haben, denn auch ihr sehr stark kritisierte Vorschlag, einen fleischlosen Tag in öffentlichen Kantinen einzuführen („Veggie-Day"), hatte keinen spürbaren Stimmenverlust zur Folge. Zwar verloren die Grünen sowohl nach ihrem Veggie-Day-Vorschlag und auch während der Pädophilie-Debatte an Stimmen, doch der Stimmverlust erfolgte völlig unabhängig von der jeweiligen Bewertung des Veggie-Days und von Jürgen Trittins Vergangenheit.

Interessanterweise hatte die vom CSU-Vorsitzenden Horst Seehofer im Wahlkampf vorgeschlagene PKW-Maut für Ausländer einen Effekt, wenngleich in anderer Form als vom Urheber intendiert. Die Befragten, die die Maut für ausländische Autofahrer gut fanden, wechselten nicht zur Union. Stattdessen ist zu beobachten, dass sich vor allem unentschlossene Wähler der AfD zuwandten. Die AfD hatte zwar keinen solchen Vorschlag in ihrem Programm, aber die Aktivierung des Stimulus „Ausländer" hat möglicherweise dazu geführt, dass einige unentschlossene Wähler dadurch eine Idee erhielten, wie sie ihre Stimme einsetzen könnten. Sie wendeten sich somit jener Partei zu, die am stärksten die Wahrung von deutschen Interessen betonte.

Der Auftritt von Peer Steinbrück in der ARD-„Wahlarena" rief ein durchaus positives Medienecho hervor, und auch die Befragten, die diese Sendung gesehen hatten, fanden den Auftritt des SPD-Kandidaten tendenziell gut. Es gibt in unserem Modell sogar Anzeichen dafür, dass eine positive Bewertung von Peer Steinbrück in der „Wahlarena" tatsächlich auch die Wahrscheinlichkeit erhöhte, die SPD zu wählen. Dennoch hatte sie keinen nachweisbaren Effekt für den Stimmenanteil der SPD, was in erster Linie daran lag, dass vergleichsweise wenige Personen die Sendung gesehen hatten: elf Prozent hatten sie vollständig gesehen und 18 Prozent teilweise. Von diesen Zuschauern waren bereits sehr viele fest entschlossen, die SPD zu wählen oder, im Gegenteil, die SPD auf keinen Fall zu wählen – und bei diesen Zuschauern blieb das Sehen der „Wahlarena" wirkungslos. Die sehr wenigen Zuschauer, die sich noch nicht sicher waren, ob sie die SPD wählen sollten, konnten zwar durch die Sendung potenziell beeinflusst werden. Doch ein großer Teil von ihnen fand Steinbrücks Auftritt mittelmäßig, und ein solches Urteil hatte kaum Veränderungen in den SPD-Wahlwahrscheinlichkeiten zur Folge. Wenn es vereinzelt tatsächlich zu Veränderungen in den Wahlwahrscheinlichkeiten kam, dann neutralisierten sich Zugänge und Abgänge – wie beim TV-Duell – tendenziell gegenseitig.

Alle anderen hier untersuchten Ereignisse hatten bei den Teilnehmern der Wiederholungsbefragung einen geringen oder überhaupt keinen Effekt. Eine Einschränkung ist hinsichtlich der bayerischen Landtagswahl zu machen: In dem hier vorliegenden Modell wurde getestet, ob der Ausgang der Bayern-Wahl einen sogenannten „Mitläufer-Effekt" zur Folge hatte. Es wurde erwartet, dass sich die Bürger in ihrer Wahlabsicht für die Bundestagswahl jenen Parteien zuwenden würden, die sie als „Gewinner" der bayerischen Landtagswahl wahrnahmen. Diese Erwartung konnte nicht bestätigt werden; der Ausgang der Landtagswahl veränderte das Momentum der Parteien im Bundestagswahlkampf nicht. Unterkapitel 3.4 hat gezeigt, dass die bayerische Landtagswahl, die eine Woche vor der Bundestagswahl stattfand, einen anderen Effekt hatte, der in dem vorliegenden Modell nicht berücksichtigt wurde: Sie veränderte bei den Bürgern die Koalitionserwartungen und die Einschätzungen der FDP-Wahlchancen. Es ist also durchaus möglich, dass die bayerische Landtagswahl die Bürger zum strategischen Wählen motivierte (siehe hierzu auch Unterkapitel 6.10).

3.5.5 Fazit

In diesem Unterkapitel wurde untersucht, wie Bürger Ereignisse im Bundestagswahlkampf 2013 wahrgenommen haben und auf welche Weise sich diese Wahrnehmungen im Wahlverhalten niederschlugen. Es wurde argumentiert, dass der Wirkung von Ereignissen im Wahlkampf aufgrund von Voreinstellungen der Bürger enge Grenzen gesetzt sind: Wahlabsichten verfügen bei einem Großteil der Bürger über ein beträchtliches Beharrungsvermögen und können demnach von (kleineren) Ereignissen nicht einfach verändert werden.

Vor diesem Hintergrund ist es nicht überraschend, dass die Effekte von Ereignissen im Wahlkampf relativ schwach ausfielen. Das TV-Duell war jenes Ereignis, das noch für die größten Veränderungen in den individuellen Wahlabsichten sorgte. Doch weil sich die Zugewinne und die Abwanderungen bei Union und SPD teilweise gegenseitig neutralisierten, veränderte das TV-Duell die Anteile der Parteien nur geringfügig. Die stärkste Veränderung der Wahlabsichtsanteile konnte in Reaktion auf Steinbrücks „Stinkefinger“ gemessen werden, welche die SPD bei den Teilnehmern der hier ausgewerteten Befragung 0,8 Prozentpunkte kostete.

Darüber hinaus sollte aber auch deutlich geworden sein, dass es nicht einfach ist, den kausalen Effekt von Ereignissen nachzuweisen und ihn in Zahlen auszudrücken. Anhand von Wiederholungsbefragungen ist dies zwar grundsätzlich möglich, doch solche Studien haben auch Nachteile (z. B. hohe Kosten, fehlende Repräsentativität) und werden daher in der Meinungsforschung selten eingesetzt. Wenn somit in den Medien die neuesten Umfrageergebnisse präsentiert werden und dabei aktuelle Ereignisse zur Erklärung von Zugewinnen und Verlusten der Parteien herangezogen werden, handelt es sich hierbei häufig um Spekulationen, die zwar meistens plausibel erscheinen, aber eben nicht auf harten Fakten basieren.

Literatur

Hawkins, Carlee B./Nosek, Brian A. 2012: Motivated Independence? Implicit Party Identity Predicts Political Judgments Among Self-Proclaimed Independents, in: Personality and Social Psychology Bulletin 38, 1437-1452.

Lazarsfeld, Paul F./Berelson, Bernhard D./Gaudet, Hazel 1944: The People's Choice: How the Voter Makes Up His Mind in a Presidential Campaign, New York: Columbia University Press.

Lord, Charles G./Ross, Lee/Lepper, Mark R. 1979: Biased Assimilation and Attitude Polarization: The Effects of Prior Theories on Subsequently Considered Evidence, in: Journal of Personality and Social Psychology 37, 2098-2109.

Plischke, Thomas 2014: Wann Wähler entscheiden. Abläufe von Entscheidungsprozessen und der Zeitpunkt der Wahlentscheidung, Baden-Baden: Nomos.

Schulz, Winfried 2008: Politische Kommunikation. Theoretische Ansätze und Ergebnisse empirischer Forschung, Wiesbaden: VS Verlag für Sozialwissenschaften.

Taber, Charles S./Lodge, Milton 2006: Motivated skepticism in the evaluation of political beliefs, in: American Journal of Political Science 50, S. 755-769.

4. Merkels Triumph und der Albtraum der FDP: Das Ergebnis der Bundestagswahl 2013

Jan Eric Blumenstiel

4.1 Einleitung

Aus der Bundestagswahl 2013 gingen CDU/CSU und die zum zweiten Mal als amtierende Kanzlerin bei einer Wahl antretende Angela Merkel als klare Sieger hervor, die Mehrheitsfindung gestaltete sich allerdings trotzdem schwieriger als nach dem durchwachsenen Ergebnis der Union bei der Wahl 2009. Die SPD konnte trotz leichter Gewinne nicht zufrieden sein, alle anderen im Bundestag vertretenen Parteien verloren an Stimmenanteilen und gehörten damit zu den Geschlagenen – allen voran die FDP, die erstmals seit 1949 am Einzug in den Bundestag scheiterte. Auch die Alternative für Deutschland (AfD) verpasste knapp die Fünf-Prozent-Hürde, erreichte bei ihrer ersten Wahlteilnahme aber dennoch ein beachtliches Ergebnis.

In diesem Kapitel wird das Wahlergebnis der denkwürdigen Bundestagswahl 2013 aus verschiedenen Perspektiven dargestellt, bevor dessen Hintergründe in den Kapiteln 5 und 6 analysiert werden. Die Darstellung beginnt mit einem Vergleich der Erst- und Zweitstimmenergebnisse der Bundestagswahlen 2009 und 2013, bei dem auch einige regionale Besonderheiten des Ergebnisses beleuchtet werden. Anschließend wird kurz das neue System der Sitzverteilung erläutert, welches bei der Bundestagswahl 2013 erstmals Anwendung fand (siehe hierzu auch Anhang 1). Es folgen eine Betrachtung der langfristigen Entwicklung der Zweitstimmenergebnisse aller im Bundestag vertretenen Parteien sowie die Darstellung der Bundestagswahlergebnisse seit 1990 in absoluten Zahlen. Abschließend werden Kennziffern für die wichtigsten Eigenschaften des deutschen Parteiensystems analysiert, aus denen neben den langfristigen Veränderungen auch die Auswirkungen der Bundestagswahl 2013 auf die Wettbewerbsstruktur der deutschen Parteienlandschaft hervorgehen.

4.2 Das Ergebnis der Bundestagswahl 2013

Am Abend des Wahltages (22. September 2013) war noch unklar, welche Parteien künftig die Bundesregierung bilden würden. Kein Zweifel bestand jedoch darin, dass CDU und CSU als Gewinner aus der Wahl hervorgingen und Angela Merkel weiterhin Bundeskanzlerin bleiben würde. Die CDU gewann 6,9 Prozentpunkte gegenüber 2009 hinzu und kam auf 34,1 Prozent der Zweitstimmen, ihre Schwesterpartei CSU erreichte in Bayern 49,3 Prozent der Zweitstimmen, was einem Zugewinn von 6,7 Prozentpunkten und einem bundesweiten Stimmenanteil von 7,4 Prozent entspricht. Auch 2009 war die Union zwar als stärkste Partei aus der Wahl hervorgegangen, aber nur auf einen eher enttäuschenden Zweitstimmenanteil von 33,8 Prozent gekommen und hatte gegenüber der Wahl 2005 an Stimmenanteilen verloren. Vier Jahre später erzielten die Unionsparteien nun gemeinsam 41,5 Prozent und übertrafen damit die Erwartungen der meisten Beobachter. Die absolute Mehrheit verfehlte die Union nur knapp. Im 18. Bundestag sitzen 311 statt vorher 239 Vertreter von CDU und CSU, die zusammen weiterhin die größte Fraktion bilden.

Tabelle 1: Ergebnis der Bundestagswahl 2013

	Erststimmen		Zweitstimmen		Sitzverteilung im Bundestag	
	2013	+/-	2013	+/-	2013	+/-
CDU/CSU	45,3	+5,9	41,5	+7,8	311	+72
CDU	37,2	+5,2	34,1	+6,9	255	+61
CSU	8,1	+0,7	7,4	+0,9	56	+11
CSU (in Bayern)	*53,9*	*+5,8*	*49,3*	*+6,7*		
SPD	29,4	+1,5	25,7	+2,7	193	+47
FDP	2,4	-7,1	4,8	-9,8	0	-93
Bündnis 90/Die Grünen	7,3	-1,9	8,4	-2,3	63	-5
Die Linke	8,2	-2,9	8,6	-3,3	64	-12
Piratenpartei	2,2	+2,1	2,2	+0,2	0	
AfD	1,9	+1,9	4,7	+4,7	0	
Sonstige	3,3	+0,4	4,0	0,0	0	

Quelle: Bundeswahlleiter.
Angaben in Prozent; +/-: Veränderung gegenüber der Bundestagswahl 2009 in Prozentpunkten (Spalten Erststimmen und Zweitstimmen) bzw. in absoluten Zahlen (Spalte Sitzverteilung im Bundestag).

Auch die SPD konnte ihr Ergebnis gegenüber 2009 verbessern. Die erreichten 25,7 Prozent bei einem mäßigen Zugewinn von 2,7 Prozent konnten aber die Hoffnung der Sozialdemokraten auf ein Ergebnis über 30 Prozent nicht erfüllen. Vor dem Hintergrund ihrer Rekordverluste in 2009 bedeutete dieses Resultat für die SPD eine Konsolidierung auf historisch ungewohnt niedrigem Niveau. Durch die starken Gewinne der Union vergrößerte sich der Abstand zwischen den beiden großen Parteien zudem noch einmal von 10,8 Prozentpunkten auf 15,8 Prozentpunkte. Die Lücke zur Union wieder zu schließen, um mit ihr wie noch bei den Wahlen 2002 und 2005 auf Augenhöhe zu liegen, ist für die SPD mit diesem Ergebnis noch anspruchsvoller geworden. Immerhin vergrößerte sich aber die Fraktion der Sozialdemokraten um 47 auf nun 193 Abgeordnete.

Eindeutiger Verlierer der Bundestagswahl war die FDP. Der Stimmenanteil der Liberalen verkleinerte sich gegenüber 2009 um mehr als zwei Drittel von 14,6 auf 4,8 Prozent. Ein derartiger Absturz ist in der Geschichte der Bundestagswahlen beispiellos. Zugleich verfehlte die FDP damit die Fünf-Prozent-Hürde und ist daher erstmals seit 1949 nicht mehr im Bundestag vertreten. Alle 93 Abgeordneten verloren ihre Mandate. In der Vergangenheit hat die FDP schon mehrere schwierige Phasen mit schwächeren Resultaten überstanden, beispielsweise nach der Bundestagswahl 1998. Ohne Vertretung im Bundestag wird dies aber sicherlich ungleich schwieriger werden.

Mit den Grünen und der Linken verloren auch die anderen beiden kleineren Bundestagsparteien an Stimmen, ihre Rekordergebnisse in 2009 fanden demnach keine Fortsetzung. Die Grünen verschlechterten sich um 2,3 Prozentpunkte auf 8,4 Prozent der Zweitstimmen, ihre Fraktion verkleinerte sich um 5 Sitze auf 63 Mandate. Dieses Ergebnis muss als Enttäuschung für die Grünen gewertet werden, hatten diese doch in fast allen Umfragen der vergangenen Legislaturperiode im zweistelligen Bereich gelegen und deshalb auf eine Verbesserung gegenüber 2009 gehofft. Außerdem wurden sie erneut von der Linken übertroffen, die 8,6 Prozent der Zweitstimmen erhielt. Dies entspricht einem Rückgang um 3,3 Prozentpunkte. Der Fraktion der Linken gehören nur noch 64 statt vorher 76 Abgeordnete an. Dennoch fühlte sich die Linke nicht als Verliererin der Wahl. Zum einen hatten Umfragen im Vorfeld der Wahl niedrigere Ergebnisse in den Bereich des Möglichen gerückt. Zum anderen ist die Linke durch Bildung der Großen Koalition stärkste Oppositionspartei, ihr Fraktionsvorsitzender Gregor Gysi darf sich demnach mit dem Titel des Oppositionsführers schmücken.

Alle zuvor nicht im Bundestag vertretenen Parteien erhielten zusammen 11 Prozent der Zweistimmen, fünf Prozentpunkte mehr als 2009. Rechnet man die 4,8 Prozent der Stimmen für die FDP hinzu, so ist mehr als jede siebte abgegebene Stimme ohne Bedeutung für die Zusammensetzung des Bundestags geblieben. Noch nie zuvor blieb ein derart großer Stimmenanteil bei der Sitzverteilung unberücksichtigt. Hervorzuheben ist unter den nicht im Bundestag vertretenen Parteien das Ergebnis der erst im Frühjahr 2013 gegründeten AfD (siehe auch Kapitel 2), die erstmals bei einer Wahl antrat und aus dem Stand mit 4,7 Prozent der Zweitstimmen nur knapp den Einzug ins Parlament verfehlte. Seit 1953 hat keine Partei bei ihrer ersten Teilnahme an einer Bundestagswahl ein besseres Ergebnis erzielen können. Die Piratenpartei konnte sich leicht auf 2,2 Prozent verbessern. Trotzdem war dieses Ergebnis für die Partei eine Enttäuschung, nachdem sie sich angesichts ihrer Landtagswahlergebnisse und Umfragewerte in den Jahren 2011 und 2012 Hoffnungen auf einen Einzug in den Bundestag hatte machen dürfen. Die erstmals bei einer Bundestagswahl angetretenen Freien Wählern kamen auf 1,0 Prozent der Stimmen und übertrafen damit die Hürde von 0,5 Prozent der Zweitstimmen, ab der eine Partei am staatlichen System der Parteienfinanzierung teilnimmt. Der gemeinsame Stimmenanteil der rechten Parteien (NPD, Republikaner, pro Deutschland und die Rechte) lag mit 1,7 Prozent etwas niedriger als 2009. Erneut entfiel der größte Anteil auf die NPD, die allerdings trotz des Zusammenschlusses mit der DVU zum zweiten Mal in Folge Verluste hinnehmen musste.

Nach wie gibt es deutliche Unterschiede im Wahlverhalten zwischen *Ost- und Westdeutschland.* Mit Ausnahme der Linken erzielten alle im Bundestag vertretenen Parteien in Westdeutschland (einschließlich West-Berlins) bessere Ergebnisse als in Ostdeutschland. Die Differenz betrug bei der Union und den Grünen etwa vier Prozentpunkte, bei der SPD fast zehn Prozentpunkte. Auch die FDP schnitt in Westdeutschland besser ab und wäre dort mit 5,2 Prozent der Zweitstimmen in den Bundestag eingezogen, erreichte aber nur 2,7 Prozent der ostdeutschen Zweitstimmen. Die Linke erzielte dagegen wie bei den vergangenen Bundestagswahlen mit 22,7 Prozent ein deutlich besseres Ergebnis in Ostdeutschland, kam jedoch auch im Westen mit 5,6 Prozent über die Fünf-Prozent-Hürde. Der geringste Ost-West-Unterschied war bei der AfD zu verzeichnen, die allerdings in Ostdeutschland mit 5,9 Prozent die Fünf-Prozent-Hürde übertroffen hätte. Diese Unterschiede entsprechen in der Richtung den vergangenen Wahlen, haben sich in ihre Stärke insgesamt jedoch leicht verringert. Die Ausnahme stellt in dieser Hinsicht die SPD dar, die in Ostdeutschland wie 2009 genau 17,9 Prozent der Zweitstimmen erhielt und sich daher ausschließlich in Westdeutschland verbessern konnte.

Noch deutlichere regionale Unterschiede treten auf der Ebene der einzelnen *Bundesländer* zu Tage. Für die Union reicht die Spannweite hier von 28,5 Prozent in Berlin bis zu 49,3 Prozent in Bayern. Überdurchschnittliche

Ergebnisse erzielte die CDU außerdem in Baden-Württemberg (45,7 Prozent), Rheinland-Pfalz (43,3 Prozent), Sachsen (42,6 Prozent) und Mecklenburg-Vorpommern (42,5 Prozent). Unter 35 Prozent blieb sie außerdem in Bremen (29,3 Prozent) und Hamburg (32,1 Prozent). Bei der SPD lagen die Ergebnisse auf Länderebene zwischen 14,6 Prozent (Sachsen) und 35,6 Prozent (Bremen). Mit Ausnahme von Bayern, Baden-Württemberg und Hessen erzielten die Sozialdemokraten in allen westdeutschen Ländern Ergebnisse über 30 Prozent, kamen dagegen in Ostdeutschland nur in Berlin und Brandenburg über 20 Prozent hinaus. Die Linke erhielt in allen ostdeutschen Ländern mit Ausnahme Berlins über 20 Prozent der Zweitstimmen, konnte in Westdeutschland jedoch nur in Bremen und im Saarland knapp zweistellige Ergebnisse erreichen. Abgesehen von Bayern und Baden-Württemberg lagen ihre Ergebnisse jedoch auch in den westdeutschen Ländern bei mindestens 5 Prozent. Die Grünen erreichten ihr bestes Ergebnis in Hamburg (12,7 Prozent) und konnten sich auch in Berlin (12,3 Prozent), Bremen (12,1 Prozent) und Baden-Württemberg (11,0 Prozent) über zweistellige Resultate freuen. Das schlechteste Ergebnis mussten die Grünen in Sachsen-Anhalt hinnehmen (4,0 Prozent) und blieben auch in Mecklenburg-Vorpommern, Brandenburg, Sachsen und Thüringen unter der Fünf-Prozent-Hürde. Die FDP schnitt mit 6,2 Prozent in Baden-Württemberg am besten ab, auch in Schleswig-Holstein, Hessen, Rheinland-Pfalz, Nordrhein-Westfalen und Bayern hätte es für die Liberalen zu einem Einzug ins Parlament gereicht. Jedoch blieb die FDP nicht nur in Mecklenburg-Vorpommern (2,2 Prozent), sondern auch in Brandenburg und Sachsen-Anhalt unter 3 Prozent. Die AfD schließlich übertraf neben Thüringen (6,2 Prozent) auch in Brandenburg, Hessen, Mecklenburg-Vorpommern, Baden-Württemberg und im Saarland die Fünf-Prozent-Hürde. Bemerkenswert ist dabei das hessische Ergebnis, denn bei der gleichzeitig stattfindenden Landtagswahl blieb die AfD unter 5 Prozent. Ihre schlechtesten Ergebnisse erzielte sie in Niedersachsen und Bremen (jeweils 3,7 Prozent).

Zwar entscheiden die Zweitstimmen über die Sitzverteilung, trotzdem sind die *Erststimmen* für die Parteien und insbesondere ihre Direktkandidaten interessant, denn sie entscheiden, wer als direkt gewählter Abgeordneter einen Wahlkreis im Bundestag vertritt. Bei den Erststimmenmehrheiten in den einzelnen Wahlkreisen haben sich wie bereits 2009 erneut deutliche Verschiebungen ergeben (siehe Abbildung 1). Insgesamt konnten CDU und CSU 18 Direktmandate hinzugewinnen und erzielten dadurch in 236 von 299 Wahlkreisen die (relative) Mehrheit der Erstimmen. Damit stammt der direkt gewählte Abgeordnete in 79 Prozent aller Wahlkreise von der Union.

Nachdem die SPD bereits 2009 insgesamt 81 Direktmandate hatte abgeben müssen, verlor sie 2013 weitere sechs Wahlkreise und stellt nur noch 58 direkt gewählte Abgeordnete. Die Linke hatte 2009 noch 16 Wahlkreise gewinnen können, 2013 waren es lediglich vier. Der einzige erfolgreiche Direktkandidat der Grünen war wie bereits 2002, 2005 und 2009 Hans-Christian Ströbele im Wahlkreis Berlin-Friedrichshain – Kreuzberg – Prenzlauer Berg Ost.

Auf der Karte der gewonnenen Direktmandate dominiert nun in allen Landesteilen das Schwarz der Union, während es 2005 noch eine deutliche Nord-Süd-Teilung zwischen SPD und Union gegeben hatte und 2009 eine Dreiteilung der ostdeutschen Wahlkreise auf CDU, SPD und Linke. Die Union konnte 2013 alle Wahlkreise in den Bundesländern Bayern, Baden-Württemberg, Mecklenburg-Vorpommern, Saarland, Sachsen, Sachsen-Anhalt und Thüringen gewinnen. Lediglich in Hamburg und Bremen gewann die SPD mehr Direktmandate als die CDU. Darüber hinaus konnten die Sozialdemokraten nur im Ruhrgebiet, im südlichen Niedersachsen und in Nordhessen eine größere Zahl an Direktmandaten für sich entscheiden. Erneut fielen einige langjährige SPD-Hochburgen an die CDU, so hatte die SPD beispielsweise in den Wahlkreisen Worms und Waldeck seit 1949 bzw. seit 1957 stets den Direktkandidaten gestellt.

Das deutsche Wahlsystem erlaubt den Wählern, ihre Erst- und Zweitstimme zu splitten, das heißt mit der Erststimme kann ein Direktkandidat gewählt werden, der nicht der mit der Zweitstimme gewählten Partei angehört. Der Anteil von Wählern, die diese Möglichkeit des *Stimmensplittings* wahrnehmen, hat sich im Zeitverlauf deutlich erhöht und erreichte bei der Wahl 2009 mit 26,4 Prozent einen Rekordwert. Bei der Bundestagswahl 2013 ging der Anteil der Stimmensplitter zwar leicht auf 23 Prozent zurück (Egeler 2014), noch immer nutzt damit aber fast jeder vierte Wähler diese Möglichkeit. Deshalb wird das Stimmensplitting genauer in Unterkapitel 5.3 untersucht.

Ebenfalls besteht für die Wahlberechtigten die Möglichkeit, ihre Stimme nicht erst am Wahltag im Wahllokal abzugeben, sondern bereits im Vorfeld der Wahl per *Briefwahl*. Diese Möglichkeit besteht seit 1957, ihre Nutzung stieg aber erst seit 1990 deutlich an. Seit 2009 muss zudem kein Grund mehr für die Beantragung der Briefwahl angegeben werden. Bei der Wahl 2013 erreichte der Briefwähler-Anteil mit 24,3 Prozent (Egeler 2014) einen neuen Höchststand. Deshalb werden die Briefwähler in Unterkapitel 5.5 genauer analysiert.

Abbildung 1: Gewonnene Wahlkreise nach Parteien 2005, 2009 und 2013

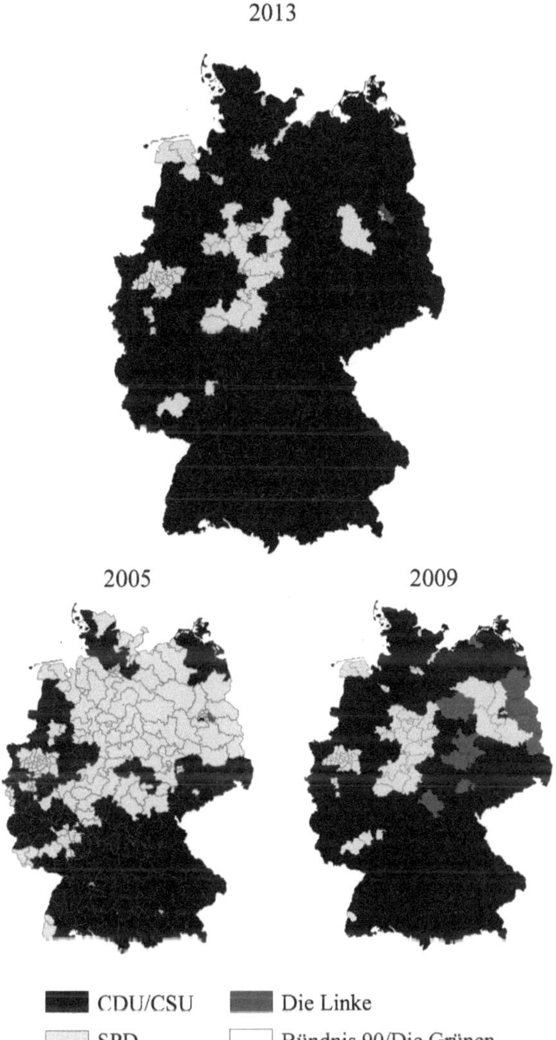

Quelle: Bundeswahlleiter.

Ein wichtiges Element jeder Wahl ist das Wahlsystem, welches die Regeln für die *Sitzverteilung* festlegt, also wie die abgegebenen Stimmen in Sitze für die einzelnen Kandidaten oder Parteien umgerechnet werden. Im Februar 2013 wurde ein neues Wahlrecht im Bundestag verabschiedet, nachdem zuvor das alte Wahlrecht vom Bundesverfassungsgericht für verfassungswidrig erklärt worden war (vgl. Behnke 2014). Wie das 2013 neu eingeführte System der Sitzverteilung funktioniert, wird im Anhang genauer beschrieben (siehe Anhang 1). Wie dort erläutert, wird zunächst für jedes Bundesland ein Sitzkontingent berechnet, welches anschließend nach dem Verhältnis ihrer Zweitstimmen vorläufig auf die Parteien verteilt wird. Sofern eine Partei in einem Land mehr Direktmandate gewonnen hat als ihr nach dieser Rechnung zustehen, werden ihr diese Sitze zusätzlich zugeteilt (sog. Überhangmandate). Bei der Wahl 2013 war das in Brandenburg, im Saarland, in Sachsen-Anhalt und in Thüringen der Fall, wo die CDU jeweils ein Direktmandat mehr gewonnen hat als ihr gemäß der Verteilung des Ländersitzkontingents auf die Parteien zustand. Die so ermittelten Sitze werden für jede Partei über alle Bundesländer zusammengezählt. Daraus ergibt sich für jede Partei eine sog. „Mindestsitzzahl", die ihr mindestens zusteht. Für die folgende endgültige Verteilung der Sitze werden die im Bundestag regulär vorgesehenen 598 gemäß ihrer bundesweiten Zweitstimmen auf die im Bundestag vertretenen Parteien verteilt. Dabei kann es passieren, dass eine Partei nach dieser bundesweiten Verhältnisrechnung weniger Sitze bekommen würde als ihr nach der zuvor durch Summierung der Länderkontingente der Parteien ermittelten Mindestsitzzahl zustehen. Bei der Bundestagswahl 2013 war das bei der CSU der Fall, der nach ihrem Zweitstimmenanteil nur 53 Sitze zustanden, für die aber eine Mindestsitzzahl von 56 errechnet wurde. Auch den Grünen und der SPD fehlte nach dieser Rechnung jeweils ein Sitz im Vergleich zu ihrer Mindestsitzzahl. Um diese Abweichungen auszugleichen, werden Ausgleichsmandate vergeben. Diese orientieren sich an der Partei, bei der das größte Missverhältnis aus Verhältnisrechnung und Mindestsitzzahl besteht. Dies war 2013 also die CSU. Deshalb erhielten die anderen im Bundestag vertreten Parteien zusätzliche Ausgleichsmandate (die CDU 13, die SPD neun, die Linke vier und die Grünen zwei; siehe Behnke 2014). Dadurch vergrößerte sich der Bundestag auf 631 Sitze, es wird aber gewährleistet, dass jede Partei ihre Mindestsitzzahl erhält und gleichzeitig die Sitzverteilung (von Rundungsfehlern abgesehen) genau dem Verhältnis der Zweitstimmen entspricht.

4.3 Die Wahl 2013 im langfristigen Vergleich

Wie in vielen anderen Ländern auch ist die *Wahlbeteiligung* in Deutschland in den vergangenen Jahrzehnten deutlich gesunken. Im Vergleich zum höchsten Wert aus dem Jahr 1972, als 91,1 Prozent der Wahlberechtigten an der Wahl teilnahmen, sank die Wahlbeteiligung bis zur Wahl 2009 deutlich auf nur noch 70,8 Prozent. Zwischen 2005 und 2009 ereignete sich sogar der größte Rückgang der Wahlbeteiligung zwischen zwei aufeinanderfolgenden Wahlen. Dieser Abwärtstrend wurde 2013 vorerst gestoppt, die Wahlbeteiligung stieg wieder leicht auf 71,5 Prozent an. Dieser Wert entspricht jedoch immer noch der zweitniedrigsten Wahlbeteiligung bei allen Bundestagswahlen seit 1949 (zu den Hintergründen der Wahlbeteiligung siehe Unterkapitel 5.1).

Um das Ergebnis der Bundestagswahl 2013 im langfristigen Vergleich einordnen zu können, sind in Abbildung 2 die Ergebnisse aller Bundestagswahlen seit 1949 dargestellt. Besonders deutlich zeigt sich hier der Erfolg der Union im Vergleich zu den vorherigen Wahlen. Seit der vorgezogenen Bundestagswahl 1983, bei der die Union 48,8 Prozent der Stimmen erhielt, war der gemeinsame Stimmenanteil von CDU und CSU bis 2009 bei sechs von sieben Bundestagswahlen gesunken, zuletzt auf ihr historisch zweitschlechtestes Ergebnis von 33,8 Prozent. Dies war zugleich das schlechteste Wahlergebnis, das die Partei eines amtierenden Bundeskanzlers jemals erzielte. Insofern stellt der Wert von 41,5 Prozent keineswegs einen neuen Rekord dar, sondern eher eine Rückkehr zu alter Stärke. Diese Feststellung wird dadurch untermauert, dass die Union aus 15 der bisherigen 18 Bundestagswahlen seit 1949 als stärkste Partei hervorging und der langfristige Mittelwert ihrer Ergebnisse bei 42,5 Prozent liegt. Auch muss berücksichtigt werden, dass die Wahl 2013 für die Union fast unter Idealbedingungen stattfand. Eine äußerst beliebte Kanzlerin, die Schwäche der FDP, eine geringe Arbeitslosigkeit und eine im internationalen Vergleich gute wirtschaftliche Lage, dazu der bestenfalls durchwachsene Wahlkampf des Herausforderers von der SPD – fast alle Faktoren sprachen für die Union. Insofern ist es keinesfalls sicher, ob der Union eine echte Trendumkehr gelungen ist und sie sich wieder langfristig über 40 Prozent etablieren kann.

Der SPD ist 2013 scheinbar ebenfalls eine Trendwende gelungen. Zwischen 1998 und 2009 hatten die Sozialdemokraten jedoch insgesamt fast 18 Prozentpunkte verloren. Vor diesem Hintergrund wirken die jüngsten Zugewinne von 2,7 Prozentpunkten eher bescheiden, das Ergebnis von 2013 ist noch immer das zweitschlechteste seit 1949. Erst die kommenden Wahlen können zeigen, ob die Sozialdemokraten ihren Tiefpunkt mit der Wahl 2013 überwunden haben und langfristig wieder Ergebnisse über 30 Prozent erzielen können, wie das bei jeder Bundestagswahl zwischen 1957 und 2005 der Fall war. Dass trotz der schwierigen Ausgangslage überhaupt Gewinne erzielt wurden, könnte aber zumindest ein Zeichen der Hoffnung für die SPD sein.

Abbildung 2: Zweitstimmenergebnisse bei Bundestagswahlen seit 1949

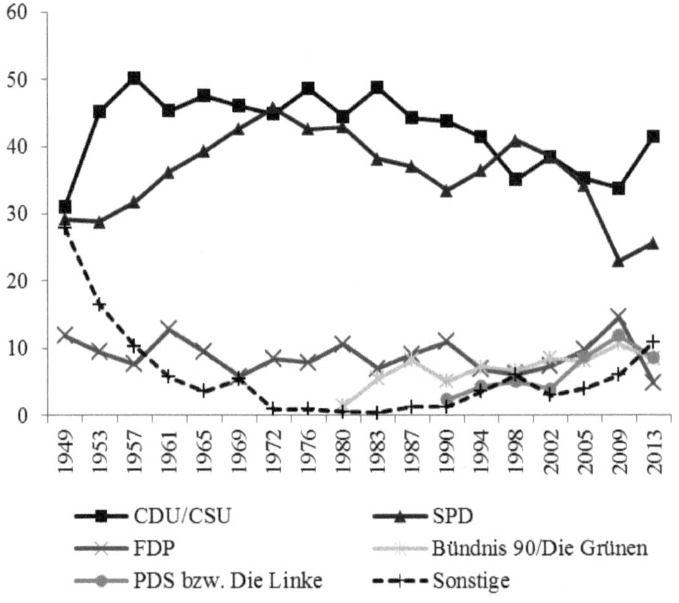

Quelle: Bundeswahlleiter.

Bei der Wahl 2009 hatten die FDP, die Linke und die Grünen allesamt Rekordergebnisse erzielt, der langfristige Trend schien eindeutig nach oben zu zeigen und die gewohnte Unterteilung zwischen großen und kleinen Parteien infrage zu stellen. Doch erfuhr diese Entwicklung 2013 keine Fortsetzung, stattdessen musste die FDP die stärksten Verluste ihrer Geschichte hinnehmen. Abbildung 2 verdeutlicht die Fallhöhe der FDP. Vor der Wahl 2009 hatte ihr bestes Ergebnis bei 12,8 Prozent im Jahr 1961 gelegen, ihr schlechtestes bei 5,8 Prozent 1969. Dem Rekordergebnis von 14,6 Prozent 2009 folgte dann der jähe Absturz auf das schlechteste je bei einer Bundestagswahl erzielte Ergebnis von 4,8 Prozent.

Die Wahlergebnisse der Grünen unterlagen seit ihrem bundesweiten Wiedereinzug in den Bundestag 1994 nur relativ geringen zeitlichen Schwankungen (zwischen 1990 und 1994 waren sie nur durch acht Abgeordnete der ostdeutschen Partei Bündnis 90/Grüne im Parlament vertreten, da die westdeutschen Grünen in ihrem Wahlgebiet die bei der Wahl 1990 separat für Ost- und Westdeutschland geltende Fünf-Prozent-Hürde nicht überspringen konnten). Die 10,7 Prozent bei der Wahl 2009 stellten den bisherigen Bestwert dar, die 8,4 Prozent der Wahl 2013 waren für die Grünen eine gefühlte Niederlage, liegen aber immerhin knapp über dem langjährigen Durchschnitt der Partei. Wenngleich sich in Wahlumfragen und bei einigen Landtagswahlen während der vergangenen Legislaturperiode ein Wählerpotential von über 20 Prozent angedeutet haben mag, so konnten die Grünen dies auf Bundesebene bisher nicht realisieren. Die aus PDS und WASG hervorgegangene Linke erhielt nach ihrem Wiedereinzug in den Bundestag 2005 und dem Erfolg bei der Wahl 2009 mit 11,9 Prozent der Stimmen 2013 erstmals einen Dämpfer. Gleichwohl ist sie im 18. Bundestag erstmals als drittstärkste Fraktion vertreten. Zudem deutete noch 2002 wenig darauf hin, dass es dauerhaft gelingen würde, eine Partei links der SPD im Parlament zu etablieren. Das Ergebnis 2013 scheint einen weiteren Schritt in diese Richtung zu markieren, wenngleich das Beispiel der FDP zeigt, wie schnell eine scheinbar fest im Bundestag etablierte Partei aus dem Parlament herausfallen kann.

Bemerkenswert ist schließlich der Anstieg des in Abbildung 2 zusammengefassten Stimmenanteils aller sonstigen Parteien, die zusammengenommen erstmals mehr Stimmen erhielten als die drittstärkste Partei im Bundestag. Dieser Erfolg geht vor allem auf das Konto der AfD und der Piraten. Obwohl beide – und im Fall der Piraten sogar deutlich – den Einzug in den Bundestag verpassten, deutet sich damit dennoch eine grundlegende Änderung im Parteiensystem an. Das Ergebnis der AfD und die zeitweise sehr guten Umfragewerte der Piraten sowie ihre guten Ergebnisse bei einigen Landtagswahlen in 2011 und 2012 signalisieren, dass auch Kleinstparteien, die bisher noch nie im Bundestag vertreten waren, Chancen auf Wahlergebnisse über fünf Prozent haben – auch wenn es dieses Mal nicht gereicht hat. Gleichsam wird die FDP den direkten Wiedereinzug in den Bundestag anstreben, sodass es durchaus möglich ist, dass sich die Zahl der im Bundestag vertretenen Parteien bei der nächsten Wahl wieder ändert.

Über die Sitzverteilung im Bundestag bestimmen die *Stimmenanteile* der Parteien, also ihre relativen Ergebnisse. Ein Blick auf die in absoluten Zahlen ausgedrückten Wahlergebnisse vermittelt jedoch ein besseres Verständnis dafür, wie viele Wähler sich hinter den Änderungen der Stimmenanteile verbergen, und zeigt damit auch die Auswirkungen der gesunkenen Wahlbeteiligung. So geht der Wahlsieg der Union 2013 auf einen Zugewinn von 3,4 Millionen Wählern gegenüber 2009 zurück, 18,1 Millionen Wähler entschieden sich bei dieser Wahl für CDU oder CSU. Bemerkenswert ist jedoch, dass die Union 2002 ungefähr 400.000 Stimmen mehr erhalten hatte, obwohl sie damals verglichen mit 2013 einen um drei Prozentpunkte geringeren Stimmenanteil erhielt – an diesem Beispiel werden die Auswirkungen der gesunkenen Wahlbeteiligung deutlich.

Tabelle 2: Wahlergebnisse bei Bundestagswahlen seit 1990

Jahr	CDU/ CSU	SPD	FDP	Grüne	PDS/Die Linke	AfD	Sonstige
1990	20,4	15,5	5,1	1,8	1,1	-	2,6
1994	19,5	17,1	3,3	3,4	2,1	-	1,7
1998	17,3	20,2	3,1	3,3	2,5	-	2,9
2002	18,5	18,5	3,5	4,1	1,9	-	1,5
2005	16,6	16,2	4,6	3,8	4,1	-	2,0
2009	14,7	10,0	6,3	4,6	5,2	-	2,6
2013	18,1	11,3	2,1	3,7	3,8	2,1	2,7

Quelle: Bundeswahlleiter.
Angaben in Millionen Zweitstimmen.

Die SPD konnte 2013 über eine Million Wähler gegenüber der vorherigen Wahl hinzugewinnen, hatte 2009 aber nur noch halb so viele Stimmen bekommen wie noch 1998. Erwähnenswert ist auch, dass sich die Große Koalition aus Union und SPD zwar weiterhin auf die breite Legitimationsbasis von 29,4 Millionen Stimmen berufen kann, aber über drei Millionen Stimmen weniger erhielt als noch bei der Wahl 2005, nach der zuletzt eine Große Koalition regierte. Die Dimension der Verluste der FDP wird in absoluten Wählerstimmen ebenfalls besonders deutlich. Sie verlor zwischen 2009 und 2013 über vier Millionen Wähler und erhielt damit nur noch etwa ein Drittel der Wählerstimmen, die sie bei der vorherigen Wahl erhalten hatte. Vergleichsweise stabil ist die Wählerzahl der Grünen seit 1994. Bei den sechs Bundestagswahlen in diesem Zeitraum liegen zwischen ihrer niedrigsten und ihrer höchsten Unterstützerzahl lediglich 1,3 Millionen Stimmen. Im Vergleich zu 2009 verloren die Grünen etwa 900.000 Wählerstimmen und fielen damit in etwa auf das Niveau der Wahl 2005 zurück.

Wie bereits erwähnt, blieb noch nie bei einer Bundestagswahl ein höherer Stimmenanteil bei der Sitzverteilung unberücksichtigt als 2013. Ungefähr 6,8 Millionen Wähler haben bei dieser Wahl eine Stimme für eine Partei abgegeben, die ohne Sitze im Bundestag blieb. Trotz ihrer massiven Verluste haben sich noch immer mehr als zwei Millionen Wähler mit der FDP eine liberale Partei im Parlament gewünscht. Auch die zwei Millionen Stimmen für die AfD und die knapp eine Million Stimmen für die Piraten zeigen, dass die von diesen Parteien vertretenen Positionen zumindest von einem nennenswerten Teil der Wähler unterstützt werden.

4.4 Implikationen für die Entwicklung des deutschen Parteiensystems

In der bisherigen Betrachtung waren die einzelnen Parteien die Untersuchungseinheit. Abschließend wird nun der Blick auf die höhere Ebene des Parteiensystems gerichtet. Dadurch wird deutlich, wie der politische Wettbewerb zwischen den Parteien in Deutschland strukturiert ist und wie er sich über die Zeit verändert hat. Ein Parteiensystem wird nicht allein durch die Anzahl der in einem politischen System relevanten Parteien bestimmt, sondern ebenso durch die zwischen den Parteien bestehenden Verhältnisse und Beziehungen. In der Politikwissenschaft gibt es zahlreiche Kennziffern, mit denen die Eigenschaften eines Parteiensystems charakterisiert werden können (vgl. Niedermayer et al. 2006). Im Folgenden sollen vier relativ einfache Maße betrachtet werden, welche die wesentlichen Entwicklungen der deutschen Parteienlandschaft gut veranschaulichen können (Tabelle 3).

Die erste wichtige Eigenschaft eines Parteiensystems ist die *Fragmentierung*, in der sich das Ausmaß der Zersplitterung beziehungsweise Konzentration des Parteiensystems ausdrückt. Ein anschauliches und häufig verwendetes Maß für diese Systemeigenschaft ist die effektive Parteienzahl (Laakso/Taagepera 1979). Diese Maßzahl, die dem Kehrwert der Summe der quadrierten Stimmenanteile aller Parteien entspricht, wird von der Anzahl und den Größenverhältnissen sowohl der parlamentarisch vertretenen als auch der übrigen Parteien beeinflusst. Existieren in einem Parteiensystem beispielsweise fünf Parteien, die bei einer Wahl alle genau 20 Prozent der Stimmen erhalten, beträgt die effektive Parteienzahl ebenfalls fünf. Wenn aber eine dieser Parteien sehr dominant ist, nähert sich die Maßzahl dem

Wert eins an. Für Parteiensysteme mit zwei dominierenden Großparteien bietet sich als zusätzliches Maß für die Fragmentierung der gemeinsame Stimmenanteil der beiden großen Parteien an, im deutschen Fall also von CDU/CSU und SPD.

Tabelle 3: Kennziffern des deutschen Parteiensystems seit 1949

Jahr	Effektive Parteienzahl	Stimmenanteil Union + SPD	Asymmetrie	Volatilität
1949	4,8	60,2	1,8	-
1953	3,3	74,0	16,4	8,5
1957	2,8	82,0	18,4	4,9
1961	2,8	81,5	9,1	7,2
1965	2,6	86,9	8,3	4,4
1969	2,5	88,8	3,4	4,3
1972	2,4	90,7	-0,9	3,5
1976	2,4	91,2	6,0	3,7
1980	2,5	87,4	1,6	3,6
1983	2,6	87,0	10,6	8,4
1987	2,9	81,3	7,3	5,3
1990	3,1	77,3	10,3	4,6
1994	3,2	77,8	5,0	6,8
1998	3,3	76,0	-5,8	6,4
2002	3,2	77,0	0,0	5,0
2005	3,8	69,4	1,0	7,6
2009	4,7	56,8	10,8	11,6
2013	3,9	67,2	15,8	13,0

Für die erste Bundestagswahl nach Ende des Zweiten Weltkriegs im Jahr 1949 nimmt die effektive Parteienzahl einen vergleichsweise hohen Wert von 4,8 an. Keine Partei konnte diese Wahl klar dominieren, die beiden großen Parteien vereinigten nur etwa 60 Prozent der Wählerstimmen auf sich und die Stimmen verteilten sich auf viele Parteien, da u.a. die bundesweite Fünf-Prozent-Hürde noch nicht existierte. Nach deren Einführung 1953 kam es bald zu der damit beabsichtigten Konzentration im deutschen Parteiensystem. Zwischen 1961 und 1983 bestand der Bundestag nur aus den drei Fraktionen der Union, der SPD und der FDP, wobei stets mindestens vier Fünftel der Stimmen für eine der beiden großen Parteien abgegeben wurden. Für die Zeit dieses Dreiparteiensystems nimmt die effektive Parteienzahl sehr konstante Werte im Bereich von 2,5 an und reflektiert damit auch die Dominanz der beiden großen Parteien. Der Einzug von Bündnis 90/Die Grünen in den Bundestag 1983 und der PDS 1990 resultieren zusammen mit der langsam abnehmenden Vorherrschaft von Union und SPD in – zunächst nur leicht – steigenden Werten für die effektive Parteienzahl. Dieser Anstieg fand mit dem hohen Stimmenanteil der kleineren Bundestagsparteien bei der Bundestagswahl 2009 einen Höhepunkt, sodass auch die effektive Parteienzahl für diese Wahl einen für deutsche Verhältnisse sehr hohen Wert von 4,7 betrug und CDU/CSU und SPD gemeinsam nur auf 56,8 Prozent der Stimmen kamen. Mit den Verlusten der FDP und den Zugewinnen der beiden großen Parteien ging die effektive Parteienzahl 2013 leicht auf 3,9 zurück. Die beiden großen Parteien konnten mit 67,2 Prozent zumindest wieder etwas mehr als zwei Drittel der Stimmen auf sich vereinen. Insgesamt hat jedoch – trotz des leichten Rückgangs 2013 – die Fragmentierung des Parteiensystems im Zeitverlauf tendenziell zugenommen.

Eine weitere wichtige Eigenschaft eines Parteiensystems ist die sogenannte *Asymmetrie*. Diese gibt Aufschluss über das Stärkeverhältnis der beiden großen Parteien untereinander und wird für Deutschland berechnet, indem der Stimmenanteil der SPD vom Stimmenanteil der Unionsparteien abgezogen wird. Positive Werte bedeuten also einen Vorsprung von CDU/CSU, negative einen Vorsprung der SPD. Bei 15 von 18 Bundestagswahlen seit Ende des Zweiten Weltkriegs konnte die Union einen größeren Stimmenanteil erreichen als die SPD. Im Jahr 2002 lagen die beiden großen Parteien gleichauf, lediglich aus den Wahlen 1972 und 1998 ging die SPD als stärkste Partei hervor. Langfristig besteht demnach eine deutliche Asymmetrie zugunsten der CDU/CSU im deutschen Parteiensystem. Nach der Wiedervereinigung 1990 und dem Wahlsieg der SPD 1998 war vermutet worden, die Phase der Unions-Dominanz sei beendet (siehe Niedermayer 2007: 128). Die beiden darauffolgenden Wahlen schienen dies zu bestätigen, konnte sich doch keine der beiden großen Parteien gegenüber der anderen einen nennenswerten Vorteil verschaffen. Mit der Bundestagswahl 2009 scheint die Union ihre alte Dominanz zurück gewonnen zu haben, die sie 2013 weiter ausbaute. Ein größerer Abstand zwischen den beiden großen Parteien bestand zuletzt 1957.

Schließlich soll als letzte Eigenschaft die *Volatilität* des deutschen Parteiensystems betrachtet werden. Unter Volatilität versteht man in der Politikwissenschaft, wie stark sich die Anteile der Parteien zwischen zwei Wahlen verändern, ob also die Wahlergebnisse relativ konstant sind oder starken Schwankungen unterliegen. Sie wird meist mit dem sogenannten Pedersen-Index gemessen (Pedersen 1979). Dieser wird berechnet, indem die relativen Gewinne und Verluste aller im Parlament vertretener Parteien im Vergleich zur vorherigen Wahl summiert und durch zwei dividiert werden. Bei der Bundestagswahl 2013 hat die Union 7,8 Prozentpunkte gewonnen, die SPD 2,7. Die FDP verlor 9,8 Prozentpunkte, die Grünen 2,3 und die Linke 3,3. Die Summe dieser prozentualen Veränderungen beträgt folglich 25,9, durch zwei dividiert ergibt dies aufgerundet einen (vergleichsweise hohen) Wert von 13,0 für den Pedersen-Index. Zur Zeit des Drei-Parteien-Systems aus Union, SPD und FDP in den 1960er und 1970er Jahren war die Volatilität der Wahlergebnisse in Deutschland sehr gering. Dies änderte sich mit dem Einzug der Grünen in den Bundestag 1983 kurzzeitig, eine einheitliche Entwicklung zu größerer Volatilität war zunächst aber nicht festzustellen. Erst seit 2005 ist ein kontinuierlicher Anstieg der Volatilität zu beobachten, der 2013 seinen vorläufigen Höhepunkt erreichte. Bei dieser Wahl wurde der vorherige Höchstwert aus dem Jahr 2009 noch einmal übertroffen, diese Maßzahl verdeutlicht also die gestiegene Wechselbereitschaft der Wähler (vgl. dazu auch Unterkapitel 5.2).

Bis zur Bundestagswahl 2013 galt das deutsche Parteiensystem als „fluides Fünfparteiensystem“ (Niedermayer 2007: 131). Die rekordverdächtige Volatilität, das knappe Ausscheiden der FDP aus dem Bundestag und das ebenfalls knappe Scheitern der AfD an der Fünf-Prozent-Hürde belegen, dass sich das Parteiensystem im Gegensatz zu früheren Zeiten in Bewegung befindet, zeigen jedoch auch, dass die Zahl fünf nicht länger eine unveränderliche Konstante ist. Man könnte deshalb von einem fluiden Vielparteiensystem sprechen, in dem CDU und CSU zumindest derzeit eine herausgehobene Stellung einnehmen.

4.5 Fazit

Nach einer in vielerlei Hinsicht rekordverdächtigen Bundestagswahl 2009 – niedrigste Wahlbeteiligung, historisch schwache Ergebnisse für Union und SPD, Rekordwerte bei Überhangmandaten und Stimmensplitting – war das Ergebnis der Wahl 2013 mit Spannung erwartet worden. Erneut sorgten die Wähler mit ihren Wahlentscheidungen für eine denkwürdige Wahl. Die Union wurde mit Abstand stärkste Partei und kehrte zu alter Stärke zurück, benötigte für eine Regierungsmehrheit aber die Unterstützung der auf niedrigem Niveau konsolidierten SPD, da die FDP die größte Niederlage ihrer

Geschichte erlebte und an der Fünf-Prozent-Hürde scheiterte. Auch Grüne und Linke mussten Stimmenverluste hinnehmen, sind aber weiterhin im Bundestag vertreten. Einen neuen Rekordwert bedeuten die über 15 Prozent an Zweitstimmen, die auf Parteien entfallen sind, die keine Sitze im Bundestag gewonnen haben. Zu dieser hohen Zahl beigetragen haben neben den Wählern der FDP vor allem die über zwei Millionen Stimmen für die AfD und die fast eine Million Stimmen für die Piraten.

CDU und CSU gewannen drei Viertel aller Direktmandate, nur in wenigen Bundesländern konnten sozialdemokratische Kandidaten noch flächendeckend Erststimmenmehrheiten erzielen. Die Linke erzielte weiterhin in Ostdeutschland wesentlich bessere Ergebnisse als im Westen, übertraf jedoch auch dort die Fünf-Prozent-Hürde. Letzteres galt auch für die FDP, während die AfD im Osten auf über fünf Prozent der Stimmen kam. Das neue Verfahren der Sitzverteilung beseitigte den möglichen verzerrenden Effekt von Überhangmandaten, ist aber verhältnismäßig kompliziert und sorgte für eine Vergrößerung des Bundestags auf 631 statt regulär 598 Sitze. Die Fragmentierung des deutschen Parteiensystem verringerte sich durch die Gewinne der großen Parteien etwas, dafür ist das Parteiensystem nach der Bundestagswahl so volatil wie nie zuvor und asymmetrisch in Richtung der Union.

Literatur

Behnke, Joachim 2014: Das neue Wahlgesetz im Test der Bundestagswahl 2013, in: Zeitschrift für Parlamentsfragen 45, 17-37.

Egeler, Roderich 2014: Repräsentative Wahlstatistik zur Bundestagswahl 2013, Statement des Bundeswahlleiters Roderich Egeler am 28. Januar 2014 in Berlin [https://www.destatis.de/DE/PresseService/Presse/Pressekonferenzen/2014/Wahlstat/Statement_Egeler_ReprWStat_PDF.pdf?__blob=publicationFile] <28.4.2014>.

Laakso, Markku/Taagepera, Rein 1979: 'Effective' number of parties: A measure with application to West Europe, in: Comparative Political Studies, 3-27.

Niedermayer, Oskar 2007: Die Entwicklung des bundesdeutschen Parteiensystems, in: Decker, Frank/Neu, Viola, Hg., Handbuch der deutschen Parteien, Wiesbaden: VS Verlag, 114-135.

Niedermayer, Oskar/ Stöss, Richard / Haas, Melanie, Hg., 2006: Die Parteiensysteme Westeuropas, Wiesbaden: VS Verlag.

Pedersen, Mogens N. 1979: The Dynamics of European Party Systems: Changing Patterns of Electoral Volatility, in: European Journal of Political Research, 1-26.

5. Aspekte des Wählerverhaltens

5.1. Die Wahlbeteiligung

Patrick Lamers und Sigrid Roßteutscher

5.1.1 Einleitung

In repräsentativen demokratischen politischen Systemen wie dem deutschen sind Wahlen das zentrale Instrument zur Herstellung politischer Legitimität. Das Ergebnis von Wahlen bestimmt die zukünftige Regierung und somit auch die politische Agenda der folgenden vier Jahre. Diese essentielle Bedeutung von Wahlen erklärt, warum in früheren Jahrhunderten Bürger aller Klassen und später Frauen mit Vehemenz für ein allgemeines und gleiches Wahlrecht kämpften. Heute sind bei Bundestagswahlen nur noch wenige Gruppen vom Wahlrecht ausgenommen, vor allem unter 18-Jährige und Einwanderer ohne deutsche Staatsbürgerschaft. Obwohl in teils erbitterten Auseinandersetzungen in der Vergangenheit ein sehr umfassendes Wahlrecht erstritten wurde, verzichtete bei den beiden letzten Bundestagswahlen 2009 und 2013 fast ein Drittel der Wahlberechtigten darauf, von diesem Recht Gebrauch zu machen. Zudem zeigen neuere Befunde, dass die Wahlbeteiligung zunehmend vom sozialen Status der Wahlberechtigten abhängt und die persönliche Kommunikation im Nahumfeld dazu beiträgt, ob Menschen wählen gehen oder nicht. Resultat sind Hochbeteiligungsbezirke, in denen vor allem Menschen mit hoher Bildung und hohem sozialen Status wohnen, aber auch Niedrigbeteiligungsbezirke, geprägt von geringem Bildungsstand und hohen Arbeitslosenzahlen. Im Folgenden sollen zunächst die zentralen Trends der Wahlbeteiligung in Deutschland dargestellt werden – sowohl in ihrer zeitlichen Dimension als auch hinsichtlich des sozialen Hintergrunds und der räumlich-kommunikativen Ballung. Im zweiten Teil werden die Gründe, die zur Nichtwahl führen, ausführlicher analysiert.

5.1.2 Trends in der Wahlbeteiligung

Abbildung 1 zeigt die Entwicklung der Wahlbeteiligung in Deutschland seit 1949. War die Beteiligung zunächst kriegsbedingt (viele männliche Wahlberechtigte waren 1949 noch in Kriegsgefangenschaft), aber vor allem auch aufgrund der Erfahrung des Nationalsozialismus und der resultierenden politischen Apathie noch gering, so stieg sie mit der Etablierung des demokratischen Systems kontinuierlich an. In den 1970er und 1980er Jahren erreichte sie Werte über oder nahe an 90 Prozent. Seit Ende der 1980er Jahre ist der Trend jedoch rückläufig. Dabei liegt nach der Vereinigung die Wahlbeteiligung der Westdeutschen durchgängig deutlich über jener der Ostdeutschen. Die Bundestagswahl 2009 erlebte einen dramatischen Einbruch der Wahlbeteiligung. Mit 70,8 Prozent erreichte diese den niedrigsten Wert seit 1949. Zudem war der Rückgang mit 6,9 Prozentpunkten zwischen den beiden Bundestagswahlen 2005 und 2009 so hoch wie nie zuvor (Steinbrecher/Rattinger 2011).

Abbildung 1: *Wahlbeteiligung bei Wahlen zum deutschen Bundestag – 1949 bis 2013*

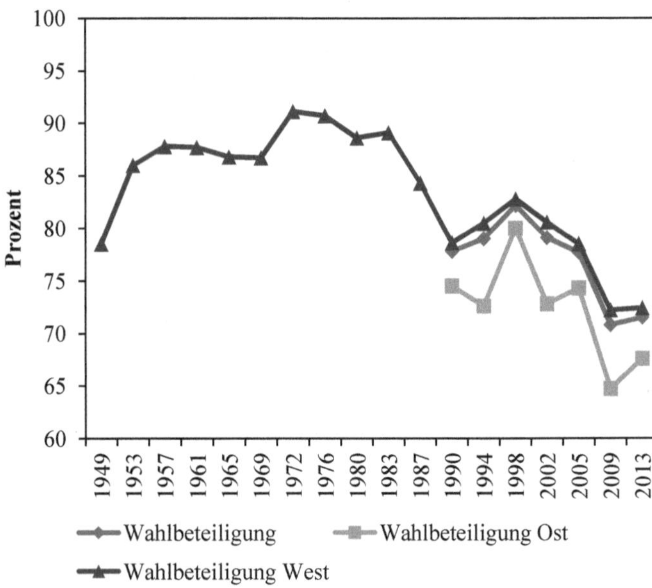

Quelle: Bundeswahlleiter, Statistisches Bundesamt Wiesbaden.

Im Wahlkampf 2013 war die Wahlbeteiligung daher ein explizites Thema. Selten fanden so viele Talkshows und Politikerrunden statt, die sich diesem

Thema widmeten. Auch in den Medien war die Frage omnipräsent, die BILD-Zeitung produzierte sogar eine ganze Sonderausgabe mit dem Titel „Ab ins Wahllokal!“, die am Tag vor der Wahl kostenfrei an 41 Millionen Haushalte in Deutschland verteilt wurde. Auch die Parteien, allen voran die SPD, hatten das Nichtwähler-Potenzial im Blick und warben in den letzten Tagen vor der Wahl gezielt um Stimmen von Personen, die zur Enthaltung neigten. Der Ertrag dieses Aufwandes scheint gering. Allen Mobilisierungsversuchen zum Trotz stieg die Wahlbeteiligung im Vergleich zu 2009 nur um 0,7 Prozentpunkte auf nun 71,5 Prozent. Dies ist – nach 2009 – die zweitschlechteste Beteiligungsrate aller Zeiten. Warum ist das so?

Während sich die Unterschiede in der Beteiligung zwischen Männern und Frauen im Zeitverlauf nivellierten, zeigen sich noch immer klare Unterschiede hinsichtlich Altersgruppen. Dabei ist die Wahlbeteiligung nicht bei Erstwählern am niedrigsten, sondern in der Altersgruppe der 21-25-Jährigen, die aufgrund von Berufs-und Hochschulbildung besonders mobil ist und sich in einer kritischen Phase der Karriereplanung befindet. Mit zunehmendem Alter steigt die Wahlbeteiligung kontinuierlich an, um bei den 60-70-Jährigen den höchsten Wert zu erreichen. Erst danach sinkt die Wahlbeteiligung wieder, bedingt durch Krankheiten, Gebrechlichkeit oder abnehmende soziale Integration (Steinbrecher/Rattinger 2011; Abendschön/Roßteutscher 2011). Während sich diese lebenszyklischen Trends in der Wahlbeteiligung immer wieder bestätigt haben, zeigen neuere Befunde, dass sich seit den 1990er Jahren Bildungsabschlüsse als zunehmend wichtig erweisen. Während in den 1980er Jahren die Wahlbeteiligung noch unabhängig davon war, welchen Schulabschluss Wahlberechtigte hatten, tat sich in den 1990er Jahren eine wachsende Kluft zwischen höheren Bildungsabschlüssen (Abitur und mehr) und niedrigen Bildungsabschlüssen (höchstens Hauptschule) auf. Dieser Trend zur zunehmenden Bildungsabhängigkeit der Wahlbeteiligung setzte sich im vergangenen Jahrzehnt verstärkt fort (Abendschön/Roßteutscher 2014). Abbildung 2 dokumentiert die Bildungsabhängigkeit der Wahlbeteiligung am Beispiel der Bundestagswahl 2013.

Sie zeigt, dass bei den älteren Gruppen der über 55-Jährigen relativ geringe Unterschiede hinsichtlich Bildungsabschluss und Wahlbeteiligung bestanden. Abiturienten und Hauptschüler trennten nur knapp zehn Prozentpunkte. Bei den unter 36-Jährigen betrug der Unterschied in der Wahlbeteiligung hingegen fast 50 Prozentpunkte. Abiturienten unter 36 Jahren gaben zu über 90 Prozent an, sich an der Bundestagswahl beteiligt zu haben, während dies bei Wahlberechtigten mit niedrigem Bildungsabschluss weniger als die Hälfte berichteten.

Abbildung 2: Wahlbeteiligung nach Alter und Bildung (in Prozent)

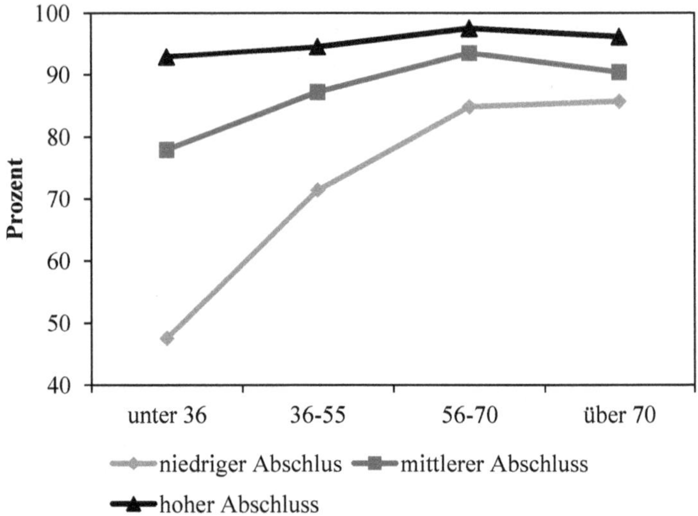

Quelle: GLES-Vor- und Nachwahl-Querschnittsbefragung 2013 (ZA5702).

Diese Befunde deuten auf eine starke soziale Bedingtheit der Wahlbeteiligung bei der Bundestagswahl 2013 hin. Auch Analysen früherer Wahlen weisen auf die zunehmende Bedeutung sozialer Merkmale wie Arbeitslosigkeit, Schichtzugehörigkeit oder Einkommen hin (Schäfer 2011). Auffällig ist zudem, dass die Wahlbeteiligung eine starke räumliche Ballung aufweist. So lagen bei der Bundestagswahl 2013 innerhalb von Städten wie Hamburg, Köln oder Bremen bis zu 40 Prozentpunkte Unterschied zwischen dem Stadtteil mit der niedrigsten und der höchsten Wahlbeteiligung. Stadtteile mit niedriger Wahlbeteiligung waren zudem typischerweise solche, die von hoher Arbeitslosigkeit, geringer Kaufkraft und einem niedrigen Bildungsstand gekennzeichnet waren (Schäfer/Roßteutscher 2014). Die soziale Ungleichheit in der Wahlbeteiligung hatte also eine eindeutige räumliche Struktur: Personen, die sich nicht an der Wahl beteiligten, wohnten in Umgebungen, in denen auch viele andere nicht zur Wahl gingen, während Wähler eher in einem Umfeld lebten, in dem die Wahlbeteiligung hoch war. Nichtwählen und Wählen scheinen „ansteckend“ und über die Kommunikation im Nahumfeld vermittelt zu sein (Nickerson 2008). Abbildung 3 zeigt diese räumliche Struktur der Wahlbeteiligung auf Basis der deutschen Wahlkreise bei der Bundestagswahl 2013.

Abbildung 3: Wahlbeteiligung 2013 nach Wahlkreisen

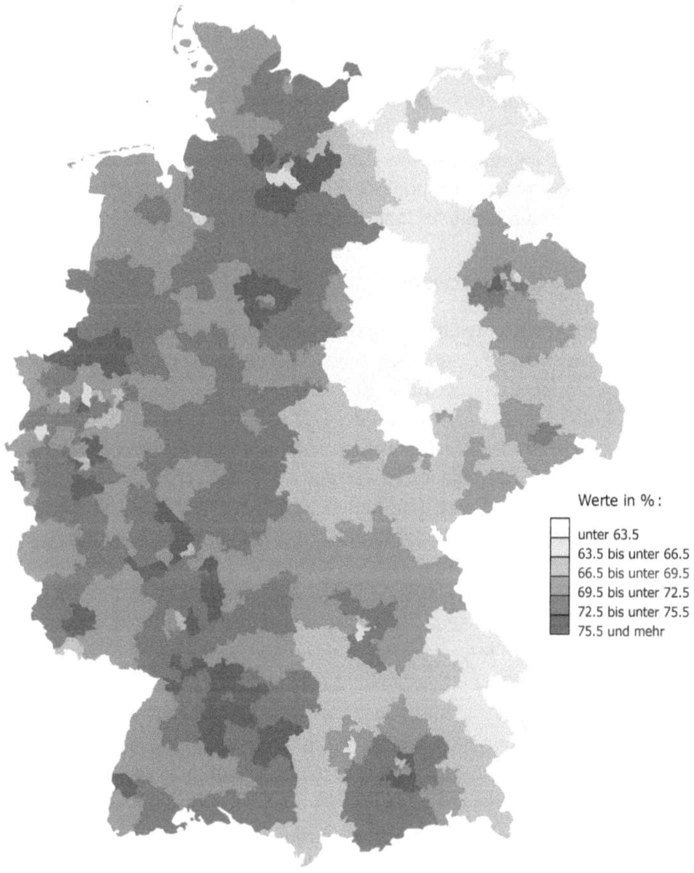

Quelle: Bundeswahlleiter 2013.

In den einzelnen Wahlkreisen schwankte die Beteiligung zwischen 58,9 Prozent und 79,8 Prozent. Regionen mit hoher Wahlbeteiligung waren verstärkt im Westen Deutschlands anzutreffen. Hingegen fiel in den östlichen

Kreisen des Landes die Wahlbeteiligung häufig sehr gering aus. Noch deutlicher werden die Unterschiede, wenn man kleinere räumliche Einheiten betrachtet. So betrug bei der Bundestagswahl 2013 der Unterschied zwischen den Stimmbezirken mit der höchsten und der niedrigsten Beteiligung fast 30 Prozentpunkte. Auch hier ist ein zeitlicher Trend unübersehbar, da bei der Bundestagswahl 1998 die Kluft zwischen Hoch- und Niedrigbeteiligungs-Stimmbezirken noch bei unter 20 Prozentpunkten lag (Schäfer et al. 2014: 9). Diese Unterschiede übertragen sich auf Länderebene. Auf der westlichen Nord-Südschiene von Schleswig-Holstein bis Baden-Württemberg lag die Beteiligungsrate stets über 72 Prozent, wobei Baden-Württemberg mit 74,3 Prozent die höchste Rate aufwies. Die niedrigste Beteiligungsrate aller Bundesländer fand sich mit 62,1 Prozent in Sachsen-Anhalt.

5.1.3 Gründe der Nichtwahl

In der bisherigen Nichtwähler-Forschung haben sich in der Regel politische Indikatoren als gewichtigste Erklärungsfaktoren erwiesen: Menschen gehen wählen, wenn sie sich stark für Politik interessieren, wenn sie sich mit einer Partei identifizieren, wenn sie mit der Demokratie zufrieden sind und/oder die Wahlbeteiligung als Bürgerpflicht betrachten (Steinbrecher/Rattinger 2011). Da neuere Befunde allerdings auf die steigende Bedeutung sozialer und räumlicher Gegebenheiten deuten, sollen hier die auf politische Einstellungen fokussierten Standardbefunde um diese beiden Dimensionen ergänzt werden. Tabelle 1 zeigt die Verteilung von politischen, sozialen und räumlichen Eigenschaften von Wählern und Nichtwählern im Vergleich. Allerdings ist an dieser Stelle eine Vorbemerkung angebracht. Umfragedaten, wie sie auch den folgenden Analysen zu Grunde liegen, sind nur bedingt geeignet, um das Phänomen der Nichtwahl aufzuklären. So wird der Nichtwähler-Anteil in Umfragen systematisch unterschätzt. Bei der Bundestagswahl 2013 waren auf Basis der offiziellen Wahlstatistik 28,5 Prozent der Wahlberechtigten nicht zur Wahl gegangen. In den hier ausgewerteten repräsentativen Umfragen, die im Rahmen der GLES-Studie direkt vor und nach der Wahl durchgeführt wurden, geben hingegen nur 13,4 Prozent an, der Urne fern geblieben zu sein. Vor allem zwei Gründe führen zu dieser Unterrepräsentation von Nichtwählern: zum einen gibt es einen unbekannten Anteil von Befragten, denen es in der Interviewsituation peinlich ist, zuzugeben, dass sie nicht gewählt haben. Zum anderen, und das ist der gewichtigere Grund, neigen Menschen, die sich nicht an Wahlen beteiligen, auch dazu, sich nicht an (politischen) Umfragen zu beteiligen. Nichtwähler sind daher in Wahlumfragen systematisch unterrepräsentiert (Schäfer/Roßteutscher 2014; Steinbrecher/Rattinger 2011).

Tabelle 1: Politische, soziale und räumliche Eigenschaften von Wählern und Nichtwählern im Vergleich

	Nichtwähler	Wähler
Politische Eigenschaften		
Parteiidentifikation		
Ja	30,3	78,5
Sehr stark/stark	28,9	62,8
Demokratiezufriedenheit		
Sehr zufrieden/zufrieden	27,9	53,0
Sehr unzufrieden/unzufrieden	35,6	13,8
Politisches Interesse		
Sehr stark/stark	4,1	25,7
Gar nicht/wenig	76,8	26,6
Akzeptanz Wahlnorm		
Hoch	23,0	78,5
Niedrig	76,8	11,9
Soziale Eigenschaften		
Bildung		
Hoch	10,1	32,4
Niedrig	63,9	37,3
Klassenlagen		
Arbeiter	50,9	30,1
Nicht-manuelle Routine	37,2	38,7
Untere Dienstklasse	7,7	19,3
Obere Dienstklasse	0,4	4,6
Selbständige	3,8	7,3
Arbeitslosigkeit		
arbeitslos	19,1	4,7
Haushalts-Einkommen		
Unter 1000 Euro	22,9	11,1
Über 3000 Euro	10,7	24,4

	Nichtwähler	Wähler
Räumlich-kommunikative Eigenschaften		
Politische Gespräche		
Ja	29,8	66,9
Einschätzung Wahlbeteiligung Nachbarschaft*		
Fast alle/viele	29,7	70,0
Wenige/fast niemand	19,2	3,8
Interviewereinschätzung: Gebäudetyp		
Mehrere Parteien	61,9	47,6
Interviewereinschätzung: Zustand Haus		
Renovierungsbedürftig	41,9	31,5
Interviewereinschätzung: Schicht Wohngegend		
Unterschicht/Arbeiterschicht	30,4	18,7
Oberschicht/obere Mittelschicht	5,9	10,0
Interviewereinschätzung: Wohnumgebung		
Sehr gut/gut	52,6	63,1
Sehr schlecht/schlecht	4,3	2,5

Quelle: GLES-Vor- und Nachwahl-Querschnittsbefragung 2013 (ZA5702), *nur Vorwahl-Querschnitt.
Angaben in Prozent.

Tabelle 1 zeigt gravierende Unterschiede zwischen Wählern und Nichtwählern. Um mit den politischen Einstellungen zu beginnen: Fast 80 Prozent der Wähler, aber nur etwas über 30 Prozent der Nichtwähler berichteten, sich mit einer Partei zu identifizieren. Innerhalb der Parteianhänger wiederum variierte die Stärke der Identifikation mit der Wahlbeteiligung. Unter den Wählern gaben über 60 Prozent an, dass sie sich stark oder sehr stark mit ihrer Partei identifizierten, unter den Nichtwählern hingegen nur 30 Prozent. Bei den Wählern war die Zufriedenheit mit der Demokratie hoch (über 50 Prozent waren sehr zufrieden oder zufrieden), bei Nichtwählern lag der Anteil der Zufriedenen bei nur 28 Prozent. 77 Prozent der Nichtwähler interessierten sich gar nicht oder wenig für Politik. Politisches Desinteresse traf hingegen nur auf 27 Prozent der Wähler zu. Der Vorstellung, dass Wählen eine Bürgerpflicht sei, stimmten fast 80 Prozent der Wähler zu, aber nur 23 Prozent der Nichtwähler. Nichtwähler waren somit im Vergleich zu den Wählern seltener an Parteien gebunden, mit der Demokratie eher unzufrieden, politisch weniger interessiert und hielten die Beteiligung an Wahlen weniger häufig für eine Bürgerpflicht.

Auch die soziale Lage trennte Wähler und Nichtwähler: Niedrige Bildungsabschlüsse waren unter Nichtwählern deutlich häufiger (64 im Vergleich zu 37 Prozent unter Wählern), Arbeiterberufe und Arbeitslose waren überrepräsentiert (51 bzw. 19 Prozent bei Nichtwählern im Vergleich zu 30 und knapp fünf Prozent bei Wählern). 23 Prozent der Nichtwähler verfügten über ein Haushalts-Nettoeinkommen von weniger als 1.000 Euro im Monat, bei den Wählern traf dies nur auf elf Prozent zu. Umgekehrt verfügten fast 25 Prozent der Wähler über mehr als 3.000 Euro, während höhere Einkommen nur von knapp elf Prozent der Nichtwähler berichtet wurden.

Aktuelle Befunde weisen darauf hin, dass die Nichtwahl räumlich strukturiert ist und über die Kommunikation im Nahumfeld der Bürger vermittelt wird. Ließen sich solche räumlich-kommunikativen Besonderheiten auch bei der Bundestagswahl 2013 beobachten? In den sozialen Beziehungen der Nichtwähler wurde sehr selten über Politik gesprochen. Nur 30 Prozent der Nichtwähler gaben an, dass sie überhaupt mit Anderen über Politik redeten, d.h. zwei Drittel der Nichtwähler führten in ihrem privaten Umfeld (Kollegen, Familie, Freunde etc.) keine politischen Gespräche. Bei Wählern war das Verhältnis genau umgekehrt, zwei Drittel sprachen über Politik. 70 Prozent der Wähler vermuteten, dass in ihrer Nachbarschaft fast alle oder zumindest viele Menschen zur Wahl gehen würden. Bei Nichtwählern war diese Einschätzung der Wahlbeteiligung sehr viel geringer: Nur 30 Prozent glaubten, dass in der unmittelbaren Nachbarschaft viele oder fast alle den Gang zum Wahllokal antreten werden. Hingegen schätzte fast ein Fünftel der Nichtwähler, dass niemand oder nur wenige wählen würden, während das bei Wählern nur vier Prozent annahmen. Schließlich wurden bei den Umfragen zur Bundestagswahl 2013 auch die Interviewer gebeten, eine Einschätzung der Qualität des Wohnumfeldes der Befragten abzugeben. Auch wenn die Unterschiede etwas weniger pointiert waren als auf Basis der Befragten-Angaben, wiesen sie doch in die gleiche Richtung: Nichtwähler wohnten eher als Wähler in Mehrfamilienhäusern, der bauliche Zustand des Hauses war häufiger renovierungsbedürftig, die Wohngegend wurde eher der Unter- oder Arbeiterschicht zugeordnet und die Wohnumgebung insgesamt seltener als sehr gut oder gut bezeichnet.

Ob und wie stark diese Unterschiede in den Eigenschaften von Wählern und Nichtwählern tatsächlich die Wahlbeteiligung erklären, soll im Folgenden untersucht werden. Dazu werden zwei getrennte logistische Regressionsmodelle berechnet. Das erste Modell prüft die Erklärungskraft der sozialen und räumlichen Eigenschaften ohne Hinzuziehung der politischen Indikatoren. Im zweiten Modell werden diese dann zusätzlich berücksichtigt. Ein solches zweistufiges Verfahren erscheint sinnvoll, da aus theoretischen Gründen zu erwarten ist, dass soziale und räumliche Faktoren den politischen Faktoren vorgelagert sind, d.h. zumindest zum Teil bedingen, warum Menschen eine Parteiidentifikation besitzen, mit der Demokratie zufrieden sind oder ein hohes politisches Interesse bekunden. Da eine die Nichtwähler und Wähler am deutlichsten trennende Eigenschaft – die Einschätzung der Wahlbeteiligung in der Nachbarschaft – nur in der Umfrage vor der Wahl erhoben wurde, wird für diese multivariaten Analysen nur die Vorwahlwahlbefragung herangezogen. Die in Tabelle 2 ausgewiesenen Zahlen sind als Prozentpunktdifferenzen zu interpretieren. Sie geben an, um wie viele Prozentpunkte sich die Wahrscheinlichkeit, wählen zu gehen, erhöht oder aber verringert, wenn ein Befragter beispielsweise der Wahlnorm voll und ganz statt überhaupt nicht zustimmt oder ein sehr starkes politisches Interesse statt gar keinem Interesse äußert, während gleichzeitig alle anderen Einstellungen und Eigenschaften konstant gehalten werden.

Lässt man die politischen Eigenschaften außer Betracht, so zeigen sich deutliche Effekte der sozialen Lage und insbesondere räumlich-kommunikativer Eigenschaften. Mit niedriger Bildung sank die Wahrscheinlichkeit, zur Wahl zu gehen, um fast fünf Prozentpunkte. Auch Arbeitslosigkeit trug zur Erklärung der Wahlbeteiligung bei: War eine Person arbeitslos, beteiligte sie sich im Vergleich zu nicht von Arbeitslosigkeit Betroffenen mit einer um sechs Prozentpunkte verringerten Wahrscheinlichkeit. Die individuelle Klassenlage übte hingegen unter Einbeziehung weiterer sozialer und räumlich-kommunikativer Indikatoren keinen direkten Einfluss auf die Wahlbeteiligung aus. Sehr deutlich wirkten hingegen kommunikative und räumliche Eigenschaften: Wenn eine wahlberechtigte Person in ihrem privaten Netzwerk sehr häufig politische Gespräche führte, erhöhte sich (im Vergleich zu einer Person, die nie politische Gespräche führte) die Wahrscheinlichkeit, wählen zu gehen, um 13 Prozentpunkte. Höchst einflussreich war auch die persönliche Einschätzung des Verhaltens in der Nachbarschaft. Glaubte ein Wahlberechtigter, dass in seiner Umgebung fast alle zur Wahl gehen würden (im Vergleich zu einem Wahlberechtigten, der annahm, dass fast niemand wählen gehen würde), so erhöhte sich die Wahrscheinlichkeit der eigenen Wahlteilnahme um 28 Prozentpunkte. Die Bewertungen der Interviewer zur Qualität der Wohngegend waren hingegen ohne Relevanz für eine Erklärung der Wahlbeteiligung.

Tabelle 2: Wahrscheinlichkeit der Beteiligung an der Bundestagswahl 2013

	Modell 1	Modell 2
Stärke Parteiidentifikation		+4[c]
Demokratiezufriedenheit		+1
Politisches Interesse		+13[c]
Akzeptanz Wahlnorm		+12[c]
Niedriger Schulabschluss	-5[b]	-2[a]
Hoher Schulabschluss	+2	0
Nicht-manuelle Routine	+3	0
Unterer Dienst	+1	-1
Oberer Dienst	+4	+1
Selbstständige	+3	+1
Arbeitslosigkeit	-6[a]	0
Politische Gespräche	+13[c]	+2
Wahlbeteiligung Nachbarn	+28[c]	+7[b]
Interviewereinschätzung: Gebäudetyp	+1	0
Interviewereinschätzung: Zustand Haus	+3	0
Interviewereinschätzung: Schicht	-1	0
Interviewereinschätzung: Wohnumgebung.	-3	-1
Nagelkerke R^2	0,27	0,54
N	1419	1396

Quelle: GLES-Vorwahl-Querschnittsbefragung 2013 (ZA5700).
Ohne Einkommen berechnet, da diese Variable zu viele fehlende Werte enthält.
a: $p < 0{,}05$; b: $p < 0{,}01$; c: $p < 0{,}001$ (siehe Anhang 4).

In einem zweiten Analyseschritt wurden nun die politischen Einstellungen in das multivariate Modell integriert (zweite Spalte in Tabelle 2). So kann geprüft werden, ob soziale oder räumlich-kommunikative Eigenschaften vor allem politische Haltungen prägen oder einen darüber hinaus gehenden direkten Einfluss auf die Wahlbeteiligung besitzen. Für die Arbeitslosigkeit war das beispielsweise nicht der Fall. Das Bildungsniveau hingegen übte einen direkten Einfluss aus. Auch unter Kontrolle von politischen Einstellungen war bei niedrig Gebildeten die Wahrscheinlichkeit, wählen zu gehen, um 1,5 Prozentpunkte geringer als bei Personen mit mittlerer oder hoher Bildung. Auch die räumlich-kommunikativen Eigenschaften wirkten direkt auf die Wahlbeteiligung ein. So erhöhte die Wahrnehmung, dass in der Nachbarschaft viele Menschen wählen gehen würden, die eigene Wahlbereitschaft um sieben Prozentpunkte. Dominant waren in diesem zweiten Modell wenig überraschend die politischen Einstellungen und hier vor allem das politische Interesse sowie die Akzeptanz der Wahlnorm. Personen mit sehr starkem politischen Interesse und solche, die glaubten, dass die Wahlteilnahme zu den Bürgerpflichten gehört, gingen im Vergleich zu Personen ohne politisches Interesse bzw. solchen, welche die Wahlbeteiligung nicht als Bürgerpflicht ansahen, mit um jeweils zwölf Prozentpunkte gesteigerter Wahrscheinlichkeit zur Wahl. Hinzu kam ein Effekt der Stärke der Parteibindung. Personen, die sich sehr stark mit einer Partei identifizierten, besaßen eine gegenüber Personen ohne Parteibindung um vier Prozentpunkte erhöhte Wahrscheinlichkeit, an der Wahl teilzunehmen.

5.1.4 Fazit

Nachdem die Wahlbeteiligung seit den späten 1980er Jahren rückläufig war, zeichnete sich im vergangenen Jahrzehnt ein weiterer Trend ab: Die Nichtwahl hängt zunehmend mit Bildung und sozialem Status zusammen und ist in Wohnkontexten besonders hoch, wo viele strukturell benachteiligte Bürger wohnen. Diese Trends waren auch im Fall der Bundestagswahl 2013 deutlich. Gerade unter jungen Menschen war der Bildungsabschluss von zentraler Bedeutung. Während unter jungen Abiturienten fast alle angaben, wählen gehen zu wollen, war das nur für weniger als 50 Prozent der Personen mit höchstens Hauptschulabschluss der Fall. Die Analyse der Gründe der Nichtwahl replizierte das bekannte Ergebnis, dass vor allem politisch Interessierte und Menschen, welche die Wahlteilnahme als Bürgerpflicht verstehen, den Gang zum Wahllokal antreten (Steinbrecher/Rattinger 2009). Allerdings zeigten sich auch unter Einbeziehung dieser wirkungsstarken Faktoren Einflüsse des Bildungsabschlusses und insbesondere der Einschätzung des dominanten Verhaltens in der direkten Nachbarschaft. Wahlberechtigte gingen vor allem dann wählen, wenn sie glaubten, dass sich auch die Anderen in ihrer Umgebung an der Wahl beteiligen würden. Schätzten sie dagegen, dass fast niemand den Weg ins Wahllokal antritt, dann blieben sie auch selbst eher zuhause.

Angesichts der zunehmenden räumlichen Trennung von Bezirken mit hoher und niedriger Wahlbeteiligung – Bezirke, die sich zudem deutlich hinsichtlich Sozialstruktur und Lebenschancen der Einwohner unterscheiden – ist für die Zukunft mit einem weiteren Anstieg der sozialen und kleinräumlichen Bedingtheit der Wahlbeteiligung zu rechnen. Das ist für die repräsentative Demokratie, für die das Versprechen politischer Gleichheit ein zentrales Gut ist, eine durchaus bedrohliche Entwicklung.

Literatur

Abendschön, Simone/Roßteutscher, Sigrid 2011: Jugend und Politik. Verliert die Demokratie ihren Nachwuchs?, in: Bytzek, Evelyn/Roßteutscher, Sigrid, Hg, Der unbekannte Wähler? Mythen und Fakten über das Wahlverhalten der Deutschen, Frankfurt am Main: Campus, 59-80.

Abendschön, Simone/Roßteutscher, Sigrid 2014: Wahlbeteiligung junger Erwachsener. Steigt die soziale und politische Ungleichheit?, in: Roßteutscher, Sigrid/Rosar, Ulrich/Faas, Thorsten, Hg., Bürger und Wähler im Wandel der Zeit. 25 Jahre Wahl- und Einstellungsforschung in Deutschland, Wiesbaden. Springer VS, im Erscheinen.

Nickerson, David W. 2008: Is Voting Contagious? Evidence from Two Field Experiments, in: American Political Science Review 102, 49-57.

Schäfer, Armin 2011: Der Nichtwähler als Durchschnittsbürger: Ist die sinkende Wahlbeteiligung eine Gefahr für die Demokratie?, in: Bytzek, Evelyn/Roßteutscher, Sigrid, Hg., Der unbekannte Wähler? Mythen und Fakten über das Wahlverhalten der Deutschen. Frankfurt am Main: Campus, 133-154.

Schäfer, Armin/Roßteutscher, Sigrid 2014: Die soziale Topografie der Nichtwahl, in: Korte, Karl-Rudolf, Hg., Die Bundestagswahl 2013, Wiesbaden: Springer VS, im Erscheinen.

Schäfer, Armin/Vehrkamp, Robert/Gagné, Jérémie Felix 2013: Prekäre Wahlen. Milieus und soziale Selektivität der Wahlbeteiligung bei der Bundestagswahl 2013. Gütersloh: Bertelsmann-Stiftung. [http://www.bertelsmann-stiftung.de/bst/de/media/xcms_bst_dms_39163_39164_2.pdf] <1.7.2014>

Steinbrecher, Markus/Rattinger, Hans 2011: Die Wahlbeteiligung, in: Rattinger, Hans/Roßteutscher, Sigrid/Schmitt-Beck, Rüdiger/Weßels, Bernhard et al., Zwischen Langeweile und Extremen: Die Bundestagswahl 2009, Baden-Baden: Nomos Verlagsgesellschaft, 77-90.

5.2 Wechselwähler

Jan Eric Blumenstiel und Elena Wiegand

5.2.1 Einleitung

Noch nie war die Summe der Gewinne und Verluste aller Parteien bei einer Bundestagswahl so groß wie 2013. Mögliche Ursachen für Änderungen von Wahlergebnissen sind Veränderungen in der Zusammensetzung der Wählerschaft (vor allem durch Sterbefälle und erstmals Wahlberechtigte), zu- oder abnehmende Wahlbeteiligung und der Wechsel zwischen Parteien von einer Wahl zur anderen, wobei der Wechselwahl eine besondere Bedeutung zukommt (vgl. Schoen 2005: 367). Denn erstens verursacht ein Wechselwähler mit seiner Entscheidung gleichzeitig einen Stimmenverlust für die eine und einen Stimmengewinn für die andere Partei und beeinflusst daher das Ergebnis gewissermaßen doppelt. Damit können Wechselwähler in besonderem Maße zu demokratisch herbeigeführten Regierungswechseln beitragen, was ein zentrales Merkmal der repräsentativen Demokratie darstellt. Zweitens steigt der Anteil der Wechselwähler seit einiger Zeit (vgl. Merz/ Hofrichter 2013: 97), sodass diese Ursache für Veränderungen von Wahlergebnissen wichtiger zu werden scheint.

Kaum einer Wählergruppe wird daher von Parteien, Medien und Wahlforschern so viel Aufmerksamkeit gewidmet wie den Wechselwählern. Die Parteien werben im Wahlkampf um wechselwillige Wähler und fürchten sie zugleich. In den Medien sind die mutmaßlich wahlentscheidenden Wechselwähler ein zentrales Wahlkampfthema (vgl. z.B. Wehner 2013). In der Forschung werden schließlich Ursachen für Wechselwahl untersucht und es wird diskutiert, wie Wechselwähler eher zu charakterisieren sind: als Wählerelite, die sich durch besonders informierte und wohlüberlegte Wahlentscheidungen auszeichnet, oder aber im Gegenteil als politischer "Flugsand", der sich frei von Prinzipien oder Überzeugungen je nach politischer Stimmungslage entscheidet (vgl. Falter/Schoen 2000). Dabei haben sich beide Sichtweisen als zu pauschal erwiesen, vielmehr ist die Gruppe der Wechselwähler in ihren Beweggründen und ihrem politischem Kenntnisstand genauso vielfältig wie die Gruppe der Wähler mit stabilem Wahlverhalten (Schoen 2005: 386).

In diesem Unterkapitel wird deshalb ein genauerer Blick auf die Wechselwähler bei der Bundestagswahl 2013 geworfen. Um ein möglichst genaues Bild zu zeichnen, werden sowohl kurzfristige Wechsel der Wahlabsicht während des Wahlkampfs 2013 als auch Wechsel der tatsächlichen Stimmabgabe zwischen der Bundestagswahl 2013 und den vorangegangenen Wahlen 2005 und 2009 untersucht. Beide Perspektiven werden mit Daten aus Wiederholungsbefragungen analysiert, die im Rahmen des GLES-Projekts erhoben wurden. Kurzfristiger Wechsel wird mithilfe des Wahlkampfpanels untersucht, für das etwa 5.250 Wahlberechtigten zwischen Juni und Ende September 2013 bis zu sieben Mal online befragt wurden. In der siebten Befragung kurz nach der Wahl berichteten die Befragten ihre tatsächliche Wahlentscheidung, in den sechs Vorwahlbefragungen dagegen Wahlabsichten, die Wechselwahl fand hier also in den Köpfen und nicht auf dem Stimmzettel statt. Die langfristige Wechselwahl wird mithilfe des Langfristpanels des GLES-Projektes untersucht, für das 1.300 Personen sowohl 2013 als auch 2009 und zum Teil bereits in 2005 befragt wurden. Um langfristige Wechselmuster über drei Bundestagswahlen bei allen Befragten untersuchen zu können, werden zudem bei Personen, die 2009 zum ersten Mal befragt wurden, ihre Antworten auf die Rückerinnerungsfrage nach ihrer Wahlentscheidung im Jahr 2005 herangezogen.

Im folgenden Abschnitt wird zwischen vier Wählertypen mit unterschiedlich stabilen Wahlabsichten und Wahlentscheidungen unterschieden, bevor die genauen Muster der Wechselwahl zwischen den einzelnen Parteien betrachtet werden. Zuletzt werden Faktoren untersucht, welche eine Wechselwahl wahrscheinlicher machten. Alle Analysen konzentrieren sich auf Personen, die in jeder Befragung eine gewählte oder bevorzugte Partei genannt haben.

5.2.2 Die Veränderung der Wahlentscheidung zwischen den Bundestagswahlen 2005, 2009 und 2013 sowie während des Bundestagswahlkampfes 2013

Um die verschiedenen Wechselmuster zusammenzufassen, lassen sich die Befragten anhand der Wahlabsichten im Wahlkampfpanel über die einzelnen Befragungen während des Wahlkampfs und der Wahlentscheidungen im Langfristpanel über die drei Bundestagswahlen 2005, 2009 und 2013 in vier Wählertypen unterteilen (Abbildung 1). Der erste Wählertyp sind diejenigen mit den stabilsten Angaben. Im Wahlkampfpanel bevorzugten diese Befragten während des gesamten Wahlkampfs nur eine einzige Partei und können als Frühentscheider oder Wähler mit stabiler Wahlabsicht bezeichnet werden. Im Langfristpanel wählten Befragte dieses Typs bei allen drei Bundestagswahlen 2005, 2009 und 2013 dieselbe Partei und können als Stammwähler bezeichnet werden. Im Wahlkampfpanel entsprechen etwa zwei Drittel der Wähler diesem Typ, im Langfristpanel knapp die Hälfte. Stabile Wahlabsichten und stabiles Wahlverhalten sind also keine Seltenheit. Angesichts der Bedeutung und steigenden Zahl der Wechselwähler mag mitunter der Eindruck entstehen, nur noch vereinzelte Wähler besäßen eine langfristige Parteibindung und fast die gesamte Wählerschaft sei zwischen allen demokratischen Parteien wechselbereit. Doch ist dieser Eindruck offenkundig falsch. Zwar ist das Wahlverhalten insgesamt instabiler geworden, doch das bedeutet nicht, dass es keine langfristigen Bindungen (vgl. dazu auch Unterkapitel 6.3) und Stammwähler mehr gäbe – die Verhaltensmuster sind allerdings vielfältiger geworden.

Abbildung 1: *Kurz- und langfristige Stabilität und Wandel der Wahlabsichten und Wahlentscheidungen im Vergleich (Wählertypen)*

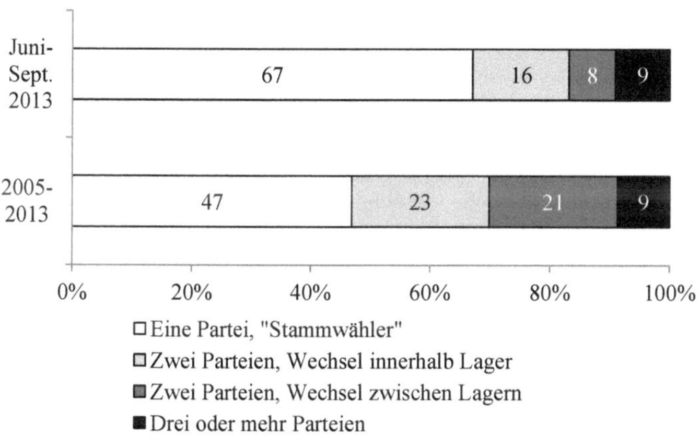

Quellen: GLES-Wahlkampfpanel 2013 (ZA5704), GLES-Langfristpanel 2005-2009-2013 (ZA5321), GLES-Langfristpanel 2009-2013-2017 (ZA5322).

Der zweite Wählertyp sind Wechselwähler, die während des Wahlkampfs 2013 bzw. bei den drei Wahlen 2005, 2009 und 2013 nur einmal die Partei wechselten und dabei innerhalb desselben politischen Lagers blieben, wobei CDU/CSU und FDP dem bürgerlichen Lager, die SPD, die Grünen und die

Linke dem linken Lager und sonstige Parteien keinem der beiden Lager zugeordnet werden (vgl. Neundorf 2012). Wechselwähler dieses Typs sind also beispielsweise von der SPD zu den Grünen gewechselt oder von der FDP zur CDU. Der Anteil dieses Wählertyps beträgt 16 Prozent im Wahlkampfpanel und 23 Prozent im Langfristpanel. Auch die Wähler des dritten Typs sind Wechselwähler, die lediglich einmal die Partei wechselten, im Unterschied zum zweiten Typ dabei aber die Lagergrenzen überschritten. Beispiele wären ein Wechsel von der SPD zur CDU, von der CDU zu den Grünen oder von der FDP zur SPD. Acht Prozent der Wähler entsprechen im Wahlkampfpanel diesem Typ, im Langfristpanel sind es 21 Prozent. Wähler des vierten Typs zeigen die geringste Stabilität. Sie bevorzugten über den gesamten Wahlkampf mindestens drei verschiedene Parteien oder wählten 2005, 2009 und 2013 jeweils eine andere Partei. Etwa jeder zehnte Wähler entspricht im Kurz- und im Langfristpanel diesem Wählertyp.

Insgesamt ist das Bild also von Stabilität *und* Wechsel geprägt. Noch immer bleiben viele Wähler einer Partei dauerhaft treu, wenngleich ein großer Teil zu den Wechselwählern gehört. Diese sind wiederum nicht alle gleich. Die meisten Wechselwähler wechseln nur gelegentlich die Partei, die Mehrheit der Wechsel geschieht innerhalb der politischen Lager. Nur bei etwa zehn Prozent der Wähler war sehr instabiles Verhalten mit mehreren Wechseln zwischen mindestens drei verschiedenen Parteien festzustellen, wie es der negativen Extremvorstellung von Wechselwählern entspricht.

Während des Wahlkampfs 2013 war die Stabilität der Wahlabsichten deutlich größer als die Stabilität des Wahlverhaltens zwischen 2005 und 2013. Dieser Unterschied lässt sich leicht erklären. In den vier Jahren zwischen zwei Bundestagswahlen können sich sowohl die Positionen der Parteien als auch die Einstellungen der Wähler viel stärker und grundsätzlicher ändern, als dies in den wenigen Monaten eines Wahlkampfs der Fall ist.

Um die kurzfristige Wechselwahl noch genauer zu untersuchen, sind in Abbildung 2 die Wechselmuster während des Wahlkampfs in Abhängigkeit von der in der ersten Befragung geäußerten Wahlabsicht dargestellt. Jeweils 86 Prozent derjenigen, die zu Beginn des Wahlkampfs im Juni eine Wahlabsicht für die Union oder die SPD genannt haben, blieben bis zur Bundestagswahl dabei. Entsprechend gering waren für die beiden großen Parteien die Verluste durch kurzfristige Wechselwähler während des Wahlkampfs. Instabiler waren die Wahlabsichten derjenigen, die in der ersten Befragung die FDP wählen wollten. Nur etwas mehr als zwei Drittel von ihnen blieben bis zur Wahl bei den Liberalen, 18 Prozent entschieden sich letztlich für

CDU oder CSU, 14 Prozent für andere Parteien. Die größten Wahlkampfverluste mussten die Grünen hinnehmen, die letztlich an der Wahlurne nur von 58 Prozent derjenigen die Stimme erhielten, die sie zu Beginn des Wahlkampfs befürwortet hatten. Die Grünen verloren besonders an die SPD und die Linke, nur acht Prozent verließen die Grünen zugunsten anderer Parteien. Die Linke konnte 81 Prozent ihrer anfänglichen Unterstützer halten, 15 Prozent entschieden sich für einen Wechsel zu SPD oder Grünen.

Abbildung 2: *Wechsel der Wahlentscheidung im Wahlkampf 2013 nach Wahlabsicht im Juni 2013*

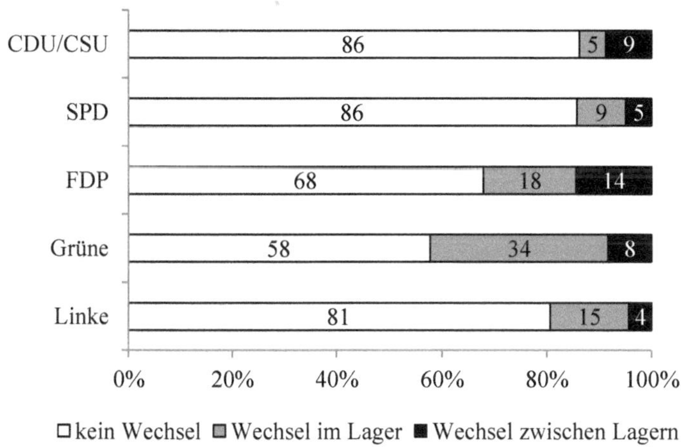

Quelle: GLES-Wahlkampfpanel 2013 (ZA5704).

Zur genaueren Betrachtung der langfristigen Wechselwahl zwischen den Bundestagswahlen 2009 und 2013 sind die Wechselmuster in Abbildung 3 dargestellt. Erneut sind die höchsten Haltequoten für die beiden großen Parteien zu verzeichnen. 73 Prozent derjenigen, die sich 2009 für die Union entschieden hatten, wählten vier Jahre später genauso. Bei der SPD lag der Anteil mit 67 Prozent nur etwas niedriger. Während die Union vor allem Wähler an Parteien außerhalb des bürgerlichen Lagers verlor (21 Prozent), hielten sich bei der SPD Verluste durch Wechselwähler innerhalb und außerhalb des linken Lagers die Waage (17 bzw. 16 Prozent). Der Absturz der FDP von 14,6 Prozent auf 4,8 Prozent von 2009 zu 2013 spiegelt sich in der mit Abstand niedrigsten Haltequote aller Parteien wider. Lediglich 17 Prozent ihrer Unterstützer aus 2009 blieben ihr im September 2013 treu. Fast die Hälfte ihrer ehemaligen Wähler entschied sich dieses Mal für CDU oder CSU, ein Drittel wanderte zu anderen Parteien ab. Grüne und Linke konnten ebenfalls weniger als die Hälfte ihrer Wähler aus 2009 halten. Knapp jeder Dritte wechselte zu einer anderen Partei des linken Lagers, es ist also zwischen 2009 und 2013 teilweise zu einem Austausch von Wählern zwischen SPD, Grünen und der Linken gekommen, von dem vor allem die SPD profitierte. Darüber hinaus entschieden sich 25 Prozent der ehemaligen Grünen- und 22 Prozent der ehemaligen Linke-Wähler für einen Wechsel zu Union, FDP, AfD, Piraten oder sonstigen Parteien.

Abbildung 3: Wechselwahl 2013 nach Parteiwahl 2009

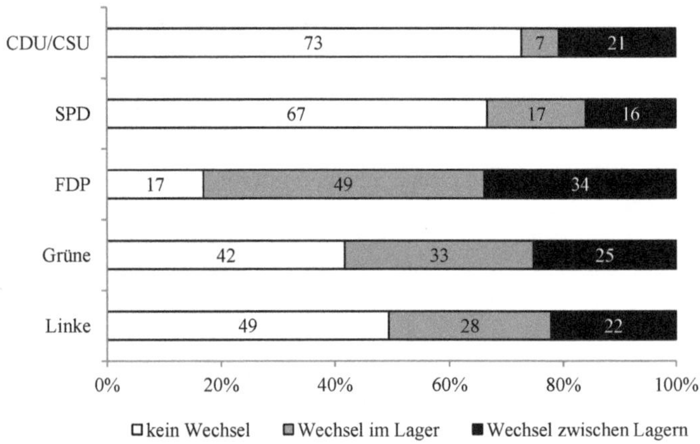

Quellen: GLES-Langfristpanel 2005-2009-2013 (ZA5321), GLES-Langfristpanel 2009-2013-2017 (ZA5322).

Auch diese Analysen zeigen, dass die Stabilität während des Wahlkampfs höher ist als zwischen zwei Wahlen, und verdeutlichten zudem große Unterschiede zwischen den Parteien. Bemerkenswert ist die erhebliche Differenz bei der FDP zwischen kurz- und langfristiger Haltequote. Parteiwechsel können in den Köpfen der Wähler jederzeit stattfinden, auch wenn sie nur alle vier Jahre auf dem Stimmzettel sichtbar werden. Viele FDP-Wähler aus 2009 hatten offenbar bereits vor Beginn des Wahlkampfs 2013 entschieden, bei dieser Wahl eine andere Partei (häufig die Union) zu wählen. Deshalb verloren die Liberalen von ihren bereits stark dezimierten Unterstützern während des Wahlkampfs „nur" noch 32 Prozent. Bei den Grünen hingegen resultierte der unglückliche Verlauf des Wahlkampfs (vgl. dazu die Kapitel 2 und 3) in einer besonders niedrigen kurzfristigen Haltequote.

Entscheiden Wechselwähler also Wahlen? Pauschal lässt sich diese Frage nicht beantworten, da es auf die jeweilige Konstellation ankommt. Große Wechselströme können für das politische Kräfteverhältnis ohne bedeutende Konsequenzen bleiben, wenn sie hauptsächlich innerhalb politischer Lager stattfinden. Andererseits können bei knappen Wahlausgängen schon relativ wenige Wechselwähler das Ergebnis entscheidend beeinflussen. Zudem können auch lagerinterne Wechsel bedeutsam sein. Wäre beispielsweise jeder dritte FDP-Wähler von 2009, der 2013 zur Union gewechselt ist, bei den Liberalen geblieben, hätte die FDP den Einzug in den Bundestag geschafft. Die schwarz-gelbe Koalition hätte dann weiterhin eine Mehrheit im Bundestag gehabt und weiterregieren können.

5.2.3 Erklärungen für eine lang- oder kurzfristige Veränderung der Wahlentscheidung

Nachdem die Entwicklung von Stabilität und Wandel im Verlauf des Bundestagswahlkampfes 2013 und von den Bundestagswahlen 2005 bis 2013 betrachtet wurde, wird nun im Folgenden auf mögliche Erklärungsfaktoren für eine lang- oder kurzfristige Veränderung der Wahlentscheidung eingegangen. In der empirischen Wahlforschung hat sich das sozialpsychologische Michigan Modell (Campbell et al. 1960) als besonders erklärungskräftig herausgestellt. So ist aus jahrzehntelanger Forschung bekannt, dass vor allem drei Faktoren für eine Wahlentscheidung relevant sind. Neben einer emotionalen Bindung an eine Partei sind dies die Einstellungen zu politischen Sachfragen und die Bewertungen der Spitzenpolitiker (siehe auch Kapitel 6). Da diese drei Faktoren für eine Wahlentscheidung verantwortlich gemacht werden können, helfen sie auch, Erklärungen für wechselndes Wahlverhalten zu finden.

Der Parteiidentifikation wird insgesamt eine hohe Prägekraft zugesprochen, wodurch Wahlberechtigte motiviert sind, „ihre" Partei treu zu wählen (siehe hierzu auch Unterkapitel 6.3). Bisherige Forschungsergebnisse haben gezeigt, dass eine langfristige Parteibindung stabilisierend auf die individuelle Wahlentscheidung wirkt und das Auftreten einer Wechselwahl schmälert (vgl. Schoen 2003: 160ff). Obwohl der Parteibindung eine hohe Beständigkeit unterstellt wird, ist eine Anpassung des Verbundenheitsgefühls an die Wahrnehmung aktueller Geschehnisse nicht ausgeschlossen. Ein Abschwächen einer bestehenden Parteiidentifikation oder Änderung derselben sind mit der Zeit möglich (Campbell et al. 1960: 134f). Dies sollte Konsequenzen für die individuelle Wahlentscheidung haben und Schwankungen der Wahlentscheidung nach sich ziehen.

Auch können Einstellungen zu politischen Sachfragen und Politikern das individuelle Wahlverhalten beeinflussen. So versuchen Parteien bei jeder Wahl, die Bürger von ihren Konzepten und Kandidaten zu überzeugen, indem sie ihre Zukunftskonzepte präsentieren und die Leistungen aus der letzten Legislaturperiode betonen, aber auch gegenseitig kritisieren. Durch den Wahlkampf erhoffen sie, Wählerstimmen gewinnen zu können. Und tatsächlich verändern vor und während eines Wahlkampfes Personen ihre Einstellungen gegenüber den Parteipolitikern oder Programmen. Wurde zum Beispiel Angela Merkel im Jahr 2009 noch sehr positiv wahrgenommen, könnte sich die Beurteilung im Laufe der Legislaturperiode verändert haben, sodass eine Person sie im Jahr 2013 nicht mehr als Kanzlerin präferierte. Denkbar ist natürlich auch der umgekehrte Fall, in dem Merkel von 2005 bis 2013 stetig an Sympathien hinzugewinnen und so den einen oder anderen Wähler von sich überzeugen und für sich gewinnen konnte. Auf die Gründe für einen solchen Einstellungswandel soll in diesem Unterkapitel nicht näher eingegangen werden, es geht hier nur um die Wirkung der Einstellungsänderungen auf die Wahlabsicht. Es ist zu vermuten, dass aus einer veränderten Kanzlerpräferenz – egal ob dies im Wahlkampf kurzfristig oder zwischen zwei Wahlen längerfristig geschehen ist – ein Wechsel der Wahlentscheidung resultieren kann.

Gleiches gilt für die Einstellungen gegenüber Sachfragen. So rufen sich manche Bürger beim Treffen ihrer Wahlentscheidung die drängenden gesellschaftlichen Problemen ins Gedächtnis und orientieren sich dann an den vorgeschlagenen Lösungskonzepten der Parteien. Hält ein Wahlberechtigter eine bestimmte Partei für äußerst kompetent, ein wichtiges Problem in Deutschland zu lösen, gibt er ihr möglicherweise an der Wahlurne die Stimme. Ändert die Person jedoch ihre Meinung bezüglich der Lösungskompetenz, könnte dies eine Veränderung der Wahlentscheidung zur Folge haben.

Um die dargestellten Vermutungen für einen lang- oder kurzfristigen Wechsel der Wahlentscheidung zu untersuchen, werden die Angaben aus den beiden Wiederholungsbefragungen ausgewertet. Das zu erklärende Phänomen ist die Wechselwahl einer Person, weswegen eine Variable für die vorliegende Analyse gebildet wurde, die den Wert 1 eins annimmt, wenn die Wahlentscheidung zwischen zwei Parteien verändert wurde und bei Stabilität der Parteiwahlentscheidung den Wert 0 aufweist. Gleichermaßen wurden die für die Erklärung heranzuziehenden Konzepte gemessen, indem der Wert 1 den Wechsel der Parteiidentifikation, der Kanzlerpräferenz oder der Lösungskompetenz anzeigt und der Wert 0 eine gleichbleibende Einstellung kennzeichnet. Um nun die Wahrscheinlichkeit für das Eintreten einer wechselnden Wahlentscheidung zu bestimmen und den Einfluss der beschriebenen Faktoren klären zu können, wurden zwei Analysemodelle (logistische Regressionen) berechnet. Das erste Analysemodell soll die Gründe für einen Wechsel der Parteiwahl von der Bundestagswahl 2009 auf 2013 aufdecken. Im zweiten Modell wird dem kurzfristigen Wechsel der Wahlentscheidung von Juni zu September 2013 nachgegangen (Tabelle 1).

Tabelle 1: Erklärungsfaktoren für den kurz- und langfristigen Wechsel der Wahlentscheidung im Vergleich

	Wechsel von Juni zu September 2013	Wechsel von 2009 zu 2013
Wechsel Parteiidentifikation	+22[c]	+36[c]
Wechsel Kanzlerpräferenz	+11[c]	+17[c]
Wechsel Lösungskompetenz	+14[c]	+13[b]
Alter	-0,1[b]	-3
Frau	+1	+6
Abitur	-4[a]	+5
Politisches Interesse	-11[b]	0
Nagelkerke R^2	0,14	0,25
N	2796	909

Quellen: GLES-Wahlkampfpanel 2013 (ZA5704), GLES-Langfristpanel 2005-2009-2013 (ZA5321), GLES-Langfristpanel 2009-2013-2017 (ZA5322).
Angegeben ist die Veränderung der Wahrscheinlichkeit für einen Wechsel der Wahlentscheidung in Prozentpunkten; a: $p < 0{,}05$; b: $p < 0{,}01$; c: $p < 0{,}001$ (siehe Anhang 4).

Wie erwartet, steigt mit der Veränderung der Parteiidentifikation die Wahrscheinlichkeit für einen lang- und kurzfristigen Wechsel der Wahlentscheidung. Während sich durch eine neu entwickelte Parteiidentifikation die Wahrscheinlichkeit für eine veränderte Wahlentscheidung von 2009 auf 2013 um 36 Prozentpunkte erhöht, wird eine kurzfristige Anpassung um etwa 22 Prozentpunkte wahrscheinlicher. Dies bedeutet jedoch nicht, dass eine Veränderung in der Parteibindung stärker zu einem langfristigen Wechsel beiträgt. Die Veränderung der Parteiidentifikation ist in beiden Modellen der stärkste Erklärungsfaktor für einen Parteiwechsel. Ein Wechsel der

Kanzlerpräferenz oder Änderungen in der Lösungskompetenzeinschätzung tragen auch zur Erklärung von lang- und kurzfristigem Wechsel der Wahlentscheidung bei, deren Wahrscheinlichkeitsveränderung ist mit ca. 17 bzw. 11 und 13 bzw. 14 Prozent jedoch deutlich geringer.

Neben den politischen Einstellungen wurden sozialstrukturelle Merkmale mit in die Analyse aufgenommen. Während diese Eigenschaften für den langfristigen Wechsel der Wahlentscheidung irrelevant scheinen, spielen sie zum Teil eine Rolle für die Erklärung der kurzfristigen Flexibilität der Wahlentscheidung. So zeigt sich für die kurzfristige Wechselbereitschaft, dass mit zunehmendem Alter die Wahrscheinlichkeit zur Änderung der Wahlentscheidung sinkt. Zwischen den Geschlechtern treten keine nennenswerten Unterschiede betreffend einer lang- oder kurzfristigen Wechselwahl auf. Interessanterweise scheinen Personen mit Abitur weniger wahrscheinlich ihre im Juni geäußerte Wahlentscheidung revidiert zu haben als Personen mit niedrigeren Bildungsabschlüssen. Auch reduziert sich die Wahrscheinlichkeit einer kurzfristig wechselnden Wahlentscheidung mit steigendem politischem Interesse. Demnach haben vor allem ältere, politisch interessierte und höher gebildete Menschen bereits vor dem Wahlkampf eine Wahlentscheidung gefällt, die sie auch bei der Bundestagswahl 2013 umsetzten. Ein kurzfristiger Wechsel in der Parteiidentifikation, der Kanzlerpräferenz oder der Lösungskompetenzeinschätzung konnte jedoch eine Veränderung der Wahlentscheidung nach sich ziehen.

Anhand der tabellarisch ausgewiesenen Kennwerte für die Modellgüte (Nagelkerkes R^2) lässt sich ersehen, dass die untersuchten Faktoren nur einen geringen Teil zur Erklärung des wechselnden Wahlverhaltens beitragen. Dies deutet auf ein Fehlen wichtiger Erklärungsvariablen hin. So wurden in diesem Unterkapitel nur Veränderungen in den politischen Einstellungen betrachtet. Allerdings müssen wechselnde Einstellungen nicht immer in einer Wechselwahl resultieren. Oft tragen auch Widersprüche zwischen den drei Erklärungsfaktoren zu einem Wandel der Wahlentscheidung bei. So kann eine gleich gebliebene Kanzlerpräferenz eine wechselnde Wahlentscheidung erklären, wenn diese Einstellung bereits bei der letzten Wahl in eine andere parteipolitische Richtung gezeigt hat als beispielsweise die Parteibindung. Ist nun mit der Zeit die Kandidatenbewertung für das Treffen der Wahlentscheidung wichtiger geworden, erklärt die fehlende parteipolitische Übereinstimmung der drei wahlrelevanten Einstellungen den Wechsel in der Parteiwahl.

5.2.4 Fazit

Die Änderung von Wahlentscheidungen spielt eine entscheidende Rolle für den Wechsel von Regierungsmehrheiten. In diesem Unterkapitel wurde daher der lang- und kurzfristige Wandel von Wahlentscheidungen untersucht. Dazu wurde anhand von zwei verschiedenen Wiederholungsbefragungen die Beständigkeit der Wahlentscheidungen zwischen den Bundestagswahlen 2005, 2009 und 2013 und während des Bundestagswahlkampfes 2013 betrachtet. Die Befunde zeigen, dass sich stabiles und wechselndes Wahlverhalten über drei Wahlen hinweg in etwa die Waage halten. So gaben 47 Prozent der Befragten an, bei den Bundestagswahlen 2005, 2009 und 2013 dieselbe Partei gewählt zu haben. 53 Prozent der Befragten wechselten mindestens einmal ihre Wahlentscheidung. Die Motive für den Wechsel der Zweitstimme zwischen der Bundestagswahl 2009 und 2013 sind zum Teil in den veränderten Einstellungen gegenüber den Parteien und den Kanzlerkandidaten zu finden. Innerhalb des Wahlkampfes 2013 behielten fast 70 Prozent der Befragten ihre drei Monate vor der Bundestagswahl geäußerte Wahlabsicht bei. Vor allem ältere, politisch interessierte und höher gebildete Menschen blieben ihrer Wahlabsicht im Verlauf des Wahlkampfes treu. Wechsel in der Parteibindung, der Kanzlerpräferenz oder der Kompetenzeinschätzung einer Partei erhöhten jedoch die Wahrscheinlichkeit für eine Änderung der Wahlentscheidung.

Literatur

Campbell Angus/Converse, Philip E./Miller, Warren E./Stokes, Donald E. 1960: The American Voter, Chicago: University of Chicago Press.

Falter, Jürgen W./Schoen, Harald, 2000: Wechselwähler in Deutschland: Wählerelite oder politischer Flugsand?, in: Niedermayer, Oskar/Westle, Bettina, Hg., Demokratie und Partizipation, Wiesbaden: Westdeutscher Verlag, 13-33.

Merz, Stefan/Hofrichter, Jürgen 2013: Wähler auf der Flucht: die Wählerwanderung zur Bundestagswahl 2009, in: Weßels, Bernhard/Gabriel, Oscar W. Gabriel/ Schoen, Harald, Hg., Wahlen und Wähler, Analysen aus Anlass der Bundestagswahl 2009, Wiesbaden: Springer VS, 97-117.

Neundorf, Anja 2012. Die Links-Rechts-Dimension auf dem Prüfstand: Ideologische Einstellungen und Wahlverhalten im vereinten Deutschland 1990 bis 2008, in: Schmitt-Beck, Rüdiger, Hg., Wählen in Deutschland, Baden-Baden: Nomos Verlag, 227-250.

Schoen, Harald 2003: Wählerwandel und Wechselwahl: Eine vergleichende Untersuchung, Wiesbaden. Westdeutscher Verlag.

Schoen, Harald 2005: Wechselwahl, in: Falter, Jürgen W./Schoen, Harald, Hg., Handbuch Wahlforschung, Wiesbaden: VS Verlag für Sozialwissenschaften, 367-387.

Wehner, Markus 2013: Zur Mündigkeit verdammt, in: Frankfurter Allgemeine Sonntagszeitung, 1.9.2013, 8.

5.3 Stimmensplitting

Jan Eric Blumenstiel

5.3.1 Einleitung

Das deutsche Wahlsystem eröffnet den Wählern die Möglichkeit, mit der Erststimme für den Kandidaten einer Partei zu votieren, die sie nicht mit der Zweitstimme wählen. Diese Form der Stimmabgabe wird als Stimmensplitting bezeichnet. Das Zweistimmensystem bei Bundestagswahlen wurde 1953 eingeführt, um die persönliche Wahl eines Wahlkreiskandidaten mit der Erststimme, bei der die Mandatsvergabe gemäß relativen Mehrheit erfolgt, mit der Zweitstimme zu verbinden, die mittels Verhältniswahl die Sitzanteile der Parteien im Bundestag bestimmt. In den vergangen Jahren ist der Anteil der Stimmensplitter deutlich gestiegen, 2013 vergab fast jeder vierte Wähler seine beiden Stimmen an verschiedene Parteien. In diesem Unterkapitel wird vor diesem Hintergrund zunächst die Nutzung des Stimmensplittings im Zeitverlauf dargestellt. Zudem werden verschiedene Motive für eine gesplittete Stimmabgabe diskutiert. Anschließend wird das Stimmensplitting bei der Bundestagswahl 2013 anhand der häufigsten Stimmenkombinationen und eines Erklärungsmodells genauer untersucht.

5.3.2 Stimmensplitting im Zeitverlauf

Der Anteil von Wählern, die bei Bundestagswahlen die Möglichkeit des Stimmensplittings nutzen, hat im Zeitverlauf deutlich zugenommen (Abbildung 1). Splitteten vor 1976 stets weniger als zehn Prozent der Wähler ihre Stimme, waren es 1990 knapp 16 Prozent, 1998 bereits 20 Prozent und 2009 wurde mit 26,4 Prozent ein vorläufiger Höchststand erreicht. Bei der Bundestagswahl 2013 war der Anteil der Stimmensplitter erstmals seit 1976 rückläufig und belief sich auf 23,0 Prozent (Egeler 2014).

Für den Anstieg des Stimmensplittings (und den leichten Rückgang 2013) gibt es verschiedene Erklärungsmöglichkeiten. Erstens hat sich seit den 1970er Jahren die Zahl der im Bundestag vertretenen Parteien erhöht. Bestand der Bundestag damals nur aus drei Fraktionen (Union, SPD und FDP), waren bis 2013 mit den Grünen und der Linken zeitweise fünf Fraktionen im deutschen Parlament vertreten. Damit erhöhte sich rein rechnerisch die

Anzahl möglicher Stimmenkombinationen. Zweitens gilt die langfristige Abschwächung psychologischer Bindungen an die politischen Parteien als wichtige Ursache für die steigende Splittinghäufigkeit (vgl. Johann 2009).

Abbildung 1: Anteil der Stimmensplitter bei Bundestagswahlen im Zeitverlauf

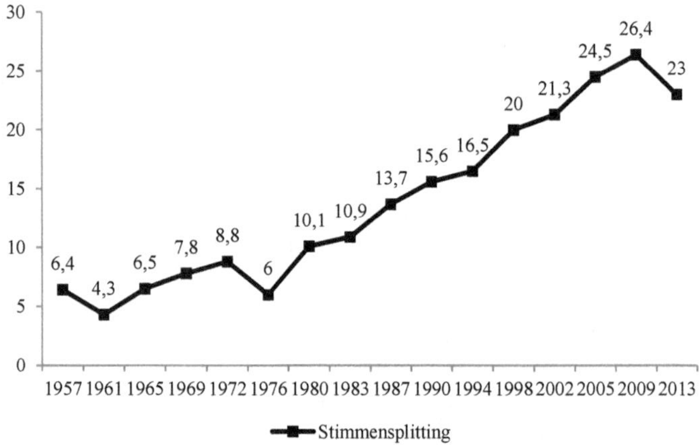

Quelle: 1957 bis 1990, 2002 bis 2013: Bundeswahlleiter. 1994, 1998: Hilmer/Schleyer 2000.

Drittens können auch die verschiedenen Motive für Stimmensplitting für den Anstieg verantwortlich sein. Dabei kann zwischen freiwilligem und erzwungenem Splitting unterschieden werden (vgl. Johann 2009). *Erzwungenes* Splitting betrifft Wähler, die mit der Zweitstimme eine Partei wählen, die in ihrem Wahlkreis keinen Direktkandidaten aufgestellt hat. In diesem Fall ist der Wähler gezwungen (sofern er keine ungültige Stimme abgeben möchte), seine Stimme zu splitten. Bei der Wahl 2013 betraf dies in erster Linie Wähler der AfD und der Piraten, die in 141 bzw. 23 Wahlkreisen keinen Direktkandidaten aufgestellt hatten. Die Mehrheit der Stimmensplitter handelt jedoch aus einem der Motive für *freiwilliges* Splitting – sieht man einmal davon ab, dass Splitting auch schlicht Ausdruck der Unkenntnis bezüglich des Wahlsystems sein kann (vgl. Schoen 1998, Schmitt-Beck 1993). Die Motive für absichtsvolles Stimmensplitting lassen sich wie folgt unterteilen (vgl. dazu ausführlicher Behnke/Bader 2013; Johann 2009; Schoen 1998). Zum einen kann das Aufteilen der Stimme *expressiv* genutzt werden, um einem Koalitionswunsch Ausdruck zu verleihen oder jeder von zwei gleichermaßen bevorzugten Parteien jeweils eine Stimme zu geben.

Zum anderen kann das Stimmensplitting *instrumentell* genutzt werden, um damit einen bestimmten Zweck im Hinblick auf das Wahlergebnis zu verfolgen. Dazu gehört erstens das Vermeiden einer sog. *verschwendeten Erststimme*. Anhänger kleinerer Parteien wie den Grünen oder der FDP müssen sich damit auseinander setzen, dass die Direktkandidaten ihrer bevorzugten Parteien meist kaum eine Chance haben, den Wahlkreis für sich zu entscheiden (2013 gewannen die Grünen nur ein Direktmandat, die FDP keines). Es kann ihnen daher sinnvoll erscheinen, mit der Erststimme den aussichtsreicheren Kandidaten der CDU/CSU oder der SPD zu wählen, um diese Stimme nicht zu „verschenken". Da der Stimmenanteil der kleineren Parteien im Zeitverlauf tendenziell zugenommen hat, kann dieses Motiv auch zu einer stärkeren Nutzung des Stimmensplittings beigetragen haben. Zweitens kann es für Anhänger der großen Parteien im Gegenzug günstig erscheinen, eine sog. *Leih-* oder *Stützstimme* zu vergeben. Das bedeutet, nur die Erststimme dem Kandidaten ihrer bevorzugten Partei zu geben, um mit der Zweitstimme einen möglichen Koalitionspartner zu helfen, die Fünf-Prozent-Hürde zu überwinden. Anhänger der CDU hätten 2013 auf diese Weise versuchen können, der FDP zum Einzug in den Bundestag zu verhelfen, um eine Fortsetzung der schwarz-gelben Koalition zu ermöglichen. Drittens kann es Wähler geben, die einen anderen Direktkandidaten als den ihrer gewählten Partei bevorzugen und von diesem *Persönlichkeitsbonus* veranlasst werden, ihre Stimme zu splitten. Viertens konnten Wähler bis 2009 versuchen, durch Stimmensplitting bewusst *Überhangmandate* zu erzeugen, um ihrer gewünschten Koalition zu zusätzlichen Sitzen zu verhelfen. So erhielt die CDU 2009 in Baden-Württemberg zehn Überhangmandate, weil sie alle dortigen Direktmandate gewann, aber nur auf einen relativ geringen Zweitstimmenanteil kam. Die FDP bekam nur etwa 12 Prozent der Erst-, aber fast 19 Prozent der Zweitstimmen, vermutlich haben viele baden-württembergische Anhänger der schwarz-gelben Koalition damals aus diesem Motiv ihre Stimme gesplittet (vgl. Behnke/Bader 2013). Mit dem seit 2013 geltenden Wahlsystem (siehe Anhang 1) hat sich dieses Motiv erübrigt, dies könnte eine Erklärung für den leichten Rückgang des Splittinganteils sein.

5.3.3 Stimmensplitting bei der Bundestagswahl 2013

Auch wenn die Nutzung des Stimmensplittings 2013 leicht rückläufig war, so splittete noch immer fast jeder vierte Wähler seine beiden Stimmen. Die zehn häufigsten dabei gewählten Kombinationen sind in Tabelle 1 wiedergegeben. Am häufigsten wurden die Stimmen nach dem Muster Erststimme an die größere, Zweitstimme an die kleinere Partei auf die jeweils an einer schwarz-gelben beziehungsweise rot-grünen Koalition beteiligten Parteien aufgeteilt. Zusammen entsprechen diese beiden Stimmenkombinationen etwa einem Viertel aller gesplitteten Stimmzettel. Weitere 13 Prozent entfallen auf die beiden möglichen Kombinationen zwischen CDU/CSU und SPD.

Tabelle 1: Die zehn häufigsten Stimmenkombinationen 2013

Erststimme	Zweitstimme	Prozent
CDU/CSU	FDP	13,1
SPD	Grüne	12,6
SPD	CDU/CSU	7,3
CDU/CSU	SPD	6,0
SPD	Linke	5,9
Grüne	SPD	5,7
CDU/CSU	AfD	4,6
Linke	SPD	3,0
CDU/CSU	Sonstige	3,0
CDU/CSU	Grüne	2,9

Quelle: Bundeswahlleiter 2014.

Unter den nächsthäufigen Kombinationen finden sich einige, von denen dies angesichts der beschriebenen Motive nicht zu erwarten gewesen wäre. Beispielsweise gaben 5,7 Prozent der Stimmensplitter ihre Erststimme einem Direktkandidaten der Grünen und die Zweitstimme der SPD, obwohl Direktkandidaten der Grünen mit Ausnahme Hans-Christian Ströbeles in Berlin kaum Chancen auf eine Erststimmenmehrheit hatten. Wenngleich die beiden häufigsten Kombinationen Union/FDP und SPD/Grüne mit den absichtsvollen Motiven wie der Stützstimme oder dem Vermeiden einer verschwendeten Erststimme im Einklang stehen, kann aus der gewählten Kombination nicht direkt auf das zugrundeliegende Motiv geschlossen werden. Die Kombination Union/FDP kann beispielsweise durch jede der folgenden Möglichkeiten motiviert sein:

- Indifferenz zwischen CDU/CSU und FDP
- Vermeiden einer verschwendeten Erststimme eines FDP-Anhängers
- Stützstimme eines Unions-Anhängers für die FDP

- Ausdruck des Koalitionswunsches eines FDP- oder CDU-Anhängers
- Persönlichkeitsbonus für den CDU/CSU-Direktkandidaten bei einem FDP-Anhänger.

Bemerkenswert ist außerdem die große Vielfalt der gewählten Kombinationen. Die zehn häufigsten Stimmenkombinationen machten zusammen nur knapp zwei Drittel aller gesplitteten Stimmzettel aus.

Abbildung 2: *Anteil der Zweitstimmenwähler der kleineren Parteien, die mit der Erststimme den Direktkandidaten des denkbaren Koalitionspartners unterstützen*

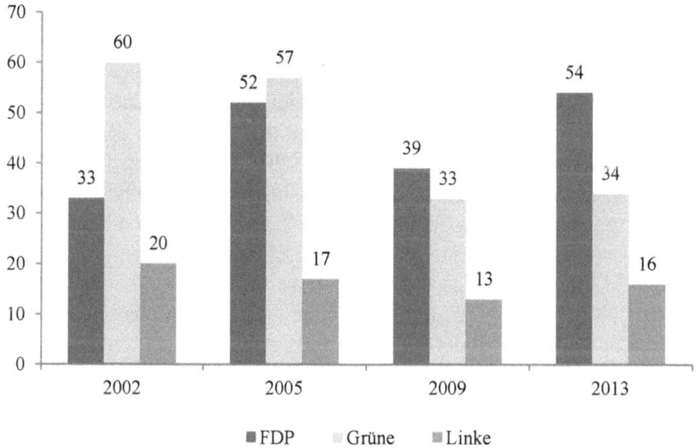

Quelle: Bundeswahlleiter 2014.

Die Häufigkeit des Stimmensplittings unterscheidet sich deutlich je nach der mit der Zweitstimme gewählten Partei (vgl. Bundeswahlleiter 2014). Bei der Wahl 2013 haben lediglich zehn Prozent der Unions- und 16 Prozent der SPD-Zweitstimmenwähler ihre Stimmen gesplittet, am höchsten lag dieser Anteil bei der FDP (73 Prozent), gefolgt von Grünen (49 Prozent) und der Linken (31 Prozent). Häufig wählten die Zweitstimmenwähler der kleineren Parteien mit der Erststimme Direktkandidaten eines denkbaren Koalitionspartners, FDP-Wähler also Kandidaten der Union, Grünen- und auch Linke-Wähler Kandidaten der SPD. Das Ausmaß dieses „Koalitions-Splittings" ist aber nicht immer gleich (siehe Abbildung 2). Bei den Wahlen 2002 und 2005 unterstützten mehr als die Hälfte der Grünen-Wähler mit der Erststimme Direktkandidaten ihres Koalitionspartners, nach dem Ende der Rot-Grünen-

Koalition nur noch etwa ein Drittel. In einem ähnlichen Bereich bewegte sich seit 2002 die Unterstützung von Unions-Kandidaten durch FDP-Wähler, die 2013 mit 54 Prozent den Bestwert erreichte. Dagegen wählte seit 2002 maximal ein Fünftel der Linken-Zweistimmenwähler mit der Erststimme einen SPD-Kandidaten – auch in dieser Hinsicht besteht also zwischen diesen beiden Parteien noch eine verhältnismäßig große Distanz. Zudem hatten Direktkandidaten der Linken in einigen ostdeutschen Wahlkreisen Chancen auf das Direktmandat, 2009 konnte die Linke immerhin 16 Wahlkreise gewinnen.

Abschließend soll nun der Blick auf Wählereigenschaften gerichtet werden, welche die Wahrscheinlichkeit des Stimmensplittings erhöhten. Dazu wird eine Analyse von Daten aus der Nachwahl-Querschnittsumfrage des GLES-Projektes vorgenommen, die sich des Verfahrens der logistischen Regression bedient. Das Analysemodell zeigt, wie gut die Entscheidung eines Wählers, Erst- und Zweitstimme zu splitten statt sie an dieselbe Partei zu vergeben, durch die nachfolgend beschriebenen Erklärungsfaktoren vorhergesagt wird. In der einschlägigen Forschung wurde des Öfteren vermutet, dass Personen mit höherer Schulbildung, höherem politischen Interesse und höherem politischen Wissen häufiger ihre Stimmen splitten, da sie besser mit den Möglichkeiten des Wahlsystems vertraut sind (vgl. Johann 2009; Westle 2009). Deshalb werden Messungen dieser Eigenschaften als Erklärungsvariablen in das Modell aufgenommen. Außerdem sollten jüngere Personen häufiger ihre Stimme splitten als ältere, da sie tendenziell über weniger verfestigte und weniger dauerhafte Bindungen an Parteien verfügen (vgl. Johann 2009). Eine solche psychologische Parteibindung gilt als eine der wichtigsten Eigenschaften, um Stimmensplitting vorherzusagen, denn Personen, die sich mit einer Partei identifizieren neigen dazu, „ihre" Partei mit beiden Stimmen zu unterstützen (vgl. Johann 2009; Karp 2006). Das sollte vor allem für Anhänger einer großen Partei gelten, da Anhänger kleinerer Parteien die geringen Erfolgsaussichten des Direktkandidaten ihrer Partei bedenken müssen. Deshalb wird in das Modell jeweils eine Variable für Personen aufgenommen, die keine Parteiidentifikation besitzen oder sich mit einer kleinen Partei identifizieren, sodass Anhänger der großen Partei die Vergleichsgruppe bilden. Schließlich ist im Einklang mit dem Motiv der Indifferenz zu vermuten, dass Wähler, denen mehrere Parteien gleichermaßen gut gefallen, die sich also in einer ambivalenten Entscheidungssituation befinden, häufiger ihre Stimme splitten (Mulligan 2011). In das Erklärungsmodell wird deshalb eine Variable für Ambivalenz aufgenommen, die Befragte kennzeichnet, welche ihre höchste Sympathieeinstufung nicht nur an eine, sondern an zwei verschiedene Parteien gleichermaßen vergeben haben.

Die berechneten Koeffizienten für das beschriebene Modell sind in Tabelle 2 wiedergegeben. Wie erwartet splitten ältere Personen mit geringerer Wahrscheinlichkeit ihre Stimmen als jüngere. Schulbildung, politisches Interesse und die Kenntnis des Wahlsystems besitzen keine nennenswerte Erklärungskraft. Jedoch steigert die Kenntnis eines Wahlkreiskandidaten die Splittingwahrscheinlichkeit um etwa 16 Prozentpunkte und spricht für das Motiv des Persönlichkeitsbonus. Personen in ambivalenten Entscheidungssituationen splitten ihre Stimmen mit einer um 26 Prozentpunkte höheren Wahrscheinlichkeit, was gleichermaßen auf Indifferenz und den Ausdruck einer Koalitionspräferenz hindeutet. Ferner bestätigt sich, dass Personen ohne Parteiidentifikation und Anhänger kleinerer Parteien häufiger ihre Stimmen splitten als Anhänger der beiden großen Parteien. Dieser Zusammenhang spricht für das Motiv, eine verschwendete Erststimme zu vermeiden. Die Erklärungskraft des Modells (gemessen anhand der Maßzahl Nagelkerkes R^2) ist allerdings insgesamt nur mäßig. So wie es verschiedene Motive für das Stimmensplitting gibt, so gibt es auch viele Erklärungsfaktoren für diese Form der Stimmabgabe, die in dem berechneten Modell nur teilweise abgedeckt werden.

Tabelle 2: Erklärungsmodell für Stimmensplitting

Variable	Koeffizient
Alter	-20,4[c]
Abitur	+0,7
Politisches Interesse	+1,6
Wissen Erst-/Zweitstimme	-1,5
Wissen 5%-Hürde	-0,4
Kenntnis der Wahlkreiskandidaten	+16,2[c]
Ambivalenz	+26,4[c]
Keine Parteiidentifikation	+13,2[b]
Parteiidentifikation kleine Partei	+17,4[c]
Nagelkerke R^2	0,18
N	1418

Quelle: GLES Nachwahl-Querschnittsbefragung 2013 (ZA5701).
Angegeben sind Koeffizienten der logistischen Regression; a: $p < 0{,}05$; b: $p < 0{,}01$; c: $p < 0{,}001$ (siehe Anhang 4).

5.3.4 Fazit

Bei der Wahl 2013 entschieden sich 23 Prozent der Wähler dazu, ihre beiden Stimmen zu splitten. Der Anteil der Stimmensplitter sank damit wieder etwas unter den Höchstwert aus 2009, war aber immer noch beachtlich. Für die Aufteilung von Erst- und Zweitstimme gibt es eine Reihe von Motiven. Dazu gehören Indifferenz, der Ausdruck eines Koalitionswunsches, die Vermeidung einer verschwendeten Erststimme, Stützstimmen und eine persönliche Präferenz für einen Direktkandidaten.

Am häufigsten wählten Stimmensplitter bei der Bundestagswahl 2013 die Kombination aus der Erststimme an die Union bzw. SPD und der Zweitstimme an die FDP bzw. die Grünen. Allerdings entfiel nur etwa ein Viertel aller gesplitteten Wahlzettel auf diese beiden Kombinationen, denn fast alle denkbaren Kombinationen wurden mehr oder weniger häufig vergeben. Wie sinnvoll eine Stimmenkombination tatsächlich ist, lässt sich nicht ohne weiteres feststellen, denn hinter einer gewählten Kombination können sich ganz verschiedene Motive verbergen. Unterschiedlich sind auch die Erklärungsfaktoren für Stimmensplitting. Jüngere Personen, Personen mit Kenntnissen über die Wahlkreiskandidaten, in ambivalenten Entscheidungssituationen, ohne Parteibindung oder mit Bindung an eine kleinere Partei haben ihre Stimmen bei der Bundestagswahl 2013 häufiger an verschiedene Parteien vergeben.

Literatur

Behnke, Joachim/Bader, Florian 2013: Sophistiziertes Wählen bei der Bundestagswahl 200, in: Weßels, Bernhard/Schoen, Harald/Gabriel, Oscar W., Hg., Wahlen und Wähler: Analysen aus Anlass der Bundestagswahl 2009, Wiesbaden: Springer, 249-268.

Bundeswahlleiter 2014: Wahl zum 18. Deutschen Bundestag am 22. September 2013, Heft 4: Wahlbeteiligung und Stimmabgabe der Männer und Frauen nach Altersgruppen, Wiesbaden.

Egeler, Roderich 2014: Repräsentative Wahlstatistik zur Bundestagswahl 2013, Statement des Bundeswahlleiters Roderich Egeler am 28. Januar 2014 in Berlin [https://www.destatis.de/DE/PresseService/Presse/Pressekonferenzen/2014/Wahlstat/Statement_Egeler_ReprWStat_PDF.pdf?__blob=publicationFile] <28.4.2014>.

Hilmer, Richard/Schleyer, Nicolas 2000: Stimmensplitting bei der Bundestagswahl 1998: Strukturen, Trends, Motive, in: van Deth, Jan/Rattinger, Hans/Roller, Edeltraud, Hg., Die Republik auf dem Weg zur Normalität?, Opladen: Leske + Budrich, 173-197.

Johann, David 2009: Charakteristika und Motive der Stimmensplitter bei der Bundestagswahl 2005, in: Kühnel, Steffen/Niedermayer, Oskar/Westle, Bettina, Hg., Wähler in Deutschland: Sozialer und politischer Wandel, Gender und Wahlverhalten, Wiesbaden: VS Verlag für Sozialwissenschaften, 399-423.

Karp, Jeffrey A. 2006: Political Knowledge about Electoral Rules: Comparing Mixed Member Proportional Systems in Germany and New Zealand, in: Electoral Studies 25, 714-730.

Mulligan, Kenneth 2011: Partisan Ambivalence, Split-Ticket Voting, and Divided Government, in: Political Psychology 32, 505–530.

Schmitt-Beck, Rüdiger 1993: Denn sie wissen nicht, was sie tun … Zum Verständnis des Verfahrens der Bundestagswahl bei westdeutschen und ostdeutschen Wählern, in: Zeitschrift für Parlamentsfragen, 393-415.

Schoen, Harald 1998: Stimmensplitting bei Bundestagswahlen: eine Form taktischer Wahlentscheidung?, in: Zeitschrift für Parlamentsfragen, 223-244.

Westle, Bettina 2009: Politisches Wissen als Grundlage der Entscheidung bei der Bundestagswahl 2005, in: Kühnel, Steffen/Niedermayer, Oskar/Westle, Bettina, Hg., Wähler in Deutschland: Sozialer und politischer Wandel, Gender und Wahlverhalten, Wiesbaden: VS Verlag für Sozialwissenschaften, 366-398.

5.4. Die Wähler der Kleinparteien

Ina Bieber, Sigrid Roßteutscher und Philipp Scherer

5.4.1 Einleitung

Während der vergangenen Legislaturperiode ist die Parteienlandschaft in Deutschland in Bewegung geraten und im Vorfeld der Bundestagswahl 2013 deutete sich eine weitere Fragmentierung des Parteiensystems an: Die Piratenpartei erreichte 2012 mehrere Achtungserfolge bei Landtagswahlen (ausführlicher zu den Piraten siehe Scherer/Bieber 2013). Zudem gründete sich Anfang 2013 mit der Alternative für Deutschland (AfD) im Zuge der Eurokrise eine europaskeptische Partei, die den bürgerlichen Parteien CDU/CSU und FDP Wähler abzuwerben drohte (ausführlich zur AfD siehe Schmitt-Beck 2014). Ihr Einzug in den Bundestag konnte auch in Anbetracht der massiven medialen Berichterstattung nicht ausgeschlossen werden.

Schließlich kam alles ganz anders: Nicht nur die AfD sondern auch die FDP, die seit 1949 ununterbrochen im Bundestag vertreten war, scheiterte knapp an der Fünf-Prozent-Hürde. Die Piratenpartei landete bei etwas mehr als zwei Prozent der Wählerstimmen. Die Grünen, die im Nachklang der Atomkatastrophe von Fukushima lange auf ein deutlich zweistelliges Ergebnis gehofft hatten, landeten – wie die Linken – bei etwas mehr als acht Prozent. Hingegen konnten die Unionsparteien ihren Stimmenanteil massiv erhöhen und der SPD gelang eine kleine Verbesserung gegenüber ihrem schlechten Abschneiden von 2009 (siehe Kapitel 2 und 3). Dass die CDU/CSU mit nahezu 42 Prozent Stimmenanteil nur knapp die absolute Mehrheit der Sitze im Bundestag verfehlte, war einer Besonderheit dieser Wahl geschuldet: Der Stimmenanteil der Parteien, die den Einzug in den Bundestag verpassten, war mit 15,6 Prozent so hoch wie nie zuvor.

Im Folgenden soll zunächst ein Blick auf die Entwicklung der kleinen Parteien im Zeitraum zwischen den Bundestagswahlen 2009 und 2013 geworfen werden. Im Fokus stehen alle Parteien, die in der vergangenen Legislaturperiode zumindest zweitweise von den Medien, aber auch in den Prognosen kommerzieller Umfrageinstitute als Kandidaten für einen Einzug in den Bundestag gehandelt wurden. Dies trifft bei den nicht-etablierten Parteien ausschließlich auf die Piratenpartei und die AfD zu (ausführlicher zu den „Kleinstparteien“, deren Einzug nie zur Debatte stand, siehe Niedermayer 2014). Da auch die etablierten Parteien im Vorfeld der Bundestagswahl 2013 erheblichen Schwankungen in der Wahlabsicht ausgesetzt waren und mit der FDP schließlich sogar die älteste kleine Partei den Einzug in den Bundestag verfehlte, werden zudem Grüne, Linke und FDP in den Blick genommen. Anschließend wird untersucht, ob die Wähler der kleinen Parteien ein spezifisches Profil hinsichtlich sozialer Lage, Parteibindungen oder Themenorientierung vorweisen, die zukünftige Erfolge bei Bundestagswahlen wahrscheinlich machen.

5.4.2 Trends in der Wählerschaft und der Medienberichterstattung

Seit Anfang der 1980er Jahre und der Etablierung der Grünen haben die beiden Großparteien bei Bundestagswahlen kontinuierlich an Stimmen verloren, während die Kleinen (Grüne, FDP und seit 1990 Die Linke) einen immer größer werdenden Teil der Wählerschaft an sich binden konnten (siehe auch Kapitel 4). Aus dem etablierten Zweieinhalb-Parteiensystem (zwei sogenannte Volksparteien und die FDP als „Zünglein an der Waage") ist innerhalb von drei Jahrzehnten ein „fluides Fünfparteiensystem" geworden (Niedermayer 2012). Mit der Bundestagswahl 2013 scheint der Trend des Wachsens der kleinen Parteien auf Kosten der Großen allerdings erst einmal unterbrochen (siehe Abbildung 1).

Zwischen dem Vier-Parteien-Bundestag, wie ihn das Wahlergebnis faktisch erzeugte, und der Möglichkeit eines parlamentarischen Sechs-Parteiensystems lagen bei der Wahl 2013 nur wenige Wählerstimmen: 0,2 Prozent fehlten der FDP und 0,3 Prozent der AfD zum Einzug in den Bundestag. Unter Berücksichtigung der Piratenpartei – mit ihrem Zwischenhoch im Jahr 2012 (siehe Kapitel 2) – erschien sogar ein Parlament aus sieben Parteien nicht völlig ausgeschlossen.

Die Entwicklung der kleinen Parteien zwischen den Bundestagswahlen 2009 und 2013 ist in Abbildung 2 dargestellt. Hier zeigt sich deutlich der auch in Kapitel 2 beschriebene rasante Niedergang der FDP in der Wählergunst, der kurz nach der Regierungsbildung 2009 einsetzte und von dem sich die Partei nicht mehr erholte. Auch die Linke, die 2009 noch hohe Zustimmungsraten erreichte, fiel seit Ende 2010 in der Wählergunst kontinuierlich zurück. Sie blieb aber dennoch konstant über der Fünf-Prozent-Marke. Die Grünen hingegen erlebten einen massiven Wählerzuwachs: zunächst im Anschluss an die Auseinandersetzung um den Umbau des Stuttgarter Hauptbahnhofs (Projekt „Stuttgart 21") und dann nochmals in Folge der Atomkatastrophe in Japan. Nach einer Rekordzustimmung im Frühsommer 2011 sanken die Werte der Grünen, blieben aber deutlich zweistellig. Erst die allerletzten Wochen im Wahlkampf führten zu einem weiteren Verlust an Wählerstimmen (siehe Unterkapitel 3.4).

Abbildung 1: *Stimmenanteile von Großparteien, Kleinparteien und sonstigen Parteien – 1949 bis 2013*

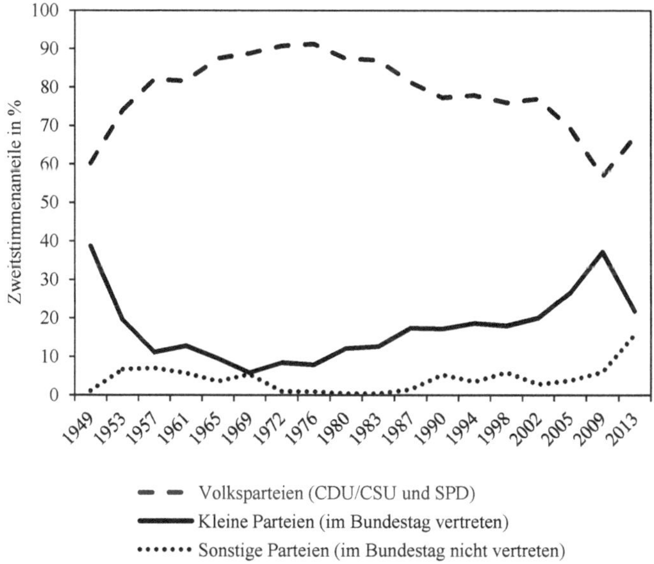

Quelle: Bundeswahlleiter 2014.

Eine gleichfalls unstete Entwicklung durchliefen die Piraten. Während sie zwischen 2009 und 2011 kaum Resonanz in der Wählerschaft fanden, stieg ihr Stimmenanteil nach den Überraschungserfolgen bei den Landtagswahlen in Berlin, im Saarland sowie in Schleswig-Holstein und Nordrhein-Westfalen deutlich an, um ab Frühsommer 2012 wieder ebenso deutlich zu sinken. Die Alternative für Deutschland (AfD), erst Anfang 2013 gegründet, fand relativ schnell Anklang bei der Wählerschaft und verharrte Meinungsumfragen zufolge bis zur Wahl im September bei einem Stimmenanteil von knapp fünf Prozent (zu den Konjunkturen der Kleinparteien, siehe Niedermayer 2014).

Abbildung 2: Stimmungstrend der kleinen Parteien im Zeitverlauf

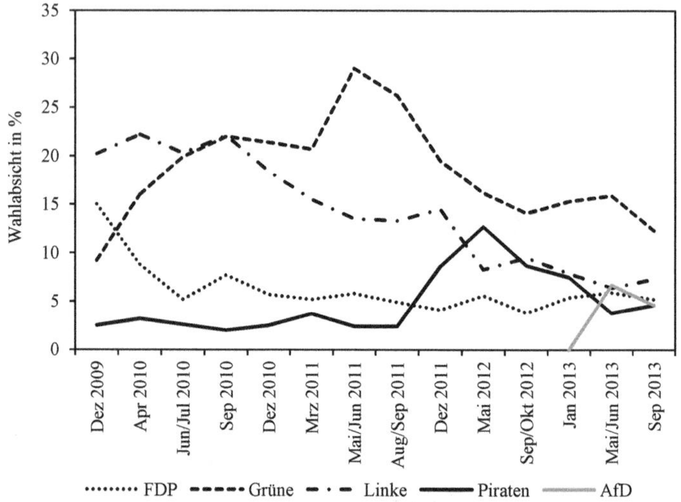

Quelle: GLES-Langfrist-Online-Tracking: T8 bis T21 (ZA5341 bis ZA5350; ZA5719 bis ZA5721).

Drei dieser kleinen Parteien– FDP, Grüne und Die Linke – können als etablierte Parteien betrachtet werden. Sie sind entweder im Bund oder in diversen Landesregierungen vertreten und daher regelmäßig in den Medien präsent. Anders verhält es sich mit neuen Parteien, die sich die Aufmerksamkeit der Medien erst erarbeiten müssen. Abbildung 3 vermittelt einen Eindruck von der Medienpräsenz der beiden neuen Parteien Piraten und AfD. Sie basiert auf einer automatisierten Auszählung von Parteinennungen in den wöchentlichen Magazinen Focus und Spiegel sowie den Tageszeitungen Frankfurter Allgemeinen Zeitung, Süddeutsche Zeitung und Bild.

Ganz offensichtlich waren die Piraten in den Medien bis 2011 kaum präsent. Dies änderte sich nach den überraschenden Landtagswahlerfolgen in Berlin, im Saarland sowie in Schleswig-Holstein und Nordrhein-Westfalen. Nachdem weitere Erfolge ausblieben, verloren sie die Aufmerksamkeit der Medien fast so schnell wie sie sie gewonnen hatten. Ganz anders verlief die Medienkarriere der AfD: Direkt nach ihrer Gründung schoss die Intensität der Berichterstattung nach oben und verblieb bis zur Bundestagswahl in etwa auf diesem Niveau. Während sich die Piraten die Aufmerksamkeit der

Medien erst durch Wahlerfolge „verdienen“ mussten, hatte die AfD diese vom Tag ihrer Gründung an (siehe auch Niedermayer 2014).

Abbildung 3: Medienberichterstattung über Piratenpartei und die AfD

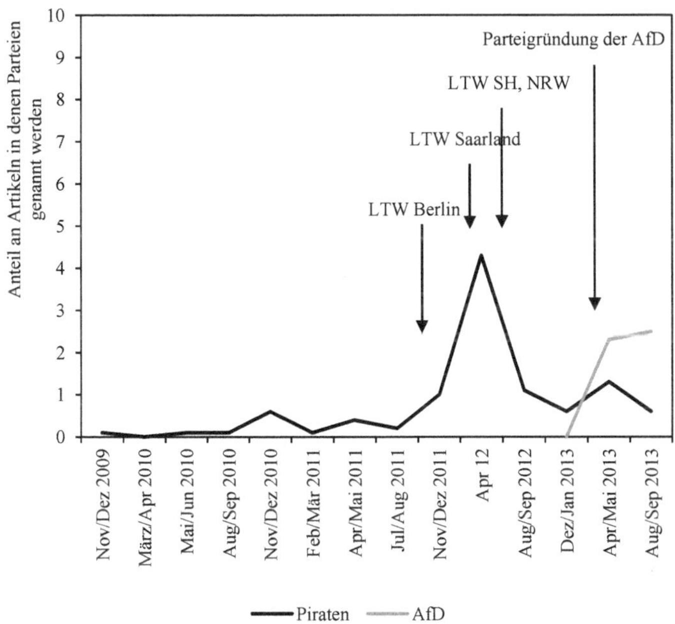

Quelle: GLES-Themen- und Ereignisanalyse 2013 (ZA5323).

5.4.3 Die Wähler der Kleinparteien

Die außergewöhnliche Rolle, die kleine Parteien bei der Bundestagswahl 2013 spielten, rechtfertigt eine genauere Beschreibung ihrer Wählerschaft. Für die Analyse der Wähler der Kleinparteien werden folgende Komponenten der Wahlentscheidung betrachtet: Als erstes interessieren sozialstrukturelle Besonderheiten in der Zusammensetzung der Wählerschaft: Haben kleine Parteien einen über die soziale Lage spezifizierbaren Wählerkern, der darauf hindeutet, dass besondere Lebenslagen und Lebenserfahrungen gebündelt werden? In diesem Zusammenhang soll auch untersucht werden, ob Kleinparteien vor allem davon profitieren, dass sie Nichtwähler oder Erstwähler für sich mobilisieren können. Da im Vorfeld der Bundestagswahl 2013 auch etablierte Parteien wie die Grünen enormen Schwankungen in der Wahlabsicht ausgesetzt waren und schließlich mit der FDP sogar eine etablierte Kleinpartei den Wiedereinzug in den Bundestag verfehlte, soll zweitens ein Blick auf die Parteiidentifikation geworfen werden: Haben kleinere Parteien Wähler, die mit ihnen eine innere Bindung eingegangen sind, sich mit ihnen „identifizieren", oder handelt es sich vor allem um Kernwähler der Großparteien, die aus diversen Erwägungen einer kleinen Partei ihre Stimme geben?

Ein dritter Schwerpunkt der Analyse liegt auf der Themenorientierung: Mobilisieren Kleinparteien die Wähler mittels bestimmter Themen, die von den Großparteien nicht oder kaum aufgenommen werden? Gerade für neue Parteien, die noch nicht über eine sozialstrukturell verankerte Wählerschaft verfügen, ist die Fokussierung auf ein bestimmtes Anliegen, das ihrer Meinung nach von allen etablierten Parteien vernachlässigt wird, typisch. Solche „Ein-Themen-Parteien" versuchen über ein gesellschaftlich diskutiertes Problem – zum Beispiel den Ausstieg aus der Atomkraft – Wahlberechtigte davon zu überzeugen, ihnen ihre Stimme zu geben, damit das gemeinsame Anliegen im politischen Prozess ausreichend Gehör findet (siehe Mudde 1999:183-184). Den folgenden Analysen liegt somit die Annahme zugrunde, dass kleine Parteien dann gute Aussichten auf eine längerfristige Etablierung besitzen, wenn ihre Wählerschaft besondere Lebenslagen eint, sie auf eine eigene Identifikation zurückgreifen und zudem spezifische Themen zur Mobilisierung nutzen können.

Tabelle 1 stellt die soziale Lage der Wählerschaft der Kleinparteien vor. Die kleinen Parteien waren – mit Ausnahme der Grünen – Männerparteien. Gerade die beiden nicht-etablierten, Piraten und AfD, wurden vornehmlich von Männern gewählt. Die Piraten waren zudem die Partei mit der jüngsten Anhängerschaft (über 80 Prozent ihrer Wähler sind unter 40 Jahre alt). Dementsprechend hatten die Piraten (gefolgt von den Grünen) den geringsten Anteil an über 65-Jährigen unter ihren Wählern. Die FDP hingegen besaß unter den fünf Kleinparteien die älteste Wählerschaft. Interessant ist auch ein Blick auf Statusindikatoren. Die Wähler der Piraten waren ähnlich wie die der Grünen hoch gebildet, aber gleichzeitig überproportional häufig der Arbeiterschaft zuzurechnen. Ebenso war der Anteil der Arbeitslosen bei den Piraten vergleichsweise hoch. Hier zeigten sich, vermutlich aufgrund der Altersstruktur, deutliche Statusinkonsistenzen, da Bildungskarrieren sich (noch) nicht in beruflichem Erfolg widerspiegeln. Hinsichtlich der beruflichen Stellung ist zudem auffällig, dass nicht nur die FDP, sondern auch die AfD unter ihrer Wählerschaft einen überdurchschnittlich hohen Anteil an Selbständigen hatte. Wenig überraschend ist der überdurchschnittlich hohe Anteil an Linke-Wähler aus dem östlichen Teil der Republik. Der Anteil evangelischer Kirchenmitglieder war bei den Grünen relativ hoch. Die Linke und die Piraten punkteten hingegen vor allem bei den Konfessionslosen und Personen, die selten oder nie den Gottesdienst besuchten (letzteres gilt auch für die AfD).

Der Anteil der Personen, die 2009 nicht an der Bundestagswahl teilgenommen haben, war bei FDP und Grünen nur unwesentlich höher, bei der AfD sogar niedriger, als in der Wählerschaft insgesamt. Nur die Linke und insbesondere die Piraten besaßen einen überdurchschnittlich hohen Anteil an Personen, die 2009 nicht gewählt haben. . Eine spezifische Mobilisierung des Nichtwähler-Segments durch kleine Parteien fand somit bei der Bundestagswahl 2013 nicht statt. Abschließend noch ein Blick auf die jüngsten Wähler. In der Gruppe der Erstwähler konnten insbesondere Piraten und Grüne punkten. Mit einem Anteil von 13,2 Prozent lag der Anteil an Erstwählern bei den Piratenwählern mit Abstand am höchsten.

Wie stand es um die Parteibindungen der Wählerschaft der Kleinparteien? Tabelle 2 gibt einen Überblick. Zwei Parteien, Grüne und Linke, ähnelten hinsichtlich Ihrer Bindungskraft am ehesten den Großparteien. Der überwiegende Teil ihrer Wähler waren Kernanhänger: Sie identifizierten sich mit der gewählten Partei (siehe Unterkapitel 6.3). Etwa 14 Prozent der Grünen- und 22 Prozent der Linke-Wähler wiesen keine feste Parteibindung auf – ein Anteil ähnlich dem der Großparteien. Ein deutlicherer Unterschied zu den Großparteien ergab sich allerdings hinsichtlich derer, die gegen ihre Parteibindung gewählt haben: Bei knapp 28 Prozent der Grünen- und 15 Prozent der Linke-Wähler entsprach die Wahlentscheidung nicht ihrer Parteiidentifikation: Dabei handelte es sich bei beiden Parteien mehrheitlich um Personen mit einer SPD-Parteiidentifikation. Diese Wähler verblieben also im linken Lager.

Tabelle 1: Soziale Lagen – Verteilung nach einzelnen Parteien

	FDP	*Grüne*	*Die Linke*	*AfD*	*Piraten*	*alle Wähler*
Geschlecht						
Frau	45,6	53,7	48,9	26,1	24,0	49,9
Mann	55,4	46,3	51,1	73,9	76,0	50,1
N	123	383	273	106	68	3086
Alter						
unter 40	28,2	45,5	36,6	38,8	82,7	28,6
40 bis 64 Jahre	37,6	45,7	44,5	45,3	16,0	43,2
über 65 Jahre	34,2	8,8	18,9	15,9	1,4	27,9
N	123	383	273	106	68	3086
Formales Bildungsniveau						
Max. Hauptschule	34,8	23,8	32,5	35,2	11,6	37,6
Mittlere Reife	20,4	29,4	35,5	21,8	42,1	30,1
Abitur/Fachhochschulreife	44,8	46,8	32,0	43,0	46,2	32,3
N	122	380	270	104	65	3061
Ost-West-Zugehörigkeit						
Ost	14,9	12,9	45,5	16,4	16,1	21,2
West	85,1	87,1	54,5	83,6	83,9	78,8
N	123	383	273	106	68	2930
Klassenlagen						
Selbständige	15,3	9,1	6,9	15,2	0,0	6,9
Nichtmanuelle Routinetätigkeit	38,4	43,0	33,7	36,6	35,8	38,0
Untere Dienstklasse	20,8	23,7	17,8	20,1	11,4	19,5
Obere Dienstklasse	7,2	2,3	2,8	1,5	0,0	4,5
Arbeiter	18,2	21,8	38,6	26,6	52,9	30,6
Landwirte	0,0	0,0	0,2	0,0	0,0	0,5
N	115	352	252	97	59	2845

	FDP	*Grüne*	*Die Linke*	*AfD*	*Piraten*	*alle Wähler*
Arbeitslosigkeit						
arbeitslos	0,5	3,4	13,4	4,0	11,1	4,7
Nicht arbeitslos	99,5	96,6	86,6	96,0	88,9	95,3
N	121	383	273	105	68	3076
Gewerkschaftsmitgliedschaft						
Mitglied	7,3	14,2	16,2	8,4	14,0	13,5
Kein Mitglied	92,7	85,8	83,8	91,6	86,0	86,5
N	122	382	272	106	68	3076
Konfession						
evangelisch	33,5	41,7	28,9	32,5	22,6	36,9
römisch-katholisch	38,2	27,9	13,7	36,8	27,6	33,4
andere	1,4	6,6	2,4	1,7	2,1	3,2
keine	26,9	23,8	54,9	29,1	47,7	26,6
N	121	382	273	106	66	3053
Kirchgangshäufigkeit						
selten/nie	53,6	63,7	78,4	71,7	75,7	55,3
gelegentlich	43,5	33,5	20,2	22,9	22,9	39,4
wöchentlich oder öfter	3,0	2,8	1,5	5,4	1,4	5,3
N	121	380	270	106	66	3025
Nichtwahl 2009						
Nichtwähler '09	8,6	8,9	13,3	6,0	20,6	7,8
Wähler	91,4	91,1	86,7	94,0	79,4	92,2
N	123	378	273	106	68	3069
Erstwahl 2013						
Erstwähler '13	4,7	7,0	3,6	2,8	13,2	3,4
Wähler	95,3	93,0	96,4	97,2	86,8	96,3
N	123	383	271	106	68	3084

Quelle: GLES-Vor- und Nachwahl-Querschnittsbefragung 2013 (ZA5702).
Angaben in Prozent.

Auch die Piratenpartei besaß hinsichtlich der Parteibindung eine ähnliche Wählerstruktur wie Grüne und Linke. Allerdings war bei ihnen der Anteil eigener Parteianhänger deutlich geringer. Bei der zweiten nicht-etablierten Partei, der AfD, zeigt sich hingegen eine ganz andere Zusammensetzung der Wählerschaft. Der Anteil eigener Kernanhänger war bei der AfD mit 19 Prozent sehr gering. Hingegen speiste sich ihre Wählerschaft zu gleichen Teilen (jeweils ungefähr 40 Prozent) aus Wählern ohne Parteiidentifikation und Kernanhängern anderer Parteien, darunter fast die Hälfte mit einer Parteiidentifikation zugunsten der Unionsparteien.

Den wohl interessantesten Fall stellte die FDP dar, die älteste und die einzige im bundesrepublikanischen Parteiensystem kontinuierlich vertretene kleine Partei. Kaum ein Drittel ihrer Wähler fühlte sich mit der Partei eng verbunden. Der überwiegende Teil ihrer Wählerschaft (deutlich über 60 Prozent) bestand aus Personen, die sich mit anderen Parteien identifizierten. Der extrem hohe Anteil der Unionsanhänger innerhalb dieses Wählersegments ist ein Indiz für die sehr starke Abhängigkeit der FDP von ihrem damaligen Koalitionspartner CDU/CSU.

Tabelle 2: Verteilung der Parteiidentifikation unter den Wählern der jeweiligen Partei

	CDU/ CSU	SPD	FDP	Grüne	Die Linke	AfD	Piraten
keine P.Ident.	15,3	18,3	8,6	14,2	22,1	41,7	25,6
P.Ident. gleich Wahlentscheidung	80,6	74,8	31,3	58,3	62,8	19,3	49,2
P.Ident. ungleich Wahlentscheidung	4,1	6,8	60,2	27,5	15,1	39,1	25,2
...davon P.Ident. Union	-	-	76,4	19,8	13,0	40,4	18,6
...davon P.Ident. SPD	-	-	23,7	70,1	59,4	26,1	28,4
N	1063	807	116	378	268	101	66

Quelle: GLES-Vor- und Nachwahl-Querschnittsbefragung 2013 (ZA5702).

Angaben in Prozent.

Abbildung 4 zeigt schließlich die Positionierung der Wähler der kleinen Parteien hinsichtlich politischer Streitfragen. Die Befragten wurden gebeten, das Ausmaß ihrer Zustimmung bzw. Ablehnung zu folgenden politischen Positionen anzugeben:

- Einwanderer sollten verpflichtet werden, sich der deutschen Kultur anzupassen.
- Für die Besetzung der Aufsichtsräte großer Unternehmen sollte es eine gesetzlich verankerte Frauenquote geben.
- Der Staat sollte sich aus der Wirtschaft heraushalten.
- Die Regierung sollte Maßnahmen ergreifen, um die Einkommensunterschiede zu verringern.
- Bürger sollten einen bindenden Volksentscheid auf Bundesebene herbeiführen können.
- Die Energieversorgung sollte auch durch die Nutzung von Atomkraft gesichert werden.
- In Zeiten der europäischen Schuldenkrise sollte Deutschland EU-Mitgliedstaaten, die starke wirtschaftliche und finanzielle Schwierigkeiten haben, finanziell unterstützen.

Abbildung 4: Politische Positionen der Wähler kleiner Parteien.

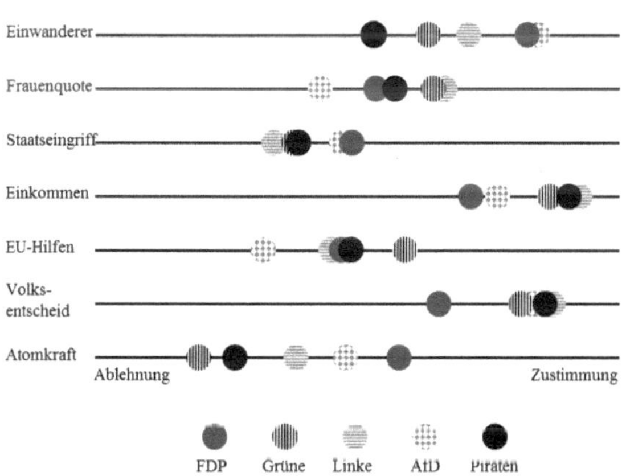

Quelle: GLES-Vor- und Nachwahl-Querschnittsbefragung 2013 (ZA5702)

Wähler der Linken besetzten hinsichtlich vier dieser Themen die radikalste Position: pro Staatseingriffe in die Wirtschaft, pro Frauenquote in Aufsichtsräten, pro staatliche Verringerung von Einkommensunterschieden sowie für die Zustimmung zu Volksentscheiden auf Bundesebene. Auch die Wähler der Grünen zeigten eine exponierte Haltung hinsichtlich zweier Themen: Zustimmung zu finanziellen Hilfen für verschuldete EU-Mitgliedstaaten sowie gegen die weitere Nutzung der Atomkraft. Die Piraten-Wähler waren am entschiedensten gegen die Anpassungspflicht von Einwanderern an die deutsche Kultur, gefolgt von den Grünen. Die FDP-Wähler besetzten meist den jeweiligen Gegenpol: gegen Staatseingriffe in die Wirtschaft, gegen staatliche Angleichung von Einkommensunterschieden, gegen die Einführung von Volksentscheiden sowie für die weitere Nutzung der Atomkraft. Bei drei weiteren Streitfragen hielt die Wählerschaft der AfD den extremen Gegenpol: Sie war für die Anpassung von Einwanderern an die deutsche Kultur, gegen eine Frauenquote in Aufsichtsräten und gegen finanzielle Hilfen für verschuldete EU-Mitgliedstaaten. Die Wähler der Großparteien nahmen an keiner Stelle eine extreme Position ein (in Abbildung 4 nicht ausgewiesen). So kann festgestellt werden, dass die Wähler von Kleinparteien klare politische Positionierungen aufwiesen.

5.4.4 Fazit

Auf Basis dieser Analysen fallen die Prognosen für die kleinen Parteien höchst unterschiedlich aus. Die Aussichten für Grüne und Die Linke erscheinen gut. Beide Parteien eint eine relativ klare soziale Lage ihrer Wählerschaft. Beide können sich zudem auf einen Sockel an überzeugten Parteianhängern verlassen, der groß genug ist, um sie auch in kritischen Phasen – und dies war für beide im Vorfeld der Bundestagswahl durchaus der Fall (siehe Kapitel 2 und 3) – sicher über der Fünf-Prozent-Sperrklausel zu halten. Beide Parteien rekrutieren Wählerschichten mit exponierten Einstellungen hinsichtlich politischer Streitfragen.

Ganz anders verhält es sich mit der FDP. Eine vom Selbständigen-Bonus abgesehen diffusere soziale Lage geht mit einer hohen Abhängigkeit von Leihstimmen aus dem Lager der Unionsparteien einher. Es ist daher zu vermuten, dass die FDP 2013 vor allem von CDU/CSU-Anhängern profitierte, die die Fortsetzung der schwarz-gelben Koalition wünschten. Der niedrige Anteil eigener Parteianhänger ist angesichts des veränderten Wahlrechts, das Leihstimmen-Kampagnen insbesondere für die Großparteien sanktioniert, ein durchaus bedrohliches Zeichen für die Zukunft der FDP.

Deutliche Unterschiede zu den etablierten Parteien weisen auch die nicht-etablierten Kleinparteien, Piraten und AfD, auf. Beide vereint eine relativ junge und männliche Wählerschaft. Ihnen fehlt jedoch (noch) eine zum Überqueren der Fünf-Prozent-Hürde ausreichende, verlässliche, an die Partei gebundene Wählerklientel. Ob es ihnen gelingt, über spezifische Themen (Anti-EU, Anti-Einwanderung oder Anti-Gleichstellung im Fall der AfD, Netzfreiheit und Pro-Einwanderung im Fall der Piraten) Anhänger anderer Parteien oder Personen ohne Parteiidentifikation an sich zu binden, wird nicht zuletzt davon abhängen, inwieweit diese Themen genügend Mobilisierungspotential besitzen und nicht von den etablierten Parteien aufgegriffen werden. Wie am Beispiel der Piraten gezeigt werden konnte (siehe Abbildung 3) lässt die Aufmerksamkeit der Medien schnell nach, wenn Erfolge ausbleiben. Die anstehenden Wahlen werden daher für beide Parteien richtungsweisend sein – ein Schicksal, das die „etablierte“ FDP neuerdings mit ihnen teilt.

Literatur

Mudde, Cas 1999: The single-issue party thesis: Extreme right parties and the immigration issue, in: West European Politics 22(3), 182-197.

Niedermayer, Oskar 2012: Feste Verankerung des Fünfparteiensystems? Änderungen nach 2009 und Perspektiven für 2013, in: Jesse, Eckhard/Sturm, Roland, Hg., „Superwahljahr“ 2011 und die Folgen, Baden-Baden: Nomos, 235-256.

Niedermayer, Oskar 2014: Aufsteiger, Absteiger und ewig „Sonstige“: Klein- und Kleinstparteien bei der Bundestagswahl 2013, in: Zeitschrift für Parlamentsfragen 45, 73-93.

Scherer, Philipp/Bieber, Ina 2013: Eintagsfliege oder Partei mit Zukunft? Eine empirische Untersuchung der Bevölkerungseinstellungen zur Piratenpartei, in: Mitteilungen des Instituts für deutsches und internationales Parteienrecht und Parteienforschung 19, 118-129.

Schmitt-Beck, Rüdiger 2014: Euro-Kritik, Wirtschaftspessimismus und Einwanderungsskepsis: Hintergründe des Beinah-Wahlerfolges der Alternative für Deutschland (AfD) bei der Bundestagswahl 2013, in: Zeitschrift für Parlamentsfragen 45, 94-112.

5.5 Die Briefwähler

Heiko Giebler

5.5.1 Einleitung

Zur Bundestagswahl 1957 wurde in Deutschland die Briefwahl eingeführt. Dadurch sollte für Personen, die am Wahltag arbeiten müssen oder sich nicht in ihrem Heimatwahlkreis aufhalten, die Möglichkeit geschaffen werden, trotzdem an der Wahl teilnehmen zu können. Allerdings war es lange nur mit Begründung möglich, postalisch abzustimmen. Seit der Änderung des Bundeswahlrechts 2008 ist das nicht mehr notwendig, was auch das Bundesverfassungsgericht im Jahr 2010 bei der Zurückweisung einer Wahlprüfungsbeschwerde bestätigte (BVerfGE 2 BvC 7/10). Das Gericht war der Auffassung, dass die Wahlrechtsgrundsätze durch die Briefwahl nicht verletzt würden. Zudem könne die Briefwahl zu einer grundsätzlich erstrebenswerten hohen Wahlbeteiligung beitragen. Somit ist die Briefwahl heute ein fester Bestandteil des deutschen Wahlrechts.

Bezogen auf alle Wahlberechtigten (graue Linie) und auf die tatsächlichen Wähler (schwarze Linie) zeigt Abbildung 1, wie sich der Anteil derjenigen Wähler, die Briefwahl nutzten, langfristig entwickelt hat. Während 1957 lediglich fünf Prozent der Wähler per Briefwahl abstimmten, ist dieser Anteil inzwischen auf fast 25 Prozent geklettert. Gerade bei den beiden letzten Bundestagswahlen fällt ein starker Anstieg auf, also bei jenen Wahlen, für die keine schriftliche Erklärung zur Beantragung der Briefwahl mehr eingereicht werden musste.

Bis gegen Ende der 1980er Jahre verliefen die beiden Linien nahezu parallel auf fast identischem Niveau, was sich durch die seinerzeit sehr hohe Wahlbeteiligung erklären lässt. Mit dem Trend sinkender Wahlbeteiligung seit der Wiedervereinigung 1990 verläuft der Anstieg der grauen Linie, die auf Basis der Wahlberechtigten berechnet ist, weit weniger steil und erreichte bei der vergangenen Wahl 17 Prozent. Briefwähler scheinen also weniger stark von der insgesamt sinkenden Wahlbeteiligung betroffen zu sein – was in einem gewissen Widerspruch zu anderen internationalen Studien steht, die keinen eindeutigen Effekt der Briefwahlmöglichkeit auf die Höhe der Wahlbeteiligung feststellen konnten (vgl. Blais 2007: 627).

Abbildung 1: Entwicklung der Briefwahl

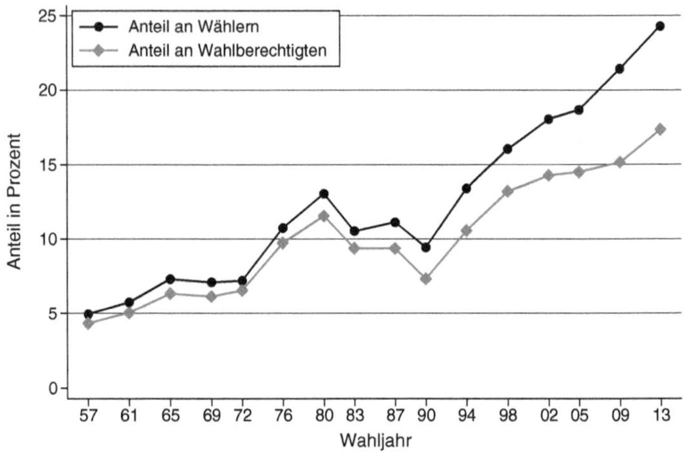

Quelle: Eigene Berechnungen auf Grundlage von Daten des Bundeswahlleiters [http://www.bundeswahlleiter.de/de/glossar/texte/Briefwahl.html <31.7.2014>].

Trotz des steigenden Anteils der Briefwähler gibt es bislang kaum Untersuchungen, die sich mit der Thematik auseinandersetzen. Die Literatur zur Briefwahl ist dominiert von Beiträgen aus rechtswissenschaftlicher oder demokratietheoretischer Perspektive (vgl. Buchstein 2000; Seils 2013). Als Ausnahme hat Ellermann (2004) eine Analyse auf der Basis von Umfragedaten zur Bundestagswahl 2002 vorgelegt. Entsprechend ist es kaum möglich, eine Aussage über den Charakter der Briefwahl zu treffen. Letztlich ist aber die Frage, ob sich denn substantielle Unterschiede in Bezug auf Stimmverteilung oder Wählercharakteristika zwischen Brief- und Urnenwahl feststellen lassen, entscheidend für eine Beurteilung des ansteigenden Anteils von Briefwählern.

An dieser Stelle werden zwei korrespondierende Perspektiven gewählt: In einem ersten Schritt werden die Differenzen zwischen den Stimmenanteilen zwischen Brief- und Urnenwahl, unter anderem nach Bundesländern aufgeschlüsselt, untersucht. In einem zweiten Schritt wird untersucht, inwiefern sich Unterschiede zwischen den beiden Gruppen mithilfe der Nachwahlquerschnittsbefragung des GLES-Projektes identifizieren lassen.

5.5.2 Was wählten die Briefwähler?

Die Analyse beginnt mit einem Vergleich der Brief- mit den Urnenwählern, um herauszufinden, ob sich ihre Stimmen genauso oder aber anders verteilen. Tabelle 1 bestätigt letzteres für die Bundestagswahl 2013. Bei allen Parteien ergaben sich Unterschiede in den Stimmenanteilen zwischen 1,8 und 2,8 Prozentpunkten. Briefwähler unterscheiden sich also nicht dramatisch von den Urnenwählern, aber die Differenzen könnten gleichwohl große Relevanz besitzen. Wäre es nur nach den Briefwählern gegangen, hätte die schwarz-gelbe Koalition weiter geführt werden können, weil die Liberalen den Einzug in den Bundestag geschafft hätten.

Tabelle 1: Stimmverhalten von Brief- und Urnenwählern im Vergleich

	Zweitstimmenanteile (in Prozent) bei		Differenz (Urnen- minus Briefwahl)
	Urnenwahl	Briefwahl	
CDU/CSU	41,1	42,9	-1,8
SPD	26,2	24,4	1,8
FDP	4,3	6,1	-1,8
Grüne	7,9	10,0	-2,1
Die Linke	9,3	6,5	2,8
Sonstige	11,2	10,2	1,0

Quelle: Bundeswahlleiter (persönliche Kommunikation).

Im Weiteren stellt sich die Frage, ob und wie das Gesamtausmaß der Unterschiede zwischen Brief- und Urnenwählern mit dem Umfang zusammenhängt, in dem Wahlberechtigte von der Möglichkeit der postalischen Stimmabgabe Gebrauch machen. Hierfür wird ein Unterschiedlichkeitsindex für die einzelnen Bundesländer wie auch die Bundesebene insgesamt genutzt. Für jede Partei wird die absolute Differenz zwischen Brief- und Urnenstimmenanteil berechnet, dann wird die Summe dieser Differenzen über alle Parteien gebildet, und diese wird schließlich halbiert (siehe auch Kapitel 4).

In Abbildung 2 werden die Unterschiede der Stimmenanteile zu den entsprechenden Briefwähleranteilen an den Wählern in Bezug gesetzt. Es lassen sich drei zentrale Ergebnisse ablesen: Erstens wird deutlich, dass sich die Bundesländer bei der Bundestagswahl 2013 stark unterschieden haben. Insbesondere ost- und westdeutsche Bundesländer differierten stark voneinander. Die ostdeutschen Bundesländer, gekennzeichnet durch schwarze Punkte, wiesen die niedrigsten Briefwähleranteile auf. Berlin wies hingegen einen hohen Anteil auf, stellt aufgrund seiner Vergangenheit als geteilte Stadt und aufgrund der hohen Bevölkerungsdichte aber auch eine Ausnahme dar. Ein Zusammenhang zwischen Bevölkerungsdichte und Briefwähleranteil, wie ihn etwa Ellermann (2004: 256f.) in Bezug auf Ballungsräume konstatiert hat, lässt sich in diesen Daten jedoch nicht erkennen. So hat Bayern die sechstniedrigste Bevölkerungsdichte, wies aber den höchsten Anteil auf, während Bremen als Stadtstaat deutlich unterhalb des durchschnittlichen Briefwähleranteils lag. Mecklenburg-Vorpommern mit der geringsten Dichte war wiederum das ostdeutsche Flächenland mit dem höchsten Anteil.

Abbildung 2: Briefwähleranteile und Stimmenanteilsunterschiede nach Bundesländern

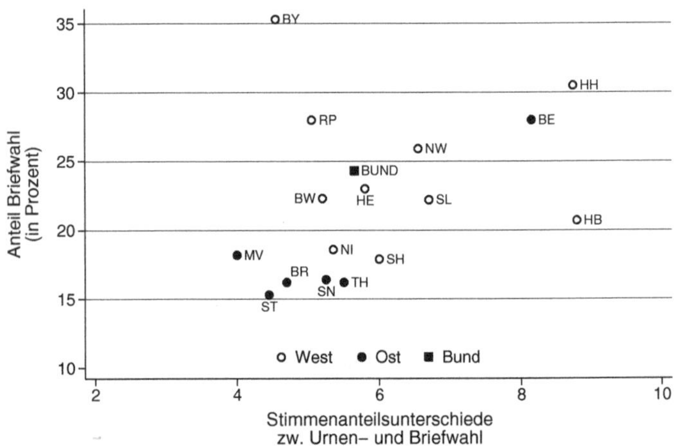

Quelle: Eigene Berechnungen auf Basis von Daten des Bundeswahlleiters (persönliche Kommunikation).

Zweitens variierten auch die Stimmenanteilsunterschiede zwischen den Bundesländern. Sie betrugen absolut zwischen vier (Mecklenburg-Vorpommern) und fast neun Prozentpunkten (Bremen und Hamburg). Auf Bundesebene lag die Differenz bei knapp sechs Prozentpunkten. 2002 hatte dieser Wert lediglich bei 3,8 Prozentpunkten gelegen. Es kam zwischen 2002 und 2013 also nicht nur zu einem Anstieg des Briefwähleranteils, sondern auch zu einem deutlichen Anstieg der Abweichungen zwischen Urnen- und Briefwahlergebnis.

Drittens, der im Vergleich über Zeit auf der Ebene des Bundes bereits angedeutet Zusammenhang von Briefwähleranteilen und Stimmenanteilsunterschieden bestätigt sich auch bezüglich der Bundesländer. In der Regel ging bei der Bundestagswahl 2013 ein höherer Briefwähleranteil mit einer größeren Stimmendifferenz einher. Die große Ausnahme stellt Bayern dar; dort ähnelten sich Brief- und Urnenwahlergebnis weit stärker als es der Zusammenhang für die anderen Bundesländer nahe gelegt hätte. Berechnet man eine Korrelation ohne diesen Ausreißer, so ergibt sich ein hoher Wert von über 0,6. Es kann also geschlussfolgert werden, dass bei einem fortschreitenden Anstieg des Briefwähleranteils bei Bundestagswahlen auch eine größere Stimmenanteilsdifferenz zu erwarten ist. Wie aber lassen sich die Unterschiede zwischen Brief- und Urnenwählern im Hinblick auf das individuelle Stimmverhalten erklären?

5.5.3 Wer waren die Briefwähler?

Die Ursachen für die beträchtlichen Unterschiede in den Stimmenverhältnissen je nach Abstimmungsform können mannigfaltiger Natur sein. Prinzipiell lassen sie sich in zwei unterschiedliche Gruppen einteilen. Auf der einen Seite stehen kontextuelle Faktoren, deren Wirksamkeit maßgeblich vom eigentlichen Zeitpunkt der Wahlentscheidung abhängig ist. Generell ergibt sich hier das Problem, dass zwischen dem Zeitpunkt der Wahlentscheidung und dem Zeitpunkt des Wahlakts unterschieden werden muss. Die Entscheidung, die Stimme einer bestimmten Partei zu geben, kann sowohl bei der Brief- als auch bei der Urnenwahl lange vor dem Wahlakt feststehen, weshalb es ggf. irrelevant ist, ob die Stimmabgabe am Wahltag oder in den Wochen zuvor erfolgt. Sicherlich geben die meisten Briefwähler die Möglichkeit auf, kurzfristig in den letzten Tagen vor der Wahl ihre Entscheidung zu ändern. Über die Anzahl der Personen, die dies am Wahltag bereuen, liegen allerdings keine Erkenntnisse vor. Es kann darüber hinaus angenommen werden, dass gerade Personen mit stabiler Parteibindung frühzeitig eine Entscheidung treffen und deren Wahrnehmung aktueller Geschehnisse ohnehin durch die Parteibrille erfolgt, so dass damit kurzfristige Effekte teilweise nivelliert werden (Campbell et al. 1960: 121ff.; Bartels 2002; Wagner/Giebler 2014). Fällt die Wahlentscheidung erst spät, so können für eine Änderung der Wahlpräferenz zumeist konkrete Ereignisse, wie etwa Peer Steinbrücks „Stinkefinger-Affäre“ (siehe Unterkapitel 3.1, 3.5),

Spätmobilisierungsstrategien einzelner Parteien, als auch Veränderungen der politischen Lage, etwa durch Umfrageergebnisse, als möglicherweise ursächlich erachtet werden. Letztere können im Sinn von koalitionsstrategischem Wählen oder zur Vermeidung von Stimmverschwendung bei einem drohenden Scheitern an der Fünf-Prozent-Hürde durchaus die Entscheidungen der Bürger beeinflussen (z.B. Bytzek et al. 2011; Wagner 2013; siehe auch Unterkapitel 6.10).

Auf der Basis der GLES-Nachwahlquerschnittsbefragung können Aussagen über den individuellen Entscheidungszeitpunkt getroffen werden. Zudem liegen Informationen vor, inwiefern per Brief- oder Urnenwahl abgestimmt wurde. Ein Blick in Tabelle 2 macht deutlich, dass der Zeitpunkt der Wahlentscheidung kaum als Erklärung für die Unterschiede zwischen Brief- und Urnenwahlergebnis dienen kann. Für die große Mehrheit der beiden Gruppen stand die Wahlentscheidung schon mindestens Monate vor der Wahl fest, also lange bevor eine Abstimmung per Briefwahl überhaupt möglich war. In jener Phase, in der Briefwahlunterlagen erhältlich waren, sind die Abweichungen der Prozentanteile ebenfalls gering. Der Anteil jener Personen, die sich erst kurz vor dem Wahltag oder am Wahltag entschieden haben, lag nicht einmal fünf Prozentpunkte über dem entsprechenden Anteil bei den Briefwählern. Anders ausgedrückt scheinen es also nicht kontextuelle Differenzen zum Zeitpunkt der Wahlentscheidung gewesen zu sein, die eine relevante Rolle spielten.

Tabelle 2: Zeitpunkt der Wahlentscheidung nach Abstimmungstyp

	Wahlentscheidung stand fest seit…			
	langem	Monaten	Wochen	Tagen/dem Wahltag
Urnenwahl	48,7	21,3	17,1	12,8
Briefwahl	48,1	20,9	23,0	8,0

Quelle: GLES Nachwahl-Querschnittsbefragung 2013 (ZA5701).

Bei den Angaben handelt es sich um Zeilenprozente. Personen, die nicht an der Wahl teilgenommen haben, wurden ausgeschlossen.

Es scheint somit plausibel, dass ein zweiter Erklärungsstrang für die aufgezeigten Differenzen verantwortlich war. Dieser beruht auf der Annahme, dass sich Personen, die per Briefwahl abstimmen, signifikant von Urnenwählern unterscheiden. Wenn es sich tatsächlich um zwei Bevölkerungsgruppen handelt, die sich in wahlentscheidungsrelevanten Faktoren – etwa soziodemographische Merkmalen oder Einstellungen – unterscheiden, so wäre es aus der Sicht der Wahlforschung unplausibel, identische Wahlentscheidungen zu erwarten.

In der bereits angesprochenen Studie auf der Basis von Umfragedaten zur Briefwahl in Deutschland von Ellermann (2004) wird vor allem auf Differenzen zu Urnenwählern bezüglich des Wohnorts und des Bildungsgrades hingewiesen. Geographisch bezieht sich dies zum einen auf den Unterschied zwischen Ost- und Westdeutschland, der oben bereits bestätigt wurde. Zum anderen wurde in Städten ein höheres Ausmaß der Briefwahl diagnostiziert. Schon auf der Aggregatsebene entstanden Zweifel an dieser Deutung für die Wahl 2013. In Tabelle 3 wird der Anteil von Personen, die angaben, in einer Stadt zu wohnen, für die beiden Abstimmungstypen aufgeführt. Tatsächlich ergab sich ein leicht höherer Anteil von Briefwählern unter städtisch lebenden Personen (33,5 Prozent), der sich jedoch als nicht signifikant unterschiedlich erweist. Auch in Bezug auf die Umfragedaten ist also nur eingeschränkt von einem Effekt der Urbanität zu sprechen. Da gerade linke Parteien in städtischen Gebieten mehr Stimmen erhalten, wäre dies zwar theoretisch eine plausible Erklärung für die Differenzen in den Stimmenanteilen zwischen den Abstimmungstypen, jedoch sind die Unterschiede deutlich zu gering für eine Bestätigung.

Tabelle 3: Verteilung verschiedener Merkmale nach Abstimmungstyp

	Urnenwahl	Briefwahl
Frauen (%)	48,1	48,0
Städtischer Wohnort (%)	28,6	33,5
Hoher Bildungsgrad (%)	33,1	38,1
Alter (Mittelwert)	51,8	57,7
Links-Rechts-Position (Mittelwert)	5,46	5,44

Quelle: GLES-Nachwahl-Querschnittsbefragung 2013 (ZA5701).
Personen, die nicht an der Wahl teilgenommen haben, wurden ausgeschlossen.

Der Anteil von Personen mit hohem Bildungsgrad (Fachhochschulreife und höher) lag bei den Briefwählern um 5 Prozentpunkte höher, allerdings ist auch dieser Unterschied statistisch nicht signifikant. Auch hier können also die früheren Ergebnisse und damit auch eine Erklärung für unterschiedliche Parteiwahl lediglich in der Tendenz bestätigt werden. Ellermann (2004) fand für Geschlecht und Alter bei der Bundestagswahl 2002 keine Unterschiede. Für das Geschlecht kann dies auch 2013 bestätigt werden, allerdings ergab sich eine signifikante Differenz bezüglich des Alters. Im Durchschnitt waren Personen, die an der Briefwahl teilnahmen, fast 6 Jahre älter. Da das Altern durchaus mit einer Veränderung der Wertestruktur hin zu konservativen Einstellungen zusammen hängt und ältere Kohorten zudem religiöser sind, könnte so eine Abweichung zugunsten der Union und teilweise der AfD bei den Briefwähleranteilen erklärt werden.

Schließlich findet sich in Tabelle 3 auch keine relevante Abweichung bezüglich der Links-Rechts-Position, also des zentralen Strukturierungsmerkmal des politischen Wettbewerbs (siehe Unterkapitel 6.4). Dieses „Superthema" (Fuchs/Klingemann 1989) weist grundsätzlich einen starken Effekt auf die Wahlentscheidung aus, weit mehr, als dies bei soziodemographischen Faktoren der Fall ist (siehe Unterkapitel 6.4). Das liegt nicht zuletzt daran, dass die Links-Rechts-Position diesen Faktoren nachgelagert ist, sich also teilweise aus ihnen speist. Berechnet man jeweils den Mittelwert dieser Selbsteinschätzung, die auf einer Skala von 1 (links) bis 11 (rechts) abgefragt wurde, so ergeben sich für Brief- und Urnenwähler nahezu identische Werte. Somit kann auch kein Effekt der Links-Rechts-Position auf die Stimmenanteilsunterschiede aufgezeigt werden.

5.5.4 Fazit

Der Anteil an Briefwählern bei Bundestagswahlen nimmt stetig zu. Jenseits einer juristischen oder demokratietheoretischen Betrachtung erscheint es deshalb sinnvoll, dass sich die Wahlforschung mit diesem Aspekt auseinandersetzt, was bislang allerdings bislang kaum geschehen ist. Dieser Beitrag versteht sich als ein erster Schritt in diese Richtung und liefert dabei einige interessante Ergebnisse. So existierten bei der Bundestagswahl 2013 nicht nur relevante Unterschiede bezüglich der Nutzung von Briefwahl zwischen Ost- und Westdeutschland, sondern auch zwischen den einzelnen Bundesländern. Dabei ließen sich zudem Unterschiede in den Stimmenanteilen der Parteien zwischen Brief- und Urnenwahlergebnis nachweisen, welche wiederum dann besonders groß ausfielen, wenn der Anteil der Briefwähler hoch war. Die daraus entstehende Frage, welche Faktoren diese Unterschiede erzeugten, konnte allerdings nicht zufriedenstellend beantwortet werden. Kontextuelle Faktoren, auf die Briefwähler nicht mehr reagieren konnten, sind offenbar zu vernachlässigen. Bei individuellen Merkmalen stechen vor allem das Alter und mit Abstrichen der Wohnort und das Bildungsniveau heraus. Vor allem höher gebildete, ältere Personen aus Städten nutzten die Möglichkeit der Briefwahl. Diese Faktoren allein sind aber kaum in der Lage, die Stimmenanteilsunterschiede zu erklären. Somit bleiben viele offene Fragen hinsichtlich der Nutzung der Briefwahl und damit verbundener Abweichungen der Stimmenanteile.

Literatur

Bartels, Larry M. 2002: Beyond the Running Tally: Partisan Bias in Political Perceptions, in: Political Behavior 24, 117-159.

Blais, André 2007: Turnout in Elections, in: Dalton, Russel J./Klingemann, Hans-Dieter, Hg., The Oxford Handbook of Political Behavior, Oxford: Oxford University Press, 621-635.

Buchstein, Hubertus 2000: Präsenzwahl, Briefwahl, Onlinewahl und der Grundsatz der geheimen Stimmabgabe, in: Zeitschrift für Parlamentsfragen 31, 886-902.

Bytzek, Evelyn/Gschwend, Thomas/Huber, Sascha/Linhart, Eric/Meffert, Michael F. 2011: Koalitionssignale und ihre Wirkungen auf die Wahlentscheidung, in: Schmitt-Beck, Rüdiger, Hg., Wählen in Deutschland, Baden-Baden: Nomos, 393-418.

Campbell, Angus/Converse, Philip/Miller, Warren E./Stokes, Donald 1960: The American Voter, New York: Wiley.

Ellermann, Silvia 2004: Die Bedeutung der Briefwähler bei der Bundestagswahl 2002, in: Brettschneider, Frank/van Deth, Jan/Roller, Edeltraud, Hg., Die Bundestagswahl 2002: Analysen der Wahlergebnisse und des Wahlkampfes, Wiesbaden: VS Verlag, 249-275.

Fuchs, Dieter/Klingemann, Hans-Dieter 1989: The Left–Right Schema, in: Jennings, M. Kent/van Deth, Jan, Hg., Continuities in Political Action, Berlin: de Gruyter, 203-234.

Seils, Christoph 2013: Die Briefwahl unterhöhlt den Gleichheitsgrundsatz, in: Cicero Online, 13. September 2013. [http://www.cicero.de/berliner-republik/bundestagswahl-die-briefwahl-unterhoehlt-den-gleichheitsgrundsatz/55761] <15.2.2013>

Wagner, Aiko 2013: Die Mikrofundierung von Duvergers Gesetz. Strategisches Wahlverhalten als Wirkungsweise politischer Institutionen, Baden-Baden: Nomos.

Wagner, Aiko/Giebler, Heiko 2014: It's the responsibility, stupid! Determinanten der Verantwortlichkeitszuschreibung zwischen Europäischer Union und nationaler Regierung für die wirtschaftliche Lage, in: Zeitschrift für Vergleichende Politikwissenschaft, im Erscheinen.

6. Die Parteiwahl und ihre Hintergründe

6.1 Einleitung

Rüdiger Schmitt-Beck

Das nachfolgende Kapitel beschäftigt sich mit den Hintergründen der Parteiwahl bei der Bundestagswahl 2013, wobei sich die Einleitung teilweise auf Passagen des entsprechenden Abschnitts des Vorgängerbandes stützt (Blumenstiel/Rattinger 2011). Eine breite Palette von Faktoren kann sich darauf auswirken, welcher Partei ein Wähler am Wahltag seine Stimme gibt. Die von Campbell et al. (1960: 24ff.) vorgeschlagene und von Miller/Shanks (1996: 198ff.) weiter entwickelte Heuristik des *„Trichters der Kausalität“* eignet sich gut, um die Einflussfaktoren zu sortieren, die sich im Hinblick auf die Erklärung des Wahlverhaltens als wirkungsmächtig erwiesen haben (Blumenstiel/Rattinger 2011; Weßels et al. 2014: 9ff.) und daher auch hinsichtlich des Wahlverhaltens bei der Bundestagswahl 2013 Beachtung verdienen. Das Bild des Kausalitätstrichters zeigt an, dass eine Kombination vieler verschiedener Faktoren die Wahlentscheidung beeinflusst, diese sich aber letztlich nur in einer einzigen Handlung zu einem ganz bestimmten Zeitpunkt ausdrückt, nämlich dem Ankreuzen einer Partei oder eines Kandidaten auf dem Stimmzettel am Wahltag. Die konkrete Wahlentscheidung einer Person bei einer bestimmten Wahl wird deswegen an der Mündung des Trichters verortet. Zudem signalisiert das Vorstellungsbild des Trichters, dass zwischen den Elementen, die darin angeordnet sind und zu dieser Wahlentscheidung führen, eine zeitliche und ursächliche Abfolge besteht. Zu diesen Elementen gehören politische Wertorientierungen, Einstellungen und Wahrnehmungen von Wählern. Teilweise sind diese kurzfristig-situativer Natur und betreffen die konkreten Umständen der jeweiligen Wahl. Diese „Kurzfristfaktoren“ sind der Wahlentscheidung unmittelbar vorgelagert. Teilweise handelt es sich aber auch um stabilere „Langfristfaktoren“, die ihrerseits auf historisch weit zurückreichende sozialstrukturelle Hintergründe zurückgehen, welche am hinteren Ende des Trichters stehen. Ihre Wirkung auf das Wahlverhalten entfaltet sich zumindest teilweise indirekt, durch Vermittlung der „Kurzfristfaktoren“.

Welche *sozialstrukturellen Hintergründe* für das Verhalten der Wähler bedeutsam werden können, beschreibt das Modell der soziopolitischen Spannungslinien (sogenannte „cleavages") von Lipset/Rokkan (1967). Auf seiner Grundlage wurden zwei Konfliktlinien als maßgeblich für Nachkriegsdeutschland erkannt: das konfessionelle, später in ein konfessionell-religiöses transformierte „cleavage" und das sozioökonomische „cleavage", das sich auf den Konflikt zwischen Arbeit und Kapital bezieht. Durch das Abschmelzen ihrer traditionellen Kerngruppen, aber auch nachlassende politische Prägekraft der Zugehörigkeit zu diesen Gruppen haben beide „cleavages" in den vergangenen Jahrzehnten an Bedeutung für das Wahlverhalten verloren. Verschwunden sind sie aber keineswegs. Zudem sind neue Konfliktlinien entstanden, die ebenfalls in den Parteipräferenzen der Wähler Ausdruck finden. Die Bedeutung soziopolitischer Konfliktlinien für die Entscheidungen der Wähler bei der Bundestagswahl 2013 untersucht das nachfolgende Unterkapitel 6.2.

Der Idee des Kausalitätstrichters zufolge sind sozialstrukturelle Merkmale nur von mittelbarer Bedeutung für das Wählerverhalten, denn dieses wird unmittelbar von politischen Wahrnehmungen und Einstellungen der Wähler geprägt. Diese weisen unterschiedlich enge Bezüge zu den strukturellen und historischen Hintergründen auf. Sie werden aber nicht zur Gänze von diesen bestimmt, sondern reagieren in unterschiedlichem Ausmaß auch auf die konkreten situativen Umstände der jeweiligen Wahl. In der Mitte des Kausalitätstrichters und näher an den überlieferten sozialstrukturellen Hintergründen sind die politischen Grundorientierungen der Wähler verortet. Als stabile mentale Prädispositionen stehen diese in – allerdings langfristig schwächer werdendem – Zusammenhang mit den sozialstrukturellen Merkmalen der Wähler (Weßels 2000). Zwei derartige Grundorientierungen finden traditionell starken Niederschlag im Verhalten der deutschen Wähler – Identifikationen mit bestimmten politischen Parteien und Identifikationen mit bestimmten Positionen auf der ideologischen Links-Rechts-Achse.

Das Konzept der *Parteiidentifikation* bezeichnet eine tief in der Persönlichkeit verankerte, gefühlsmäßige Bindung von Individuen an bestimmte politische Parteien. Sie ist unabhängig von der formalen Parteimitgliedschaft; auch Nicht-Parteimitglieder können sich mit einer Partei identifizieren und tun dies de facto auch in großer Zahl. Zwar hat der Anteil der parteigebundenen Wähler in Deutschland in den vergangenen Jahrzehnten abgenommen, wozu auch die deutsche Wiedervereinigung erheblich beigetragen hat. Aber die Mehrzahl der Wähler bekundet bei entsprechenden Befragungen nach wie vor eine derartige Bindung an eine politische Partei

(Ohr/Quandt 2012). Erworben werden Parteibindungen in den meisten Fällen schon im Jugendalter, wenn sich eine Person für Politik zu interessieren beginnt und, etwa durch das Elternhaus, wertende Aussagen über die Parteien aufnimmt. Es wird davon ausgegangen, dass sich jede Person nur mit einer Partei identifizieren kann und dass Parteiidentifikationen relativ selten geändert werden oder gänzlich verschwinden (siehe Rattinger 2002). Diese grundlegenden Parteineigungen prägen das Entscheidungsverhalten an der Urne in starkem Maße. Wichtig ist jedoch, dass unter bestimmten Umständen durchaus auch von dieser Parteineigung abweichend gestimmt werden kann. Dazu kann es kommen, wenn Wahrnehmungen und Einstellungen zu konkreten Sachfragen oder Kandidaten bei einer bestimmten Wahl einen solchen Treuebruch nahelegen (Campbell et al. 1960: 120ff.). Der *Links-Rechts*-Gegensatz ist ein bis zur französischen Revolution zurückreichendes Grundschema politischer Konflikte, dessen konkreter Sinngehalt im Lauf der Zeit durchaus Änderungen erfahren hat, das jedoch Wählern ebenso wie Parteien nach wie vor ermöglicht, sich im politischen Raum auf einfache Weise zueinander zu orientieren. Selbst wenn Wähler nicht präzise benennen können, was sie mit einer „linken“ oder „rechten“ Grundhaltung verbinden, werden sie Parteien desselben politischen Spektrums attraktiver finden als solche vom ideologisch oppositionellen Lager (Mair 2007; Scherer 2011; Neundorf 2012).

Zwar herrscht in der Literatur keine Einigkeit, ob Parteibindungen den ideologischen Orientierungen vorgelagert sind oder ob es sich umgekehrt verhält, doch die nachfolgenden Analysen gehen davon aus, dass Parteibindungen die grundlegendere Prädisposition darstellen. Ihre Bedeutung für das Wahlverhalten bei der Bundestagswahl 2013 untersucht Unterkapitel 6.3. Parteibindungen können direkte Einflüsse auf das Wahlverhalten ausüben, indem sie eine Motivation erzeugen, die eigene Partei zu unterstützen. Wer sich mit einer Partei A identifiziert, der wird diese Partei in vielen Fällen auch wählen. Ein Wähler kann zwar ab und zu auch eine andere Partei wählen, ohne seine langfristige Bindung an Partei A aufzugeben, die Parteiidentifikation sollte aber insgesamt stabiler sein als das Wahlverhalten. Parteibindungen können sich aber auch indirekt auf die Parteiwahl auswirken, indem sie Wahrnehmungen und Einstellungen zu anderen, direkt für die Wahlentscheidung bedeutsamen Aspekten der politischen Welt in einer solchen Weise färben, dass die Neigung wächst, für die eigene Partei zu stimmen. Beispielsweise wird die Wahrnehmung von Politikern oder Sachfragen von der Parteiidentifikation beeinflusst. Wer sich langfristig an eine Partei gebunden fühlt, wird in aller Regel den Politikern dieser Partei positiver gegenüberstehen und sie besser bewerten als die Politiker anderer Parteien. Bei wichtigen Sachfragen unterstützen Parteianhänger oft ohne größeres Nachdenken die Positionen „ihrer" Partei. Die langfristige Parteibindung beeinflusst also die kurzfristigen Einstellungen in Richtung der Identifikationspartei. Sie wird daher bei allen anschließenden Analysen als sogenannte Kontrollvariable mit berücksichtigt. Dadurch tritt der eigenständige Effekt des jeweils betrachteten Erklärungsfaktors auf das Wahlverhalten hervor – jener Anteil am Gesamteffekt dieses Faktors, der sich nicht aus seiner Färbung durch die Parteibindung ergibt (siehe auch Anhang 3). Unterkapitel 6.4 untersucht in einer solchen Perspektive die Bedeutung der ideologischen Selbsteinstufung der Wähler auf der Links-Rechts-Achse bei der Bundestagswahl 2013.

Zwischen Parteibindungen und ideologischen Identifikationen als langfristig stabilen Grundeinstellungen und der Wahlentscheidung stehen im Kausalitätstrichter Wählerorientierungen, die sich auf die konkreten Umstände beziehen, unter denen eine bestimmte Wahl durchgeführt wird. Mehr oder weniger gefärbt durch die Wahrnehmungsfilter der Partei- und ideologischen Identifikationen spiegeln sich in diesen die Haltungen der Wähler zu den situativen Bedingungen der jeweiligen Wahl, insbesondere den dabei im Vordergrund stehenden politischen Problemen und Sachfragen sowie den zur Wahl stehenden Kandidaten und ihren Eigenschaften (Schoen/Weins 2005: 199ff.). In Unterscheidung zu stabilen politischen Prädispositionen wie Gruppenidentifikationen, Parteibindungen und ideologischen Positionierungen als Langfristfaktoren des Wählerverhaltens werden sie wegen ihres an die konkreten Umstände bestimmter Wahlen gebundenen Charakters als Kurzfristfaktoren eingestuft. Diese können von zweierlei Natur sein. Manche Kurzfristfaktoren beziehen sich auf Aspekte der Politik, die in der Wählerschaft einhellig unterstützt werden. Gute Leistungen einer Regierung, fähige Spitzenpolitiker, eine niedrige Inflation oder ein hoher Beschäftigungsstand sind Beispiele für politische Ziele, denen Wähler kaum ablehnend gegenüber stehen werden. Nach diesem Maßstab wird eine Partei von Wählern dann Unterstützung erfahren, wenn sie im Hinblick auf solche unstrittigen Attribute der Politik als erfolgreich oder auch erfolgversprechend beurteilt wird. Andere Kurzfristfaktoren beruhen auf einer Konfliktlogik. Bezüglich vieler Regelungsbereiche der Politik haben Wähler widerstreitende Vorstellungen über den richtigen Weg. Ein typisches Beispiel ist die Steuerpolitik. Manchen Wählern mögen die Steuern zu hoch sein, andere wollen sie sogar weiter erhöhen. Unter solchen Voraussetzungen werden Wähler einer Partei dann den Vorzug geben, wenn sie sich von ihr eine

Politik versprechen, die möglichst weitgehend den eigenen Präferenzen entspricht (Miller/Shanks 1996: 197ff.).

In den Unterkapiteln 6.5 bis 6.9 werden verschiedene situative Aspekte der Bundestagswahl 2013 unter Kontrolle der Parteibindung daraufhin untersucht, ob und inwieweit sie für das Wahlverhalten relevant waren. Auf die Bedeutung der *Wirtschaftslage und ihrer Wahrnehmungen* für die Parteiwahl haben zahlreiche Studien hingewiesen (Lewis-Beck/Stegmaier 2000; Beckmann et al. 2011). Von besonderem Interesse für die hier vorgestellte Analyse sind neben allgemeinen Wahrnehmungen der eigenen, aber auch der gesamtgesellschaftlichen wirtschaftlichen Lage und ihrer Entwicklung die Reaktionen der Wähler auf die Eurokrise, die während der vorangegangenen Legislaturperiode vorrangig auf der politischen Tagesordnung gestanden hatte. Auch wenn die Wähler die Einflussmöglichkeiten von Regierungen auf die Entwicklung der Ökonomie bisweilen überschätzen mögen, neigen sie häufig dazu, diese für die Wirtschaftslage verantwortlich zu machen. Aber auch tatsächliche oder vermeintliche *Leistungen von Regierungen und Parteien* in anderen Feldern können sich im Wahlverhalten niederschlagen. Dem geht das Unterkapitel 6.6 nach, und zwar sowohl für retrospektive Beurteilungen vergangener Leistungen als auch für prospektive, also in die Zukunft gerichtete Leistungserwartungen. Unterkapitel 6.7 untersucht die Bedeutung konkreter *politischer Sachfragen* für das Wahlverhalten. Das Interesse richtet sich dabei sowohl auf sogenannte Valenzissues, bei denen es um Erfolg und Misserfolg bzw. Kompetenz und Inkompetenz bezüglich des Erreichens von Zielen geht, die in der Wählerschaft unstrittig sind, als auch auf sogenannte Positionsissues, zu denen die Wähler widerstreitende Präferenzen haben und die Parteien unterschiedliche Politikangebote machen.

Unterkapitel 6.8 geht der Frage nach, welche Bedeutung den *Spitzenkandidaten* der Parteien bei der Bundestagswahl 2013 zukam. Die „Personalisierungsthese“ behauptet eine wachsende Bedeutung des politischen Personals für das Verhalten der Wähler (Adam/Maier 2010; Wagner 2011). Das Kapitel liefert zwar keine Belege zu Gunsten oder Ungunsten dieser These, weil es nur eine Wahl im zeitlichen Querschnitt untersucht. Aber es erlaubt immerhin einzuschätzen, ob die Bedeutung der Kandidaten eher groß oder eher klein war und welche Persönlichkeitsaspekte hierbei im Vordergrund standen. Zwar nominieren alle Parteien Spitzenkandidaten (siehe Unterkapitel 3.1), aber den von den beiden großen Parteien ins Rennen geschickten Kanzlerkandidaten kommt dabei traditionell eine besonders herausgehobene Rolle zu. Dies unterstreicht der Umstand, dass seit der Bundestagswahl

2002 in jedem Wahlkampf mindestens ein Fernseh-„Duell“ der beiden Aspiranten auf das Amt des Regierungschefs ausgestrahlt wurde und stets ein großes Publikum fand. Unterkapitel 6.9 untersucht die Wirkungen des *TV-Duells* der Kanzlerkandidaten Angela Merkel (CDU/CSU) und Peer Steinbrück (SPD) auf die Zuschauer.

Das stark an den Gegebenheiten der amerikanischen Politik orientierte Modell des Kausalitätstrichters sieht in den vorgenannten Langfrist- und Kurzfristfaktoren die wesentlichen Hintergründe des Wahlverhaltens. Bei seiner Übertragung auf Bundestagswahlen sollten jedoch wesentliche Unterschiede der institutionellen Rahmenbedingungen nicht ignoriert werden. Anders als bei amerikanischen Präsidentschaftswahlen verfügen die Wähler bei Bundestagswahlen über zwei Stimmen. Wie in Unterkapitel 5.3 bereits gezeigt, machen sie in immer größerem Ausmaß von der Möglichkeit Gebrauch, diese beiden Stimmen nicht an dieselben Parteien zu vergeben. Ein anderer Aspekt, der Beachtung verdient, betrifft den Zusammenhang zwischen Wahlentscheidungen und Regierungsbildung. Als Folge des Proportionalwahlsystems unter Bedingungen eines Mehrparteiensystems ist dieser nämlich in Deutschland sehr viel indirekter als in den USA. Alle bisherigen Bundesregierungen wurden nicht von einer einzelnen Partei, sondern als Koalitionsregierungen von mehreren Parteien gebildet. Wenn ein Wähler durch seine Wahlentscheidung auf die Regierungsbildung einwirken möchte, muss er strategisch wählen und dabei zahlreiche Gesichtspunkte in Betracht ziehen, darunter die Koalitionsaussagen der Parteien, die von bestimmten Koalitionen vermutlich verfolgte Politik und das erwartete Abschneiden der beteiligten Parteien bei der kommenden Wahl (Bytzek et al. 2012; Huber 2012: 269ff.). Unterkapitel 6.10 analysiert, wie sich solche kurzfristigen *Koalitionsorientierungen* bei der Bundestagswahl 2013 auf das Wahlverhalten ausgewirkt haben.

Wie eingangs betont, können sich zahlreiche, untereinander zusammenhängende Faktoren sowohl lang- als auch kurzfristiger Natur darauf auswirken, welcher Partei ein Wähler am Wahltag seine Stimme gibt. Daher ist es unumgänglich, die Effekte aller Erklärungsfaktoren auf das Wahlverhalten auch in der Zusammenschau zu analysieren. Das geschieht im Unterkapitel 6.11. Alle Analysen in den Unterkapiteln 6.2 bis 6.11 orientieren sich an einer einheitlichen Darstellungslogik, die im Anhang 3 näher erläutert wird. Berücksichtigt werden dabei (soweit es die Datenlage zulässt) neben den Parteien, die in den Deutschen Bundestag gewählt worden sind (CDU/CSU, SPD, Linke, Grüne), auch die FDP und die AfD, die den Einzug in den Bundestag knapp verfehlt haben. Den Abschluss der Analyse des Wahlverhaltens bei der Bundestagswahl 2013 bildet ein prozessorientierter Blick auf die Entwicklung der Parteipräferenzen in den Wochen vor dem Wahltag. Manche Wähler wissen schon sehr früh, welcher Partei sie ihre Stimme geben wollen. Andere sind lange unentschlossen und entscheiden sich erst spät. Wieder andere Personen schwanken oder wechseln sogar ihre Präferenzen von Partei zu Partei. Die Analyse spürt diesen Prozessen nach und versucht, ihre Hintergründe zu erhellen.

Literatur

Adam, Silke/Maier, Michaela 2010: Personalization of politics. A critical review and agenda for research, in: Communication Yearbook 34, 213-257.

Beckmann, Ruth/Trein, Philipp/Walter, Stefanie 2011: Dominanz der Ökonomie: Entscheidet die Wirtschaftslage Wahlen?, in: Bytzek, Evelyn/Roßteutscher, Sigrid, Hg., Der unbekannte Wähler? Mythen und Fakten über das Wahlverhalten der Deutschen, Frankfurt: Campus, 231-252.

Blumenstiel, Jan Eric/Rattinger, Hans 2011. Ein Modell der Wählerentscheidung, in: Rattinger, Hans/Rossteutscher, Sigrid/Schmitt-Beck, Rüdiger/Weßels, Bernhard et al., Zwischen Langeweile und Extremen: Die Bundestagswahl 2009, Baden-Baden: Nomos, 147-153.

Bytzek, Evelyn/Gschwend, Thomas/Huber, Sascha/Linhart, Eric/Meffert, Michael 2012: Koalitionssignale und ihre Wirkungen auf Wahlentscheidungen, in: Schmitt-Beck, Rüdiger, Hg., 2012: Wählen in Deutschland, PVS Sonderheft 45, Baden-Baden: Nomos, 393-418.

Campbell, Angus/Converse, Philipp E./Miller, Warren E./Stokes, Donald E. 1960: The American Voter, New York, London: John Wiley.

Huber, Sascha 2012: Strukturen des politischen Kontexts und die demokratische Kompetenz der Wähler, Baden-Baden: Nomos.

Lewis-Beck, Michael S./Stegmaier, Mary 2000: Economic determinants of electoral outcomes, in: Annual Review of Political Science 3, 183-219.

Lipset, Seymour Martin/Rokkan, Stein 1967: Cleavage Structures, Party Systems, and Voter Alignments, in: Lipset, Seymour Martin/Rokkan, Stein, Hg., Party Systems and Cleavage Structures: Cross-National Perspectives, Oxford/New York: Free Press, 1-64.

Mair, Peter 2007: Left-Right Orientations, in: Dalton, Russell J./Klingemann, Hans-Dieter, Hg., The Oxford Handbook of Political Behavior, Oxford: Oxford University Press, 206-222.

Miller, Warren E./Shanks, J. Merrill 1996: The New American Voter, Cambridge/Mass.: Harvard University Press.

Neundorf, Anja 2012: Die Links-Rechts-Dimension auf dem Prüfstand: Ideologische Einstellungen und Wahlverhalten im vereinigten Deutschland 1984 – 2010, in: Schmitt-Beck, Rüdiger, Hg., 2012: Wählen in Deutschland, PVS Sonderheft 45, Baden-Baden: Nomos, 227-250.

Ohr, Dieter/Quandt, Markus 2012: Parteiidentifikation in Deutschland: Eine empirische Fundierung des Konzepts auf Basis der Theorie sozialer Identität, in: Schmitt-Beck, Rüdiger, Hg., 2012: Wählen in Deutschland, PVS Sonderheft 45, Baden-Baden: Nomos, 179-202.

Rattinger, Hans 2002: Parteiidentifikation, in: Greiffhagen, Martin/Greiffhagen, Sylvia, Hg., Handwörterbuch zur politischen Kultur der Bundesrepublik Deutschland, 2. Auflage, Wiesbaden: Westdeutscher Verlag, 316-324.

Scherer, Philipp, 2011: Jenseits von Links und Rechts: Spielt Ideologie für Parteien und Wähler keine Rolle mehr?, in: Bytzek, Evelyn/Roßteutscher, Sigrid, Hg., Der unbekannte Wähler? Mythen und Fakten über das Wahlverhalten der Deutschen, Frankfurt: Campus, 23-41.

Schoen, Harald/Weins, Cornelia 2005: Der sozialpsychologische Ansatz zur Erklärung von Wahlverhalten, in: Falter, Jürgen W./Schoen, Harald, Hg., Handbuch Wahlforschung, Wiesbaden: VS Verlag für Sozialwissenschaften, 187-242.

Wagner, Aiko, 2011: Die Personalisierung der Politik: Entscheiden Spitzenkandidaten Wahlen?, in: Bytzek, Evelyn/Roßteutscher, Sigrid, Hg., Der unbekannte Wähler? Mythen und Fakten über das Wahlverhalten der Deutschen, Frankfurt: Campus, 81-97.

Weßels, Bernhard 2000: Gruppenbindung und Wahlverhalten: 50 Jahre Wahlen in der Bundesrepublik, in: Klein, Markus/Jagodzinski, Wolfgang/Mochmann, Ekkehard/Ohr, Dieter, Hg., 50 Jahre Empirische Wahlforschung in Deutschland. Entwicklung, Befunde, Perspektiven, Daten, Wiesbaden: Westdeutscher Verlag, 129-158.

Weßels, Bernhard/Rattinger, Hans/Roßteutscher, Sigrid/Schmitt-Beck, Rüdiger, 2014: The Changing Context and Outlook of Voting, in: Weßels, Bernhard/Rattinger, Hans/Roßteutscher, Sigrid/Schmitt-Beck, Rüdiger, Hg., Voters on the Move or on the Run? Oxford: Oxford University Press, 3-14.

6.2 Wahlverhalten sozialer Gruppen

Bernhard Weßels

6.2.1 Einleitung

Die Analyse des Zusammenhangs zwischen Sozialstruktur und Wahlverhalten gehört seit ihren Anfängen zum Kanon der Wahlforschung. Die Stellung von Wählern in der sozialen und demographischen Struktur ihrer Gesellschaft wird als einer der zentralen Ansätze angesehen, um zu erklären, warum sie so wählen, wie sie das tun. Inzwischen werden jedoch seit gut drei Jahrzehnten Wandlungs- und Veränderungstendenzen beobachtet und diskutiert, die darauf verweisen, dass dieser vormals so zuverlässige Faktor an Bedeutung für das Wahlverhalten verliert. Sozialer Wandel, die Auflösung traditioneller Sozialmilieus und Tendenzen der Individualisierung werden dafür verantwortlich gemacht. Das vorliegende Unterkapitel geht der Frage nach, in welchem Ausmaß sich bei der Bundestagswahl 2013 Unterschiede im Wahlverhalten zwischen sozialen und demographischen Gruppen ausmachen ließen und welche Veränderungen sich im Vergleich zur Bundestagswahl 2009 ergeben haben.

Warum sollte zwischen Sozialstruktur und Wahlverhalten ein Zusammenhang existieren? Die Schlüsselkategorie für die Beantwortung dieser Frage lautet: Interesse, und die zentrale Grundannahme ist, dass unterschiedliche soziale Lagen unterschiedliche Interessen erzeugen. Die soziale Differenzierung ist dieser Annahme gemäß mit einer Interessendifferenzierung der Gesellschaft verbunden. Der Zusammenhang mit dem Wahlverhalten ergibt sich dann daraus, dass die politischen Parteien sich für unterschiedliche Interessen einsetzen. Letzteres wird mit der historischen Entstehung von politischen Parteien erklärt. Lipset und Rokkan haben in ihrer Studie der Genese von Konfliktstrukturen und Parteiensystemen die wohl wichtigste theoretische Grundlage dafür gelegt, Interessendifferenzierung, die Entstehung von politischen Parteien und Wahlverhalten in einen Zusammenhang zu setzen (Lipset/Rokkan 1967). Sie konnten zeigen, dass die in Westeuropa durch wichtige historische Wegmarken wie Nationenbildung, Reformation und industrielle Revolution zum Teil sehr viel früher hervorgebrachten fundamentalen Interessengegensätze sich im 19. und 20. Jahrhundert in entsprechende Parteibildungen umgesetzt haben und bestimmte soziale Gruppen starke Loyalitäten zu diesen Parteien aufbauten. Mehr noch, sie wiesen nach, dass die historischen Konstellationen von Parteiensystemen wie sie sich nach der Einführung des allgemeinen Wahlrechts bis zu den 1920er Jahren entwickelten, auch in den 1960er Jahren noch existierten. Dieser Befund des „freezing“ – die These von den „eingefrorenen“ Parteiensystemen – verwies darauf, dass Parteien in der Lage waren, dauerhafte soziale Allianzen mit bestimmten sozialen Gruppen in der Wählerschaft aufzubauen und aufrechtzuerhalten. Pappi hat diesen Prozess die „Politisierung von Sozialstrukturen“ genannt (Pappi 1979, 1990). Gemeint ist damit die aktive Rolle, die die Parteien und ihr Personal dabei spielten, die Interessen bestimmter sozialer Gruppen zu politisieren und in den politischen Prozess einzubringen sowie durch Mobilisierung Gruppenloyalitäten zu erzeugen. Kaum eine Partei, die nicht an diese Konfliktlinien anschloss, hat langfristig Bestand gehabt. Die so entstandenen Beziehungen zwischen Sozialstruktur und politischen Parteien werden gemeinhin als politische Konfliktstrukturen, im Englischen „political cleavages“, bezeichnet. Schon in den ersten bedeutenden mikroanalytischen Wahlstudien galten sozialstrukturelle Merkmale der Wähler als der zentrale Faktor für die Erklärung stabilen Wahlverhaltens. In dem Buch “The People's Choice: How The Voter Makes Up His Mind in a Presidential Campaign”, das Lazarsfeld und seine Mitautoren 1944 veröffentlichten, wurde argumentiert, dass relativ homogene soziale Gruppen unter ähnlichen Bedingungen mit einem ähnlichen Erfahrungshintergrund ähnliche Interessen und Bedürfnisse ausbilden und sich das in der relativ stabilen Zuwendung zu bestimmten Parteien niederschlage (Lazarsfeld et al. 1944). In einer 1954 folgenden Buchpublikation der Gruppe um Lazarsfeld, die den Titel „Voting“ trägt, wurde die Perspektive auf sozialstrukturelle Gruppen um die Frage nach dem Gruppeneinfluss durch Gewerkschaften, andere Interessenorganisationen und politische Parteien erweitert (Berelson et al. 1954) und damit über die Perspektive der durch bloße gemeinsame soziale Lage erzeugten Gleichförmigkeit der Interessen hinaus auch die Politisierung von Interessen durch Organisationen mit in den Blick genommen.

Die Möglichkeit, diese mikroanalytische Erklärungsperspektive mit den makrosoziologischen Überlegungen der *Cleavage*-Theorie von Lipset und Rokkan zu kombinieren, macht den sozialstrukturellen Erklärungsansatz nicht nur wissenschaftlich ausgesprochen attraktiv, sondern aufgrund der theoretischen Stärke zu einer Basiskomponente in Modellen des Wahlverhaltens.

Wie in den meisten westeuropäischen Gesellschaften sind in Deutschland zwei politische Konfliktlinien dominant: die sozioökonomische Konfliktlinie, die als Kapital-Arbeit-Konflikt in der Phase der Industrialisierung entstanden ist, und die konfessionelle Konfliktlinie, die sich aus den Religionskonflikten der Reformation speist und sich inzwischen weitgehend zu einer religiös-laizistischen Konfliktlinie gewandelt hat. Bei diesen beiden dominanten Konfliktlinien ist es jedoch nicht geblieben. Mit den APO-Protesten der 1960er Jahre, den nachfolgend entstandenen sogenannten neuen sozialen Bewegungen und einem umgreifenden Wertewandel hat sich ein neuer Interessenpol der sogenannten „neuen Politik" gebildet. Vor allem Umweltschutz, Selbstbestimmung und politische Beteiligung kennzeichnen diese Interessen, denen es mit dem Einzug der Grünen in den Deutschen Bundestag 1983 gelang, sich im Parteiensystem als Konfliktlinie zu etablieren. Mit der Vereinigung kam eine weitere Interessendifferenzierung hinzu, die zwischen Ost und West, die dem deutschen Parteiensystem den Erfolg einer zunächst nur regionalen Partei, der PDS, bescherte und damit zwei regional verschiedene Parteiensysteme in Ost und West entstehen ließ (Pappi/Shikano 2001; Weßels 2004). Diese Konfliktlinien finden nicht nur ihre Entsprechung in den jeweiligen sozialen Allianzen zwischen bestimmten sozialen Gruppen der Wählerschaft und den politischen Parteien, sondern sind auch unterhalb des Parteiensystems durch Organisationen im Verbändesystem abgestützt (z. B. durch Gewerkschaften, Arbeitgeber- und Unternehmerverbände, Kirchen, Umweltgruppen und die Ökologiebewegung). Insbesondere die sozioökonomische und die konfessionell-religiöse Konfliktlinie galten lange Zeit als die zentralen Faktoren der Stabilität des Parteiensystems und des Wahlverhaltens. Hinsichtlich der neuen Konfliktlinien bestand und besteht Uneinigkeit, ob sie im gleichen Maße als institutionalisiert angesehen werden können. Gleichwohl hat sich die Annahme, dass die Angehörigen einer auf eine Konfliktlinie bezogenen Gruppe überproportional häufig die Parteien wählen, die für die jeweilige Interessenformation stehen, in der Vergangenheit immer wieder bestätigt.

Im Folgenden werden die theoretischen Annahmen über den Zusammenhang zwischen sozialstruktureller Verankerung und sozialer Allianz mit einer bestimmten Partei als Ausgangspunkt zur Analyse der sozialstrukturellen Determinanten des Wahlverhaltens bei der Bundestagswahl 2013 herangezogen. In einem ersten Schritt werden die sozialstrukturellen Merkmale, die in die Analyse einbezogen werden, begründet und beschrieben. Danach folgt ein Abschnitt, der das Wahlverhalten sozialer und demographischer Gruppen analysiert und prüft, welchen Beitrag sozialstrukturelle und demographische Faktoren zur Erklärung des Wahlverhaltens bei der Bundestagswahl 2013 leisten.

6.2.2 Das sozialstrukturelle und demographische Profil der deutschen Wählerschaft

Entsprechend der angenommenen Struktur der Allianzen zwischen bestimmten sozialen Gruppen und politischen Parteien werden in der nachfolgenden Analyse nicht alle denkbaren sozialen Faktoren berücksichtigt, sondern nur diejenigen, von denen aus theoretischen Gründen oder aufgrund früherer empirischer Befunde von einem Zusammenhang mit dem Wahlverhalten ausgegangen werden kann. Im Folgenden werden die sozialen Charakteristika der Wahlbürger für drei verschiedene Typen von Wählern beschrieben: Erstens geht es um diejenigen Wähler, die für eine der wieder in den Bundestag eingezogenen Parteien gestimmt haben. Zweitens werden im Vergleich dazu diejenigen betrachtet, die für andere Parteien – darunter die FDP und die AfD – gestimmt oder aber, drittens, nicht gewählt haben. Der Anteil derjenigen, die für eine nicht in den Bundestag eingezogene Partei gestimmt haben, war bei der Bundestagswahl 2013 mit 15,8 Prozent extrem hoch. Dazu kamen 28,5 Prozent Nichtwähler. Eine gesonderte Betrachtung lohnt sich daher schon aus der Perspektive, ob sich hierdurch eine sozial eingrenzbare Repräsentationslücke ergeben hat.

Mit Bezug auf die sozioökonomische Konfliktlinie ist die Gruppe der Arbeiter und Angestellten als abhängig Beschäftigte von besonderer Bedeutung für die SPD, während die Selbständigen von besonderer Bedeutung für die FDP und – in geringerem Maße – CDU/CSU sind. Eine besondere Abstützung erfährt die soziale Allianz zwischen abhängig Beschäftigten und SPD durch die Zugehörigkeit zu Gewerkschaften. Da von der sozialen Lage ein dauerhafter Einfluss auf das Wahlverhalten erwartet wird, werden nicht mehr erwerbstätige Personen an dieser Stelle nach ihrer früheren Tätigkeit eingestuft. Die entsprechenden Anteile an der Wählerschaft sind in Tabelle 1 wiedergegeben: Derzeitige und frühere Selbständige machten bei der Bundestagswahl 2013 fünf, Angestellte 50 und Arbeiter 20 Prozent der Wählerschaft der Bundestagsparteien aus, etwa 14 Prozent waren Gewerkschaftsmitglieder. Unter diesen waren fünf Prozent gewerkschaftlich organisierte Angestellte und vier Prozent gewerkschaftlich organisierte Arbeiter. Da entsprechend der frühen Analysen der Gruppe um Lazarsfeld und der Studien von Pappi davon ausgegangen werden kann, dass die bloße Zugehörigkeit zu einer sozialen Kategorie zwar eine Gleichförmigkeit im Wahlverhalten begründen kann, aber noch nicht seinen Gruppencharakter ausmacht, ist zu erwarten, dass aus der Kombination von sozialer Lage und formaler Mitgliedschaft in der Gruppe besonders starke Einflüsse auf das Wahlverhalten resultieren (Pappi 1986, 1990; Weßels 2000).

In Bezug auf die traditionelle kulturelle Konfliktlinie um Konfession und Religiosität spielt zunächst die Konfessionszugehörigkeit als bloßes soziales Kategorienmerkmal eine Rolle. Gruppenbezug wird durch die regelmäßige religiöse Praxis, also den Kirchgang hergestellt. 34 Prozent der Wählerschaft der Bundestagsparteien waren Katholiken, 38 Prozent waren Protestanten und etwa 17 Prozent gingen mindestens einmal im Monat in die Kirche. Etwa neun Prozent der Wähler der Bundestagsparteien waren katholische Kirchgänger, vier Prozent protestantische Kirchgänger. Die beiden traditionellen Konfliktlinien umfassten damit bei der Bundestagswahl 2013 beachtliche Teile der Wählerschaft, wenngleich der Anteil, für den sich durch Mitgliedschaft und/oder entsprechende Praxis auch eine durch Organisationsbindung abgestützte Gruppenidentität ergab, relativ klein war. Traditionelle Kernwählerschaften haben damit eine quantitativ immer geringer werdende Bedeutung für die politischen Parteien.

Hinsichtlich der neuen Konfliktlinien ist eine engere soziale Eingrenzung relativ schwierig. So stellt sich die Frage, wie postmaterialistische Bewegungsmilieus zu erfassen sind und ob die Ost-West-Konfliktachse seit dem Erfolg der Partei Die Linke auch im Westen der Republik noch Bestand hat. Bewegungsmilieus existieren vorwiegend in Universitätsstädten und werden von der jüngeren Bevölkerung mit entsprechend höheren Bildungsabschlüssen getragen. Daher werden hier als Annäherung an die Charakterisierung dieser sozialen Gruppe die beiden Merkmale Bildung und Alter kombiniert. Für die regionale Konfliktlinie wird einfach die Wohnregion als kennzeichnendes Merkmal verwendet. Bürger mit einem Bildungsabschluss, der dem Abitur oder höheren Abschlüssen entspricht, machten ein Viertel der Wählerschaft der Bundestagsparteien aus, Jüngere (hier eingegrenzt durch Lebensalter bis unter 40 Jahre) mit demselben Bildungsabschluss neun Prozent. Ostdeutsche Wähler machten bei der Bundestagswahl 2013 18 Prozent der Wahlberechtigten aus.

Tabelle 1: Verteilung sozialstruktureller und demographischer Merkmale unter den Wählern

	Stimmabgabe für			*Differenzen*			*Anzahl Befragte*		
	BT-Part. %	*Andere* %	*Nichtwahl* %	*BT-Parteien vs. Andere*	*Nichtwahl*	*Andere vs. Nichtwahl*	*BT-Parteien*	*Andere* N	*Nichtwahl* N
Selbständige[1]	5	7	4	-2	1	3	124	23	21
Angestellte[1]	50	47	38	3	12	9	1271	150	210
Arbeiter[1]	20	16	24	4	-5	-8	501	52	136
Rente/Pension	32	23	21	9	11	2	804	73	118
Gewerkschaftsmitglied	14	11	8	3	6	3	356	36	46
Katholiken	34	30	30	4	4	0	867	97	168
Protestanten	38	34	29	3	8	5	955	109	165
Kirchgänger	17	12	11	5	6	1	428	39	60
Abitur oder höher	25	28	8	-3	17	20	647	91	45
Alter: < 40 Jahre	24	40	44	-17	-20	-4	606	129	247
40 bis unter 65	44	39	33	5	11	6	1119	125	185
65 und älter	27	17	16	9	11	1	682	56	89
Ostdeutsche	22	17	19	5	3	-1	560	55	104
Arbeitslose	4	3	17	1	-13	-15	102	9	97
Frauen	51	36	58	16	-7	-22	1303	114	325
Türk. Migrationshintergrund	3	3	6	-1	-3	-2	69	11	32
Gruppenbezug:									
Gewerk. organisierte Angestellte	5	3	2	2	3	1	134	10	13
Gewerk. organisierte Arbeiter	4	3	3	1	1	0	106	10	16
Kath. Kirchgänger	9	6	3	4	6	2	233	18	19
Protest. Kirchgänger	5	2	2	2	2	0	115	7	12
Jünger 40 und Abitur	10	15	4	-6	5	11	242	49	24
Anzahl Befragte							2543	320	560

Quelle: GLES-Vor- und -Nachwahl-Querschnittsbefragung 2013 (ZA5702).

[1] Derzeit ausgeübt oder früher ausgeübt.

Zusätzlich werden folgende Sozialgruppen wegen ihrer Relevanz in der öffentlichen Diskussion und für bestimmte Politikfelder unterschieden, ohne dass sie unmittelbar in Bezug zu politischen Konfliktstrukturen zu setzen sind: Arbeitslose, Frauen, Bürger mit türkischem Migrationshintergrund (der hier angenommen wird, wenn der eigene und/oder der Geburtsort der Eltern in der Türkei liegt) sowie Rentner und Pensionäre. Letztere werden extra ausgewiesen, weil ihre Interessenlage möglicherweise nicht nur durch den früher ausgeübten Beruf, sondern auch durch ihre soziale Situation nach dem Berufsleben bestimmt ist und sie aufgrund der Alterung der Gesellschaft eine große Wählerklientel darstellen. Rentner und Pensionäre machten 2013 fast ein Drittel der Wählerschaft der Bundestagsparteien aus.

In vergleichender Betrachtung zeigt sich, dass insbesondere jüngere Menschen (unter 40 Jahre) stark überproportional sowohl andere Parteien als auch gar nicht gewählt haben. Ersteres gilt selbst für diejenigen unter ihnen mit besserer Schulbildung (Abitur und höher). Weiterhin ist auffällig, dass die Wahlenthaltung unter Gewerkschaftsmitgliedern und besser Gebildeten stark unterproportional und unter Arbeitslosen und Frauen stark überproportional ausfiel. Ein klares soziales Profil, das für eine spezifische Repräsentationslücke sprechen würde, ergibt sich damit nicht, wohl aber das weiter zu beobachtende Phänomen, dass es die Jüngeren waren, die sich überproportional stark unter den Wählern anderer Parteien, aber auch unter den Nichtwählern fanden (Tabelle 1).

6.2.3 Das Wahlverhalten sozialer Gruppen bei der Bundestagswahl 2013

Für das beabsichtigte (Vorwahlmessung) bzw. das berichtete tatsächliche Wahlverhalten (Nachwahlmessung) sind in Tabelle 2 die Stimmenanteile der Parteien in den verschiedenen sozialen Gruppen ausgewiesen. Um die Wahlprofile der sozialen Gruppen bezogen auf die einzelnen Parteien deutlich zu machen, sollen jedoch die Anteile einer über- bzw. unterproportionalen Stimmabgabe der sozialen Gruppen zugunsten der einzelnen Parteien betrachtet werden. Den Erwartungen gemäß, die sich aus der Theorie politischer Spannungslinien und ihrer Anwendung auf Deutschland ableiten lassen, sollten konfessionell gebundene Wähler sowie regelmäßige Kirchgänger überproportional stark der CDU/CSU ihre Stimme geben, weil die christdemokratischen Parteien die Repräsentanten der konfessionell religiösen Konfliktlinie sind. In der Tat war der Anteil der Unionswähler unter den katholischen Kirchgängern fast doppelt so hoch wie im Durchschnitt der Bevölkerung, gefolgt von den Katholiken und protestantischen Kirchgängern. Protestanten wählten die Unionsparteien eher leicht unterdurchschnittlich. Daneben stimmten auch 65-Jährige und ältere Personen überproportional häufig für die CDU/CSU (um zwölf Prozentpunkte; vgl. Abbildung 1). Ein ähnliches Bild hatte sich bei der Bundestagswahl 2009 ergeben.

Der SPD sollten vor allem organisierte Arbeitnehmer und unter ihnen vor allem Arbeiter die Stimme geben, weil diese den Pol Arbeit in der sozioökonomischen Konfliktlinie repräsentiert. Das war auch der Fall, allerdings war diese Überproportionalität weit weniger ausgeprägt als bei den konfessionell-religiösen Merkmalen in Bezug auf die Unionsparteien. Die SPD konnte unter organisierten Arbeitern einen um 15 Prozentpunkte größeren Anteil als im Durchschnitt verbuchen, bei gewerkschaftlich organisierten Angestellten waren es acht Prozentpunkte. Diese Anteile lagen deutlich höher als bei der Bundestagswahl 2009. Arbeiter neigten mit einer Differenz zum Durchschnitt von etwa vier Prozentpunkten zur SPD. Spiegelbildlich dazu wählten Selbständige die SPD um etwa fünf Prozentpunkte seltener als der Durchschnitt. Hatte die SPD 2009 einen ausgeprägt überproportionalen Anteil an Stimmen bei den Bürgern mit türkischem Migrationshintergrund für sich verbuchen können, so galt bei der Bundestagswahl 2013 eher das Gegenteil. Allerdings war diese Gruppe sehr klein und daher nur in geringem Maße für das Gesamtabschneiden der Parteien relevant.

Abbildung 1: *Über- und Unterproportionalität der Wahlentscheidung sozialer und demographischer Gruppen*

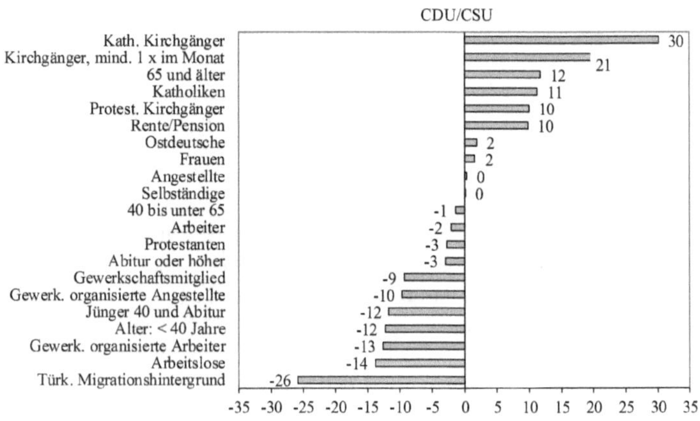

...

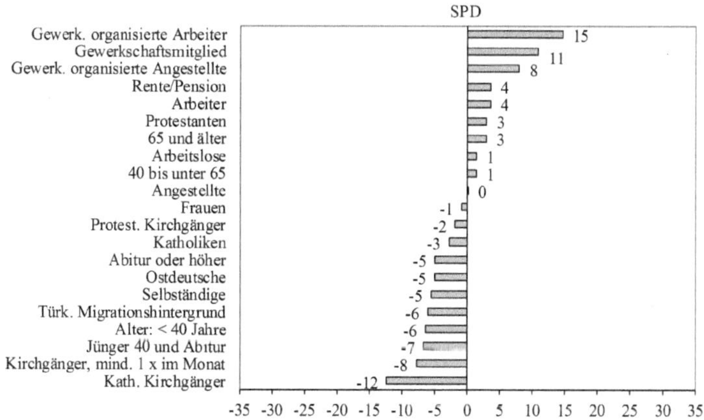
SPD
Gewerk. organisierte Arbeiter 15
Gewerkschaftsmitglied 11
Gewerk. organisierte Angestellte 8
Rente/Pension 4
Arbeiter 4
Protestanten 3
65 und älter 3
Arbeitslose 1
40 bis unter 65 1
Angestellte 0
Frauen -1
Protest. Kirchgänger -2
Katholiken -3
Abitur oder höher -5
Ostdeutsche -5
Selbständige -5
Türk. Migrationshintergrund -6
Alter: < 40 Jahre -6
Jünger 40 und Abitur -7
Kirchgänger, mind. 1 x im Monat -8
Kath. Kirchgänger -12
-35 -30 -25 -20 -15 -10 -5 0 5 10 15 20 25 30 35

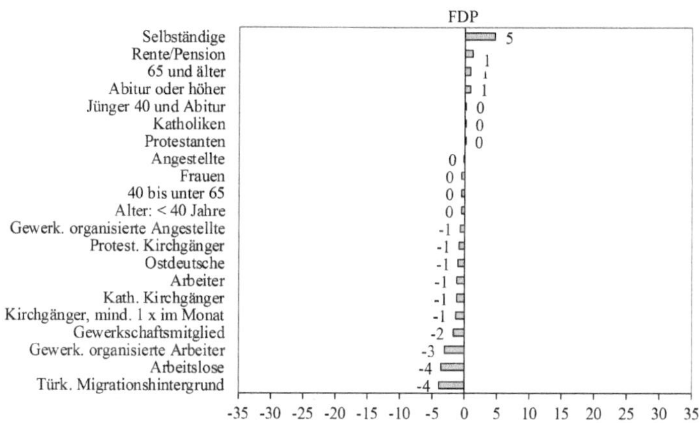
FDP
Selbständige 5
Rente/Pension 1
65 und älter 1
Abitur oder höher 1
Jünger 40 und Abitur 0
Katholiken 0
Protestanten 0
Angestellte 0
Frauen 0
40 bis unter 65 0
Alter: < 40 Jahre 0
Gewerk. organisierte Angestellte -1
Protest. Kirchgänger -1
Ostdeutsche -1
Arbeiter -1
Kath. Kirchgänger -1
Kirchgänger, mind. 1 x im Monat -1
Gewerkschaftsmitglied -2
Gewerk. organisierte Arbeiter -3
Arbeitslose -4
Türk. Migrationshintergrund -4
-35 -30 -25 -20 -15 -10 -5 0 5 10 15 20 25 30 35

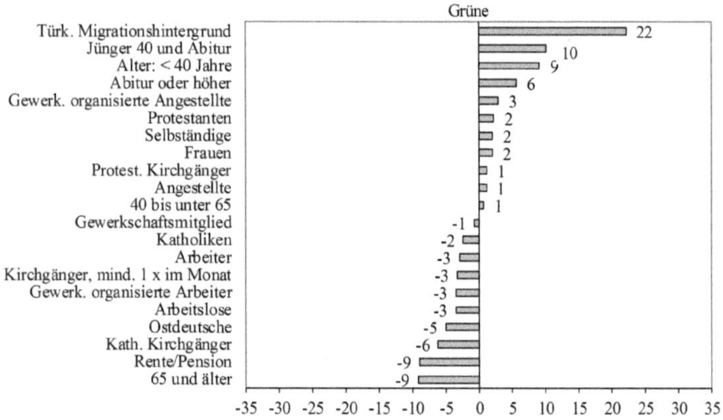
Grüne
Türk. Migrationshintergrund
Jünger 40 und Abitur
Alter: < 40 Jahre
Abitur oder höher
Gewerk. organisierte Angestellte
Protestanten
Selbständige
Frauen
Protest. Kirchgänger
Angestellte
40 bis unter 65
Gewerkschaftsmitglied
Katholiken
Arbeiter
Kirchgänger, mind. 1 x im Monat
Gewerk. organisierte Arbeiter
Arbeitslose
Ostdeutsche
Kath. Kirchgänger
Rente/Pension
65 und älter
22
10
9
6
3
2
2
2
1
1
1
-1
-2
-3
-3
-3
-3
-5
-6
-9
-9
-35 -30 -25 -20 -15 -10 -5 0 5 10 15 20 25 30 35

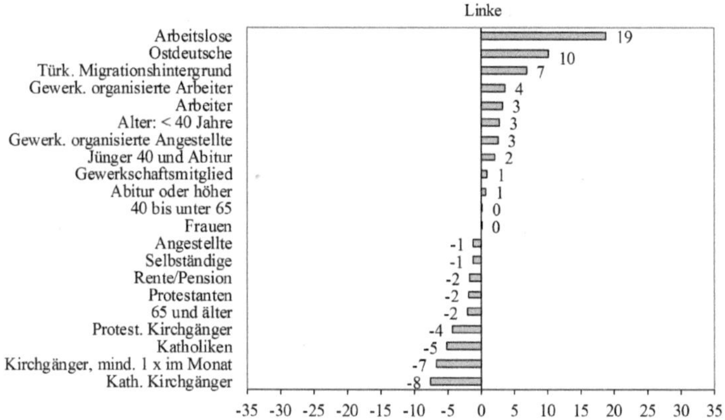
Linke
Arbeitslose
Ostdeutsche
Türk. Migrationshintergrund
Gewerk. organisierte Arbeiter
Arbeiter
Alter: < 40 Jahre
Gewerk. organisierte Angestellte
Jünger 40 und Abitur
Gewerkschaftsmitglied
Abitur oder höher
40 bis unter 65
Frauen
Angestellte
Selbständige
Rente/Pension
Protestanten
65 und älter
Protest. Kirchgänger
Katholiken
Kirchgänger, mind. 1 x im Monat
Kath. Kirchgänger
19
10
7
4
3
3
3
2
1
1
0
0
-1
-1
-2
-2
-2
-4
-5
-7
-8
-35 -30 -25 -20 -15 -10 -5 0 5 10 15 20 25 30 35

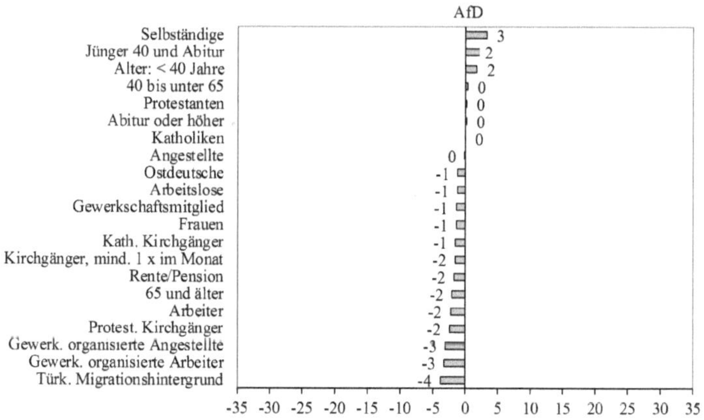

Quelle: GLES-Vor- und -Nachwahl-Querschnittsbefragung 2013 (ZA5702).

Die FDP, die nicht mehr im Bundestag vertreten ist, hatte in der Sozialstruktur der Wählerschaft der Bundesrepublik bisher einen festen Platz. Gemäß ihrer Rolle in der politischen Konfliktstruktur der Bundesrepublik sollte sie vor allem unter den Selbständigen überproportionale Anteile für sich verbuchen können. 2009 hatte sie bei den Selbstständigen einen um zehn Prozentpunkte höheren Anteil als im Durchschnitt erzielt. 2013 lag der Anteil unter den Selbstständigen nur um fünf Prozentpunkte über dem Durchschnitt. Am stärksten unterproportional fielen die Stimmenanteile der Liberalen bei Arbeitern allgemein, insbesondere aber bei gewerkschaftlich organisierten Arbeitern sowie Bürgern mit türkischem Migrationshintergrund aus.

Wie sieht es hinsichtlich der beiden Parteien aus, die die beiden jüngsten im Parteiensystem etablierten Konfliktlinien repräsentieren? Die Grünen konnten in der Tat unter den unter 40-Jährigen mit Abitur stark überproportionale Anteile für sich gewinnen. Das galt bei der Bundestagswahl 2013 ebenso wie bei der vorhergegangenen. Deutlich unterdurchschnittliche Anteile erzielten sie hingegen bei katholischen Kirchgängern. Das dürfte dem in weiten Teilen der Grünen gepflegten Laizismus geschuldet sein. Deutlich ausgeprägter als 2009 war das Ausmaß der überproportionalen Unterstützung, die die Grünen unter den Bürgern mit türkischem Migrationshintergrund errangen (+22 gegenüber +7 Prozentpunkten).

Tabelle 2: Zweitstimmenanteile der Parteien nach Präferenz bzw. berichtetem Wahlverhalten[1]

Variablen[2]	*CDU/ CSU*	*SPD*	*FDP*	*Grüne*	*Die Linke*	*AfD*
			in Prozent			
Mittel	38	28	4	14	9	4
Selbständige[3]	38	22	9	16	8	7
Angestellte[3]	38	28	4	15	8	4
Arbeiter[3]	36	31	3	11	12	2
Rente/Pension	48	31	5	5	7	2
Gewerkschaftsmitgl.	29	39	2	13	10	2
Katholiken	49	25	4	12	4	4
Protestanten	35	31	4	16	7	4
Kirchgänger	59	20	2	11	2	2
Abitur	35	23	5	20	10	4
Alter: bis 40	26	22	3	23	12	6
40 bis unter 65	37	29	3	15	9	4
65 +	50	31	5	5	7	2
Ostdeutschland	40	23	3	9	19	3
Arbeitslos	24	29	0	10	28	3
Frauen	40	27	3	16	9	2
Türk. Migr.-Hintergr.	12	22	0	36	16	0
Gruppenbezug:						
Kath. Kirchgänger	68	16	3	8	1	2
Prot. Kirchgänger	48	26	3	15	5	1
Gew. org. Angest.	29	36	3	17	11	1
Gew. org. Arbeiter	26	43	1	10	13	1
Jünger 40 u. Abitur	27	21	4	24	11	6

Quelle: GLES-Vor- und -Nachwahl-Querschnittsbefragung 2013 (ZA5702).
Angaben in Prozent.

[1] In der Vorwahlbefragung wurde das Wahlverhalten durch Ermittlung der Wahlabsicht, in der Nachwahlbefragung durch Ermittlung der Wahlentscheidung bestimmt.

[2] Siehe zur Erläuterung und Verteilung in der Wählerschaft Tabelle 1. Prozente sind Zeilenprozente und beziehen sich auf die für die Gruppen benannten Fallzahlen in Tabelle 1 (N = 100 %)

[3] Derzeit ausgeübt oder früher ausgeübt

Die Linke gewann erwartungsgemäß überproportional unter Ostdeutschen, unter gewerkschaftlich organisierten Arbeitern, insbesondere aber auch unter Arbeitslosen. Auch bei den Bürgern mit türkischem Migrationshintergrund stand sie überproportional gut da. Das war auch 2009 schon so gewesen. Aufgrund der atheistischen Ausrichtung der Partei sahen insbesondere Kirchgänger gleich welcher Konfession nur in stark unterproportionalem Maße Anlass, dieser Partei ihre Stimme zu geben. Die AfD als Neueinsteiger im deutschen Parteiensystem, der es zwar nicht in den Bundestag schaffte, aber innerhalb weniger Monate immerhin 4,7 Prozent der Wähler für sich mobilisieren konnte, wies einen um drei Prozentpunkte erhöhten Stimmenanteil bei Selbständigen sowie einen sehr stark unterproportionalen Anteil bei gewerkschaftlich organisierten Arbeitnehmern und insbesondere unter Bürgern mit türkischem Migrationshintergrund auf (Abbildung 1).

Tabelle 3: *Differenz in der Wahlwahrscheinlichkeit zwischen sozialen Gruppen und dem Durchschnitt der Wählerschaft – Ergebnisse logistischer Regressionen*[1]

	CDU/ CSU	*SPD*	*FDP*	*Grüne*	*Die Linke*	*AfD*
Variablen	*Wahrscheinlichkeitsdifferenzen*					
Selbständige	-2	-4	3	5	-1	0
Angestellte	-2	1	0	2	-1	-1
Arbeiter	-5	4	-1	2	3	-3[b]
Rentner/Pensionär	-2	3	1	-5[b]	2	0
Gewerkschaftsmitgl.	-10	12[a]	-2	0	1	-1
Katholiken	17[c]	-5	0	0	-6[b]	1
Protestanten	5	1	0	4[a]	-4[c]	0
Kirchgänger	19	-10	-2[c]	-2	-6[c]	-1
Abitur	0	-4[a]	1	4[b]	1	-1
Alter: < 40 J.	-21[c]	-7[a]	0	11[c]	7[a]	4[a]
Alter: 40 bis 65 J.	-12[b]	-1	0	5[b]	4[a]	3[a]
Ostdeutschland	10[c]	-9[c]	-1	-4[b]	7[c]	-1
Arbeitslos	-9	3	-3[a]	-3	12[c]	-1
Frauen	0	1	-1	3[a]	2	-2[b]
Türk. Migr.-Hinterg.	-18	-5	0	13[b]	3	0
Gruppenbezug[3]*:*						
Kath. Kirchgänger	36	-14	-1[c]	-2	-10[c]	-1
Prot. Kirchgänger	25	-9	-2[c]	2	-9	-1
Gew. org. Angest.	-11	13	-2	2	0	-2[a]
Gew. org. Arbeiter	-14	16	-2	2	4	-3
Jünger 40 u. Abitur	-21	16	1	18	8	3
Nagelkerke R^2	0,07	0,03	0,04	0,06	0,12	0,09

Quelle: GLES-Vor- und Nachwahl-Querschnittsbefragung 2013 (ZA5702).

[1] Die in der Tabelle ausgewiesenen Werte sind Schätzungen der Wahrscheinlichkeit der jeweiligen Gruppe minus der durchschnittlichen Wahrscheinlichkeit mit der die jeweilige Partei gewählt wird. Ausnahme hiervon ist die Variable Altersgruppen. Siehe Anm. 2.

[2] Die Wahrscheinlichkeitsdifferenzen wurden auf Basis der Kombination von Merkmalen aus dem oberen Teil der Tabelle berechnet. Die statistische Signifikanz wurde mit zusammengesetzten Variablen in separaten logistischen Regressionen geprüft.

a: $p < 0{,}05$; b: $p < 0{,}01$; c: $p < 0{,}001$ (siehe Anhang 4).

Insgesamt entsprachen die Muster des Wahlverhaltens sozialer Gruppen somit weitestgehend den theoretischen Erwartungen. Der Vergleich dieser Muster mit der Bundestagswahl 2009 verweist auf eine etwas stärkere soziale Profilierung der Parteiwählerschaften bei der jüngsten Bundestagswahl. So waren die Unterschiede in der sozialen Zusammensetzung zwischen den Wählerschaften der Unionsparteien auf der einen Seite und SPD, Grünen sowie Linken auf der anderen Seite etwas stärker als 2009. Die deutlichsten Unterschiede ergaben sich in Bezug auf die konfessionell-religiöse, die zweitstärksten in Bezug auf die sozioökonomische Konfliktlinie.

Um zu überprüfen, ob diese bei separater Betrachtung erkennbaren Muster auch dann Bestand haben, wenn alle sozialstrukturellen und demographischen Merkmale zur gleichen Zeit betrachtet werden, wurden logistische Regressionsmodelle berechnet. In Tabelle 3 werden die Ergebnisse dieser Analysen so präsentiert, dass sie mit der Abbildung 1 vergleichbar sind; sie beziehen sich also auf den Grad der Über- bzw. Unterproportionalität der Wahrscheinlichkeit, dass eine bestimmte soziale oder demographische Wählerkategorie oder Gruppe der jeweiligen Partei ihre Stimme gegeben hat.

Die Ergebnisse dieser multivariaten Analyse zeigen, dass die beschriebenen Ergebnisse für die einzelnen Merkmale im Grundsatz auch dann Gültigkeit beanspruchen können, wenn alle anderen Merkmale mit berücksichtigt werden. So bestätigt sich eine hoch überproportionale Wahrscheinlichkeit der Wahl der Unionsparteien in den konfessionellen Gruppen und unter Kirchgängern auch dann noch, wenn andere Merkmale konstant gehalten werden. Die Ergebnisse für die SPD haben ebenfalls Bestand: Die bereits gezeigte überdurchschnittliche Neigung der Arbeitnehmer zu den Sozialdemokraten erweist sich auch unter Berücksichtigung aller anderen sozialen und demographischen Merkmale als robust. Im Unterschied zu 2009 hat auch der Befund einer überproportionalen SPD-Wahl unter gewerkschaftlich organisierten Arbeitern bei der Bundestagswahl 2013 Bestand. Bei der FDP lässt sich die überproportionale Wahlwahrscheinlichkeit unter Selbständigen bestätigen, bei den Grünen unter jüngeren Bürgern mit höherer Bildung und bei der Linken unter Arbeitslosen, Ostdeutschen, vor allem aber auch – anders als 2009 – unter Frauen. Auch bei gleichzeitiger Betrachtung aller Sozialmerkmale spiegeln sich die auf Basis der Theorie politischer Spannungslinien formulierten Erwartungen in der empirischen Realität der Bundestagswahl 2013 wider. Bei der AfD (Tabelle 3) erweist sich der Befund überproportionaler Unterstützung durch die Selbstständigen bei multivariater Betrachtung als nicht robust, wohl aber die Unterproportionalität unter Arbeitern und Bürgern mit türkischem Migrationshintergrund.

6.2.4 Fazit

Die mit der sozialen Differenzierung einhergehende Interessendiversifizierung der Gesellschaft drückt sich nach wie vor in typischen Mustern des Wahlverhaltens sozialer und demographischer Gruppen aus. Die durch die Theorie politischer Spannungslinien gegebenen Erwartungen bezüglich relativ stabiler Allianzen zwischen Bürgern in bestimmten sozialen Lagen und bestimmten politischen Parteien fanden im Großen und Ganzen ihre Entsprechung im Wahlverhalten bei der Bundestagswahl 2013. Zwar fielen einige der sozialstrukturellen Effekte auf das Wahlverhalten bei der Bundestagswahl 2013 nicht so stark aus wie noch in den 1970er und 1980er Jahren, aber doch etwas stärker als 2009. So war die Wahl der SPD 2009 vergleichsweise wenig durch soziale Profile geprägt gewesen, 2013 war demgegenüber in der Tendenz die Profilierung in ihrer traditionellen Kernwählerschaft wieder erkennbar. Für die Unionsparteien lassen sich immer noch konfessionell-religiöse Faktoren als stabile und starke Determinanten ausmachen. Es handelt sich hier – auch vor dem Hintergrund früherer Ergebnisse – um das wohl am stärksten und am dauerhaftesten das Wahlverhalten prägende Faktorenbündel.

Allerdings schreitet der soziale Wandel fort. Soziale Gruppen mit relativ stabilen Bindungen an politischen Parteien, wie z. B. die katholischen Kirchgänger oder gewerkschaftlich organisierte Arbeiter, werden weiter schrumpfen. Selbst wenn die daraus folgende überproportionale Stimmabgabe zugunsten der entsprechenden Parteien Bestand haben sollte, kann keine der Parteien und insbesondere keine der beiden großen – CDU/CSU und SPD – alleine auf tradierte Kernwählerschaften setzen, um Wahlen zu gewinnen. Der sozialstrukturell und demographisch induzierte politische Wandel nötigt den Parteien große Anpassungsleistungen ab. Gelingen diese nicht, könnten die Stimmenanteile insbesondere der großen Parteien weiter schrumpfen. Von Zeiten wie zwischen 1965 und 1980, als sie phasenweise 90 Prozent und mehr der Wählerstimmen auf sich vereinen konnten, sind sie weit entfernt. Das gilt, obwohl sie bei der Bundestagswahl 2013 gegenüber ihrem bislang niedrigsten gemeinsamen Anteil bei der Bundestagswahl 2009 (61,9) wieder deutlich zugelegt haben (79,9).

Literatur

Berelson, Bernard R./Lazarsfeld, Paul F./McPhee, William N. 1954: Voting. A study of opinion formation in a presidential campaign, Chicago: University Press of Chicago.

Lazarsfeld, Paul F./Berelson, Bernard/Gaudet, Hazel 1944: The People's Choice: How The Voter Makes Up His Mind in a Presidential Campaign, New York, London: Columbia University Press.

Lipset, Seymour Martin/Rokkan, Stein 1967: Cleavage structures, party systems, and voter alignments. An introduction, in: Lipset, Seymour Martin/Rokkan, Stein, Hg., Party Systems and Voter Alignments, New York: Free Press, 1-64.

Pappi, Franz-Urban/Shikano, Susumu 2001: Personalisierung der Politik in Mehrparteiensystemen am Beispiel deutscher Bundestagswahlen seit 1980, in: Politische Vierteljahresschrift 42, 355 – 387.

Pappi, Franz Urban 1979: Konstanz und Wandel der Hauptspannungslinien in der Bundesrepublik, in: Matthes, Joachim, Hg., Sozialer Wandel in Westeuropa, Frankfurt a.M.: Campus, 465-479.

Pappi, Franz Urban 1986: Wahlverhalten sozialer Gruppen bei Bundestagswahlen im Zeitverlauf, in: Klingemann, Hans-Dieter/Kaase, Max, Hg., Wahlen und politischer Prozess, Opladen: Westdeutscher Verlag, 369-384.

Pappi, Franz Urban 1990: Sozialstruktur und Wahlverhalten im sozialen Wandel, in: Kaase, Max/Klingemann, Hans-Dieter, Hg., Wahlen und Wähler: Analysen aus Anlass der Bundestagswahl 1987, Opladen: Westdeutscher Verlag, 15-30.

Weßels, Bernhard 2000: Gruppenbindung und Wahlverhalten: 50 Jahre Wahlen in der Bundesrepublik, in: Klein, Markus/Jagodzinski, Wolfgang/Mochmann, Ekkehard/Ohr, Dieter, Hg., 50 Jahre Empirische Wahlforschung in Deutschland, Opladen: Westdeutscher Verlag, 129-155.

Weßels, Bernhard 2004: The German Party System: Developments after Unification, in: Reutter, Werner, Hg., Germany on the Road to 'Normalcy': Policies and Politics of the Red-Green Federal Government (1998-2002), New York: Palgrave Macmillan, 47-65.

6.3 Parteibindungen

Anne Schäfer und Rüdiger Schmitt-Beck

6.3.1 Einleitung: Parteibindungen in Deutschland

Wenige Politikwissenschaftler werden in Zweifel ziehen, dass das Konzept der Parteiidentifikation zu den wichtigsten Konstrukten der modernen Wahlforschung zählt. Die Urheber dieses Konzeptes haben es definiert als eine Art psychologische Parteimitgliedschaft: eine stabile, tief in der Persönlichkeit verankerte, gefühlsmäßige Bindung an eine bestimmte politische Partei. Es wird angenommen, dass solche Parteibindungen bereits in frühen Lebensphasen durch die familiäre Sozialisation erworben werden und im späteren Leben in ganz ähnlicher Weise wie beispielsweise die religiöse Identität einen dauerhaften Kernbestandteil der Selbstdefinition von Individuen ausmachen (Campbell et al. 1960; Schoen/Weins 2005: 206-225).

Die Parteiidentifikation eines Wählers stellt eine der wichtigsten Prägekräfte für sein Entscheidungsverhalten an der Urne dar. Sie motiviert ihn, zur Wahl zu gehen, und legt überdies seine Entscheidung in Richtung derjenigen Partei fest, der er sich verbunden fühlt; dies umso prägnanter, je stärker sie ausgeprägt ist. Allerdings verbindet sich mit der Parteibindung nicht die Erwartung bedingungsloser Parteitreue im Wählerverhalten. Doch wird davon ausgegangen, dass gelegentliche, sich aus den konkreten Umständen bestimmter Wahlen herleitende Entscheidungen zuungunsten der eigenen Partei ohne Rückwirkungen auf die Identifikation mit dieser Partei bleiben. Die bestehende Bindung wird trotz punktueller „Untreue“ unverändert beibehalten. Neben diesem direkten Einfluss auf die Wahlentscheidung filtert die Parteiidentifikation auch wie eine getönte Brille die Wahrnehmung politischer Informationen. Parteigebundene Wähler verarbeiten die Eindrücke, die sie vom politischen Geschehen erhalten, in einer Weise, die für die betreffende Partei vorteilhaft ist. So neigen parteigebundene Wähler typischerweise dazu, ihre Partei für kompetenter im Hinblick auf die Lösung politischer Probleme zu halten. Außerdem gefällt ihnen in der Regel ihr Führungspersonal besser (Bartels 2002). Die Parteiidentifikation fungiert als ein politischer Kompass im unübersichtlichen Gelände der Politik, indem sie hilft, die erhaltenen politischen Informationen zu interpretieren. Dies versetzt den Wähler in die Lage, seine Entscheidung für die Partei, der er verbunden ist, nicht nur rein gefühlsmäßig, sondern auch anhand subjektiv guter Gründe zu treffen.

Verschiedentlich wurde die Frage aufgeworfen, inwieweit es sinnvoll ist, das in den USA entwickelte Konzept der Parteiidentifikation auf die Parteiendemokratien Westeuropas zu übertragen. Dem gegenüber kann geltend gemacht werden, dass es gerade in solchen historisch durch tiefe soziopolitische Spaltungen gekennzeichneten Kontexten besonders wahrscheinlich ist, dass viele Wähler dauerhafte Bindungen an die Parteien entwickeln, die diese Struktur- und Wertekonflikte politisch artikulieren (Richardson 1991). Sorgfältige Validierungen haben auch zweifelsfrei bestätigt, dass von der Existenz von Parteiidentifikationen in Deutschland ausgegangen werden kann (Falter et al. 2000).

Wenngleich die Parteiidentifikation eine bedeutsame Prägekraft des Wählerverhaltens ist, kann doch nicht übersehen werden, dass ihre Bedeutung im Rahmen eines als „Dealignment" bezeichneten Prozesses in den letzten Jahrzehnten zurückgegangen ist. Auch in Deutschland ist der Anteil parteigebundener Wähler seit den 1970er-Jahren geschrumpft, und die Stärke der verbliebenen Bindungen ist im Schnitt geringer als früher. Die Ursachen dieser Entwicklung werden noch diskutiert: Einerseits wird darauf hingewiesen, dass vor allem Wähler jüngerer Generationen und kognitiv mobilisierte Personen seltener eine Parteibindung aufweisen (Dalton 2012). Andere Studien diagnostizieren periodische Einflüsse und eine Abnahme von Parteibindungen vor allem in der Gruppe der niedriger Gebildeten (Dassonneville et al. 2012). Einigkeit besteht aber darin, dass Prozesse des „Dealignment" Raum für eine Abnahme der Prägekraft der Parteiidentifikation für die Wahlentscheidung eröffnen. Auf der anderen Seite ist aber entgegen allfälliger populärer Diagnosen einer weitgehenden Auflösung der politischen Bindungen der deutschen Wählerschaft zu betonen, dass die Mehrzahl der Bürger nach wie vor Parteibindungen aufweist (Arzheimer 2006; Ohr/Quandt 2012).

So war auch 2013, ähnlich wie bei der vergangenen Bundestagswahl, eine Mehrheit des Elektorats parteipolitisch gebunden; nur knapp 29 Prozent der Wähler stellten in Abrede, sich mit einer Partei zu identifizieren. 30 Prozent fühlten sich mit der CDU/CSU verbunden, 22 Prozent mit der SPD. Deutlich geringer waren die Anteile derjenigen, die sich einer der Kleinparteien nahe fühlen: 7,7 Prozent bei der Linken und 6,8 Prozent bei den Grünen. Diese Zahlen lagen 2013 in ähnlicher Größenordnung wie bei der Vorwahl. Aber die FDP musste im Vergleich zu 2009 eine dramatische Schrumpfung des Anteils der Wähler, die sich ihr verbunden fühlten, hinnehmen; er verringerte sich um mehr als die Hälfte auf nur noch 1,7 Prozent. Mit der neu auf die politische Bühne getretenen AfD identifizierten sich lediglich 0,6 Prozent der Befragten. Das kann nicht überraschen, denn Parteibindungen bauen sich nur auf lange Sicht auf. Die Mehrheit der Parteianhänger fühlte sich ziemlich oder sehr stark mit ihrer jeweiligen Partei verbunden (Tabelle 1); am stärksten waren die Bindungen an die Unionsparteien und die Linke. Lediglich die verbliebenen Parteianhänger der FDP waren nicht nur gering in ihrer Zahl, sondern ihrer Partei zudem auch überwiegend nur mäßig verbunden. Ähnlich wie 2009 hatten die Unionsparteien damit auch bei der Bundestagswahl 2013 hinsichtlich des Umfangs der Bindungen einen Vorsprung vor der SPD, in Bezug auf deren Stärke fiel er allerdings weniger deutlich aus.

Tabelle 1: Stärke von Parteibindungen (Prozent und Mittelwerte)

	CDU/ CSU	SPD	FDP	Grüne	Die Linke	AfD
Ziemlich/sehr schwach	3,5	5,4	4,0	4,4	3,5	0,0
Mäßig	31,5	33,4	55,9	35,5	26,2	36,0
Ziemlich stark	49,3	51,3	31,6	51,8	52,3	56,4
Sehr stark	15,7	9,9	8,5	8,3	18,0	7,6
Mittelwerte	3,8	3,7	3,4	3,6	3,8	3,7
N	1137	823	63	255	282	22

Quelle: GLES-Vor- und Nachwahl-Querschnittsbefragung 2013 (ZA5702).
Die Skala für die Mittelwerte läuft von 1 (sehr schwach) bis 5 (sehr stark). Der obere Teil der Tabelle enthält Spaltenprozente.

6.3.2 Parteibindungen und Wählerverhalten

Die Identifikation einer Person mit einer politischen Partei bedeutet nicht, dass sie diese auch stets wählt. Vielmehr sind auch parteigebundene Personen „wählerisch", wenngleich bei Weitem nicht im selben Maße wie parteipolitisch Ungebundene. Gerade aus ihrer Unterscheidbarkeit von der Wahlabsicht und dem Akt der Stimmabgabe selbst, für den die Parteibindung lediglich eine sehr starke Disposition erzeugt, ergibt sich der theoretische Nutzen dieses Konzeptes bei der Erklärung des Wählerverhaltens. Daraus folgt, dass es durchaus Unterschiede zwischen den Parteien im Hinblick auf das Ausmaß geben kann, in dem ihnen die Wähler, die sich ihnen verbunden fühlen, an der Urne Gefolgschaft leisten. Entsprechend können sich auch Dynamiken im Hinblick auf die Mobilisierung und Aktivierung von parteigebundenen Wählern im Verlauf des Wahlkampfs entwickeln (vgl. Johnston et al. 2014): Im Vorfeld der Bundestagswahl 2009 konnte beobachtet werden, dass Anhänger der SPD mit näher rückendem Wahltermin häufiger angaben, diese auch wählen zu wollen und ihre Unentschlossenheit sank. Gleichzeitig äußerten sie aber häufiger Wahlabsichten für die Grünen. Die CDU konnte ihr anfänglich hohes Aktivierungspotential in der Gruppe der an sie gebundenen Wähler nicht aufrecht erhalten; zum Ende des Wahlkampfes gab ein nicht unerheblicher Teil ihrer Anhänger an, für die FDP stimmen zu wollen.

Abbildung 1: Wahlabsichten nach Parteiidentifikation – CDU/CSU

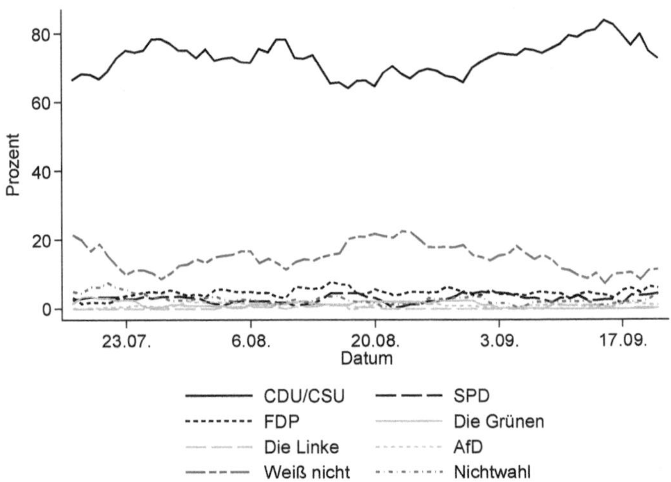

Quelle: GLES-Rolling Cross Section-Wahlkampfstudie 2013 (ZA5703).
Abgetragen sind jeweils die Durchschnittswerte der vergangenen sieben Tage (siehe Anhang 4).

Für die Bundestagswahl 2013 ergab sich ein etwas anderes Bild (siehe Abbildung 1): Ausgehend von einem schon anfänglich hohen Mobilisierungsniveau zeigten die Anhänger der Unionsparteien zum Ende des Wahlkampfes eine noch weiter gesteigerte Bereitschaft, für ihre Partei zu stimmen; gleichzeitig sank der Anteil derjenigen, die angaben, nicht zu wissen, für wen sie am 22. September stimmen würden. Anders als 2009 gab es diesmal keine Abwanderungstendenzen in Richtung der FDP. Die SPD startete – wie bei der Vorwahl – von einem deutlich geringeren Mobilisierungsniveau als die Union, konnte aber – ebenfalls in ähnlicher Weise wie bei der Bundestagswahl 2009 – bis zum Wahltag ihren Rückstand etwas verringern (siehe Abbildung 2). Größere Aktivierungsgewinne waren vor allem in der „heißen" Phase des Wahlkampfes ab Ende August zu verzeichnen. Der Anteil der unentschlossenen SPD-Anhänger und derjenigen, die ihre Stimme den Grünen geben wollten, sank. Gleichzeitig konnte die SPD von Zuwanderungen aus den Reihen der an die Grünen gebundenen Wähler profitieren (Detailbefunde nicht ausgewiesen). Dennoch konnte die Sozialdemokratie das Niveau der Geschlossenheit der Unionsanhänger erneut nicht erreichen.

Abbildung 2: Wahlabsichten nach Parteiidentifikation – SPD

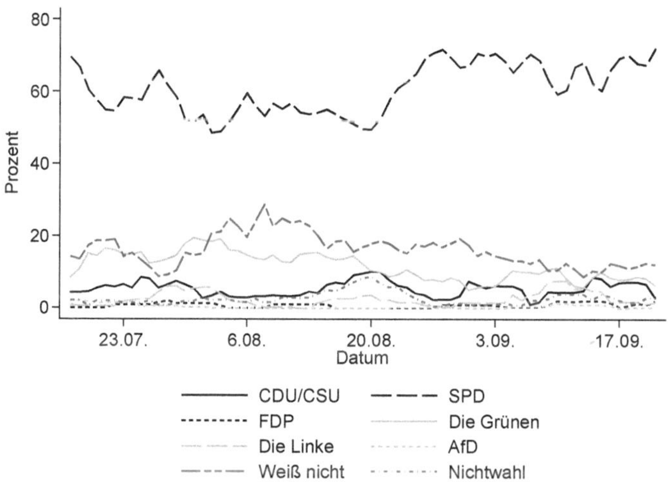

Quelle: GLES-Rolling Cross Section-Wahlkampfstudie 2013 (ZA5703).
Abgetragen sind jeweils die Durchschnittswerte der vergangenen sieben Tage (siehe Anhang 4).

Parteipolitisch ungebundene Wähler sind typischerweise viel beweglicher. In Abbildung 3 wird deutlich, dass Wähler, die angaben, sich keiner Partei verbunden zu fühlen, zu Beginn des Wahlkampfes in erheblichem Umfang, zum Ende hin aber deutlich seltener unentschlossen waren, wenn sie ihre Stimme geben sollten. Von dieser Kristallisierung einer Wahlentscheidung konnten vor allem die Unionsparteien deutlich profitieren; der Unterschied zur SPD ist beachtlich; umso mehr als zu Beginn des Wahlkampfes die

Kräfteverhältnisse in dieser Wählergruppe noch gegenteilig gelagert waren. Von den Kleinparteien konnte am ehesten die AfD leichte Zugewinne bei parteipolitisch ungebundenen Wählern verzeichnen, während diese von parteigebundenen Personen kaum Unterstützung erfuhr. Anders als in 2009 neigten ungebundene Wähler 2013 mit näher rückendem Wahltermin nicht seltener zur Nichtwahl.

Abbildung 3: Wahlabsichten nach Parteiidentifikation – keine

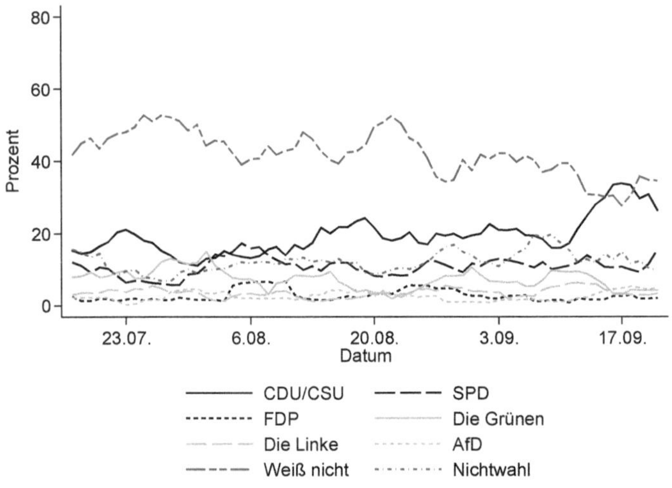

Quelle: GLES-Rolling Cross Section-Wahlkampfstudie 2013 (ZA5703).
Abgetragen sind jeweils die Durchschnittswerte der vergangenen sieben Tage (siehe Anhang 4).

Tabelle 2 zeigt das Ergebnis einer formalen Modellierung des Einflusses der Parteibindungen auf Wahlabsichten und Wahlentscheidungen bei der Bundestagswahl 2013. In der Tabelle sind zunächst Schätzwerte für jede der vier nach der Wahl im Bundestag vertretenen Parteien ausgewiesen. Die abgetragenen Schätzwerte geben an, um wie viel sich die Wahrscheinlichkeit einer Präferenz für die jeweilige Partei zwischen Personen, die sich mit einer der Parteien identifizierten, und Personen ohne Bindung an eine der vier Bundestagsparteien unterschied. So war die Wahrscheinlichkeit, sich für die CDU/CSU zu entscheiden, bei Personen, die sich einer Unionspartei nahe fühlten, um 59 Prozentpunkte höher als bei Personen, die sich mit keiner

Partei oder einer nicht im Bundestag vertretenen Partei identifizierten. Bei den Grünen und der Linken übersetzten sich Parteibindungen in etwa gleichem Ausmaß in entsprechende Wahlentscheidungen. Für Personen, die sich der SPD verbunden fühlten, war der Einfluss der Parteibindung auf ein entsprechendes Wahlverhalten demgegenüber deutlich geringer. Gleichzeitig verringerten Identifikationen mit politischen Parteien häufig die Neigung, für andere Parteien zu stimmen. Innerhalb des ideologisch linken Spektrums – also SPD, Grüne und die Linke – waren diese negativen Effekte allerdings geringer. Vor allem für die beiden Kleinparteien waren Abwanderungseffekte durch die Verbundenheit zu einer anderen Partei sehr gering und zum Teil statistisch nicht bedeutsam. Für die nach der Wahl nicht (mehr) im Bundestag vertretene FDP, insbesondere aber auch die AfD, war die Zahl der Parteiidentifizierer im hier ausgewerteten Datensatz zu gering, um vergleichbare Modelle zu schätzen. Für diese beiden Parteien sind daher in Tabelle 2 reduzierte Modelle dargestellt. Diese bilden zum einen den Einfluss einer Identifikation mit der jeweiligen Partei und zum anderen mit der Gesamtheit aller im Bundestag vertretenen Parteien sowie der AfD beziehungsweise der FDP ab (implizite Referenzkategorie: keine Parteiidentifikation einschließlich Parteiidentifikation mit sonstiger Partei). Diejenigen Wähler, die sich mit der FDP oder der AfD emotional verbunden fühlten, unterstützten ihre Partei auch mit großer Wahrscheinlichkeit an der Wahlurne. Die Identifikation mit einer anderen Partei hatte demgegenüber nur einen sehr geringen (Abwanderungs-)Effekt.

Tabelle 2: Einflüsse von Parteibindungen auf Wahlverhalten

	CDU/ CSU	SPD	FDP	Grüne	Die Linke	AfD
P.Ident. CDU/CSU	+59[c]	-26[c]	-	-7[c]	-7[c]	-
P.Ident. SPD	-34[c]	+45[c]	-	+1	-3[c]	-
P.Ident. FDP	-	-	+60[c]	-	-	-
P.Ident. Grüne	-24[c]	-8[c]	-	+58[c]	-1	-
P.Ident. Linke	-25[c]	-12[c]	-	-6[b]	+57[c]	-
P.Ident. AfD	-	-	-	-	-	+73[c]
P.Ident. Andere Partei	-	-	+1	-	-	-4[c]
Nagelkerke-R^2	0,67	0,58	0,19	0,45	0,54	0,16
N	3028	3028	3028	3028	3028	3028

Quelle: GLES-Vor- und Nachwahl-Querschnittsbefragung 2013 (ZA5702).
a: $p < 0,05$; b: $p < 0,01$; c: $p < 0,001$ (siehe Anhang 4).

6.3.3 Fazit

Obwohl die Bedeutung von Parteibindungen in Deutschland in den letzten Jahrzehnten nachgelassen hat, liegt sie noch immer auf hohem Niveau. So gaben auch bei der Bundestagswahl 2013 zwei von drei Wählern an, sich mit einer politischen Partei verbunden zu fühlen. In Bezug auf den Umfang der Bindungen hatten die Unionsparteien einen deutlichen Vorsprung gegenüber der SPD; die Stärke der Bindungen war jedoch bei beiden Parteien ähnlich. Die Verbundenheit mit einer der vier nach der Wahl im Bundestag vertretenen Parteien übersetzte sich durchgehend auch in ein entsprechendes Wahlverhalten; wobei der Einfluss einer Parteibindung für die Sozialdemokratie geringer war als bei CDU/CSU, Bündnis 90/Die Grünen und der Linken. Die massiven Verluste der FDP bei der Bundestagswahl 2013 waren zum Teil auch die Folge einer Implosion des „harten Kerns" jener Wähler, die sich dieser Partei emotional verbunden fühlten.

Sowohl Anhänger der CDU/CSU als auch der SPD gaben mit näher rückendem Wahltermin häufiger an, ihrer Partei auch an der Urne folgen zu wollen. Innerhalb der CDU-Anhängerschaft gab es, anders als 2009, keine zunehmenden Tendenzen, mit der Zweitstimme die FDP zu unterstützen. Die SPD startete, ebenso wie 2009, mit einem deutlichen Aktivierungsrückstand in den Wahlkampf und konnte diesen trotz deutlicher Mobilisierungsgewinne und rückläufiger Abwanderungstendenzen in Richtung der Grünen in der „heißen" Phase nicht gänzlich wettmachen. Hinzu kam, dass die Unionsparteien vor allem in der Gruppe der Wähler, die sich keiner Partei verbunden fühlten, die anfänglichen Kräfteverhältnisse zu ihren Gunsten wenden konnten.

Literatur

Arzheimer, Kai 2006: 'Dead men walking?' Party identification in Germany, 1977–2002, in: Electoral Studies 25, 791-807.

Bartels, Larry M. 2002: Beyond the Running Tally: Partisan Bias in Political Perceptions, in: Political Behavior 24, 117-150.

Campbell, Angus/Converse, Philip E./Miller, Warren E./Stokes, Donald E. 1960: The American Voter, New York: Wiley.

Dalton, Russell J. 2012: Apartisans and the changing German electorate, in: Electoral Studies 31, 35-45.

Dassonneville, Ruth/Hooghe, Marc/Vanhoutte, Bram 2012: Age, Period and Cohort Effects in the Decline of Party Identification in Germany: An Analysis of a Two Decade Panel Study in Germany (1992-2009), in: German Politics 21, 209-227.

Falter, Jürgen W./Schoen, Harald/Caballero, Claudio 2000: Dreißig Jahre danach: Zur Validierung des Konzepts ‚Parteiidentifikation' in der Bundesrepublik, in: Klein, Markus /Jagodzinski, Wolfgang /Mochmann, Ekkehard /Ohr, Dieter, Hg., 50 Jahre Empirische Wahlforschung in Deutschland, Wiesbaden: Westdeutscher Verlag, 235-271.

Johnston, Richard/Partheymüller, Julia/Schmitt-Beck, Rüdiger 2014: Activation of Fundamentals in German Campaigns, in: Weßels, Bernhard/Rattinger, Hans/ Roßteutscher, Sigrid/Schmitt-Beck, Rüdiger, Hg., Voters on the Move or on the Run?, Oxford: Oxford University Press, 217-237.

Ohr, Dieter/Quandt, Markus 2012: Parteiidentifikation in Deutschland: Eine empirische Fundierung des Konzepts auf Basis der Theorie Sozialer Identität, in: Schmitt-Beck, Rüdiger, Hg., Wählen in Deutschland. PVS Sonderheft 45, Baden-Baden: Nomos, 179-202.

Richardson, Bradley M. 1991: European Party Loyalties Revisited, in: The American Political Science Review 85, 751-775.

Schoen, Harald/Weins, Cornelia 2005: Der sozialpsychologische Ansatz zur Erklärung von Wählerverhalten, in: Falter, Jürgen W./Schoen, Harald, Hg., Handbuch Wahlforschung, Wiesbaden: VS-Verlag, 187-242.

6.4. Ideologie

Sigrid Roßteutscher und Philipp Scherer

6.4.1 Einleitung

„Links“ und „rechts“ gehören zu den klassischen Kategorien, nach denen Menschen ihre politischen Einstellungen beschreiben und die Parteien ihre Position im Verhältnis zu konkurrierenden Parteien bestimmen. Eingang in die empirische Wahl- und Einstellungsforschung fand die Links-Rechts-Dimension in den 1960er Jahren. Die Richtungsunterscheidung wird dabei zur Messung ideologischer Einstellungsmuster herangezogen. Ihre zentrale Bedeutung für Individuen besteht darin, die Komplexität des politischen Raumes in nützlicher Weise zu reduzieren. Die Links-Rechts-Unterscheidung wird daher auch als „Super-Thema“ (Inglehart/Klingemann 1978) bezeichnet, das den Wählern hilft, die eigene Position gegenüber spezielleren politischen Themen zu finden. Entgegen der Thesen vom „Ende der Ideologie“ (Bell 1961) oder vom „Ende der Geschichte“ (Fukuyama 1992) ist die Links-Rechts-Unterscheidung für Wähler und politische Eliten noch immer ein wichtiger Maßstab zur Orientierung im politischen Raum. So ist eine deutliche Mehrheit der Deutschen auch gegenwärtig noch in der Lage, sich selbst und die Parteien auf einer Links-Rechts-Achse zu positionieren (Scherer 2011). Allerdings bleibt zu fragen, ob mit Hilfe der Links-Rechts-Skala auch heute noch die Wahlentscheidung der Deutschen erklärt werden kann. Die Frage ist nicht trivial, da sich die Bedeutung der Richtungsbegriffe „links“ und „rechts“ im Zeitverlauf deutlich verändert hat. Zu Beginn der Analysen wird daher zunächst beschrieben, welche semantischen Veränderungen die beiden Richtungsbegriffe erfasst haben. Nachfolgend wird dargestellt, wie sich linke und rechte Positionen in der zeitgenössischen Gesellschaft verteilen, und untersucht, ob die Bedeutungsveränderungen einem Generationenwandel geschuldet sind. Abschließend wird analysiert, ob die Mehrdeutigkeit politischer Ideologie mit der zunehmenden Fragmentierung des deutschen Parteiensystems in einem Zusammenhang steht und welche Folgen dies für die Wahlentscheidung hat.

6.4.2. Die Bedeutungsverschiebung von „links“ und „rechts“

Ihren Ursprung hat die Richtungsunterscheidung im Frankreich des späten 18. Jahrhunderts: In der revolutionären französischen Nationalversammlung saßen die Vertreter der radikalen Parteien auf der linken, die der gemäßigten Reformer auf der rechten Seite des Parlaments (Laponce 1981: 47 ff.). Seit dieser Zeit galt als „links“, wer eine breitere politische Beteiligung auch bürgerlicher Gesellschaftsgruppen einforderte. „Rechts“ waren hingegen im alten Regime verankerte Vorstellungen vom politischen Privileg des Adels und des Klerus. Im Zuge der Industrialisierung, die eine Verarmung breiter Bevölkerungsschichten, die Entstehung des „Proletariats“ und Massenarbeitslosigkeit mit sich brachte, verschob sich die Bedeutung der Richtungsbegriffe: „Links“ war nun vor allem eine auf Umverteilung gesellschaftlichen Wohlstands, soziale Gleichheit und die Schaffung institutionell-staatlicher Garantien gegen die Risiken der Arbeitslosigkeit und Arbeitsunfähigkeit einklagende politische Vision. Als „rechts“ galten Vorstellungen, die auf die natürlichen Kräfte des freien Marktes setzten und staatliche Eingriffe in die Wirtschaftsordnung als kollektiv schädlich und somit auch für das Individuum nachteilig betrachteten. Dieses Verständnis von „links“ und „rechts“ blieb für lange Zeit prägend und spiegelte sich in der Bundesrepublik auch in den Zielen der politischen Parteien wider. Ihre Programme unterschieden sich vor allem darin, inwieweit soziale Umverteilung und Wohlfahrtsstaatsentwicklung über den Schutz des freien Marktes vor staatlichen Eingriffen gestellt werden sollte(vgl. Hobsbawm 2004: 115 ff.; Nullmeier 2006: 315ff.; Roßteutscher/Scherer 2013: 381).

Im Zuge des sozialen und gesellschaftlichen Wandels der 1960er und 1970er Jahre veränderte sich die Bedeutung der Begrifflichkeiten ein weiteres Mal. Steigender Wohlstand und anhaltender Frieden in der Nachkriegszeit verursachten einen tiefgreifenden Wertewandel (Inglehart 1990). Die neuen, „postmaterialistischen“ Werte der Selbstverwirklichung, des Umweltschutzes sowie der Freiheit des Individuums von gesellschaftlichen Zwängen standen nun für „linke“ Orientierungen, während „materialistische“ Vorstellungen, die Wohlstand, ökonomische und soziale Sicherheit sowie den Wert traditioneller Lebensweisen und nationaler Leitkulturen betonten, als „rechts“ galten (vgl. auch Klages 1993; Roßteutscher 2004).

Spätestens jetzt wurde die inhaltliche Füllung der Begriffe „rechts“ und „links“ mehrdeutig. Eine Person kann sich seit den 1980ern hinsichtlich einer Position als „links“ verstehen und in Bezug auf andere Vorstellungen eine „rechte“ Haltung einnehmen. Die drei historisch entstandenen und miteinander konkurrierenden zentralen ideologischen Vorstellungen verlaufen entlang folgender Pole (ausführlicher siehe Roßteutscher/Scherer 2013: 381ff.):

- Inklusion (Beteiligung Vieler) versus Exklusion (Elitendominanz)
- Staatliche Umverteilung versus Kapitalismus/Staat versus Markt
- Nachhaltigkeit/Umweltschutz versus Wachstum

6.4.3 Empirische Analysen

Im Kontext sozialer und gesellschaftlicher Wandlungsprozesse hat im Westen Deutschlands während der 1980er Jahre eine deutliche Links-Verschiebung der politischen Einstellungsmuster der Bürger eingesetzt. Seit der Vereinigung mit dem ehemals sozialistischen Osten dominieren linke Einstellungsmuster in Deutschland sogar noch etwas deutlicher (Scherer 2011). Abbildung 1 zeigt die Verteilung der ideologischen Positionen unter der deutschen Wählerschaft im Vergleich der Bundestagswahlen 2009 und 2013.

Abbildung 1: Ideologische Positionen 2009 und 2013

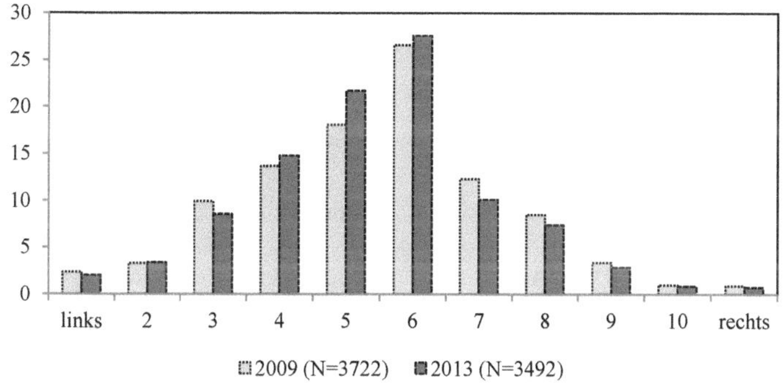

Quellen: GLES-Vor- und Nachwahl-Querschnittsbefragung 2013 (ZA5702), GLES-Vor- und Nachwahl-Querschnittsbefragung 2009 (ZA5302).

Für beide Wahljahre ist klar zu erkennen, dass die Positionen links des Skalenmittelpunktes (6) deutlich stärker besetzt sind, als die Positionen rechts davon. Ferner lässt sich in der Tendenz eine weitere Linksverschiebung beobachten. Während rechte Positionen 2013 im Vergleich zu 2009 etwas unattraktiver wurden, zeigte sich im linken Spektrum eine Zunahme gemäßigt linker Positionen.

Ist diese Linksverschiebung dem Generationenwandel geschuldet oder betrifft sie die Gesellschaft insgesamt? Die Definition von Generationen orientiert sich hier an den großen gesellschaftlichen und politischen Umbrüchen, die Deutschland in seiner jüngeren Vergangenheit erlebt hat. So wird die Kriegs- und Vorkriegsgeneration (geboren bis 1940), von der Nachkriegs- oder Wirtschaftswundergeneration (für die ehemalige DDR: die erste nach sozialistischen Maßstäben erzogene Kohorte, geboren 1941-1960) unterschieden. Es folgt die Generation, die nach den unruhigen 1968er Jahren sozialisiert wurde und im Mediendiskurs gerne als Generation X bezeichnet wird (für die DDR: die Kohorte der etablierten DDR, geboren 1961-1979). Eine vierte Generation bilden alle nach 1980 Geborenen, die im Post-Vereinigungsdeutschland die kritische Phase der politische Sozialisation erlebten – die sogenannte Generation Y (Roßteutscher 2013: 943f.).

Abbildung 2: Ideologische Position und politische Generationen

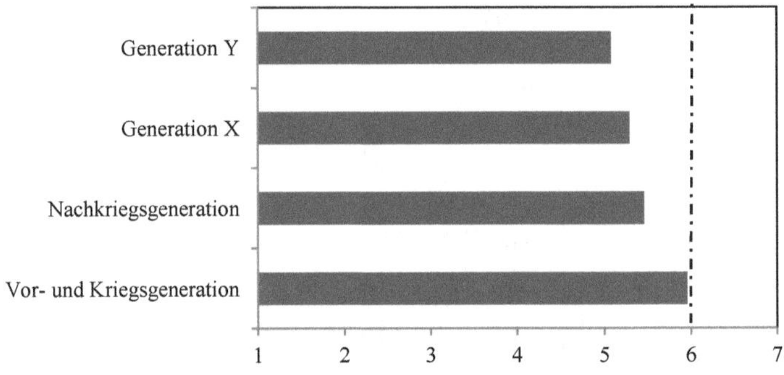

Quelle: GLES-Vor- und Nachwahl-Querschnittsbefragung 2013 (ZA5702).

In Abbildung 2 ist eine klare und kontinuierliche Linksverschiebung über die Generationen hinweg zu erkennen. Jede Nachfolgegeneration war „linker" als ihre Vorgängergeneration. Wird der natürliche Skalenmittelpunkt als Ausgangspunkt herangezogen (markiert durch die vertikale, gestrichelte Linie), so positionierte sich nur die Vorkriegs- und Kriegsgeneration im Durchschnitt nicht links des Skalenmittelpunktes sondern ziemlich genau in der Mitte.

Nun zur Frage, ob die Links-Rechts Positionierung noch immer das „Super-Thema“ zur Generierung von Einstellungen gegenüber politischen Sachfragen darstellt. Die Befragten wurden gebeten, ihre Zustimmung oder Ablehnung zu politischen Aussagen anzugeben. Die Statements beschreiben dabei jeweils eine der drei substantiellen Dimensionen der Links-Rechts-Unterscheidung:

- Einwanderer sollten verpflichtet werden, sich der deutschen Kultur anzupassen. (Inklusion)
- Für die Besetzung der Aufsichtsräte großer Unternehmen sollte es eine gesetzlich verankerte Frauenquote geben. (Inklusion)
- Der Staat sollte sich aus der Wirtschaft heraushalten. (Umverteilung)
- Die Regierung sollte Maßnahmen ergreifen, um die Einkommensunterschiede zu verringern. (Umverteilung)
- Bürger sollten einen bindenden Volksentscheid auf Bundesebene herbeiführen können. (Inklusion)
- Die Energieversorgung sollte auch durch die Nutzung von Atomkraft gesichert werden. (Nachhaltigkeit)

Tabelle 1: Die Links-Rechts-Position als „Super-Thema“

	Vorkriegs-/ Kriegsgeneration	Nachkriegsgeneration	Generation X	Generation Y
Einwanderer	0,05	0,13[c]	0,15[c]	0,23[c]
Frauenquote	-0,14[c]	-0,19[c]	-0,15[c]	-0,14[b]
Staatseingriffe	0,16[c]	0,14[c]	0,07[a]	0,06
Einkommensunterschiede	-0,28[c]	-0,29[c]	-0,27[c]	-0,25[c]
EU-Hilfen	-0,01	0,01	-0,04	-0,06
Volksentscheide	-0,22[c]	-0,15[c]	-0,15[c]	-0,18[c]
Atomkraft	0,19[c]	0,19[c]	0,25[c]	0,29[c]
N	631	1155	836	428

Quelle: GLES-Vor- und Nachwahl-Querschnittsbefragung 2013 (ZA5702).
Ausgewiesen sind Korrelationswerte, a: $p < 0,05$; b: $p < 0,01$; c: $p < 0,001$ (siehe Anhang 1).

Hinzu kommt eine Aussage, welche die klassische Frage nach sozialer Gerechtigkeit und Umverteilung zwischen Arm und Reich auf die europäische Ebene überträgt. Allerdings besitzt diese Streitfrage auch eine nationalstaatliche Dimension, da sich hier auch anti-europäische/pro-deutsche Einstellungen spiegeln (Anti-EU und Anti-Einwanderer-Positionen korrelieren mit einem Wert von fast 0,3):

- In Zeiten der europäischen Schuldenkrise sollte Deutschland EU-Mitgliedstaaten, die starke wirtschaftliche und finanzielle Schwierigkeiten haben, finanziell unterstützen. (Umverteilung und Inklusion)

Tabelle 1 bildet den Zusammenhang zwischen diesen Streitfragen und der Links-Rechts-Skala getrennt nach Generationen ab. Dabei zeigt sich, dass zwei Streitfragen über alle Generationen hinweg in besonderem Maße mit der ideologischen Positionierung zusammenhingen: die Haltung zur Atomkraft sowie zum staatlichen Ausgleich von Einkommensunterschieden. Ebenso war die Einstellung zur Einführung einer Frauenquote für alle Generationen mit der Links-Rechts-Unterscheidung verknüpft, wenn auch in etwas schwächerem Maße. Die Frage, ob sich Einwanderer der einheimischen Kultur anpassen sollten, erfuhr hingegen erst im Verlauf der Generationen eine klare ideologische Aufladung. Während die Vor- und Kriegsgeneration keine einheitliche ideologische Position mit dieser Aussage verband, war die Verknüpfung mit den Begriffen „links" und „rechts" für die übrigen drei Generationen eindeutig. Umgekehrt war die Situation hinsichtlich der Aussage zu staatlichen Eingriffen in die Wirtschaft. Während hier für ältere Generationen ein klarer Zusammenhang zu politischer Ideologie bestand, schwächte sich dieser bei jüngeren Kohorten ab und war für die jüngste Generation nicht länger vorhanden. Gar nicht mit einer ideologischen Position verknüpft war die Frage, ob sich Deutschland finanziell für angeschlagene EU-Mitgliedsstaaten engagieren sollte. Dies mag einerseits der Aktualität des Themas geschuldet sein, andererseits ist auch denkbar, dass hier ein über politische Eliten gesteuerter Zusammenhang besteht, der sich in Korrelationsanalysen nicht aufdecken lässt – kommunizierten doch sowohl die Linkspartei als auch die „rechte" AfD gleichermaßen anti-europäische Haltungen. Es ergibt sich somit ein gemischtes Bild. Manche Streitfragen waren relativ eindeutig mit den Ordnungsbegriffen „links" und „rechts" verknüpft, andere sehr viel weniger. Ob die Links-Rechts-Unterscheidung noch immer als ein „Super-Thema" funktioniert, das den Wählern hilft, die eigene Position auf weiteren Streitfragen zu finden, ist auf Basis dieser Analysen zumindest fraglich. Allerdings sind eindeutige Verschiebungen in der thematischen Füllung der Begriffe „links" und „rechts" im Verlauf der Generationen zu beobachten.

Daher wird im Folgenden zunächst betrachtet, wie sich die Wähler der verschiedenen Parteien 2013 im ideologischen Raum positionierten (siehe Abbildung 3). Wähler der Linkspartei bildeten – mit deutlichem Abstand –

den linken Pol in der Gesellschaft. Auf der anderen Seite des politischen Spektrums lag die Wählerschaft von FDP, Union und AfD. Die Anhänger von SPD und Grünen nahmen auf der Links-Rechts-Achse eine mittlere Position ein, ohne dass sie deutlich voneinander zu unterscheiden wären. Damit ergab sich eine klare Dreiteilung des ideologischen Raums. Der rechte Rand war, zumindest auf Basis der Wählerschaft, unbesetzt. Mitte-rechts Positionen wurden gleichermaßen von CDU/CSU, FDP und AfD-Wählern vertreten, während der linke Raum solitär von Unterstützern der Linkspartei und der Mitte-links Bereich von Anhängern von SPD und Grünen besetzt wurde. Damit waren hinsichtlich der grundsätzlichen Position im ideologischen Raum auch keine Veränderungen zu 2009 – mit Ausnahme der neuen Kraft AfD – zu erkennen (Roßteutscher/Scherer 2011: 138).

Abbildung 3: Ideologische Positionen der Wählerschaft

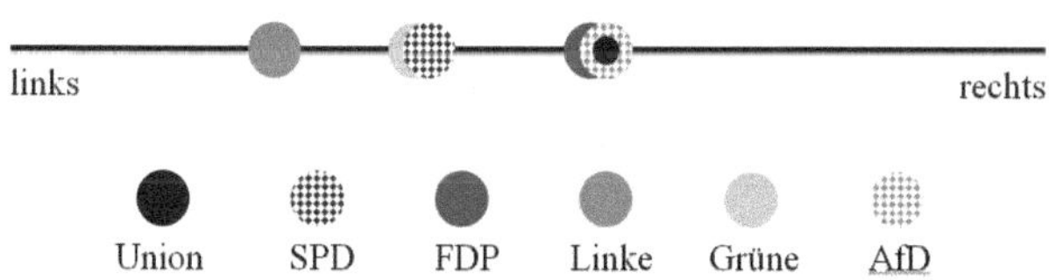

Quellen: GLES-Vor- und Nachwahl-Querschnittsbefragung 2013 (ZA5702).

Tabelle 2: Wahlentscheidungen

	CDU/ CSU	SPD	FDP	Grüne	Die Linke	AfD
Links-Rechts-Selbsteinstufung	+66[c]	-21[c]	+8[c]	-13[c]	-30[c]	+10[c]
Parteiidentifikation	+72[c]	+67[c]	+52[c]	+68[c]	+60[c]	+76[c]
Nagelkerke R^2	0,64	0,51	0,22	0,43	0,55	0,17
N	2830	2830	2830	2830	2830	2830

Quelle: GLES-Vor- und Nachwahl-Querschnittsbefragung 2013 (ZA5702).
a: $p < 0,05$; b: $p < 0,01$; c: $p < 0,001$ (siehe Anhang 4).

Abschließend ist zu überprüfen, ob politische Ideologie trotz der zunehmenden und über den Generationenwandel vermittelten Mehrdeutigkeit noch immer in der Lage ist, Wahlverhalten zu erklären. Hierzu werden binäre logistische Regressionen durchgeführt, die jeweils für die sechs Parteien getrennt berechnet werden. In alle Modelle wird die Identifikation mit der jeweils untersuchten Partei als Kontrollvariable integriert.

Tabelle 3: Wahlentscheidungen und Generationen

	CDU/ CSU	SPD	FDP	Grüne	Die Linke	AfD
	Vorkriegs- und Kriegsgeneration					
Links-Rechts-Selbsteinstufung	+48[b]	-39[b]	+8[b]	-7[b]	-22[c]	+10[b]
Parteiidentifikation	+79[c]	+79[c]	+81[c]	+85[c]	+39[c]	-
Nagelkerke R^2	0,68	0,71	0,49	0,27	0,64	0,05
N	644	664	664	664	664	654
	Nachkriegsgeneration					
Links-Rechts-Selbsteinstufung	+53[c]	-25[b]	+11[c]	-8[a]	-36[c]	+12[c]
Parteiidentifikation	+70[c]	+72[c]	+47[c]	+63[c]	+61[c]	-
Nagelkerke R^2	0,59	0,56	0,22	0,36	0,55	0,04
N	1095	1095	1095	1095	1095	1113
	Generation X					
Links-Rechts-Selbsteinstufung	+73[c]	-26[b]	+9[a]	-14[a]	-24[b]	+9
Parteiidentifikation	+70[c]	+56[c]	+26[b]	+67[c]	+67[c]	+45[a]
Nagelkerke R^2	0,65	0,42	0,06	0,46	0,56	0,06
N	756	756	756	756	756	756
	Generation Y					
Links-Rechts-Selbsteinstufung	+63[c]	+5	+5	-20	-31[a]	+33[b]
Parteiidentifikation	+64[c]	+56[c]	+47[c]	+68[c]	+59[c]	+70[b]
Nagelkerke R^2	0,60	0,36	0,23	0,52	0,53	0,41
N	335	335	335	335	335	335

Quelle: GLES-Vor- und Nachwahl-Querschnittsbefragung 2013 (ZA5702).
a: $p < 0{,}05$; b: $p < 0{,}01$; c: $p < 0{,}001$ (siehe Anhang 4).

Für drei Parteien hatte die Links-Rechts-Positionierung bei der Bundestagswahl 2013 eine zentrale, Wahlverhalten erklärende Funktion. Überragend war ihre Bedeutung im Fall der Unionsparteien. Eine sehr rechte Position im ideologischen Raum erhöhte im Vergleich zu einer extrem linken Position die Wahrscheinlichkeit der Wahlentscheidung zu Gunsten von CDU/ CSU um fast 66 Prozentpunkte. Dies deutet darauf hin, dass die Union bei der vergangenen Bundestagswahl die Funktion einer Sammlungspartei für die Wähler im rechten Teil des politischen Spektrums ausfüllte.

Deutlich geringer, aber immer noch stark, war der Einfluss einer Positionierung links der Mitte hinsichtlich der Wahlentscheidung für die Linke (Erhöhung um 30 Prozentpunkte) sowie die SPD (21 Prozentpunkte). Bei den Wählern der Grünen, der FDP und der AfD waren hingegen wesentlich geringere Einflüsse der Positionierung auf der Links-Rechts-Skala auszumachen.

Doch wie verhielt es sich hinsichtlich des Einflusses der ideologischen Positionierung im Vergleich der vier Generationen? Es ist zu vermuten, dass aufgrund der Bedeutungsverschiebung der Begriffe „links" und „rechts" deutliche Unterschiede zwischen den Generationen zu erkennen sind. Tabelle 3 zeigt den Zusammenhang zwischen politischer Ideologie und Wahlentscheidung getrennt nach Generationen.

Die Wahl der Unionsparteien war im Verlauf der Generationen zunehmend mit einer rechten Position verknüpft. Gerade für die Generation X, also die im Kontext der neuen sozialen Bewegungen und des Wertewandels sozialisierten Bürger, war die Verbindung zwischen einer rechten Position und der Wahlentscheidung zugunsten von CDU/CSU überaus eng. Umgekehrt verhielt es sich im Fall der SPD. Während innerhalb der Vorkriegs- und Kriegsgeneration eine linke Position die Wahrscheinlichkeit, sich für die SPD zu entscheiden, um fast 40 Prozentpunkte erhöhte, war in der jüngsten Generation Y kein Zusammenhang zwischen ideologischer Positionierung und SPD-Wahl zu erkennen. Hingegen profitierten im Generationenverlauf die Grünen immer deutlicher von einer linken Orientierung. Für die Linkspartei war kein einheitliches Muster zu erkennen. Es galt jedoch, dass linke Positionen über alle Generationen hinweg die Wahrscheinlichkeit ihrer Wahl erhöhten. Damit hatte die SPD unter den Wählern der jüngsten Generation die Oberhoheit im linken ideologischen Raum verloren: Innerhalb der Generation Y erhöhten linke Positionen die Wahlwahrscheinlichkeit für Grüne und Linkspartei und standen in keinem Zusammenhang mit der Wahl der SPD. Auch für die FDP, von der Vorkriegs- und Kriegsgeneration bis zur Generation X immerhin noch leicht von rechten Positionierungen profitierend, war in der jüngsten Generation kein Zusammenhang mit der ideologischen Position zu beobachten. Für die AfD war das Gegenteil der Fall. Sie profitierte gerade bei Wählern, die nach der deutschen Vereinigung sozialisiert wurden, von deren Orientierung rechts der Mitte (Erhöhung der Wahlwahrscheinlichkeit um 33 Prozentpunkte).

6.4.4 Fazit

Seit den 1980er Jahren hat sich die ideologische Selbstpositionierung der deutschen Bürger kontinuierlich nach links verschoben. Es sind zudem Unterschiede zwischen den Generationen auszumachen: Je jünger die Generation, desto weiter links positionieren sich ihre Vertreter. Ferner ist deutlich geworden, dass sich die während der vergangenen Dekaden zu beobachtende Bedeutungstransformation der Begriffe „links" und „rechts" zum Teil über die Generationenfolge nachvollziehen lässt. So ist die Frage der Einwanderung für die Generation der Krieg- und Nachkriegskinder keine, für die beiden jüngeren Kohorten dagegen sehr deutlich eine Frage politischer Ideologie. Umgekehrt verhält es sich mit der Haltung zu Staatseingriffen in die Wirtschaft: für ältere Generationen noch mit „links" bzw. „rechts" verknüpft, verliert sich diese ideologische Aufladung bei jüngeren Kohorten.

Zentral war für dieses Unterkapitel die Frage, ob politische Ideologie auch 2013 noch Wahlentscheidungen erklären konnte und dazu beitrug, die Ausdifferenzierung des bundesrepublikanischen Parteiensystems (mit) zu erklären. Hier ergaben sich sehr eindeutige Unterschiede zwischen den Parteien. Die Unionsparteien speisten sich eindeutig – und über die Generationen hinweg zunehmend – aus einer rechts orientierten Wählerschaft. Allerdings erfuhren sie in der jüngsten Generation Y erstmals eine direkte Konkurrenz, da mit der AfD eine weitere politische Kraft Stimmen im rechten Lager rekrutieren konnte. Ob die Unionsparteien in der Zukunft ihr bisheriges Alleinstellungsmerkmal im rechten ideologischen Raum behalten können, hängt also nicht zuletzt davon ab, ob der AfD die Etablierung im bundesrepublikanischen Parteiensystem gelingt. Die SPD hingegen hat den Kampf um die Vorherrschaft im linken ideologischen Raum unter den jüngeren Wählern, wie es scheint, bereits verloren. Während sie bei Wählern aus der Vorkriegs- und Kriegsgeneration noch den linken Raum dominierte, wählten innerhalb der jüngsten Generation links orientierte Wähler entweder die Grünen oder die Linkspartei, jedoch nicht mehr die SPD.

Insgesamt kann daher festgestellt werden, dass politische Ideologie – für den überwiegenden Teil der Parteien – bei der Bundestagswahl noch immer wahlentscheidend wirkte. Ein Blick auf die unterschiedlichen Generationen zeigte zudem, dass sich angesichts eines Mehrfachangebots im linken und neuerdings auch im rechten Spektrum ähnlich links oder rechts positionierte Wähler für unterschiedliche Angebote entschieden haben.

Literatur

Bell, Daniel 1961: The End of Ideology. On the Exhaustion of Political Ideas in the Fifties, New York: The Free Press.

Hobsbawm, Eric 2004: Das Gesicht des Jahrhunderts, München: Deutscher Taschenbuch Verlag.

Fukuyama, Francis 1992: Das Ende der Geschichte. Wo stehen wir?, München: Kindler.

Inglehart, Ronald 1990: Culture Shift in Advanced Industrial Society, Princeton, NJ: Princeton University Press.

Klages, Helmut 1993: Traditionsbruch als Herausforderung. Perspektiven der Wertwandelsgesellschaft, Frankfurt a. M./New York: Campus.

Laponce, Jean Antoine 1981: Left and Right. The Topography of Political Perceptions, Toronto, Buffalo, London: University of Toronto Press.

Nullmeier, Frank 2006: „Links – Rechts", in: Lessenich, Stephan/Nullmeier, Frank, Hg., Deutschland. Eine gespaltene Gesellschaft, Bonn: Bundeszentrale für politische Bildung, 313-335.

Roßteutscher, Sigrid 2004: Von Realisten und Konformisten – Wider die Theorie der Wertsynthese, in: Kölner Zeitschrift für Soziologie und Sozialpsychologie 56, 407-432.

Roßteutscher, Sigrid 2013: Werte und Wertewandel, in: Mau, Steffen/Schöneck, Nadine, Hg., Handwörterbuch zur Gesellschaft Deutschlands, Wiesbaden: Springer VS, 936-948.

Roßteutscher, Sigrid/Scherer, Philipp 2011: Ideologie und Wertorientierungen, in: Rattinger, Hans/Roßteutscher, Sigrid/Schmitt-Beck, Rüdiger/Weßels, Bernhard et al., Zwischen Langeweile und Extremen. Die Bundestagswahl 2009, Baden-Baden: Nomos Verlagsgesellschaft, 131-146.

Roßteutscher, Sigrid/Scherer, Philipp 2013: Links und Rechts im politischen Raum: Eine vergleichende Analyse der ideologischen Entwicklung in Ost- und Westdeutschland, in: Weßels, Bernhard/Schoen, Harald/Gabriel, Oscar W., Hg., Wahlen und Wähler. Analysen aus Anlass der Bundestagswahl 2009, Wiesbaden: Springer VS, 380-406.

Scherer, Philipp 2011: Jenseits von Links und Rechts. Spielt Ideologie für Parteien und Wähler keine Rolle mehr?, in: Bytzek, Evelyn/Roßteutscher, Sigrid, Hg., Der unbekannte Wähler? Mythen und Fakten über das Wahlverhalten der Deutschen, Frankfurt a. M./New York: Campus, 23-41.

6.5 Wirtschaftliche Entwicklung und Eurokrise

Markus Steinbrecher

6.5.1 Einleitung

Wirtschaftliche Themen wie die Bekämpfung von Arbeitslosigkeit und Inflation oder die Ankurbelung des Wirtschaftswachstums spielen bei jeder Wahl eine wichtige Rolle für den Wahlkampf der Parteien und die Wahlentscheidungen der Bürger (vgl. z.B. Duch/Stevenson 2008; Rattinger/Steinbrecher 2011). Stand die Bundestagswahl 2009 im Schatten der „schlimmsten Wirtschaftskrise seit 1945“ – so Bundeskanzlerin Angela Merkel am 11. März 2009 – spielten für die Bundestagswahl 2013 die zum Teil aus dieser Wirtschaftskrise erwachsene europäische Schuldenkrise und die damit verbundenen Rettungsmaßnahmen für Griechenland, Spanien und andere europäische Staaten eine wichtige Rolle. Zwar war Deutschland einerseits als Insel der Stabilität und wirtschaftlichen Erfolgs in Europa nur in geringem Maße direkt von der Krise betroffen. Andererseits war die Bundesregierung aus CDU/CSU und FDP aber gezwungen, umfangreiche Verpflichtungen und Hilfszusagen für die Krisenländer innerhalb der Eurozone mit möglicherweise schwerwiegenden langfristigen Konsequenzen für das ökonomische Wohlergehen Deutschlands einzugehen (siehe auch Kapitel 2).

Es erscheint daher plausibel anzunehmen, dass vor diesem Hintergrund wirtschaftliche Fragen und insbesondere auf die europäische Schuldenkrise bezogene Aspekte bei der Bundestagswahl 2013 eine wichtige Rolle für die Stimmabgabe der Wähler in Deutschland gespielt haben. Im Folgenden werden zunächst die hier ausgewerteten Indikatoren wirtschaftlicher Wahrnehmungen präsentiert (Abschnitt 6.5.2). Anschließend werden Analysen vorgestellt, die darüber Aufschluss geben, wie sich die wirtschaftlichen Einschätzungen der Bürger bei der Bundestagswahl 2013 auf Wahlentscheidungen zugunsten oder zuungunsten der verschiedenen Parteien ausgewirkt haben (Abschnitt 6.5.3). Danach wird untersucht, ob und wie Meinungen zur Eurokrise einen Einfluss auf Wahlentscheidungen gehabt haben (Abschnitt 6.5.4). Zum Abschluss werden die wichtigsten Ergebnisse noch einmal zusammengefasst (Abschnitt 6.5.5).

6.5.2 Wirtschafts- und Krisenwahrnehmungen der Wähler

In der Deutschen Wahlstudie (GLES) zur Bundestagswahl 2013 wurden die Wahlberechtigten sowohl nach der Bewertung ihrer eigenen wirtschaftlichen Lage als auch nach ihrer Wahrnehmung der allgemeinen wirtschaftlichen Situation in Deutschland wie auch in Europa gefragt. Dabei sollten die Befragten die aktuelle Lage sowie deren Entwicklung in den zurückliegenden ein bis zwei Jahren (retrospektiv) bewerten. Außerdem wurden sie nach ihren Erwartungen für das kommende Jahr gefragt (prospektiv). Diese insgesamt sieben Indikatoren wurden für die hier vorgestellten Analysen auf einen Wertebereich zwischen -1 und +1 normiert. Neben stark und schwach positiven und negativen Bewertungen der wirtschaftlichen Lage konnten die Befragten auch neutrale Antworten (0) abgeben. Die Mittelwerte in Tabelle 1 zeigen, dass eigene und allgemeine wirtschaftliche Situation für alle drei zeitlichen Bezugspunkte nahezu gleich bewertet wurden. Die Einschätzung der aktuellen Lage war mit Werten von 0,21 und 0,20 relativ positiv. Beim Blick auf die Vergangenheit und in die Zukunft waren die Bürger in Deutschland mit Mittelwerten nahe dem Skalenmittelpunkt 0 geteilter Meinung. Vergleicht man diese Bewertungen mit jenen, die bei der Bundestagswahl 2009 gemessen worden waren (Steinbrecher/Rattinger 2011), sieht man eine deutliche Verbesserung bei den Bewertungen der retrospektiven und aktuellen Lage um bis zu einem halben Skalenpunkt. Die Einschätzungen der Befragten spiegelten also eindeutig die Erholung des Landes nach der Weltwirtschaftskrise 2008/2009 wider. Interessant ist aber auch die Einschätzung der gegenwärtigen wirtschaftlichen Lage in Europa. Mit einem Mittelwert von -0,27 wurde diese um fast einen halben Skalenpunkt schlechter wahrgenommen als die Situation in Deutschland: Den deutschen Bürgern war also auch die im Vergleich mit den anderen EU-Staaten gute ökonomische Situation ihres Landes bewusst.

Die Teilnehmer der GLES-Studie wurden auch gefragt, inwiefern sie die Bundesregierung für die Entwicklung der eigenen und der allgemeinen wirtschaftlichen Lage verantwortlich machten. Frühere Forschungsergebnisse zeigen, dass wirtschaftliche Einschätzungen für das Wahlverhalten bedeutsamer sind, wenn einem zentralen politischen Akteur die Verantwortung für die wirtschaftliche Lage zugeschrieben wird (z.B. Steinbrecher/Rattinger 2011). Der Wertebereich der Verantwortlichkeits-Variablen liegt zwischen 0 und 1. Die Bundesregierung wurde bei der Bundestagswahl 2013 in stärkerem Maße in der Verantwortung für die allgemeine wirtschaftliche Entwicklung (0,63) gesehen als für die eigene Situation (0,52). Einen Wertebereich zwischen 0 und 1 haben auch einige Fragen mit Bezug zur europäischen Schuldenkrise. 12 Prozent der Teilnehmer an der GLES-Studie 2013 sahen im Euro beziehungsweise der EU den Hauptverantwortlichen für die Krise. Die Befragten hatten bei einem Mittelwert von 0,52 etwas Angst vor der Krise und sahen Deutschland als relativ stark durch die Krise betroffen (0,62). Diese Wahrnehmung widerspricht der ansonsten relativ positiven generellen Sicht auf die Wirtschaft durch die Deutschen. Den Maßnahmen der Bundesregierung zur Bekämpfung der europäischen Schuldenkrise standen sie leicht negativ gegenüber (0,45). Genauso waren sie etwas skeptisch gegenüber finanzieller Unterstützung für EU-Mitgliedsstaaten, die wirtschaftliche und finanzielle Probleme haben (0,46).

Tabelle 1: Übersicht der verwendeten Wirtschaftsvariablen

Variable	Mittelwert	Standardabweichung
Eigene Lage, aktuell	0,21	0,39
Eigene Lage, retrospektiv	-0,04	0,37
Eigene Lage, prospektiv	0,03	0,32
Verantwortlichkeit eigene Lage, retrospektiv*	0,52	0,28
Allgemeine Lage, aktuell	0,20	0,37
Allgemeine Lage, retrospektiv	-0,01	0,39
Allgemeine Lage, prospektiv	-0,02	0,36
Verantwortlichkeit allg. Lage, retrospektiv*	0,63	0,22
Europäische Lage, aktuell	-0,27	0,38
Euro/EU tragen Hauptschuld für europäische Schuldenkrise*	0,12	-
Angst vor europäischer Schuldenkrise*	0,52	0,27
Betroffenheit Deutschlands europäische Schuldenkrise*	0,62	0,23
Zufriedenheit Bundesregierung bei Bekämpfung der europäischen Schuldenkrise*	0,45	0,25
Deutsche finanzielle Unterstützung für europäische Krisenstaaten*	0,46	0,27

Quelle: GLES-Vor- und Nachwahl-Querschnittsbefragung 2013 (ZA5702).
Die Fallzahl N für die einzelnen Variablen variiert zwischen 3.714 und 3.903.
*: Skaliert auf einen Wertebereich von 0 bis 1, alle anderen auf Wertebereich von -1 bis +1.

6.5.3 Der Einfluss wirtschaftlicher Bewertungen auf das Wahlverhalten bei der Bundestagswahl 2013

Die Wahlforschung in Deutschland und anderen Ländern hat sich umfassend mit dem Einfluss wirtschaftlicher Bewertungen auf die Wahlentscheidung auseinandergesetzt (z.B. Duch/Stevenson 2008; Nadeau et al. 2012; Rattinger/Steinbrecher 2011) und eine Vielzahl von Erklärungsansätzen entwickelt, von denen die wichtigsten hier kurz vorgestellt werden sollen: Als erstes ist die sogenannte Anti-Regierungshypothese zu nennen. Diese konzentriert sich auf die Wirkung von Einschätzungen der Bürger zur wirtschaftlichen Lage eines Landes auf die Bewertung der Regierung und ihrer Leistungen. Dabei stehen wirtschaftlicher Erfolg oder Misserfolg in direktem Zusammenhang mit den Wahlergebnissen der Parteien. Geht es einem Land wirtschaftlich gut, wird die Regierung dafür belohnt und wiedergewählt. Ist die allgemeine wirtschaftliche Lage schlecht, wird die Regierung dafür bestraft und aus dem Amt gewählt (Kramer 1971). Dafür spielen vor allem in die unmittelbare Vergangenheit gerichtete Bewertungen eine Rolle. Im Umfeld der Bundestagswahl 2013 stand Deutschland – insbesondere im Vergleich zu anderen Mitgliedsländern der EU – wirtschaftlich außerordentlich gut da. Hinzu kommt, dass die Rettungsmaßnahmen im Rahmen der europäischen Schuldenkrise von einer breiten parlamentarischen Mehrheit im Bundestag unterstützt wurden, die Bundesregierung für diese also nur teilweise verantwortlich gemacht werden konnte. Insofern wäre auf Basis der Anti-Regierungshypothese die Wiederwahl der schwarz-gelben Regierungskoalition zu erwarten gewesen.

Die beiden anderen Hypothesen konzentrieren sich nicht auf die Verantwortung bestimmter politischer Akteure, sondern darauf, welche Bezugsebene für die Wahrnehmungen und das Verhalten der Wähler wichtiger ist. Die zweite für dieses Unterkapitel relevante Hypothese geht davon aus, dass persönliche Erfahrungen und die individuelle wirtschaftliche Situation für das politische Verhalten der Bürger von großer Bedeutung sind (Kinder/Kiewiet 1979, 1981). Gemäß der „Persönlichen Erfahrungshypothese" wirken sich zum Beispiel individuelle Arbeitslosigkeit oder finanzielle Verluste eines Bürgers durch die europäische Schuldenkrise auf dessen ökonomische Wahrnehmungen aus. Ob jemand die eigene wirtschaftliche Situation gut oder schlecht bewertet, hat wiederum Konsequenzen für die Wahlentscheidung. Die Bedeutung eigener wirtschaftlicher Probleme lässt sich mit der Anti-Regierungshypothese verknüpfen: Bürger, denen es wirtschaftlich schlecht geht, werden die amtierende Regierung bestrafen. Umgekehrt werden Bürger, die den Eindruck haben, persönlich von der Arbeit und den Leistungen der Regierungskoalition zu profitieren, den Regierungsparteien eher ihre Stimme geben. Die deutlich verbesserte Lage am deutschen Arbeitsmarkt mit Rekorden bei den Beschäftigtenzahlen sowie klarer Reduzierung der Zahl der Langzeitarbeitslosen, genauso wie die bisher erfolgreichen Rettungsmaßnahmen im Rahmen der europäischen Schuldenkrise sollten für viele Bürger zu einer Verbesserung ihrer eigenen ökonomischen Situation geführt haben. Zumindest sollte sich diese für einen Großteil der Deutschen nicht verschlechtert haben. Bei der Bundestagswahl 2013 ist also im Hinblick auf die Auswirkungen der Wahrnehmung der eigenen wirtschaftlichen Lage auf das Wahlverhalten mit einer günstigen Situation für die Regierungsparteien zu rechnen.

Tabelle 2: Einfluss von Wirtschaftswahrnehmungen auf Wahlentscheidungen

	CDU/ CSU	SPD	FDP	Grüne	Die Linke	AfD
Eigene Lage, aktuell	+17	-10	0	+4	-4	-5
Eigene Lage, retrospektiv	-3	+4	+5[b]	-7	+7[a]	0
Eigene Lage, prospektiv	-2	-7	-4	+3	+1	+7[a]
Allg. Lage, aktuell	+11	-4	-1	-8	-3	0
Allg. Lage, retrospektiv	+8	-5	+1	+6	+2	-2
Allg. Lage, prospektiv	+6	-6	0	+1	-7[a]	-7[a]
Parteiidentifikation	+76[c]	+69[c]	+59[c]	+71[c]	+82[c]	+84[c]
Nagelkerke R^2	0,61	0,52	0,21	0,42	0,53	0,16
N	2817	2817	2817	2817	2817	2817

Quelle: GLES-Vor- und Nachwahl-Querschnittsbefragung 2013 (ZA5702).
a: p <0,05; b: p <0,01; c: p <0,001 (siehe Anhang 4).

Eine Vielzahl von Wahlforschern hat jedoch in Abrede gestellt, dass individuelle wirtschaftliche Probleme für das Wahlverhalten eine große Bedeutung hätten (u. a. Rattinger 1986; Sniderman/Brody 1977). Der Eindruck, den ein Bürger von der wirtschaftlichen Lage des ganzen Landes hat, sei für das Wahlverhalten viel wichtiger als das eigene wirtschaftliche Wohlergehen. Hintergrund dieser Argumentation ist, dass die Bundesregierung wesentlich stärker für die ökonomische Situation Deutschlands, aber weniger für das wirtschaftliche Wohlergehen jedes Einzelnen verantwortlich gemacht werden kann. Diese sogenannte „Nationale Bewertungshypothese" lässt sich ebenfalls mit der Anti-Regierungshypothese kombinieren. Die Bewertung der allgemeinen wirtschaftlichen Lage sollte sich direkt auf die

Bewertung der amtierenden Regierung auswirken. Kombiniert man die Nationale Bewertungs- und die Anti-Regierungshypothese, so folgt daraus die Erwartung, dass die gute wirtschaftliche Situation vor der Bundestagswahl 2013 zu Stimmengewinnen für CDU/CSU und FDP geführt haben sollte.

Tabelle 2 untersucht den Einfluss wirtschaftlicher Wahrnehmungen auf das Wahlverhalten der Bürger bei der Bundestagswahl 2013. Die Ergebnisse erlauben auf Basis logistischer Regressionsmodelle eine Untersuchung der erwähnten Hypothesen. Sie belegen sehr deutlich, dass die Identifikation mit einer Partei für die Wahlentscheidung 2013 einen großen Erklärungsbeitrag leistete. Wirtschaftliche Bewertungen waren ebenfalls von Bedeutung, bemerkenswerterweise jedoch nur für die Wahl der FDP, der Linken und der AfD. Im Gegensatz zu früheren Bundestagswahlen spielten sie für eine Entscheidung zugunsten von CDU/CSU oder SPD keine Rolle (Steinbrecher/Rattinger 2011).

Für Bürger, die ihre zurückliegende eigene wirtschaftliche Situation sehr positiv bewerteten, erhöhte sich die Wahrscheinlichkeit, die FDP zu wählen, um fünf Prozentpunkte. Die anderen ökonomischen Wahrnehmungen waren nicht relevant. Anders als bei der Bundestagswahl 2009 (Steinbrecher/Rattinger 2011) scheinen sich bei der Wahl 2013 mit einer erneuten Regierungsbeteiligung der FDP verbundene positive Erwartungen nicht günstig auf ihren Wahlerfolg ausgewirkt zu haben. Die für das Wahlverhalten relevanten wirtschaftlichen Einstellungen beziehen sich nur auf die Vergangenheit. Dies kann als Indiz dafür gewertet werden, dass die FDP-Wähler an der Fortsetzung der schwarz-gelben Koalition gezweifelt haben. Die Linke konnte hingegen von negativen Zukunftsaussichten bezüglich der allgemeinen wirtschaftlichen Lage profitieren. Bürger mit einer sehr ungünstigen Erwartung zeigten eine um sieben Prozentpunkte höhere Wahrscheinlichkeit, diese Partei zu wählen. Auch Wahlberechtigte mit positiven Bewertungen ihrer zurückliegenden ökonomischen Situation waren eher bereit, ihre Stimme der Linken zu geben. Wahlentscheidungen für oder gegen die Linke entsprachen also sowohl den Erwartungen der Nationalen Bewertungshypothese als auch der Persönlichen Erfahrungshypothese. Dasselbe galt für die AfD. Die Wahl dieser Partei wurde ebenfalls von ökonomischen Wahrnehmungen beeinflusst, wobei auf die Zukunft gerichtete Bewertungen eine große Rolle spielten: Personen mit einer sehr positiven Erwartung für ihre eigene wirtschaftliche Situation neigten genauso mit einer sieben Prozentpunkte größeren Wahrscheinlichkeit zur Wahl dieser Partei wie Bürger mit sehr negativen allgemeinen wirtschaftlichen Einschätzungen. Wirtschaftliche Bewertungen hatten also einen Einfluss auf das Wahlverhalten.

Anders als bei vorangehenden Bundestagswahlen war dieser Einfluss aber nicht besonders stark – sicherlich eine Folge der guten Wirtschaftslage in Deutschland im Jahr 2013.

Tabelle 3: Einfluss von Wirtschaftswahrnehmungen auf Wahlentscheidungen, differenziert nach Verantwortungszuweisung für die allgemeine und eigene wirtschaftliche Lage zur Bundesregierung

	CDU/CSU		SPD		FDP		Grüne		Die Linke	
	0	1	0	1	0	1	0	1	0	1
Eigene Lage, aktuell	+18	+21	-12	-2	-6	+8[a]	-6	+6	-7	-2
Eigene Lage, retrospektiv	23	+6	+18	+8	+4	+13[b]	-9	-15	+7	+5
Eigene Lage, prospektiv	+10	+3	+5	-12	-10[a]	-24[b]	-1	+21[a]	+1	-2
Allg. Lage, aktuell	+18	+7	-3	+15	+1	-4	-27[b]	-6[b]	-1	-25[a]
Allg. Lage, retrospektiv	-16	+41[a]	-5	-20	0	+1	+26[a]	-11	+5	+12[a]
Allg. Lage, prospektiv	+14	0	-8	-15	+4	+2	-11	+3	-7[a]	-1
Parteiidentifikation	+72[c]	+78[c]	+73[c]	+68[c]	+58[c]	+60[c]	+78[c]	+66[c]	+88[c]	+83[c]
Nagelkerke R^2	0,59	0,71	0,55	0,51	0,18	0,29	0,50	0,42	0,55	0,61
N	988	833	988	833	988	833	988	833	988	833

Quelle: GLES-Vor- und Nachwahl-Querschnittsbefragung 2013 (ZA5702).
0: Befragte, die die Bundesregierung nicht verantwortlich für die eigene und die allgemeine wirtschaftliche Lage in Deutschland machen; 1: Befragte, die die Bundesregierung für beides verantwortlich machen. Aufgrund der geringen Zahl der Befragten, die eine Parteiidentifikation mit der AfD aufweisen, können die Analysen für diese Partei nicht berechnet werden.
a: $p < 0,05$; b: $p < 0,01$; c: $p < 0,001$ (siehe Anhang 4).

Bei der Erläuterung der Forschungsergebnisse zu Beginn dieses Abschnitts konnte gezeigt werden, dass es sehr wichtig ist, ob ein Bürger die Regierung für die Entwicklung der wirtschaftlichen Lage verantwortlich macht oder nicht. In Tabelle 3 sind dementsprechend getrennte Analysen für diejenigen Befragten ausgewiesen, welche die Bundesregierung für die allgemeine und die eigene wirtschaftliche Lage verantwortlich machten, und denjenigen, die das nicht taten. In der Analyse fehlt die AfD wegen unzureichender Fallzahlen in den beiden Gruppen.

Auch in den Analysen für die nach Verantwortungszuweisung differenzierten Teilgruppen erweist sich die Parteiidentifikation als wichtigste Erklärungsvariable für das Wahlverhalten. Wirtschaftliche Orientierungen sind aber in einigen Fällen deutlich wichtiger als in der oben gezeigten Gesamtanalyse. Das belegt, dass es für die Bedeutung von Wirtschaftswahrnehmungen einen Unterschied machte, ob der Bundesregierung Verantwortung für die Wirtschaftslage zugeschrieben wurde oder nicht. Allerdings spielten wirtschaftsbezogene Einstellungen auch bei dieser differenzierten Betrachtung für die Wahl der SPD keine Rolle. Bei den anderen Parteien zeigen sich aber teilweise deutliche Unterschiede zwischen den beiden Teilgruppen. So wirkte sich die Bewertung der vergangenen allgemeinen wirtschaftlichen Lage positiv auf die Wahl der Unionsparteien aus, sofern ein Wähler die Bundesregierung in der Verantwortung für die wirtschaftliche Entwicklung in Deutschland sah. In diesem Fall erhöht sich die Wahrscheinlichkeit für die Wahl von CDU und CSU um 41 Prozentpunkte für die Bürger mit sehr positiven Bewertungen. Die Unionsparteien wurden also für die wirtschaftliche Stärke Deutschlands in den vergangenen Jahren belohnt. Das entspricht klar den Erwartungen der Nationalen Bewertungs- und Anti-Regierungshypothese.

Die Unterstützung der FDP entsprach deutlich der Persönlichen Erfahrungshypothese – lediglich Wahrnehmungen der eigenen wirtschaftlichen Lage waren für die Erklärung der Wahl dieser Partei wichtig. Die Ergebnisse liefern Hinweise dafür, dass Wähler der Liberalen nicht davon ausgegangen sind, dass ihre Partei an der nächsten Bundesregierung beteiligt sein würde: Diejenigen mit sehr negativen Erwartungen für die eigene zukünftige wirtschaftliche Lage wiesen eine deutlich höhere Bereitschaft auf, ihr Kreuz bei der FDP zu machen. Ob ein Wähler die Bundesregierung in der Verantwortung sah, führte zu einem deutlichen Unterschied für die Wichtigkeit dieses Erklärungsfaktors. Wenn das der Fall war, veränderte sich die Wahrscheinlichkeit, FDP zu wählen, um 24 Prozentpunkte, falls nicht, nur um zehn Prozentpunkte. Hier könnten sich als negativ empfundene Konsequenzen einer wahrscheinlichen Großen Koalition wie Mindestlohn, Rentenpakete oder mögliche Steuererhöhungen für „Besserverdienende“ niedergeschlagen haben. Weitere Indizien für diese Interpretation liefern die Ergebnisse für die beiden anderen Indikatoren der eigenen wirtschaftlichen Lage: Machte jemand die Bundesregierung für die allgemeine wie die eigene wirtschaftliche Situation verantwortlich und bewertete diese Person die gegenwärtige beziehungsweise vergangene eigene ökonomische Lage sehr positiv, erhöhte sich die Wahrscheinlichkeit der Wahl der FDP um acht beziehungsweise 13 Prozentpunkte.

Die Verantwortungswahrnehmung wirkte sich auch auf die Bedeutung wirtschaftlicher Wahrnehmungen bei der Wahl der Grünen aus. Sah jemand die Bundesregierung für die eigene wie die allgemeine wirtschaftliche Situation in der Verantwortung, waren positive Zukunftsaussichten bezüglich der eigenen ökonomischen Situation wichtig für die Wahl dieser Partei (plus 21 Prozentpunkte). Bei der Stärke des Einflusses der aktuellen und retrospektiven allgemeinen wirtschaftlichen Wahrnehmung gab es ebenfalls deutliche Unterschiede: Machte jemand die Regierung nicht verantwortlich und bewertete die Entwicklung der allgemeinen Lage sehr positiv, erhöhte sich die Wahrscheinlichkeit der Wahl der Grünen um 26 Prozentpunkte. Für diejenigen ohne Verantwortlichkeitszuschreibung hatte die Einschätzung der aktuellen allgemeinen wirtschaftlichen Lage mit minus 27 Prozentpunkten einen deutlich stärkeren Einfluss auf die Wahl der Grünen als für die Bürger, welche die Bundesregierung in der Verantwortung sahen (minus sechs Prozentpunkte). Die Wahl der Linken entsprach relativ eindeutig den Erwartungen der Nationalen Bewertungshypothese. Sah jemand die Bundesregierung in der Verantwortung für die wirtschaftliche Lage, dann führten negative Bewertungen des aktuellen Zustands der deutschen Wirtschaft zu einer deutlich höheren Wahrscheinlichkeit, für die Linke zu stimmen (25 Prozentpunkte). Ebenso verursachten positive Bewertungen der Entwicklung in den vergangenen zwei Jahren (zwölf Prozentpunkte) und negative Aussichten auf die Zukunft der ökonomischen Situation in Deutschland eine leicht erhöhte Wahrscheinlichkeit (sieben Prozentpunkte), die Linke auf dem Wahlzettel anzukreuzen. Verantwortungszuweisungen an die Bundesregierung für die wirtschaftliche Lage im Land sorgten also insgesamt dafür, dass wirtschaftliche Wahrnehmungen einen bedeutenden Einfluss auf das Wahlverhalten bei der Bundestagswahl 2013 hatten.

6.5.4 Der Einfluss der europäischen Schuldenkrise auf das Wahlverhalten bei der Bundestagswahl 2013

In Tabelle 4 wird der Einfluss von Einstellungen und Wahrnehmungen, die mit der europäischen Schuldenkrise in Verbindung standen, auf das Wahlverhalten bei der Bundestagswahl 2013 untersucht. Krisenbezogene Einstellungen hatten auf die Wahl fast aller Parteien einen Einfluss. Einzige Ausnahme ist die SPD. Die Unionsparteien konnten vor allem von der Zufriedenheit der Bürger mit den Maßnahmen der Bundesregierung zur Lösung der Krise profitieren. Die Wahrscheinlichkeit, diese zu wählen, erhöhte sich um 53 Prozentpunkte, wenn jemand mit diesen Maßnahmen sehr zufrieden war. Zugleich scheinen Angela Merkel und ihre Partei von den Bürgern als Stabilitätsanker in der Krise gesehen worden zu sein. Als einzige Partei konnte die CDU/CSU nämlich von Wahrnehmungen der europäischen wirtschaftlichen Lage profitieren. Nahm ein Wähler diese als sehr schlecht wahr, steigerte sich die Neigung zur Wahl von CDU/CSU deutlich (18 Prozentpunkte). Anders als die Union konnte die FDP nur in geringem Maße Kapital aus dem erfolgreichen Krisenmanagement der Bundesregierung schlagen. Zwar zeigte sich auch für die Wahl der Liberalen ein positiver Effekt der Zufriedenheit mit den Rettungsmaßnahmen, doch war dieser viel kleiner als bei den Unionsparteien (vier Prozentpunkte). Angela Merkel und der CDU/CSU war es also anders als der FDP sehr gut gelungen, Zustimmung zur Politik der Regierungsparteien in Erfolg an der Wahlurne umzumünzen. Ähnliches hatte sich bereits bei der Bundestagswahl 2009 gezeigt, als die SPD, anders als CDU und CSU, von den Maßnahmen zur Bekämpfung der Weltwirtschaftskrise überhaupt nicht profitieren konnte (Rattinger/Steinbrecher 2011; Steinbrecher/Rattinger 2011).

Tabelle 4: Einfluss von Wahrnehmungen der europäischen Schuldenkrise auf Wahlentscheidungen

	CDU/ CSU	SPD	FDP	Grüne	Die Linke	AfD
Europäische Lage, aktuell	-18[a]	+1	-2	-4	+5	0
Euro/EU tragen Hauptschuld für Krise	+5	-2	+1	-4[a]	0	+1
Betroffenheit Deutschlands in der Krise	0	-4	0	-2	+2	+1
Zufriedenheit Bundesregierung bei Bekämpfung der Krise	+53[c]	-6	+4[a]	-13[c]	-7[b]	-5[c]
Deutsche finanzielle Unterstützung für europäische Krisenstaaten	-4	-8	-2	+16[c]	+1	-5[c]
Parteiidentifikation	+72[c]	+69[c]	+55[c]	+68[c]	+78[c]	+72[c]
Nagelkerke R^2	0,63	0,52	0,20	0,45	0,50	0,22
N	2928	2928	2928	2928	2928	2928

Quelle: GLES-Vor- und Nachwahl-Querschnittsbefragung 2013 (ZA5702).
a: p <0,05; b: p <0,01; c: p <0,001 (siehe Anhang 4).

Bei der Wahl der Grünen spielten mehrere krisenbezogene Faktoren eine Rolle: Schrieb jemand Euro bzw. EU nicht die Hauptschuld für die Krise zu, dann erhöhte sich die Wahrscheinlichkeit für die Wahl dieser Partei um vier Prozentpunkte. Genauso führten Unzufriedenheit mit den Maßnahmen der Bundesregierung und Zustimmung zur Gewährung finanzieller Unterstützung für die Krisenstaaten eher zu Unterstützung der Grünen (13 beziehungsweise 16 Prozentpunkte). Bei den Grünen sammelten sich also viele Kritiker des schwarz-gelben Kurses in der Krise. Eingeschränkt galt dies auch für die Linke. Unzufriedenheit mit der Politik der Regierungskoalition führte eher zu einer Wahl dieser Partei (sieben Prozentpunkte). Wenig überraschend galt dies auch für die AfD, waren doch die Krise und die Rettungsmaßnahmen für die Krisenländer eine der wesentlichen Ursachen ihrer Gründung: Unzufriedenheit mit dem Regierungskurs in der Krise und Ablehnung finanzieller Unterstützung für die Krisenstaaten führten eher zu einer Wahl dieser Partei (jeweils fünf Prozentpunkte).

Zuletzt soll noch untersucht werden, ob die Bedeutung krisenspezifischer Wahrnehmungen für das Wahlverhalten bei der Bundestagswahl 2013 davon abhing, wie viel Angst die europäische Schuldenkrise bei Wählern auslöste. Entsprechend zeigt Tabelle 5 Analysen für Personen, die einerseits keine oder nur wenig Angst vor der europäischen Schuldenkrise empfanden, und andererseits für Personen, die relativ große oder große Angst bekundeten. Emotionale Reaktionen auf die Krise spielten tatsächlich teilweise eine Rolle für die Wichtigkeit krisenbezogener Wahrnehmungen. Nicht der Fall war das für die Wahl der SPD, für die auch bei gruppenbezogener Betrachtung keine bedeutsamen Effekte von Krisenwahrnehmungen sichtbar werden, und für die Wahl der AfD.

Für die Union ergaben sich leichte Unterschiede im Hinblick auf die Wirkung der Zufriedenheit mit den Rettungsmaßnahmen. Zwar hat eine positive Bewertung auch bei Bürgern mit erheblicher Krisenangst noch einen starken Einfluss auf die Stimmabgabe für CDU und CSU ausgeübt (45 Prozentpunkte), doch war dieser bei denjenigen ohne Angst vor der Krise mit 59 Prozentpunkten deutlich größer. Kleine Unterschiede in Abhängigkeit von Angst vor der Krise zeigen sich auch für die FDP. Nur bei denjenigen, die Angst empfanden, führten Schuldzuweisungen an Euro und EU sowie Zufriedenheit mit den Maßnahmen der Bundesregierung bei der Krisenbewältigung zu einer leicht höheren Wahrscheinlichkeit, die Liberalen zu wählen. Stärkere Einflüsse ergaben sich bei den Grünen. Bürger ohne Angst vor der Krise ließen krisenspezifische Einstellungen in stärkerem Maße in ihre Entscheidung für oder gegen diese Partei einfließen.

Tabelle 5: Einfluss der europäischen Schuldenkrise auf Wahlentscheidungen, differenziert nach Ausmaß der Angst vor der europäischen Schuldenkrise

	CDU/CSU		SPD		FDP		Grüne		Die Linke		AfD	
	0	1	0	1	0	1	0	1	0	1	0	1
Europ. Lage, aktuell Euro/EU	-20	-16	0	+8	-1	-3	-2	-7	-2	+29^{b}	+4	-4
Hauptschuld Krise	+10	-2	+7	-7	0	+3^{a}	-5^{a}	-1	+1	0	0	+2
Betroffenheit Deutschlands von Krise	+12	-14	-9	-3	+2	-2	-2	+2	+1	+1	0	+2
Zufriedenheit. Bundesregierung bei Bekämpfung der Krise	+59^{c}	+45^{c}	-4	-10	+3	+6^{a}	-19^{c}	-6	-6^{c}	-6	-5^{b}	-5^{a}
Dt. finanzielle Unterstützung für europäische Krisenstaaten	-11	+2	-7	-10	0	-4	+16^{c}	+16^{b}	+3	-2	-5^{c}	-4
Partei-identifikation	+76^{c}	+66^{c}	+68^{c}	+71^{c}	+58^{c}	+48^{c}	+64^{c}	+74^{c}	+77^{c}	+79^{c}	+79^{c}	+67^{b}
Nagelkerke R^2	67	57	51	53	21	21	44	49	51	51	24	21
N	1905	1023	1905	1023	1905	1023	1905	1023	1905	1023	1905	1023

Quelle: GLES-Vor- und Nachwahl-Querschnittsbefragung 2013 (ZA5702).

0: Befragte, die keine oder wenig Angst vor der europäischen Schuldenkrise haben; 1: Befragte, die viel Angst vor der europäischen Schuldenkrise haben.

a: $p < 0{,}05$; b: $p < 0{,}01$; c: $p < 0{,}001$ (siehe Anhang 4).

Nur bei dieser Gruppe hatten Zufriedenheit mit den Maßnahmen der Regierung (19 Prozentpunkte) sowie die Zuordnung von Schuld für die Krise bei europäischen Institutionen (fünf Prozentpunkte) überhaupt einen Einfluss. Am stärksten wirkten sich Emotionen zur Krise aber auf die Wahl der Linken aus. Hatte jemand Angst, erhöhte eine sehr positive Bewertung der gegenwärtigen ökonomischen Situation in Europa die Wahrscheinlichkeit, diese Partei zu wählen, um 29 Prozentpunkte. Ohne Angst hatte diese Einstellung hingegen keinerlei Wirkung.

6.5.5 Fazit

Die Ergebnisse dieses Kapitels zeigen, dass Wahrnehmungen der allgemeinen und eigenen wirtschaftlichen Lage sowie der europäischen Schuldenkrise bei der Bundestagswahl 2013 von Bedeutung für die Wahlentscheidung waren. Insgesamt waren spezifische Einstellungen zur Eurokrise aber wichtiger für das Wahlverhalten als allgemeinere Bewertungen der ökonomischen Lage insgesamt. Deutschlands wirtschaftliche Situation war zur Bundestagswahl 2013, gemessen mit verschiedenen Indikatoren, so gut wie seit langem nicht mehr. Es ist daher wenig überraschend, dass mit CDU und CSU zumindest ein Teil der alten Regierungskoalition dafür mit einem deutlichen Wahlsieg belohnt wurde.

Während die Wahl der SPD überhaupt nicht von der wirtschaftlichen Situation beeinflusst wurde, gelang es Bundeskanzlerin Angela Merkel und ihrer Partei, die Lorbeeren für die gute Lage der deutschen Wirtschaft und die gelungene Bewältigung der Eurokrise einzustreichen. Die FDP konnte anders als bei vorangegangenen Bundestagswahlen (Steinbrecher/Rattinger 2011) in einem ihrer thematischen Kernfelder fast gar nicht punkten. Dass ihnen auch die Bewältigung der Krise nicht besonders zugute geschrieben wurde, erklärt zum Teil die dramatische Wahlniederlage der Liberalen. Trotz der insgesamt guten Lage erwies sich die Eurokrise als ein wichtiger Faktor für das Wahlverhalten: Besonders die AfD und überraschenderweise auch die Grünen konnten Stimmen von Skeptikern des Regierungskurses in der Eurokrise einsammeln. Die Linke hingegen setzte wie bei früheren Wahlen Unzufriedenheit mit dem wirtschaftlichen Zustand des Landes insgesamt in Stimmen um.

Literatur

Duch, Raymond M./Stevenson, Randolph T. 2008: The Economic Vote: How Political and Economic Institutions Condition Election Results, Cambridge et al.: Cambridge University Press.

Kinder, Donald R./Kiewiet, D. Roderick 1979: Economic Discontent and Political Behavior: The Role of Personal Grievances and Collective Economic Judgments in Congressional Voting, in: American Journal of Political Science 23, 495-527.

Kinder, Donald R./Kiewiet, D. Roderick 1981: Sociotropic Politics: The American Case, in: British Journal of Political Science 11, 129-161.

Kramer, Gerald 1971: Short-Term Fluctuations in U.S. Voting Behavior, 1896-1964, in: American Political Science Review 65, 131-143.

Nadeau, Richard/Lewis-Beck, Michael S./Bélanger, Éric 2012: Economics and Elections Revisited, in: Comparative Political Studies 46, 551-573.

Rattinger, Hans 1986: Collective and Individual Economic Judgements and Voting in West Germany, 1961-1984, in: European Journal of Political Research 14, 393-419.

Rattinger, Hans/Steinbrecher, Markus 2011: Economic Voting in Times of Economic Crisis, in: German Politics 20, 132-149.

Sniderman, Paul M./Brody, Richard A. 1977: Coping: The Ethic of Self-Reliance, in: American Journal of Political Science 21, 501-522.

Steinbrecher, Markus/Rattinger, Hans 2011: Wirtschaftliche Krise, in: Rattinger, Hans, Roßteutscher, Sigrid, Schmitt-Beck, Rüdiger, Weßels, Bernhard et al., Zwischen Langeweile und Extremen: Die Bundestagswahl 2009, Baden-Baden: Nomos, 191-204.

6.6 Leistungen von Regierung und Parteien

Aiko Wagner

6.6.1 Einleitung

Ein zentraler Bestandteil demokratischer Herrschaft ist die Abwählbarkeit der Regierung, d.h. der Umstand, dass die Bevölkerung Parteien bei schlechten Leistungen aus dem Amt wählen und die Regierungsgeschäfte ganz oder teilweise bisherigen Oppositionsparteien übertragen kann. Die Forschung spricht diesbezüglich von „Verantwortlichkeit" bzw. dem „Verantwortlich-Halten", im Englischen: accountability (Manin et al. 1999). Aber nicht nur die Leistungen der Regierung und ihrer einzelnen Parteien, auch die Oppositionsparteien werden am Wahltag bewertet: Haben Sie mit ihrer Arbeit von den Oppositionsbänken aus überzeugen können? Neben der retrospektiven, auf die letzte Legislaturperiode gerichteten Beurteilung zählt am Wahltag natürlich auch der Blick nach vorn. Die Wähler sind aufgerufen, ihre Repräsentanten für die nächsten vier Jahre zu bestimmen. Daher ist anzunehmen, dass es für die individuellen Wahlentscheidungen und damit für den Ausgang der Wahl einen Unterschied macht, ob eine Partei als kompetent wahrgenommen wird, anstehende bzw. zukünftige Probleme zu lösen, oder nicht. Entsprechend geht es im vorliegenden Unterkapitel neben dem Verantwortlich-Halten anhand der Leistungsbeurteilung auch um die prospektiven Leistungsvermutungen der Parteien und wie diese sich auf das Wahlverhalten auswirken.

Die Forschung zum Einfluss von Leistungs- und Kompetenzbeurteilungen auf das Wahlverhalten in der Bundesrepublik nutzt unterschiedliche Indikatoren. Shahla (2001) verwendet Fragen nach den guten und schlechten Seiten der einzelnen Parteien, Roller (1998) untersucht sachfragenspezifische Evaluierungen, während Weßels (2004) und ähnlich Kellermann und Rattinger (2005) Maße der generellen Beurteilung von Sachfragenkompetenzen heranziehen. Thurner und Pappi (1998) dagegen verwenden Indikatoren zur direkten Messung von retro- und prospektiven Leistungsbewertungen. Der Grundtenor der Ergebnisse lautet erwartungsgemäß, dass sowohl zukünftig vermutete als auch in der Vergangenheit beobachtete positive Leistungen einer Partei zu einer höheren Wahrscheinlichkeit der Stimmabgabe zugunsten dieser Partei führen. An der diese Analysen verbindenden

Grundannahme, dass sowohl auf die Vergangenheit bezogene Bewertungen als auch in die Zukunft gerichtete Erwartungen an die Leistungsfähigkeit der Parteien die Wahlentscheidung beeinflussen, wird hier angeknüpft. Wenn eine Regierung beispielsweise in der Wahrnehmung der Bürger gute Arbeit geleistet hat, spräche von Wählerseite nichts dagegen, sie im Amt zu bestätigen. Allerdings bestimmt die Wahlentscheidung über die zukünftige Politik des Landes. Zu der retrospektiven Betrachtung tritt daher die prospektive Bewertung der Parteien. Der amerikanische Politikwissenschaftler Fiorina (1981) argumentiert, dass die retrospektive Evaluation lediglich als eine Entscheidungshilfe für die Beurteilungen wahrscheinlicher zukünftiger Kompetenzen fungiert. Wie auch immer der Zusammenhang zwischen retrospektiver und prospektiver Beurteilung aussieht, es kann festgehalten werden, dass der Entscheidungsfindungsprozess der Wähler sowohl durch (retrospektive) Leistungs- als auch durch (prospektive) Kompetenzbewertungen bestimmt wird.

Entsprechend werden im Folgenden sowohl die Einflüsse der Bewertungen der Regierungsleistung der Vergangenheit als auch der erwarteten Leistung in der Zukunft analysiert. Im ersten Schritt werden die Einflüsse der individuell wahrgenommenen Regierungs- und Oppositionsleistungen auf die Wahlentscheidung untersucht. Neben der Regierung als Kollektivakteur werden dabei auch die Leistungen der einzelnen Regierungsparteien, danach die der SPD, der Linken und der Grünen in den Blick genommen. Sodann werden die Fähigkeiten der Parteien, die wichtigsten anstehenden Probleme in Deutschland zu lösen, als Kompetenzen aufgefasst und in ihrem Einfluss auf das Wahlverhalten betrachtet. Unabhängig von den konkreten Inhalten geht es also um die Ermittlung der Effekte prospektiver Beurteilungen auf die Wahlentscheidung (in welchen konkreten inhaltlichen Bereichen den Parteien Problemlösungskompetenz zugesprochen wird, behandelt Unterkapitel 6.7).

Abschließend werden sowohl die auf die Vergangenheit als auch die in die Zukunft gerichteten Leistungsbewertungen bzw. -vermutungen zusammengeführt und ihre Relevanz für die Bundestagswahlentscheidungen 2013 verglichen. Da das Wahlverhalten einen Vertrauensvorschuss für die gewählten Parteien zum Ausdruck bringt, wird dabei von der Erwartung ausgegangen, dass prospektive Evaluationen einen stärkeren Einfluss auf die Wahlentscheidung ausüben als Bewertungen vergangener Leistungen.

6.6.2 Retrospektive Beurteilung der Regierungsleistung

In der repräsentativen Wählerumfrage des GLES-Projektes wurden wie schon bei der Bundestagswahl 2009 auch 2013 wieder Fragen zur Bewertung sowohl der Leistung der Regierung als auch der einzelnen Regierungs- sowie der Oppositionsparteien gestellt. Die Verteilungen der Zufriedenheit mit der Leistung der Bundesregierung und der einzelnen Regierungsparteien in der Legislaturperiode 2009 bis 2013 sind in Tabelle 1 zu finden. In Klammern sind die Veränderungen gegenüber der 15. Wahlperiode (2005 bis 2009) dargestellt.

Tabelle 1: Leistungsbewertungen der Bundesregierung sowie der einzelnen Regierungs- und Oppositionsparteien (in Klammern Veränderungen zu 2009)

Partei	Positive Leistungsbewertung (Prozent)	Neutrale Leistungsbewertung (Prozent)	Negative Leistungsbewertung (Prozent)	Mittelwert
	47,7	14,0	38,4	0,2
Regierung	(+14,6)	(-1,6)	(-12,9)	(+0,9)
	54,4	10,4	35,2	0,6
Union (CDU/CSU)	(+18,4)	(+0,0)	(-18,4)	(+1,3)
	46,1	24,2	29,8	0,3
SPD	(+14,2)	(+5,2)	(-19,3)	(+0,9)
	23,3	16,4	60,4	-1,3
FDP	(-5,5)	(-6,8)	(+12,4)	(-0,7)
	41,4	21,3	37,3	-0,2
Grüne	(+8,5)	(-2,4)	(-6,1)	(+0,3)
	29,6	20,2	50,1	-0,9
Die Linke	(+2,9)	(+1,0)	(-4,0)	(+0,4)

Quelle: GLES-Vor- und Nachwahl-Querschnittsbefragung 2013 (ZA5702).
Leistungsbewertung auf einer Skala von -5 (vollständig unzufrieden) bis +5 (vollständig zufrieden); positive Bewertungen entsprechen +1 bis +5; negative Bewertungen entsprechen -5 bis -1; neutrale Bewertungen entsprechen 0. Die drei Spalten für die Leistungsbewertungen enthalten Zeilenprozente und addieren sich auf 100 (Abweichungen durch Rundungen möglich).

Im Mittel waren die Bürger bei der Bundestagswahl 2013 mit der Leistung der Bundesregierung aus CDU/CSU und FDP etwas mehr bzw. häufiger zufrieden als unzufrieden. Auf der Skala von -5 bis +5 lag die mittlere Beurteilung der Regierung bei moderaten 0,2. Damit war sie fast einen ganzen

Skalenpunkt besser als bei der Vorwahl, als der damaligen schwarz-roten Regierung ein insgesamt eher negatives Zeugnis ausgestellt wurde (siehe Wagner/Weßels 2011). 2013 bewertete jeder siebte Befragte die Leistung neutral, fast die Hälfte urteilte positiv und etwas weniger als 40 Prozent negativ. Damit reduzierten sich im Vergleich zu 2009 die Negativbewertungen um etwa ein Achtel und der Anteil derer, die die Leistung positiv sahen, stieg um ein Siebtel. Vor allem die Unionsparteien konnten in der Bewertung zulegen – sie verbesserten sich um 1,3 Punkte auf +0,6 (die CSU in Bayern lag bei +0,3, die CDU in den anderen Bundesländern bei +0,6). Mehr als die Hälfte aller Befragten war mit der Arbeit der CDU/CSU zufrieden (fast 20 Prozentpunkte mehr als 2009), etwas mehr als ein Drittel war unzufrieden und nur zehn Prozent bewerteten die Leistung neutral. Der Koalitionspartner FDP dagegen erhielt von mehr als 60 Prozent der Befragten schlechte Noten und nicht einmal ein Viertel war zufrieden mit der Arbeit der Liberalen. Das resultierte in einem mittleren Wert von -1,3 für die FDP – der schlechtesten Bewertung aller Bundestagsparteien und einer deutlich negativeren Bewertung als 2009, als ihre Arbeit in der Opposition zu beurteilen war (eine Verschlechterung um 0,7 Punkte). Mit der Arbeit der SPD war bei der Bundestagswahl 2013 fast jeder Zweite zufrieden. War 2009 die Leistung der SPD – die seinerzeit gemeinsam mit der Union regierte – noch von 50 Prozent der Befragten negativ bewertet worden, waren es 2013 20 Prozentpunkte weniger. Dies schlug sich auch in der zweitbesten mittleren Leistungsbewertung nieder; eine deutliche Verbesserung gegenüber 2009 um fast einen ganzen Skalenpunkt. Etwas verbessern konnten sich ebenfalls die kleineren Oppositionsparteien. Insgesamt wurden die Leistungen der Grünen und der Linken allerdings noch immer negativ bewertet. Insbesondere der Linken wurde von der Hälfte der Bürger eine schlechte Leistung attestiert. Auffällig sind die durchweg höheren Anteile neutraler Bewertungen für die Oppositionsparteien. Dies spricht für die Vermutung, dass die Arbeit der Regierung und der sie konstituierenden Parteien leichter zu bewerten war als die der Opposition. An diesen Befunden fällt zweierlei auf: Erstens stellten die Parteien, die sich verbesserten – Union und SPD –, nach der Bundestagswahl 2013 die Regierung; zweitens wurde die Partei mit der schlechtesten Leistungsbeurteilung nicht nur aus der Regierung, sondern auch aus dem Parlament gewählt. Dies bestätigt auf der Aggregatebene das wirksame Arbeiten des oben beschriebenen Mechanismus von Belohnung und Bestrafung.

Die Frage ist, ob dieser für die Wählerschaft insgesamt festzustellende Mechanismus auch bei den einzelnen Befragten zu beobachten ist. In diesem

Fall sollte die Wahrscheinlichkeit, für die Regierungspartei(en) zu stimmen, steigen, und die Wahrscheinlichkeit, für die Oppositionsparteien zu stimmen, sinken, wenn die bisherige Regierungsleistung positiv bewertet wird. Umgekehrt sollte die Opposition profitieren, wenn das Urteil über die Regierungsleistung negativ ausfällt. Diese beiden Effekte, so kann zudem vermutet werden, sind jedoch nicht gleich stark, sondern für die Regierung stärker als für die Opposition: Aus Unzufriedenheit mit der Leistung der Exekutive folgt nämlich nicht notwendig eine Stimme für eine der drei Oppositionsparteien. Unzufriedene Wähler können sich auch entschließen, ihre Stimme sonstigen, nicht im Parlament vertretenen Parteien zu geben, oder aber der Wahl ganz fern zu bleiben. Im Folgenden werden diese Vermutungen mit Hilfe logistischer Regressionen geprüft. Dafür wurde berechnet, ob die Wahrscheinlichkeit, die Zweitstimme einer der Regierungs- oder einer der Oppositionsparteien zu geben, von der Bewertung der Regierungsleistung abhängig war. Dabei wurde nach der Parteiidentifikation für die jeweilige Partei kontrolliert (beziehungsweise ob eine Bindung an eine der Parteien der Regierung oder der Opposition vorlag).

Tabelle 2: Einflüsse von Bewertungen der Regierungsleistung auf das Wahlverhalten

	Wahlentscheidung für			
	Regierung	Opposition	CDU/CSU	FDP
Leistung Bundesregierung (schwarz-gelb)	+73c	-58c	+66c	+5c
Parteiidentifikation	+70c	+68c	+66c	+52c
Nagelkerke R^2	0,69	0,61	0,65	0,21
N	3010	3010	3010	3010

Quelle: GLES-Vor- und Nachwahl-Querschnittsbefragung 2013 (ZA5702).
Regierung: CDU/CSU, FDP, Opposition: SPD, Die Linke, Bündnis 90/Die Grünen.
a: p <0,05; b: p <0,01; c: p <0,001 (siehe Anhang 4).

Die in Tabelle 2 dargestellten Ergebnisse bestätigten die Hypothese. War ein Wähler mit der Arbeit der Regierung voll und ganz zufrieden, stimmte er mit einer um über 70 Prozentpunkte höheren Wahrscheinlichkeit für CDU, CSU oder FDP, als wenn er voll und ganz unzufrieden war (erste Ergebnisspalte). Etwas weniger stark wirkte sich eine positive Leistungsbewertung der Regierung auf die Wahrscheinlichkeit aus, für die Opposition zu stimmen – nur eben unter umgekehrten Vorzeichen. Die Wahrscheinlichkeit, eine Oppositionspartei zu wählen, reduzierte sich bei positiver

Leistungseinschätzung für die Regierung um fast 60 Prozentpunkte. Wie die dritte Ergebnisspalte zeigt, übersetzte sich eine positive Bewertung der Regierungsleistung auch in die Wahl für die Unionsparteien. Im Vergleich zu einer maximal negativen Bewertung führte eine bestmögliche Einschätzung zu einer um 65 Prozentpunkte höheren Wahrscheinlichkeit, für die CDU bzw. in Bayern für die CSU zu stimmen. Jedoch vermochte es die FDP – wie die SPD bei der Vorwahl – nicht, die im Mittel positive Leistungsbewertung der Bundesregierung in Stimmen umzumünzen: Der Effekt der Leistungsbewertung der Regierung auf die Wahl der FDP war sehr schwach und mit knapp fünf Prozentpunkten nicht einmal ein Zehntel so stark wie bei der Union. Die im Vergleich ebenfalls sehr viel geringere Erklärungsgüte dieses sehr sparsamen Modells deutet an, dass das Stimmverhalten für bzw. gegen die FDP kaum von der retrospektiven Leistungsbewertung der Bundesregierung, in der die Liberalen immerhin ein Drittel der Ministerposten besetzten, abhängig gemacht wurde.

Im Rahmen der GLES-Studie wurde neben der Bewertung der Regierung auch nach den Leistungsbewertungen der einzelnen Parteien im Deutschen Bundestag gefragt. Wie oben dargestellt, unterschied sich die Zufriedenheit der Bürger mit den einzelnen Parteien durchaus. Ob sich diese Bewertungsunterschiede auch in unterschiedlicher Stärke in Wahlverhalten übersetzten, kann anhand der in Tabelle 3 dargestellten Ergebnisse eingeschätzt werden.

Tabelle 3: Einflüsse der Bewertung der Leistung der Parteien auf das Wahlverhalten

	Wahlentscheidung für				
	CDU/ CSU	SPD	FDP	Grüne	Die Linke
Leistung der jeweiligen Partei	+67[c]	+30[c]	+31[c]	+40[c]	+49[c]
Parteiidentifikation	+63[c]	+64[c]	+18[c]	+44[c]	+51[c]
Nagelkerke R^2	0,67	0,53	0,32	0,48	0,60
N	2782	2782	2782	2782	2782

Quelle: GLES-Vor- und Nachwahl-Querschnittsbefragung 2013 (ZA5702).
a: $p < 0{,}05$; b: $p < 0{,}01$; c: $p < 0{,}001$ (siehe Anhang 4).

Die Modelle der Tabelle 3 bestätigen diese Vermutung. Die Wahlwahrscheinlichkeiten hingen deutlich und hochsignifikant von den Leistungsbewertungen der Parteien ab. Je höher die Zufriedenheit mit den Leistungen einer Partei ausfiel, desto eher stimmten die Bürger für sie. Dieser Zusammenhang war für die Unionsparteien am stärksten. Interessanterweise ist sowohl die Effektstärke der Leistungsbewertung als auch die Gesamterklärungskraft des Modells für die CDU/CSU (Tabelle 3, erste Ergebnisspalte) nahezu identisch mit dem entsprechenden Modell aus Tabelle 2, in welchem die allgemeine Regierungsleistung als erklärende Variable Verwendung fand. Dies kann als Indiz dafür gelesen werden, dass die Regierung vor allem mit der Union als größerem Koalitionspartner assoziiert wurde. Diese Vermutung wird durch den Umstand erhärtet, dass die Bewertung der Regierungsleistung eng mit der Leistung der Union verknüpft war (Korrelationskoeffizient nach Pearson: 0,84). Dafür spricht ebenfalls, dass die Bewertung der Leistung der FDP substanzielle Auswirkungen auf die Wahlwahrscheinlichkeit ausübte (Tabelle 3, zweite Ergebnisspalte), während die Regierungsbewertung sich kaum in Wahlentscheidungen für die FDP niederschlug (Tabelle 2, letzte Spalte). Dass dies den Liberalen letztlich nicht in die Hände spielte, zeigte das Wahlergebnis. Die Erklärungskraft des Modells ist jedoch deutlich niedriger als für die anderen Parteien. Für die SPD, die Grünen und die Linke spielte die Bewertung ihrer Leistung in der Opposition ebenfalls eine wesentliche Rolle, wenn auch in unterschiedlicher Stärke. So unterscheidet sich die Wahrscheinlichkeit, für die Linke zu stimmen, zwischen schlechtester und bester Bewertung um knapp 50 Prozentpunkte. Bei den Grünen liegt der Wert bei 40, für die SPD bei lediglich 30 Prozentpunkten. Die parteispezifischen Beurteilungen der Leistungen der letzten vier Jahre zeigten nur für die FDP eine höhere Erklärungskraft als die Beurteilung der Regierungsleistung (R^2-Wert von über 0,3 im Vergleich zu etwa 0,2). Für die Unionsparteien und Die Linke waren die Größenordnungen mit (über) 0,6 die gleichen, für die SPD und Bündnis 90/Die Grünen lagen sie mit etwa 0,5 darunter.

Hinsichtlich einiger Parteien nahmen die Wähler offenbar Differenzierungen vor, andere dagegen wurden vor allem als Opposition bzw. als Regierung und weniger als distinkte Parteien wahrgenommen. Der Einfluss der Parteiidentifikation war ebenfalls für jede der fünf Parteien statistisch signifikant, variierte jedoch in der Stärke. So zeigt sich, dass die Parteiidentifikation bei den kleineren Parteien einen etwas geringeren Einfluss auf die Wahlwahrscheinlichkeiten ausübte. Da dies jedoch auch für die Leistungsbewertung galt, ergibt sich ein heterogenes Bild: Für die Union, die Linke sowie die Grünen waren die affektiven Bindungen ähnlich bedeutsam wie die Evaluierungen, für die SPD war die Parteiidentifikation deutlich relevanter, für die FDP dagegen die (insgesamt sehr negative) Leistungsbewertung. Ein einheitlicher Effekt über alle Parteien hinweg ist demnach auch hinsichtlich der relativen Bedeutung einzelner Erklärungsfaktoren nicht festzustellen.

6.6.3 Kompetenzevaluationen der Parteien

Nach dem Blick auf den Einfluss der Bewertung bisheriger Leistungen von Bundesregierung und einzelnen Parteien folgt nun eine Analyse der Einschätzungen der Kompetenzen, Probleme in der Zukunft lösen zu können. Da bei einer Wahl nicht nur eine bestehende Regierung belohnt oder abgestraft wird, sondern in erster Linie die Richtung der Politik für die nächsten Jahre bestimmt wird, sollte für die Wähler auch von Belang sein, welche Lösungsfähigkeit sie den Parteien für die wichtigsten anstehenden Probleme des Landes zuschreiben. Die Fähigkeit, die wichtigsten Probleme zu lösen, sollte einen starken Einfluss auf die Wahlentscheidung zugunsten der jeweiligen Partei ausüben. Um diese Vermutung prospektiven, in die Zukunft gerichteten Wählens zu prüfen, wurden im Rahmen der GLES-Umfrage Fragen nach den wichtigsten Problemen in Deutschland gestellt. Jeder Befragte wurde eingeladen, die beiden persönlich am wichtigsten erachteten Probleme zu nennen, und anschließend nach der Partei befragt, die er für am fähigsten hält, die jeweiligen Probleme zu lösen.

Ungefähr drei Prozent der Befragten nannten kein wichtigstes Problem, knapp fünf Prozent war nur ein Problem wirklich wichtig, über 92 Prozent der Befragten nannten zwei Probleme. Welche Inhalte dabei genannt wurden, wird in Unterkapitel 6.7 analysiert. Unabhängig von den konkreten Problemen, die die Bürger als die wichtigsten erachten, wird hier nur betrachtet, ob für diese individuell als dringlich erachteten Probleme bestimmte Parteien als kompetent angesehen wurden, das oder die Probleme zu lösen. Die Frage, welche Partei die Wähler am ehesten für fähig hielten, die jeweiligen Probleme zu lösen, erbrachte einen interessanten Befund. Bei nur einem genannten Problem meinte eine starke Minderheit (39 Prozent) der Befragten, dass keine Partei besonders geeignet ist, dieses zu lösen. Wurden hingegen zwei Problemen genannt, reduzierte sich dieser Anteil auf etwa ein Sechstel. 15 Prozent gaben nur für eines von zwei genannten Problemen eine Partei an, der sie seine Lösung zutrauten, fast 70 Prozent konnten für beide Probleme eine aus ihrer Sicht lösungskompetente Partei benennen. Zumeist nannten die befragten Wähler also nicht nur Probleme, sondern auch Parteien, die sie für fähig hielten, diese zu lösen.

Tabelle 4: Anzahl genannter wichtiger Probleme und Lösungskompetenzen der Parteien

Anzahl der Probleme	Anzahl der Parteinennungen zur Lösungskompetenz 0	1	2	Summe	N
0	108 (100)	-	-	100,0	108
1	71 (38,7)	112 (61,3)	-	100,0	183
2	594 (16,5)	552 (14,6)	2474 (68,9)	100,0	3620
Gesamt	773 (20,2)	664 (16,3)	2474 (63,6)	100,0	3911

Quelle: GLES-Vor- und Nachwahl-Querschnittsbefragung 2013 (ZA5702).
Absolutzahlen (ungewichtet), darunter die jeweiligen Zeilenprozente in Klammern (gewichtet).

Welche Parteien wurden als kompetent wahrgenommen? Ein Drittel der Befragten hielt weder eine der Regierungsparteien noch eine der drei Oppositionsparteien für besser oder überhaupt geeignet, die jeweils subjektiv wahrgenommenen anstehenden Probleme in Deutschland zu lösen. Bei Einzelbetrachtung der Parteien schnitt die Union mit 35 Prozent der Befragten, die ihr die Lösungskompetenz für eines oder beide Probleme zuschrieben, am besten ab. Direkt dahinter lag die SPD mit 30 Prozent, gefolgt von Grünen und Linken mit jeweils zehn Prozent. Die FDP hielten nicht einmal zwei Prozent für kompetent, die wichtigen Probleme erfolgreich anzugehen. Dass sich „Leistungsvermutungen" eher bei den großen Parteien finden, deckt sich mit früheren Studien (Pappi/Shikano 2001; Wagner/Weßels 2011). Der extrem geringe Wert für die FDP ist jedoch durchaus ungewöhnlich; 2009 sahen über acht Prozent der Befragen die Liberalen als am besten in der Lage, eines der beiden wichtigsten Probleme erfolgreich zu bearbeiten.

Aus den Antworten auf die Frage, welcher Partei jeweils die Lösungskompetenz für die jeweiligen Problemen zugeschrieben wird, lässt sich ein Index der Beurteilung der erwarteten Problemlösungsfähigkeit der Parteien bilden. Ein Beispiel: Ein Wähler hält jeweils die FDP und die CDU für am besten geeignet, eines der genannten Probleme zu lösen. Der SPD traut er dagegen nicht zu, ein Problem am erfolgreichsten anzugehen. So ergäben sich CDU-SPD- und FDP-SPD-Salden von jeweils eins (eins minus null). Der Saldo von Regierung zu Opposition läge dann bei zwei (eins plus eins minus null). Sieht der Wähler hingegen nur ein Problem als wichtig an und schreibt der Union die Lösungskompetenz zu, ergibt sich ein CDU-SPD-Saldo von eins, ein FDP-SPD-Saldo von null und ein Regierungs-Oppositions-Saldo von ebenfalls eins. Bei der Bundestagswahl 2013 schätzten 21 Prozent der Befragten die damals amtierende Regierung aus Union und FDP als kompetent hinsichtlich zweier Probleme ein, acht Prozent für ein Problem mehr als die Opposition und mit mehr als einem Drittel sah die größte Gruppe die Problemlösungsfähigkeiten gleichermaßen zwischen Regierung und Opposition verteilt. Knapp zehn Prozent sahen die Oppositionsparteien als kompetenter für ein Problem an, 27 Prozent für alle beiden genannten Probleme. Insgesamt ergab sich damit ein leichter Vorteil für die Opposition.

Im Folgenden soll gefragt werden, wie diese Einschätzungen der Problemlösungskompetenz die Wahlentscheidungen beeinflussten. Zuerst wird untersucht, wie sich die durchschnittlich besseren Kompetenzzuschreibungen für die Regierungsparteien bezüglich der Lösung der von den Befragten wahrgenommenen politischen Probleme in Wahlchancen umsetzen, wenn zugleich auch die oben diskutierten retrospektiven Leistungsbeurteilungen sowie überdies auch die Parteiidentifikation in Betracht gezogen wird. Die Erwartung lautet, dass die Bürger für diejenigen Parteien stimmten, die ihrer Meinung nach die höchste Problemlösungskompetenz aufwiesen. Ein positiver Saldo der Lösungsfähigkeit für die Regierungs- gegenüber den Oppositionsparteien hat sich vermutlich positiv auf die Wahlwahrscheinlichkeit zugunsten der Regierungsparteien ausgewirkt. Basierend auf den obigen Ausführungen lautet eine weitere Hypothese, dass die prospektiven Einschätzungen für das Verhalten der Wähler bei der Bundestagswahl 2013 wichtiger waren als die retrospektiven Bewertungen.

Tabelle 5: Einflüsse der Bewertung der Leistung und der Lösungskompetenz auf Wahlverhalten – Regierung und Opposition

	Wahlentscheidung für	
	Regierung	Opposition
Leistung Bundesregierung	+57[c]	-24[c]
Problemlösungskompetenz-Saldo		
Regierung-Opposition	+63[c]	-67[c]
Parteiidentifikation	+56[c]	+58[c]
Nagelkerke R^2	0,73	0,68
N	3010	3010

Quelle: GLES-Vor- und Nachwahl-Querschnittsbefragung 2013 (ZA5702).
a: $p < 0,05$; b: $p < 0,01$; c: $p < 0,001$ (siehe Anhang 4).

Diese Erwartungen finden Bestätigung. Je höher der Saldo der Problemlösungskompetenz für die Regierung, desto höher war die Wahrscheinlichkeit, für Union oder FDP zu votieren, und desto geringer war die Wahrscheinlichkeit, für die SPD, die Grünen oder Die Linke zu stimmen. Verglichen mit der Situation einer Kompetenzvermutung bezüglich beider Probleme bei der Opposition stieg die Wahlwahrscheinlichkeit für die Regierung um über 60 Prozentpunkte, wenn die Lösungskompetenz vollständig bei den Regierungsparteien gesehen wurde. Retrospektive Leistungsbewertungen erweisen sich in Tabelle 2 erneut als bedeutsame Prägekraft des Stimmverhaltens. Im direkten Vergleich wird jedoch offenbar, dass prospektive Leistungsvermutungen stärker wirkten als rückblickende Beurteilungen. Für die Regierung betrug die Differenz lediglich fünf Prozentpunkte, für die Opposition jedoch über 40 Prozentpunkte. Während die Leistung einen großen positiven Effekt auf die Wahl der Regierung, aber einen geringeren negativen Effekt auf die Wahl der Opposition ausübte, wies die prospektive Evaluierung gleiche Effektstärken für Regierung und Opposition auf – wenngleich natürlich mit umgekehrten Vorzeichen. Das unterstreicht die größere Relevanz des Blicks in die Zukunft im Vergleich zum Blick in die Vergangenheit für Wahlentscheidungen. Es unterstreicht zudem auch den Vorteil, den Regierungen bei Wahlen genießen: An ihre Arbeit legen die Bürger zwei Bewertungsmaßstäbe an, einen retrospektiven und einen prospektiven, und beide spielen für die Wiederwahl der Regierungsparteien eine starke Rolle. Die Opposition kann hingegen weniger mit ihren vergangenen Leistungen punkten, sondern vor allem mit prospektiven Leistungserwartungen.

Tabelle 6: Einflüsse der Bewertung der Leistung und der Lösungskompetenz der Parteien auf Wahlverhalten

	Wahlentscheidung für				
	CDU/ CSU	SPD	FDP	Grüne	Die Linke
Leistung der jeweiligen Partei	+55[c]	+16[b]	+29[c]	+31[c]	+32[c]
Problemlösungskompetenz	+33[c]	+36[c]	+10[c]	+39[c]	+29[c]
Parteiidentifikation	+55[c]	+53[c]	+12[c]	+28[c]	+25[c]
Nagelkerke R^2	0,69	0,57	0,34	0,52	0,67
N	2782	2782	2782	2782	2782

Quelle: GLES-Vor- und Nachwahl-Querschnittsbefragung 2013 (ZA5702).
a: p <0,05; b: p <0,01; c: p <0,001 (siehe Anhang 4).

Tabelle 6 zeigt die Ergebnisse einer nach Parteien differenzierenden Untersuchung von Leistungsbewertung sowie Lösungsfähigkeit für anstehende Probleme. Diese kombinierten Modelle aus retrospektiver und prospektiver Leistungsbewertung erklären das Wahlverhalten bei der Bundestagswahl 2013 sehr gut. Die Erklärungsgüte liegt mit Ausnahme der FDP bei hohen Werten zwischen 0,5 und 0,7. Alle Einflussgrößen weisen in die vermutete Richtung – je besser die Leistungsbewertung einer Partei und je höher die vermutete Problemlösungskompetenz, desto höher die Wahlwahrscheinlichkeit. Parteibindungen fallen ebenfalls stark ins Gewicht. Im Vergleich der Parteien fallen folgende Befunde ins Auge. Die Parteiidentifikation war für die beiden Volksparteien deutlich wichtiger als für die kleineren Parteien. Sie erhöhte für Union und SPD die Wahrscheinlichkeit, der jeweiligen Partei die Stimme zu geben, um über 50 Prozentpunkte. Für die Grünen und die Linke lag sie mit etwas über 25 Punkten bei der Hälfte der Einflussstärke, bei der FDP bei lediglich 12 Prozentpunkten. Wie oben beschrieben, nahmen nicht einmal zwei Prozent der Befragten die FDP als am besten geeignet wahr, die wichtigen Probleme des Landes zu lösen. Der Einfluss auf die Wahlentscheidung war mit unter zehn Punkten ebenfalls sehr gering. Von der zugesprochenen Kompetenz am meisten profitieren konnten die Grünen, gefolgt von der SPD und den Unionsparteien. Für diese lag die Wahlwahrscheinlichkeit um über 30 bis fast 40 Prozentpunkte höher, wenn ihnen Kompetenz für beide Probleme zugesprochen wurde, verglichen mit dem völligen Fehlen zugeschriebener Lösungskompetenz. Insgesamt war die prospektive Beurteilung für die Parteien der Opposition wichtiger oder zumindest genauso wichtig wie die retrospektive Leistungsbewertung, während die Union vor allem aufgrund ihrer Leistungen als Regierungspartei in der Legislaturperiode 2009 bis 2013 ihre Stimmen erhielt.

6.6.4 Fazit

Die 2009 ins Amt gewählte schwarz-gelbe Koalition wurde nach vier Jahren Regierungsarbeit insgesamt eher positiv bewertet. Allerdings bestanden deutliche Unterschiede zwischen großem und kleinem Koalitionspartner. Vor allem mit den Leistungen von Christdemokraten und Christsozialen waren die Bürger zufrieden – tatsächlich sogar noch zufriedener als bei der vorangegangenen Wahl 2009. Die FDP dagegen erhielt die schlechtesten Noten. Von den Oppositionsparteien wurde die Arbeit der SPD am besten bewertet. Die Sozialdemokraten waren es auch, die sich im Vergleich zu 2009 nach der Union am meisten verbesserten. Wenn man eine Funktion von Wahlen im Belohnen guter und im Bestrafen schlechter Regierungsarbeit sieht, war die nach der Bundestagswahl 2013 gebildete Große Koalition unter Führung der CDU/CSU genauso eine logische Konsequenz wie das schlechte Abschneiden der FDP. Auch hinsichtlich der Lösungskompetenz anstehender Probleme zeigt sich ein ähnliches Bild: Die Union sowie die SPD wurden als fähiger angesehen und diese Kompetenzvermutung setzte sich im September 2013 in Wählerstimmen um. Der FDP traute dagegen fast niemand zu, die Probleme zu lösen, die den Wählern wichtig waren. Im Vergleich zwischen retrospektiven und prospektiven Leistungsbewertungen zeigt sich eine leichte Überlegenheit des Blicks in die Zukunft vor dem Blick in die Vergangenheit. Dies entspricht der zweiten Funktion von Wahlen, die zukünftigen Repräsentanten zu bestimmen. Zwischen Regierung und Opposition bestand eine Asymmetrie bezüglich der Kriterien, die die Bürger ihrer Wahlentscheidung zugrunde legten. Regierungen werden sowohl rückblickend als auch im Hinblick auf ihre zukünftigen Leistungen bewertet, während Oppositionsparteien weniger stark von der Bewertung ihrer Arbeit während der letzten Legislaturperiode profitieren können.

Literatur

Fiorina, Morris P. 1981: Retrospective voting in American national elections, New Haven, London: Yale University Press.

Kellermann, Charlotte/Rattinger, Hans 2005: „Round up the usual suspects“: Die Bedeutung klassischer Bestimmungsfaktoren der Wahlentscheidung bei den Bundestagswahlen 1994 bis 2002, in: Falter, Jürgen W./Gabriel, Oscar W./Weßels, Bernhard, Hg., Wahlen und Wähler. Analysen aus Anlass der Bundestagswahl 2002, Wiesbaden: VS Verlag, 189-212.

Manin, Bernand 1997: The Principles of Representative Government, Cambridge: Cambridge University Press.

Roller, Edeltraud 1998: Positions- und performanzbasierte Sachfragenorientierungen und Wahlentscheidung: Eine theoretische und empirische Analyse aus Anlass der Bundestagswahl 1994, in: Kaase, Max/Klingemann, Hans-Dieter, Hg., Wahlen und Wähler. Analysen aus Anlass des Bundestagswahl 1994, Opladen/Wiesbaden: Westdeutscher Verlag, 173-220.

Shahla, Hossein 2001: Der sachlich abwägende Wähler: Zum Stellenwert sachlich-rationaler Motive der Wahlentscheidung im Rahmen des Rational-Choice-Ansatzes, in: Klingemann, Hans-Dieter/Kaase, Max, Hg., Wahlen und Wähler: Analysen aus Anlass der Bundestagswahl 1998, Wiesbaden: Westdeutscher Verlag, 647-694.

Thurner, Paul W./Pappi, Franz U. 1998: Retrospektives und prospektives Wählen in Mehrparteiensystemen mit Koalitionsregierungen, in: Kaase, Max/Klingemann, Hans-Dieter, Hg., Wahlen und Wähler. Analysen aus Anlass der Bundestagswahl 1994, Opladen: Westdeutscher Verlag, 113-144.

Wagner, Aiko/Weßels, Bernhard 2011: Regierungsleistung im Urteil der Wähler, in: Rattinger, Hans/Roßteutscher, Sigrid/Schmitt-Beck, Rüdiger/Weßels, Bernhard et al., Zwischen Langeweile und Extremen: Die Bundestagswahl 2009, Baden-Baden: Nomos, 165-177.

Weßels, Bernhard 2004: Sachfragen, generalisierte politische Positionen und Leistungsbewertungen: Zur Konditionierung präferenzorientierten Wählens, in: Brettschneider, Frank/van Deth, Jan/Roller, Edeltraud, Hg., Die Bundestagswahl 2002. Analysen der Wahlergebnisse und des Wahlkampfes, Wiesbaden: VS Verlag für Sozialwissenschaften, 143-165.

6.7 Politische Sachfragen

Thomas Plischke

6.7.1 Einleitung

Einer bekannten Definition von Abraham Lincoln zufolge ist Demokratie „government by the people“. Demnach bestimmen Bürger in demokratischen Gesellschaften eigenständig über die Ausgestaltung ihres Gemeinwesens. Für diesen Zweck sind politische Wahlen ein wichtiges Werkzeug: Bürger sollen durch ihre Wahl eine Entscheidung über jene Regeln fällen, nach denen sie gemeinsam in ihrem Land leben wollen. Zwar kann über diese Regeln bei einer Bundestagswahl nicht direkt abgestimmt werden, da nicht die Gesetzesvorhaben selbst, sondern die Parteien zur Wahl stehen. Jedoch weisen Parteien unterschiedliche Vorstellungen auf, wie sie das Land gestalten wollen und welche Gesetze sie nach einer erfolgreichen Wahl einbringen wollen. Wird demnach eine Partei in die Regierung gewählt, wird dies als ein inhaltliches „Mandat“, also als „Auftrag“ der Bürger verstanden, das jeweilige Parteiprogramm umzusetzen (vgl. Schmitt 2005: 10).

Daraus ergibt sich, dass Bürger in einer Demokratie über die Programme der Parteien abstimmen *sollten*, aber nicht notwendigerweise, dass sie dies tatsächlich auch tun. Tatsächlich gibt es eine große Anzahl konkurrierender Kriterien, nach denen Bürger ihre Wahlentscheidung treffen können. Sie könnten etwa ihre Wahl routinegemäß im Einklang mit ihrer langfristig stabilen Parteibindungen treffen – ohne über die Programme der Parteien informiert zu sein. Sie könnten mit ihrer Wahl auch einen Kandidaten unterstützen, den sie besonders sympathisch finden, selbst wenn sie die inhaltlichen Standpunkte des Kandidaten nicht teilen oder kennen. Dies sind nur zwei Beispiele, die verdeutlichen, dass Wahlentscheidungen nicht zwingend automatisch programmatische Aussagekraft haben.

In diesem Unterkapitel soll untersucht werden, in welchem Ausmaß sich die Bürger bei ihrer Wahlentscheidung durch ihre Meinungen zu politischen Sachfragen leiten ließen – und ob es somit gerechtfertigt erscheint, von einem „Wählerauftrag“ zu sprechen. Hierfür erscheint es sinnvoll, den Begriff „Sachfrage“ etwas stärker zu differenzieren, da verschiedene Typen von Sachfragen die Wahlentscheidungen auf unterschiedliche Art und Weise beeinflussen können (siehe Schoen/Weins 2005). Im Folgenden wird daher zunächst eine begriffliche Unterscheidung zwischen „politischen Problemen“ und „politischen Richtungsfragen“ vorgenommen, um sodann den gemeinsame Einfluss dieser beiden Typen von Sachfragen auf das Wahlverhalten zu untersuchen.

6.7.2 Politische Probleme und Zuordnung von Lösungskompetenz

Der erste Typ von Sachfragen, der hier behandelt werden soll, sind politische Probleme (in der Wahlforschung auch „Valenzsachfragen“ genannt; Stokes 1963). Verstanden wird hierunter eine wahrgenommene Diskrepanz zwischen einem von fast allen Bürgern gewünschten Ziel-Zustand und dem aktuellen Ist-Zustand. Ein klassisches Beispiel ist das Problem „Arbeitslosigkeit“: Politik und Gesellschaft sind sich einig, dass Vollbeschäftigung ein wünschenswerter Ziel-Zustand wäre. Worin sich die Parteien jedoch uneinig sind, ist die Auswahl der Instrumente zur Bekämpfung von Arbeitslosigkeit: Konservative und liberale Parteien sehen traditionellerweise Wirtschaftswachstum als bestes Mittel an, während linke Parteien staatliche Beschäftigungsprogramme propagieren (siehe auch Schmitt 1998: 149). Bei politischen Problemen geht es also im Kern darum, bei welcher Partei die besten Konzepte vermutet werden, um den gewünschten Ziel-Zustand herbeizuführen: Je mehr Kompetenz die Bürger einer Partei zuschreiben, desto besser sollten ihre Wahlchancen sein.

Entscheidend für einen Effekt von politischen Problemen auf das Wahlverhalten ist, dass Probleme überhaupt wahrgenommen werden. In der GLES-Studie wurden die Bürger gefragt, welche ihrer Meinung nach das wichtigste und das zweitwichtigste politische Problem in Deutschland seien. Fast alle Bürger waren dazu in der Lage, zwei Missstände zu benennen, die anschließend in grobe Themengebiete eingeordnet wurden. Am häufigsten wurden Themen aus dem Politikbereich „Sozialpolitik“ benannt (30%; siehe Tabelle 1). Viele Bürger beklagten die aus ihrer Sicht zunehmende soziale Ungerechtigkeit in der Gesellschaft, wobei besonders häufig auf die sich öffnende „Schere zwischen Arm und Reich“ verwiesen wurde. Als ein weiteres wichtiges Thema innerhalb der Sozialpolitik wurde vielfach die stagnierende Rentenentwicklung genannt. Interessant ist, dass das Feld „Sozialpolitik“ bei der Bundestagswahl 2009 noch weitaus weniger bedeutsam gewesen war als bei der Bundestagswahl 2013. Wie die letzte Spalte in Tabelle 1 deutlich macht, lag die Sozialpolitik damals nur auf Rang 3 der Prioritäten der Bundesbürger; nur 14 Prozent der Bürger nannten damals Themen aus diesem Bereich als wichtigstes Problem.

Der gewachsene Stellenwert der Sozialpolitik ist unter anderem darauf zurückzuführen, dass zwei andere Themenbereiche erheblich an Bedeutung verloren haben: Arbeitsmarkt- und Wirtschaftspolitik. Seit der Wiedervereinigung hat der Problembereich „Arbeitsmarktpolitik“ in Deutschland immer die politische Agenda der Bürger angeführt. In den neunziger Jahren zählten noch bis zu 90 Prozent der Bürger die zu hohe Arbeitslosenquote zu den wichtigsten Problemen in Deutschland (siehe Kunz 2000: 481; Kunz/Thaidigsmann 2005: 58). Auch bei der Bundestagswahl 2009 wurden Probleme aus dem Bereich „Arbeitsmarkt“ mit Abstand am häufigsten genannt: 64 Prozent der Befragten nannten sie entweder als wichtigstes oder zweitwichtigstes Problem. 2013 war dieser Anteil stark gesunken und lag nur noch bei 38 Prozent. Seit 1990 war dies somit die erste Bundestagswahl, bei der die Arbeitsmarktpolitik nicht mehr die Rangliste der wichtigsten politischen Probleme anführte.

Tabelle 1: Die wichtigsten Probleme in Deutschland bei der Bundestagswahl 2013

Rang 2013	Bereiche	Wichtigstes Problem	Zweitwichtigstes Problem	Rang 2009
1	Sozialpolitik	30	31	3
2	Arbeitsmarktpolitik	21	17	1
3	Finanzpolitik	13	11	5
4	Wirtschaftspolitik	6	6	2
5	Infrastruktur (v.a. Energie/Wohnen)	5	7	-
6	Bildungspolitik	5	5	6
7	Werteverfall in Politik/Gesellschaft	4	4	4
8	Innere Sicherheit	3	4	7
9	Umweltpolitik	2	3	8
	Sonstiges	11	12	

Quelle: GLES-Vor- und Nachwahl-Querschnittsbefragung 2013 (ZA5702).
Angaben in Prozent.

Die abnehmende Bedeutung der Arbeitsmarktpolitik war in erster Linie eine Reaktion auf den deutlichen Rückgang der Arbeitslosenquote in den letzten Jahren. Dies wird besonders deutlich, wenn man die Antworten innerhalb des Themenkomplexes „Arbeitsmarktpolitik“ etwas genauer betrachtet:

Äußerungen, die eine zu hohe Arbeitslosigkeit beklagten, machten nur die Hälfte aller Problem-Nennungen im diesem Bereich aus. Die andere Hälfte der Befragten sahen die Probleme eher im geringen Lohnniveau und prekären Beschäftigungsverhältnissen.

Der Rückgang der Bedeutung der Wirtschaftspolitik – von 25 Prozent im Jahr 2009 auf nur noch sechs Prozent im Jahr 2013 – ist hingegen dadurch zu erklären, dass die in 2009 noch anhaltende Wirtschaftskrise aus den Köpfen der Bürger verschwunden ist. In Folge der Krise der europäischen Gemeinschaftswährung kletterte stattdessen die Finanzpolitik von Rang fünf auf Rang drei. Neu auf der Rangliste der wichtigsten Probleme ist der Bereich Infrastruktur, worunter vor allem Nennungen zur Energiewende und steigenden Mieten fielen. Auf den unteren Rängen der Themenagenda befanden sich zudem noch die Bildungspolitik, der „Werteverfall" (unter diesem Schlagwort wurden Politikverdrossenheit und Klagen über sinkende Moral in der Gesellschaft zusammengefasst), Innere Sicherheit und die Umweltpolitik.

Die Wahrnehmung wichtiger politischer Probleme kann sich im Wahlverhalten nur dann auswirken, wenn sich Parteien identifizieren lassen, denen die Lösung dieser Probleme zugetraut wird. Wie die Daten zeigen, ist dies keine Selbstverständlichkeit: Sieben Prozent der Befragten bekundeten, sie wüssten nicht, welche Partei zur Lösung des wichtigsten Problems am ehesten in der Lage sei; 17 Prozent vertraten die Ansicht, dass keine Partei das wichtigste Problem würde lösen können und weitere drei Prozent meinten, dass alle Parteien gleich gut geeignet seien. Aber immerhin 73 Prozent aller Bürger nannten eine aus ihrer Sicht kompetente Partei.

Hier stellt sich die Frage, auf welche Weise Bürger Parteien Kompetenz zuschreiben. Eine wichtige Quelle von Informationen über die Kompetenz von Parteien sind vergangene Erfahrungen. Hat man bereits persönlich erlebt, dass eine Partei ein bestimmtes Problem erfolgreich gelöst hat, sollte die Partei als kompetent erscheinen. Darüber hinaus besteht aber auch ein Zusammenhang zwischen der Parteiidentifikation und Kompetenzurteilen. Wie bereits in Abschnitt 6.3 ausführlich dargestellt, weist die Mehrheit der Bürger eine starke Bindung zu einer Partei auf. Da parteigebundene Bürger ihrer Partei sehr viel Vertrauen entgegenbringen, ist es naheliegend, dass sie diese auch häufig als kompetenteste Partei einstufen.

Eine weitere Quelle von Informationen über die Kompetenz von Parteien sind gesellschaftlich verbreitete Stereotypen oder Klischees. Beispielsweise ist selbst für politikferne Bürger aufgrund des Parteinamens erkennbar, dass sich die Grünen mit Umweltthemen beschäftigen. Ebenso stehen die bürgerlichen Parteien CDU, CSU und FDP im Ruf, sich gut mit Wirtschaft und Finanzen auszukennen, während die SPD und die Linke traditionell mit sozialen Themen in Verbindung gebracht werden. Wenn solche Stereotypen existieren, wird in der Politikwissenschaft von „issue ownership" (Petrocik 1996) gesprochen: ein Thema befindet sich – metaphorisch ausgedrückt – „im Besitz" einer Partei. Wenn dieses Thema in der Prioritätenliste der Bürger wichtiger wird, sollte die Partei, der das Thema „gehört", davon profitieren.

Konnten somit die SPD und die Linke, die ihren Schwerpunkt traditionellerweise auf soziale Themen legen, von der zunehmenden Bedeutung der Sozialpolitik profitieren? In Tabelle 2 ist dargestellt, wie häufig eine Partei in den drei wichtigsten Problemfeldern – Sozialpolitik, Arbeitsmarktpolitik und Finanzpolitik – als kompetenteste Partei genannt wurde. Überraschenderweise ist für die SPD und die Linke im Bereich Sozialpolitik kein deutlicher Kompetenzvorsprung zu erkennen. Die Verteilung der Kompetenzzuweisungen sieht hier nicht wesentlich anders aus als die Verteilung über alle Themen (siehe letzte Spalte in Tabelle 2). Es gab somit keine Partei, der das Thema „Sozialpolitik" im hier erörtern Sinne „gehörte".

Etwas anders sieht dies im Feld „Arbeitsmarktpolitik" aus. Nur 27 Prozent der Bürger, die ein Problem aus dem Bereich „Arbeitsmarktpolitik" nannten, sahen die Union als kompetent an. Hingegen wurden die linken Parteien – allen voran die Linke – überproportional häufig als kompetent eingestuft. Dies lag vor allem daran, dass im Bereich „Arbeitsmarktpolitik" Löhne und prekäre Arbeitsverhältnisse im Vordergrund standen – also Themen, die von der Linken besonders häufig thematisiert wurden.

Im Gegensatz dazu galt die Union als mit Abstand kompetenteste Partei, um Probleme im Bereich der Finanzpolitik zu lösen: 43 Prozent aller Befragten, die ein wichtigstes Problem aus der Finanzpolitik nannten, schrieben CDU und CSU die Problemlösungskompetenz zu. Dies zeigt, auf welche Weise Erfahrungen aus der Vergangenheit Kompetenzurteile beeinflussen: Ein großer Teil der Bürger war mit Bundeskanzlerin Angela Merkels Krisenmanagement in der Eurokrise zufrieden und traute ihr deshalb zu, auch die zukünftigen finanzpolitischen Probleme lösen zu können. Jene Bürger hingegen, die mit dem Krisenmanagement der Bundesregierung weniger zufrieden waren, sprachen häufiger der AfD die Problemlösungskompetenz zu, die in diesem Politikbereich mit sechs Prozent überdurchschnittlich häufig genannt wurde. Die linken Parteien wurden hingegen vergleichsweise selten mit erfolgreicher Finanzpolitik in Verbindung gebracht. Erwähnenswert ist zudem, dass die FDP das Vertrauen der Bürger in ihre politische

Lösungskompetenz im Laufe der Legislaturperiode offenbar vollständig verspielt hat. Bei der Bundestagswahl 2009 hatten noch sieben Prozent der Bürger die FDP themenübergreifend als kompetenteste Partei eingestuft, nach vier Jahren an der Regierung nur noch ein Prozent.

Tabelle 2: Wahrgenommene Problemlösungskompetenz von Parteien in den wichtigsten Politikbereichen

	Sozialpolitik	Arbeitsmarktpolitik	Finanzpolitik	Alle Themen
CDU/CSU	32	27	43	33
SPD	27	27	16	24
FDP	1	0	1	1
Grüne	6	8	2	7
Die Linke	8	12	6	8
AfD	2	1	6	2
Keine Partei	19	19	20	19
Sonstige	5	6	6	8
	100	100	100	100

Quelle: GLES-Vor- und Nachwahl-Querschnittsbefragung 2013 (ZA5702).
Angaben in Prozent.

6.7.3 Richtungsfragen und politische Positionen

Der zweite Typus von Sachfragen, der in diesem Unterkapitel betrachtet werden soll, sind sogenannte „Richtungsfragen". Sie werden in der Wahlforschung auch „Positionssachfragen" genannt. Im Vergleich zu politischen Problemen geht es bei Richtungsfragen nicht um eine wahrgenommene Diskrepanz zwischen einem wünschenswerten Ziel-Zustand und dem aktuellen Ist-Zustand. Richtungsfragen zeichnen sich dadurch aus, dass in Bevölkerung und Politik Uneinigkeit darüber besteht, wie der Ziel-Zustand eigentlich aussehen soll. Es sind also strittige Themen, da darüber entschieden werden soll, auf *welche Weise* die Bürger in ihrem Land leben wollen: Soll die Energieversorgung durch Atomkraft oder durch erneuerbare Energien gesichert werden? Soll der Staat dem einzelnen Bürger möglichst viel Eigenverantwortung einräumen oder durch Einkommensumverteilung – und somit Eingriffe in das Eigentum – für mehr Gleichheit sorgen?

Damit Meinungen zu politischen Richtungsfragen in das Wahlergebnis einfließen können, benötigen die Bürger wesentlich mehr Informationen als bei Kompetenzurteilen. Zunächst sollten sie sich über die betreffende Sachfrage zumindest genügend Wissen angeeignet haben, um sich eine eigene Meinung bilden zu können. Um ihrer Meinung bei der Wahl aber auch Gewicht zu verleihen und die Chancen für die Realisierung ihres bevorzugten Ziel-Zustandes zu vergrößern, müssen sie zudem die Positionen der Parteien kennen, mit ihrer eigenen Position vergleichen und dann jene Partei wählen, die aus ihrer Sicht die akzeptabelste Position vertritt (siehe Campbell et al. 1960: 169-171). Ein solcher Abgleich von Parteipositionen ist vor allem bei einer großen Anzahl von unterschiedlichen Parteien eine herausfordernde Aufgabe – und sie wird noch schwieriger, wenn man bei der Wahl nicht nur eine, sondern mehrere Richtungsfragen gleichzeitig berücksichtigen möchte. In diesem Fall müssen komplizierte Abwägungen angestellt werden.

Um die Meinungen der Bürger zu politischen Richtungsfragen zu untersuchen, wurden in der GLES-Studie drei Streitfragen ausgewählt, die stellvertretend für zentrale Konfliktdimensionen der deutschen Politik stehen. Die erste Richtungsfrage zielt auf das Spannungsverhältnis zwischen wirtschaftlicher Gleichheit und Freiheit ab: Die Befragten sollten auf einer Skala angeben, ob sie sich eher einen aktiven Staat wünschten, der auf der Grundlage eines hohen Steueraufkommens sozialstaatliche Leistungen erbringen kann, oder ob sie stattdessen lieber weniger Steuern bezahlen und dafür auf sozialstaatliche Leistungen verzichten wollten. Bei der zweiten Richtungsfrage sollten sie angeben, in welchem Ausmaß Zuwanderung aus dem Ausland entweder gefördert oder beschränkt werden sollte. Die dritte Frage zielte schließlich darauf ab, ob eher dem Klimaschutz oder einem starken Wirtschaftswachstum auf Kosten des jeweils anderen Ziels der Vorrang gegeben werden sollte. Zusätzlich wurden die Bürger auch dazu befragt, ob ihnen die Positionen der einzelnen Parteien bei diesen Themen bekannt seien und wo diese einzuordnen seien.

Während die Befragten wenige Probleme hatten, ihre eigene Meinung zu diesen drei Richtungsfragen auszudrücken, bereitete ihnen die Bestimmung der Parteipositionen häufig Schwierigkeiten. Bei jeder Richtungsfrage konnten etwa 25 Prozent der Befragten nicht die Position aller Parteien abschätzen – und es ist zu vermuten, dass auch unter den restlichen 75 Prozent einige Befragte unsicher waren. Dies liegt auch daran, dass nicht allen Bürgern diese drei Themen gleichermaßen am Herzen liegen und sie daher auch nicht alle die Motivation aufweisen, sich über die Positionen der Parteien bezüglich der jeweiligen Themen zu informieren. Es ist daher gut möglich, dass Bürger, die bezüglich der hier untersuchten Themen relativ unwissend waren, dafür aber in anderen, für sie wichtigeren Themenbereichen, Experten waren (so genannte „issue publics"; siehe z. B. Converse 1964: 245-246).

Abbildung 1: Wahrgenommene Positionen der Parteien und die Positionen der Bürger bei ausgewählten politischen Richtungsfragen (Mittelwerte)

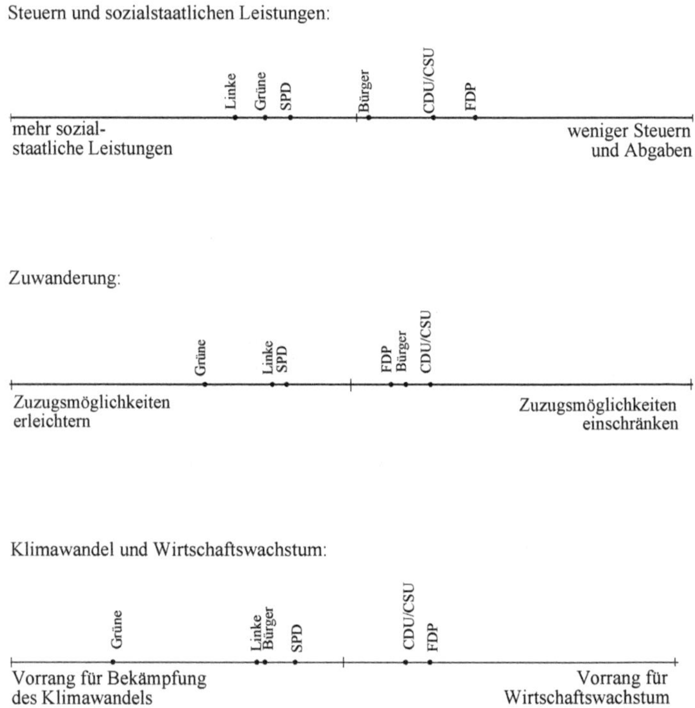

Quelle: GLES-Vor- und Nachwahl-Querschnittsbefragung 2013 (ZA5702).

Folgt man der Logik von Richtungsfragen, sollten Bürger Parteien umso wahrscheinlicher wählen, je geringer die Distanz zwischen ihrer eigenen Position und der wahrgenommenen Position der Partei ausfällt. Man kann diese Logik leichter anhand einer räumlichen Darstellung nachvollziehen. In Abbildung 1 sind für alle drei Richtungsfragen sowohl die durchschnittlichen Positionen der Bürger als auch die Mittelwerte der von den Bürgern wahrgenommenen Positionen der Parteien abgetragen. Die Endpunkte dieser Linien markieren jeweils die beiden Extrempositionen zu diesen Themen, während der Mittelpunkt jeweils für eine Kompromisshaltung steht. Sofern diese drei Themen bei der Bundestagswahl 2013 für die Bürger von Bedeutung waren, sollten jene Parteien von ihnen am stärksten profitiert haben, die eine geringe Distanz zu der durchschnittlichen Position der Bürger aufwiesen.

Für alle drei Richtungsfragen lässt sich ein ähnliches Muster beobachten: Die Union und die FDP wurden mit jeweils eher rechten Positionen in Verbindung gebracht (weniger Steuern und dafür weniger Sozialleistungen, Einschränkung von Zuwanderung und Vorrang für Wirtschaftswachstum), während die SPD, die Grünen und die Linke für „linke" Positionen standen (mehr Steuern für mehr sozialstaatliche Leistungen, mehr Zuwanderung, Vorrang für die Bekämpfung des Klimawandels). Die Bürger nahmen beim Thema „Steuern und Sozialleistungen" eine Mittelposition zwischen den beiden Lagern ein. Sie wiesen aber eher rechte Positionen auf, wenn es um das Thema Zuwanderung ging und standen somit den Positionen von Union und FDP nahe. Die liberalen Haltungen der linken Parteien in der Zuwanderungsfrage waren hingegen weit von der durchschnittlichen Position der Bürger entfernt. Beim Thema „Klimawandel oder Wirtschaftswachstum" war es jedoch genau umgekehrt: Hier lagen die wahrgenommenen Positionen der linken Parteien näher an der durchschnittlichen Position der Bürger. Wenn eine erfolgreiche Bekämpfung des Klimawandels ein niedrigeres Wirtschaftswachstum zur Folge haben sollte, waren die Bundesbürger damit tendenziell einverstanden.

Die in Abbildung 1 gezeigten Positionierungen von Wählern und Parteien haben sich gegenüber der Vorwahl 2009 kaum verändert. Obwohl die Union in der Zwischenzeit eine Kehrtwende in der Atompolitik vorgenommen hatte und nun ebenfalls für den Ausbau erneuerbarer Energien eintrat (was möglicherweise auf Kosten des Wirtschaftswachstums geht), glaubten die Bürger immer noch, die Union räume im Zweifelsfall dem Wirtschaftswachstum Vorrang ein. Parteien-Images sind offenbar im kollektiven Bewusstsein der Bevölkerung sehr stabil verankert und lassen sich nur sehr schwer verändern. Wenn eine Partei über Jahrzehnte hinweg eine bestimmte Position vertreten hat, lebt dieses Image auch dann noch weiter, wenn sie sich von ihrer ursprünglichen Position entfernt.

6.7.4 Der Einfluss von Sachfragen auf die Wahlentscheidung

Abschließend soll nun untersucht werden, inwieweit sich die Bürger von ihren Kompetenzurteilen und wahrgenommenen Politikdistanzen bei ihrer

Wahlentscheidung leiten ließen. Wie in den anderen Kapiteln werden auch hier logistische Regressionen für sechs Parteien gerechnet.

Um die Bedeutung von Problemlösungsfähigkeiten zu untersuchen, wurde in das Modell die Information aufgenommen, ob die Befragten einer Partei Kompetenzen in den drei wichtigsten Problemfeldern (Sozialpolitik, Arbeitsmarktpolitik und Finanzpolitik) zugesprochen haben. Es ist zu erwarten, dass die Wahrscheinlichkeit für die Wahl einer Partei steigt (überprüfbar an einem positiven Vorzeichen in Tabelle 3), wenn dieser Partei die größte Kompetenz zugesprochen wird.

Bei den drei Richtungsfragen wurde für jede befragte Person die subjektiv wahrgenommene Distanz zwischen der Position der Partei und der eigenen Position berechnet und ebenfalls in das Modell eingeschlossen. Hier lautet die Erwartung, dass die Wahrscheinlichkeit für die Wahl einer Partei mit zunehmender Distanz zwischen der eigenen und der Parteienposition sinken sollte (überprüfbar an einem negativen Vorzeichen in Tabelle 3). Da davon auszugehen ist, dass Kompetenz- und Distanzeinschätzungen durch Parteibindungen gefärbt werden, und ihr Effekt auf das Wählerverhalten unabhängig von einer solchen Färbung berechnet werden soll, wird auch der Einfluss der Parteiidentifikation im Modell berücksichtigt.

Tabelle 3: Der Einfluss von Sachfragen auf die Wahlentscheidung

	CDU/ CSU	SPD	FDP	Grüne	Die Linke	AfD
Kompetenz: Sozialpolitik	+35[c]	+28[c]	+21[b]	+15[a]	+36[c]	+63[c]
Kompetenz: Arbeitsmarktpolitik	+31[c]	+36[c]	+2	+52[b]	+24[b]	+53[a]
Kompetenz: Finanzpolitik	+29[a]	+35[b]	+25[b]	+49[b]	+86[c]	+35[c]
Distanz: Steuern und Leistungen	-34[c]	-10	-5[b]	-6	-7[b]	*
Distanz: Zuwanderung	-15[a]	-19[b]	+3	-5	-6[b]	*
Distanz: Klimawandel oder Wachstum	-13	+38[c]	-1	-4	+3	*
Parteiidentifikation	+70[c]	+64[c]	+41[c]	+62[c]	+71[c]	+77[c]
Nagelkerke R^2	0,66	0,57	0,25	0,46	0,58	0,28
N	2538	2528	2254	2367	2186	3028

Quelle: GLES-Vor- und Nachwahl-Querschnittsbefragung 2013 (ZA5702).
* = keine Daten verfügbar.
a: $p < 0,05$; b: $p < 0,01$; c: $p < 0,001$ (siehe Anhang 4).

Die in Tabelle 3 abgebildeten Modelle können die Wahl der Parteien in der Regel sehr gut erklären. Dies lässt sich an dem Gütemaß der Modelle (Nagelkerkes R^2) ablesen, welches bei der Union, der SPD und der Linken oberhalb von 0,5 liegt. Etwas schlechter lässt sich die Wahl der Grünen erklären (0,46) und wesentlich schlechter die Wahl der AfD (0,28) und der FDP (0,24). Unter allen Merkmalen in diesem Modell erweist sich die Parteiidentifikation als der wichtigste Erklärungsfaktor.

Die beiden Typen von Sachfragen liefern sehr unterschiedliche Beiträge zur Erklärung des Wahlverhaltens. Relativ gut können Kompetenzurteile das Wahlverhalten erklären: In der ersten Zeile bedeutet der Wert +35 beispielsweise, dass Personen, die der Union die Bewältigung von Problemen in der Sozialpolitik zutrauten, mit einer um 35 Prozent höheren Wahrscheinlichkeit diese Partei wählten als Personen, die ihr das nicht zutrauten. Bei fast allen Parteien und allen Problemfeldern liegen die geschätzten Wahrscheinlichkeitsveränderungen in einem hohen zweistelligen Bereich, wenngleich sie jedoch (bis auf eine Ausnahme) nicht so stark wirkten wie die Parteiidentifikation. Als besonders einflussreich erwies sich hierbei die Finanzpolitik: Wenn eine Person die Finanzpolitik zum wichtigsten Problem erklärte *und* einer Partei die Fähigkeit zusprach, dieses Problem zu lösen, erhöhte sich die Wahrscheinlichkeit, für diese Partei zu stimmen, im Durchschnitt um 43 Prozentpunkte. Bei den anderen beiden Problembereichen erhöhte sich die Wahrscheinlichkeit im Mittel nur um 33 Prozentpunkte.

Im Gegensatz zu den politischen Problemen tragen die Richtungsfragen wesentlich weniger zur Erklärung des Wahlverhaltens bei der Bundestagswahl 2013 bei. Nur bei der Wahl von CDU/CSU lassen sich bei zwei von drei Richtungsfragen theoretisch erwartete und auch substanzielle Effekte erkennen: Eine große Distanz zu den Positionen der Union in den Bereichen Steuerpolitik und Zuwanderung verringerte die Wahrscheinlichkeit, die Union zu wählen, um 34 bzw. 15 Prozentpunkte. Ebenso verringerte sich die Wahrscheinlichkeit, die SPD zu wählen, je größer die Distanz zwischen der eigenen Position und der Position der Partei in der Zuwanderungsfrage wahrgenommen wurde. Hingegen völlig konträr zu den Erwartungen wirkt im SPD-Modell die Klimawandel-vs.-Wirtschaftswachstum-Richtungsfrage: Das positive Vorzeichen zeigt an, dass eine Wahl der SPD umso wahrscheinlicher wurde, je weiter die Position des Wählers von der wahrgenommenen Position der Partei entfernt lag. Das Zustandekommen dieses kontraintuitiven Befundes sollte in zukünftigen Analysen genauer erforscht werden. Möglicherweise handelt es sich hierbei um ein Resultat zufälliger Einflüsse, das nicht überinterpretiert werden sollte.

Bei den kleineren Parteien fallen die Effekte von politischen Richtungsfragen nochmals wesentlich geringer aus als bei CDU/CSU und SPD, und nur wenige Effekte sind überhaupt statistisch signifikant. Gleichwohl erscheinen die resultierenden Effekte inhaltlich plausibel: Für die Wahl der FDP und der Linken machte es einen Unterschied, welche Meinung die Bürger bezüglich der Steuer-und-Leistungen-Sachfrage hatten; dies waren genau jene Parteien, die bei dieser Sachfrage die Extrempositionen einnahmen (siehe Abbildung 1). Zudem verringerte eine wahrgenommene Distanz zur Linken in der Zuwanderungsfrage die Wahrscheinlichkeit, jene Partei zu wählen.

6.7.5 Fazit

Die Bürger sahen bei der Bundestagswahl 2013 in der Sozialpolitik (vor allem zunehmender sozialer Ungleichheit und stagnierenden Renten), der Arbeitsmarktpolitik (vor allem stagnierenden Löhnen, prekären Arbeitsverhältnissen und Arbeitslosigkeit) sowie der Finanzpolitik (vor allem der Eurokrise) die wichtigsten politischen Probleme. Die Analysen haben gezeigt, dass die Wahrnehmung politischer Probleme eine sehr wichtige Antriebsfeder für individuelles Wahlverhalten war: Wenn Bürger eine Partei als besonders kompetent zur Lösung eines wichtigen politischen Problems erachteten, erhöhten sich die Wahlchancen dieser Partei erheblich. In diesem Sinne haben Sachfragen bei der Bundestagswahl 2013 eine bedeutsame Rolle gespielt.

Richtungsfragen, zu denen in Gesellschaft und Politik unterschiedliche Zielvorstellungen vertreten wurden, waren demgegenüber weniger wichtig. Ihre wesentlich geringere Erklärungskraft kann dahingehend interpretiert werden, dass Richtungsfragen in der deutschen Politik keine große Rolle spielen; in der Gesellschaft scheint weitestgehend Konsens darüber zu herrschen, wie das „ideale“ Deutschland aussehen soll. Für diese Interpretation spricht, dass die wahrgenommenen Unterschiede zwischen den Parteien in Abbildung 1 nicht übermäßig groß ausfielen. Die Parteien wurden zumeist nahe der Skalenmitte gesehen, während die Extrempositionen unbesetzt blieben. Die geringe Erklärungskraft von Richtungsfragen ist möglicherweise aber auch anders zu erklären. Möglicherweise fehlte es vielen Bürgern auch an ausreichenden Kenntnissen der Positionen der Parteien, so dass es ihnen schwer fiel, diese miteinander und mit der eigenen Position zu vergleichen. Möglicherweise waren die hier untersuchten Richtungsfragen auch nicht für alle Bürger gleichermaßen von Bedeutung. Es kann daher nicht ausgeschlossen werden, dass Meinungen zu Richtungsfragen das Wahlverhalten derjenigen Bürger, für welche diese relevant sind, besser erklären können.

Es lässt sich aus dieser Analyse schlussfolgern, dass das Ergebnis der Bundestagswahl 2013 durchaus als inhaltlicher Wählerauftrag verstanden werden kann – allerdings weniger in dem Sinne, das Land in eine bestimmte Richtung zu führen, als in dem Sinne, dass die neue Regierung die aktuellen sozialen, arbeitsmarkt- und finanzpolitischen Probleme erfolgreich lösen soll.

Literatur

Campbell, Angus/Converse, Philip E./Miller, E. Warren/Stokes, Donald E. 1960: The American Voter, New York, London: John Wiley.

Converse, Philip E. 1964: The Nature of Belief Systems in Mass Publics, in: Apter, David E., Hg., Ideology and Discontent, New York: Free Press of Glencoe, 206-261.

Kunz, Volker 2000: Politische Prioritäten und die Einschätzung der Problemlösungskompetenz der Parteien, in: Falter, Jürgen W./Gabriel, Oscar W./Rattinger, Hans, Hg.; Wirklich ein Volk? Die politischen Orientierungen von Ost- und Westdeutschen im Vergleich, Opladen: Leske + Budrich, 479-508.

Kunz, Volker/Thaidigsmann, S. Isabell 2005: Die Relevanz von Themenorientierungen für das Wählerverhalten bei der Bundestagswahl 2002, in: Falter, Jürgen W./Gabriel, Oscar W./Weßels, Bernhard, Hg., Wahlen und Wähler. Analysen aus Anlass der Bundestagswahl 2002, Wiesbaden: VS Verlag für Sozialwissenschaften, 50-76.

Petrocik, John R. 1996: Issue Ownership in Presidential Elections, with a 1980 Case Study, in: American Journal of Political Science 40, 825-850.

Schmitt, Annette 2005: Die Rolle von Wahlen in der Demokratie, in: Falter, Jürgen W.,/Schoen, Harald, Hg., Handbuch Wahlforschung, Wiesbaden: VS Verlag für Sozialwissenschaften, 3-29.

Schmitt, Hermann 1998: Issue-Kompetent oder Policy-Distanz? Zwei Modelle des Einflusses politischer Streitfragen auf das Wahlverhalten und die empirische Evidenz aus drei Nachwahlumfragen zur Bundestagswahl 1994, in: Kaase, Max/Klingemann, Hans-Dieter, Hg., Wahlen und Wähler, Wiesbaden: VS Verlag für Sozialwissenschaften, 145-172.

Schoen, Harald/Weins, Cornelia 2005: Der sozialpsychologische Ansatz zur Erklärung von Wahlverhalten, in: Falter, Jürgen W./Schoen Harald, Hg., Handbuch Wahlforschung, Wiesbaden: VS Verlag für Sozialwissenschaften, 187-242.

Stokes, Donald E. 1963: Spatial Models of Party Competition, in: Americal Political Science Review 57, 368-377.

6.8 Spitzenkandidaten

Aiko Wagner

6.8.1 Einleitung

Während des Wahlkampfes im Vorfeld der Bundestagswahl 2013 wurde großes Augenmerk auf das politische Spitzenpersonal der Parteien gelegt (siehe Unterkapitel 3.1). Insbesondere die Unionsparteien und die Sozialdemokraten versuchten, die Vorteile ihres jeweiligen Spitzenkandidaten bzw. ihrer -kandidatin im Vergleich zur Konkurrenz herauszustellen. In der Politikwissenschaft werden solche Phänomene unter der These der Personalisierung der Politik diskutiert (einen guten Überblick bieten Adam/Maier 2010). Sie besagt zum einen, dass bei Wahlen sowohl die Massenmedien als auch die Parteien selbst sowie die Wähler dem politischen Personal ein stärkeres Gewicht zumessen würden als in früheren Zeiten und inhaltliche Aspekte des politischen Wettbewerbs in den Hintergrund treten ließen (*allgemeine Personalisierung*, vgl. Lass 1995). Diese drei Aspekte der Personalisierung – Medien, Parteien und Wähler – beeinflussen sich mutmaßlich wechselseitig (vgl. Brettschneider 2001). Präsentieren die Parteien eher ihr Spitzenpersonal und betonten weniger ihre substanziellen Politikvorschläge, führt die Eigenlogik der Medien dazu, dass dieses Ungleichgewicht noch verstärkt wird. Entsprechend stimmen die Bürger am Wahltag eher über Personen als über Politikinhalte ab. Zudem wird die Auffassung vertreten, dass sich die Darstellung wie die Bewertung vor allem der Spitzenkandidaten stärker an rollenfernen Eigenschaften wie physischer Attraktivität (Klein/Ohr 2001) oder menschlicher Sympathie und weniger an dezidiert politischen Charakteristika wie Sachkompetenz oder Führungsstärke orientiert (*spezifische Personalisierung*, Lass 1995). Beide Trends – überwiegende Relevanz von Personenbewertungen gegenüber Sachthemen und Parteibewertungen einerseits, Dominanz unpolitischer Bewertungsmaßstäbe andererseits – nahmen im Verlauf der letzten Jahrzehnte stetig zu, so die pessimistische Formulierung der Personalisierungsthese.

Die Personalisierung des Wählens kann als Versuch seitens der Wählerschaft verstanden werden, die gestiegene Komplexität der Politik zu reduzieren und ihrer Schnelllebigkeit Rechnung zu tragen. Statt sich über die komplizierten Details einer Vielzahl von Sachfragen zu informieren und mögliche Entwicklungen zu durchdenken, blicken die Bürger auf die verschiedene Lösungen repräsentierenden Persönlichkeiten und ihre Eigenschaften (Klein/Ohr 2001). Um Informationskosten zu senken, kann eine solche Handlungsweise durchaus als rational gelten, vor allem, wenn im Wahlkampf die Spitzenkandidaten betont werden. Denn dadurch nimmt, erstens, die Relevanz ihrer Bewertung für die Wahlentscheidung zu (sogenannte Priming-These). Zweitens verstärken sich – gemäß der Polarisierungsthese – die wahrgenommenen Unterschiede zwischen den Kandidaten (vgl. z.B. Schoen 2004). Zwar stehen nun in einem auf das politische Personal fokussierenden, „amerikanisierten“ Wahlkampf Kandidaten zunehmend als eigenständige Personen und weniger als Parteirepräsentanten im Zentrum des Interesses. Allerdings erscheinen die Kandidaten nicht nur als spezifische Persönlichkeiten, sondern sie erfüllen zudem auch die Rolle des wichtigsten individuellen Repräsentanten ihrer jeweiligen Partei. Demnach werben sie nicht nur und in erster Linie für sich selbst, sondern sie werben auch um Stimmen für ihre Partei. Daher kann zuweilen eine Konvergenz von Partei- und Kandidatenbewertung im Wahlkampf beobachtet werden. Wenn die Bindung an eine Partei einen starken Einfluss auf die Wahlentscheidung ausübt, kommt es zu stabilem und in größerem Ausmaß berechenbarem Wahlverhalten. Wo allerdings derartige Parteiloyalitäten nicht vorhanden sind oder nicht hinreichend aktiviert werden, kann diese Konvergenz ausbleiben. Eine Passung von Partei und Kandidat wird in den Augen der Wähler nicht hergestellt, mit der Konsequenz, dass diese Parteien an der Urne abgestraft werden (vgl. Wagner/Weßels 2012b).

Bei der Bundestagswahl 2009 hatte es stärkere Kandidateneffekte der damaligen Spitzenkandidatin Angela Merkel im Hinblick auf die Wahl der CDU/CSU gegeben als bei der SPD mit dem Herausforderer Frank-Walter Steinmeier. Generell galt, dass die Kanzlerkandidaten wichtiger für das Wahlverhalten waren als die Spitzen der kleineren Parteien; insbesondere die Wahlentscheidung für bzw. gegen die Grünen wurde nur in geringem Maß von ihrem Spitzenpersonal abhängig gemacht. Auch die Bewertung der Kanzlerkandidaten beeinflusste die Wahlwahrscheinlichkeit für die potentiellen kleineren Koalitionspartner nicht – eine Kanzlerpräferenz für Merkel führte nicht verstärkt zur Wahl der FDP, eine Präferenz für Steinmeier nicht zu einer erhöhten Chance, für die Grünen zu votieren (vgl. Schmitt-Beck 2011).

Hinsichtlich der spezifischen Bewertungen der Kanzlerkandidaten lässt sich für die letzten Bundestagswahlen festhalten, dass politiknahe, zur Politikerrolle gehörende Eigenschaften wie Vertrauenswürdigkeit und Kompetenz relevanter waren als politikferne Eigenschaften (Ohr et al. 2013; Wagner/Weßels 2012a). Ähnliche Befunde wurden in anderen Ländern ermittelt (vgl. z.B. Ohr/Oscarsson 2011). Bislang fand die spezifische Personalisierungsthese demnach wenig empirische Unterstützung. Auch hinsichtlich des von der Hypothese der allgemeinen Personalisierung behaupteten Bedeutungszuwachses der generalisierten Kandidatenbewertung ließ sich bislang kein eindeutiger langfristiger Trend ausmachen.

Dieses Unterkapitel fragt, welchen Einfluss das Spitzenpersonal der Bundestagsfraktionen auf das Wahlverhalten bei der Bundestagswahl 2013 ausübte. Nicht jede der Parteien (CDU/CSU, SPD, FDP, Grüne und Linke) hatte dabei eine eindeutige Spitze (siehe hier Unterkapitel 3.1). Bei Parteien mit mehreren Führungspersonen wurde daher für die Analyse diejenige ausgewählt, die medial am stärksten präsent war. Für die sogenannten Volksparteien (Union und SPD) waren das klar die amtierende Bundeskanzlerin Angela Merkel und ihr Herausforderer Peer Steinbrück. Für die FDP trat Rainer Brüderle an, für die Grünen konnte im Rahmen der GLES-Studie nur Jürgen Trittin berücksichtigt werden und für die Linke Gregor Gysi. Im Folgenden werden zunächst die generalisierten Bewertungen dieser fünf Spitzenpolitiker sowie die spezifischen Beurteilungen der beiden Kanzlerkandidaten dargestellt. Dann wird der Einfluss dieser Bewertungen auf das Wahlverhalten untersucht. Anschließend wird analysiert, wie sich die Kanzlerpräferenz auf das Wahlverhalten auswirkte und welche Bewertungsdimensionen die Präferenz für einen der Kandidaten auf das Amt des Regierungschefs beeinflusst haben.

6.8.2 Die Kanzler- bzw. Spitzenkandidaten der Bundestagsparteien 2013

Wie Abbildung 1 zeigt, unterschieden sich die Bewertungen der Spitzenkandidaten der fünf großen Parteien – CDU und CSU sind aufgrund ihrer gemeinsamen Kanzlerkandidatin als eine Partei dargestellt – sehr stark. Die Politikerbewertungen sind hellgrau, die Parteibewertungen dunkelgrau dargestellt. Die eigentlich von -5 („halte überhaupt nichts von …“) bis +5 („halte sehr viel von …“) reichende Skala zur Bewertung von Personal und Parteien wurde für die folgende Darstellung im Interesse besserer Anschaulichkeit auf einen Wertebereich -1 bis +1 transformiert.

Abbildung 1: Bewertungen der Spitzenkandidaten und ihrer Parteien

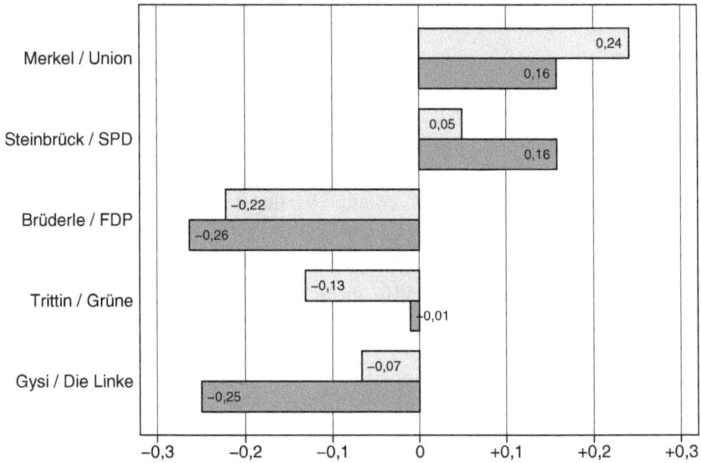

Quelle: GLES-Vor- und Nachwahl-Querschnittsbefragung 2013 (ZA5702).

Ganz eindeutig zeigt die Analyse einen Beliebtheitsvorsprung von Kanzlerin Merkel. Mit einer mittleren generalisierten Bewertung von +0,24 stand sie klar vor Herausforderer Steinbrück. Dieser jedoch erhielt mit +0,05 insgesamt ebenfalls noch eine knapp positive Bewertung. Auf Platz drei folgte Gysi, der schon leicht negativ beurteilt wurde. Trittin erreichte Platz vier und abgeschlagen auf dem letzten Platz lag Brüderle mit einer sehr negativen Bewertung von -0,22. Aufschlussreich ist jedoch vor allem der Vergleich zwischen Personen- und Parteibewertungen, denn wenn der Spitzenkandidat besser bewertet wird als seine Partei, kann er eine Zugwirkung entfalten (Schmitt-Beck 2011). Für drei der fünf Spitzenkandidaten war dies der Fall. Angela Merkel wurde besser bewertet als die Union (CSU in Bayern, CDU in den anderen Bundesländern), während die FDP nochmals schlechter bewertet wurde als ihr Spitzenmann Rainer Brüderle. Der größte Unterschied findet sich für die Linke: Gregor Gysi erhielt zwar im Mittel ebenfalls eine negative Beurteilung, allerdings fiel die Bewertung seiner Partei deutlich schlechter aus. Für Peer Steinbrück und Jürgen Trittin galt das Umgekehrte. Während die SPD mit +0,16 genauso gut bewertet wurde wie die Union, lag der SPD-Kandidat deutlich hinter seiner Partei zurück. Über den Wahlkampf 2013 hinweg und insbesondere nach dem TV-Duell verbesserten sich die

Werte für ihn ein wenig (Maier et al. 2014; siehe auch Unterkapitel 3.4 und 6.9). Eine Aufholjagd in den letzten vier Wochen vor der Wahl wie seinen Vorgängern Gerhard Schröder 2005 oder Frank-Walter Steinmeier 2009 gelang ihm jedoch nicht. Die Grünen wurden 2013 im Mittel neutral bewertet (-0,01), ihr Spitzenkandidat Trittin jedoch eher negativ. Daher liegt die Vermutung nahe, dass weder die FDP noch die Grünen oder die Sozialdemokraten von ihren Spitzenpolitikern elektoralen Rückenwind erhielten.

Bevor die Zusammenhänge zwischen diesen Bewertungen und dem Wahlverhalten näher betrachtet werden, soll noch ein Blick auf die spezifischen Bewertungen der Kanzlerkandidaten Merkel und Steinbrück geworfen werden. Dazu zählen die Durchsetzungsfähigkeit, die Vertrauenswürdigkeit, die Sympathie und die wahrgenommene Wirtschaftskompetenz (Funk 1999). Zudem wurden die Wähler gefragt, inwieweit ein Kandidat zu seiner Partei passte, d.h., ihre politischen Vorstellungen und Werte vertrat. Alle diese Variablen wurden um der besseren Anschaulichkeit willen auf einen Wertebereich von 0 („stimme überhaupt nicht zu") bis 1 („stimme voll und ganz zu") transformiert.

Abbildung 2: Spezifische Bewertungen der Kanzlerkandidaten

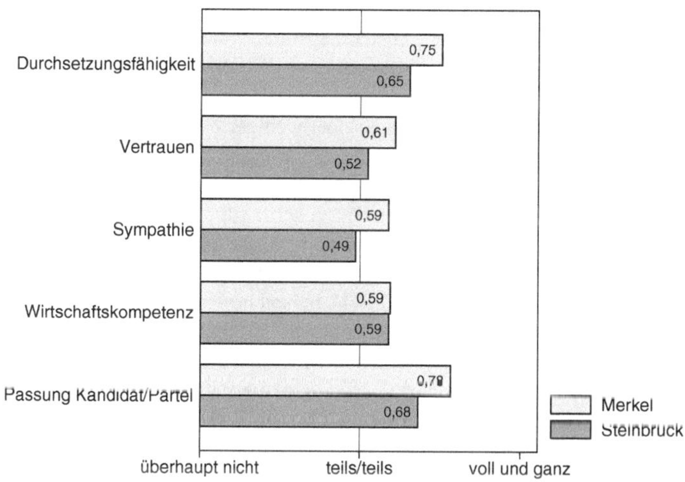

Quelle: GLES-Vor- und Nachwahl-Querschnittsbefragung 2013 (ZA5702).

Die Wähler hielten beide Kanzlerkandidaten insgesamt für eher durchsetzungsfähig (Abbildung 2), was in der Kanzlerdemokratie Deutschland eine wichtige Qualität ist. Beide Politiker wurden eher für integer gehalten, zudem wurde ihnen Wirtschaftskompetenz zugeschrieben. Hinsichtlich der Sympathie schnitten die beiden Kandidaten etwas schlechter ab als im Hinblick auf ihre rollennahen Eigenschaften. Auffällig ist zudem, dass Herausforderer Steinbrück die Amtsinhaberin in keiner der vier Bewertungsdimensionen übertreffen konnte. Bis auf die Wirtschaftskompetenz betrug der Unterschied jeweils ein nicht unerhebliches Zehntel des Wertebereichs der Skala. Hinsichtlich der Passung zwischen Kandidat und Partei zeigt sich ein ebensolcher Unterschied. Wiederum wurde Merkel als „passender" zur Union wahrgenommen als Steinbrück mit Blick auf die SPD. Andererseits findet sich bei einem Mittelwert von knapp 0,7 für den Herausforderer kein „Mangel an Harmonie von Programm und Spitzenkandidat" bei der SPD, wie Hilmer und Merz (2014: 185) dies vermuten.

6.8.3 Der Einfluss der Spitzenkandidatenbewertung auf das Wahlverhalten

Für die Wahlentscheidung ist es nun wichtig zu ermitteln, ob sich der Bewertungsvorteil von Merkel auch in einen Bedeutungsvorteil übersetzte, ob mithin die Wahlentscheidung auch maßgeblich von der Bewertung der Kandidaten abhängig gemacht wurde (Ohr et al. 2013). Nur weil ein Kandidat besser oder schlechter bewertet wird, bedeutet das noch nicht, dass deshalb seine Partei am Wahltag auch mehr oder weniger Zweitstimmen verbuchen kann. Nur wenn die Kandidatenbewertung eine relevante Entscheidungsgrundlage für das individuelle Wahlverhalten ist, kann sich eine positive Bewertung in Stimmen umsetzen. Umgekehrt gilt natürlich auch, dass eine Partei nur dann für einen schlechten Spitzenkandidaten büßt. Zudem ist zu prüfen, ob sich Attraktions- oder Abstoßungseffekte für Kandidaten anderer Parteien finden (Pappi/Shikano 2001), beispielsweise Positiveffekte für die FDP durch die Bewertung Merkels oder negative Effekte durch die Bewertung Steinbrücks. Da von einem starken Zusammenhang zwischen Parteiidentifikation und Kandidatenbewertungen auszugehen ist (Schoen 2004; Brettschneider 2001), wird nach dieser kontrolliert.

Tabelle 1: Einfluss der Bewertung der Spitzenkandidaten auf die Wahlentscheidung 2013

	CDU/ CSU	SPD	FDP	Grüne	Die Linke
Bewertung Merkel	+64[c]	-20[c]	0	-6[a]	-3[b]
Bewertung Steinbrück	-13	+47[c]	-2	-4	-4[c]
Bewertung Brüderle	+3	-17[c]	+19[c]	+1	0
Bewertung Gysi	-5	-9[a]	-2[a]	-5[a]	+49[c]
Bewertung Trittin	-34[c]	-6	0	+42[c]	0
Parteiidentifikation	+55[c]	+57[c]	+31[c]	+52[c]	+23[c]
Nagelkerke R^2	0,71	0,62	0,31	0,52	0,69
N	2725	2725	2725	2725	2725

Quelle: GLES-Vor- und Nachwahl-Querschnittsbefragung 2013 (ZA5702).
a: $p < 0,05$; b: $p < 0,01$; c: $p < 0,001$ (siehe Anhang 4).

Die Ergebnisse in Tabelle 1 zeigen, dass die Bewertung von Bundeskanzlerin Merkel einen starken Einfluss auf die Wahlentscheidung für die Unionsparteien ausübte. Stieg die Bewertung von „komplett negativ“ auf den besten Wert, stieg die Wahrscheinlichkeit der Stimmabgabe für die Union um über 60 Prozentpunkte. Kombiniert man dieses Ergebnis mit der sehr guten Bewertung der Amtsinhaberin, so plausibilisiert es den Befund, dass viele CDU-Wähler angaben, ihre Wahlentscheidung in erster Linie wegen der Spitzenkandidatin getroffen zu haben (Hilmer/Merz 2014: 197). Ganz anders stellte es sich für Rainer Brüderle dar. Hier bewirkte eine Änderung vom Minimum zum Maximum der Kandidatenevaluation eine Änderung der Wahlwahrscheinlichkeit um nicht einmal 20 Prozentpunkte. Für das schlechte Abschneiden seiner Partei kann aufgrund dieses doch eher moderaten Effekts also nicht allein die negative Bewertung des FDP-Spitzenkandidaten verantwortlich gemacht werden. Waren 2009 noch die Einschätzungen beider Kanzlerkandidaten deutlich wichtiger für die Vergabe der Zweitstimme als die Kandidatenbewertungen der kleineren Parteien (Schmitt-Beck 2011), so zeigte sich 2013 ein anderes Bild. Die Effekte der Bewertungen von Steinbrück, Gysi und Trittin lagen in vergleichbaren Größenordnungen (zwischen etwa 42 und 49 Prozentpunkten).

Wie bereits 2009 lassen sich keine „Koalitionseffekte“ der Kanzlerkandidaten erkennen. Weder profitierten die Liberalen von der populären Kanzlerin, noch wirkte sich die Bewertung Steinbrücks auf die Wahrscheinlichkeit der Stimmabgabe für die Grünen als gewünschtem Koalitionspartner aus. Allerdings finden sich einige Abstoßungseffekte des politischen Spitzenpersonals. So machte eine positive Bewertung von Merkel die Wahl der SPD um 20, die der Linken um drei und die der Grünen um sechs Prozentpunkte weniger wahrscheinlich, verglichen mit der negativsten Beurteilung der Kanzlerin. Umgekehrt führte eine negative Bewertung der Kanzlerkandidatin der Union zu einer wahrscheinlicheren Stimmabgabe für die Sozialdemokraten sowie, deutlich schwächer, für die Grünen und die Linke. Den stärksten Negativeffekt hatte Trittin auf die Wahl der Union. Die Änderung von negativster zu positivster Bewertung bewirkte eine Reduktion der Wahrscheinlichkeit der Stimmabgabe für die Union um etwa ein Drittel. Zudem machte eine positivere Einstellung gegenüber Gysi die Wahl der SPD und eine gute Beurteilungen von Steinbrück die Wahl der Linken etwas weniger wahrscheinlich.

Die Bewertungen des politischen Spitzenpersonals erklären gemeinsam mit der Parteiidentifikation die Wahl der Union und der Linken sehr gut. Auch für die SPD und die Grünen erweisen sich die Modelle als erklärungskräftig, mit Erklärungsgüten (R^2) von 0,62 bzw. 0,52. Einzig bezüglich der Wahl der FDP überzeugt die Erklärungskraft mit 0,31 nicht. Hierfür müssen demnach eher andere Gründe als die Spitzenkandidaten eine Rolle gespielt haben.

6.8.4 Der Einfluss der Kanzlerkandidatenbewertung auf das Wahlverhalten

Merkels Vorsprung in der Kanzlerpräferenz fiel 2013 ebenso klar aus wie ihr Vorsprung in den generalisierten Bewertungen. Etwa 51 Prozent der Wähler sahen lieber die Amtsinhaberin weiterhin in dieser Position, nur 29 Prozent bevorzugten Steinbrück. Wären Wahlen Plebiszite über die Kanzlerkandidaten, sollten sich nicht nur Effekte der generalisierten Kandidatenbewertung, sondern ebenfalls – und noch stärker – der entscheidungsnäheren Präferenz für einen der Kandidaten finden lassen. Dieser Vermutung gehen die Modelle in Tabelle 2 nach. Hier wurden die Kanzlerpräferenzen für die Amtsinhaberin Merkel und für den Herausforderer Steinbrück – Referenzkategorie: keine Präferenz – gemeinsam mit der jeweiligen Parteibindung als Erklärungsgrößen der Wahlentscheidung herangezogen.

Tabelle 2: Einfluss der Kanzlerpräferenz auf die Wahlentscheidung 2013

	CDU/ CSU	SPD	FDP	Grüne	Die Linke
Kanzlerpräferenz Merkel	+38[c]	-17[c]	+2	-5[c]	-7[c]
Kanzlerpräferenz Steinbrück	-20[c]	+10[c]	0	+1	-3[c]
Parteiidentifikation	+52[c]	+56[c]	+53[c]	+70[c]	+75[c]
Nagelkerke R^2	0,72	0,61	0,23	0,45	0,56
N	2901	2901	2901	2901	2901

Quelle: GLES-Vor- und Nachwahl-Querschnittsbefragung 2013 (ZA5702).
a: $p < 0{,}05$; b: $p < 0{,}01$; c: $p < 0{,}001$ (siehe Anhang 4).

Positiv ist zu vermerken, dass diese nochmals sparsameren Modelle eine vergleichbare Erklärungskraft aufweisen wie die in Tabelle 1 präsentierten Modelle. Die beste Erklärungskraft erreicht wiederum das Modell für die Wahl der Union, die schlechteste abermals das FDP-Modell. Für die Parteien der Kanzlerkandidaten lassen sich in die erwartete Richtung weisende Effekte der Kanzlerpräferenz finden. Eine Präferenz für Merkel erhöhte die Wahlwahrscheinlichkeit für die Union um fast 40 Prozentpunkte, eine Präferenz für Steinbrück senkte sie um knapp 20 Punkte. Etwas weniger prägnant fallen die Ergebnisse für die SPD aus: Eine Kanzlerpräferenz für Merkel verringerte die Wahrscheinlichkeit, für die Sozialdemokraten zu votieren, um ein Sechstel. Allerdings stieg die Wahrscheinlichkeit der SPD-Wahl zugleich um nur sehr geringe zehn Prozentpunkte, wenn Steinbrück präferiert wurde. Der Herausforderer konnte demnach nicht dazu beitragen, seiner Partei zum Sieg zu verhelfen. Statistisch verlässliche Abstoßungseffekte finden sich für beide Kandidaten im Hinblick auf die Wahl der Linken. Bei einer Präferenz für Merkel sank die Wahlwahrscheinlichkeit um über sechs Prozentpunkte, bei einer Präferenz für Steinbrück um drei. Zudem hielt eine Präferenz für Merkel als zukünftige Regierungschefin in vergleichbarem Umfang davon ab, für die Grünen zu stimmen. Zusammengenommen prägte die Kanzlerpräferenz für Merkel die Wahl demnach durchaus.

Auf welcher Grundlage bildeten die Wähler ihre Kanzlerpräferenzen für Merkel oder Steinbrück? Welche der angesprochen vier Bewertungsdimensionen schlug wie stark zu Buche? Die Präferenz für die beiden Konkurrenten um das Amt des Regierungschefs lässt sich, wie ein Blick auf die Erklärungsstärken der in Tabelle 3 ausgewiesenen Modelle zeigt, durch die vier spezifischen Bewertungen sowie die Parteiidentifikation sehr gut erklären (R^2 bei etwa 0,7).

Tabelle 3: Einflüsse der spezifischen Eigenschaftsbewertung auf die Kanzlerpräferenz

	Kanzlerpräferenz für	
	Merkel	Steinbrück
Durchsetzungsfähigkeit	+28[c]	+14[c]
Vertrauen	+67[c]	+47[c]
Sympathie	+48[c]	+47[c]
Wirtschaftskompetenz	+55[c]	+21[c]
Parteiidentifikation	+58[c]	+44[c]
Nagelkerke R^2	0,73	0,68
N	3293	3052

Quelle: GLES-Vor- und Nachwahl-Querschnittsbefragung 2013 (ZA5702).
a: $p < 0{,}05$; b: $p < 0{,}01$; c: $p < 0{,}001$ (siehe Anhang 4).

Alle Zusammenhänge weisen in die zu erwartende Richtung – je besser die Bewertung, desto höher die Wahrscheinlichkeit einer Präferenz für die jeweilige Persönlichkeit – und sind statistisch hoch signifikant. Für beide Kandidaten war die Vertrauenswürdigkeit der wichtigste Erklärungsfaktor. War eine Person der Meinung, Angela Merkel könne man voll und ganz vertrauen, lag die Wahrscheinlichkeit, sie als Kanzlerin zu präferieren, um 67 Prozentpunkte höher, als wenn die CDU-Chefin als überhaupt nicht vertrauenswürdig eingeschätzt wurde. Auch für den Herausforderer war Integrität (Vertrauenswürdigkeit) der wichtigste Baustein der Kanzlerpräferenz, wobei die dazugehörige Wahrscheinlichkeitsveränderung mit knapp 47 Prozentpunkten deutlich geringer als bei Merkel ausfiel. Für eine Präferenz für Steinbrück war das Ausmaß sympathischer Ausstrahlung des Kandidaten mit knapp 47 Prozentpunkten ebenso wichtig wie für Merkel (48 Punkte), allerdings schlug eine positive Kompetenzeinschätzung hinsichtlich der Fähigkeit, die Wirtschaft anzukurbeln, mit 55 Prozentpunkten für sie noch stärker zu Buche. Der insbesondere in Wirtschafts- und Finanzfragen als beschlagen geltende Steinbrück, der einzig in diesem Bereich in der Bewertung mit Kanzlerin Merkel gleichauf lag, konnte die Wirtschaftskompetenz sehr viel weniger in eine Kanzlerpräferenz umwandeln. Wurde eine solche Fähigkeit in ökonomischen Belangen als voll und ganz gegeben gesehen, erhöhte sich die Wahrscheinlichkeit, ihn zu präferieren, um 21 Prozentpunkte. Am wenigsten relevant für die Kanzlerpräferenz war die Durchsetzungsfähigkeit (28 Prozentpunkte bei Merkel und 14 bei Steinbrück). Starke Effekte lassen sich auch für die Parteineigung ausmachen: bei einer Bindung an die jeweilige Partei erhöhte sich die Wahrscheinlichkeit einer Kanzlerpräferenz für den jeweiligen Kandidaten jeweils beträchtlich, wobei jedoch stets die wahrgenommene Integrität noch wichtiger war. Insgesamt belegt damit die Vertrauenswürdigkeit der beiden Kandidaten hinsichtlich der Relevanz für die Kanzlerpräferenz den ersten Rang. Da Wahlen einen Vertrauensvorschuss auf die Zukunft darstellen, ist die Frage, ob man den potentiellen Regierungschefs vertrauen kann, fraglos ein relevantes, rollennahes Kriterium. Das eher unpolitische Kriterium der Sympathie hatte ebenfalls für beide Kandidaten einen großen Einfluss, für Merkel war jedoch die Wirtschaftskompetenz noch wichtiger. Die Durchsetzungsfähigkeit bzw. Führungsqualität setzte sich am schwächsten in Präferenzen um – wie in Abbildung 2 gezeigt, erlangten hier beide Kandidaten ihre besten Werte. Die nahe liegende Interpretation, dass eine hohe Durchsetzungsfähigkeit von Spitzenpolitikern als vorausgesetzt galt und daher kein relevantes Kriterium für die Bildung einer Präferenz darstellte, kann bezweifelt werden: Bei der Bundestagswahl 2009 war genau diese Kandidateneigenschaft noch die wichtigste Bewertungsdimension gewesen (Schmitt-Beck 2011). In der Zusammenschau hatten auch 2013 wieder die politischen Bewertungen den größeren Einfluss auf die Kanzlerpräferenzen.

6.8.5 Fazit

Die präsentierten Ergebnisse legen den Schluss nahe, dass das politische Personal für die Wahlentscheidungen 2013 alles andere als unwichtig war. Dies ist angesichts der Bedeutung des Kanzlers in der Bundesrepublik auch durchaus plausibel. Spitzenkandidaten personifizieren das Parteiprogramm und erleichtern es dem Wähler, sich ein Urteil zu bilden. Die eher im medialen als im wissenschaftlichen Diskurs konstatierte zunehmende Personalisierung der Politik wäre demokratietheoretisch jedoch problematisch. Die Situation der SPD und ihres Kanzlerkandidaten Steinbrück verdeutlicht dies: Hätte die SPD ihre Stimmen größtenteils aufgrund ihres Spitzenmanns erhalten, könnten sich die Wähler nun betrogen fühlen, denn Teil der Regierungsmannschaft ist er nicht geworden (siehe hierzu Kapitel 7).

Das Unterkapitel hat gezeigt, dass es zur Bundestagswahl nicht nur ein deutliches Popularitätsplus und einen großen Vorsprung in der Kanzlerpräferenz von Merkel gegenüber Steinbrück gab. Auch hinsichtlich (fast) aller spezifischen Bewertungen wurde die Amtsinhaberin besser beurteilt als ihr Herausforderer. Für Merkel fanden sich zudem starke Effekte der Bewertung und der Kanzlerpräferenz auf die Wahlentscheidung. Die Spitzenkandidatin war demnach ein relevanter Faktor für das Wahlergebnis der Union. Gleichzeitig zeigte sich, dass der Einfluss von Kandidatenbewertungen parteispezifisch ist: Während Merkel einen Zugeffekt auf die Wahl der Union ausübte, galt das schon weniger für Steinbrück, Gysi und Trittin sowie insgesamt am wenigsten für Brüderle. Darüber hinaus zeigte sich, dass die spezifischen Eigenschaftsbewertungen in der Lage sind, die Kanzlerpräferenzen gut zu erklären; Welche Eigenschaften in welchem Ausmaß für die Kanzlerpräferenz verantwortlich sind, hängt jedoch wiederum vom Kandidaten und der jeweiligen Wahl ab. Im Gesamtbild zeigte sich, dass politiknahe Bewertungen relevanter sind als rollenferne Kriterien. Zudem wirkte die Parteiidentifikation als ein überaus relevanter Erklärungsfaktor – sowohl für die Kandidatenpräferenz, als auch die Wahlentscheidung. Trotz der Bedeutung der Kanzlerkandidatin Merkel für das Wahlergebnis der Union ist die Rede von einer allgemeinen Personalisierung des Wahlverhaltens sicherlich eine Übertreibung.

Literatur

Adam, Silke/Maier, Michaela 2010: Personalization of Politics: A Critical Review and Agenda for Research, in: Charles T. Salmon, Hg., Communication Yearbook 34, New York: Routledge, 213-257.

Brettschneider, Frank 2001: Candidate-Voting: Die Bedeutung von Spitzenkandidaten für das Wählerverhalten in Deutschland, Großbritannien und den USA von 1960 bis 1998,in: Klingemann, Hans-Dieter/Kaase, Max, Hg., Wahlen und Wähler: Analysen aus Anlass der Bundestagswahl 1998, Wiesbaden: Westdeutscher Verlag, 351-400.

Funk, Carolyn L. 1999: Bringing the Candidate into Models of Candidate Evaluation, in: The Journal of Politics 61, 700-720.

Hilmer, Richard/Merz, Stefan 2014: Die Bundestagswahl vom 22. September 2013: Merkels Meisterstück, in: Zeitschrift für Parlamentsfragen 2014, 175-206.

Klein, Markus/Ohr, Dieter 2001: Die Wahrnehmung der politischen und persönlichen Eigenschaften von Helmut Kohl und Gerhard Schröder und ihr Einfluss auf die Wahlentscheidung bei der Bundestagswahl 1998, in: Klingemann, Hans-Dieter/ Kaase, Max, Hg., Wahlen und Wähler: Analysen aus Anlass der Bundestagswahl 1998, Wiesbaden: Westdeutscher Verlag, 91-132.

Lass, Jürgen 1995: Vorstellungsbilder über Kanzlerkandidaten: Zur Diskussion um die Personalisierung von Politik, Wiesbaden: Deutscher Universitätsverlag.

Maier, Michaela/Faas, Thorsten/Maier, Jürgen 2014: Aufgeholt, aber nicht aufgeschlossen: Wahrnehmungen und Wirkungen von TV-Duellen am Beispiel von Angela Merkel und Peer Steinbrück 2013, in: Zeitschrift für Parlamentsfragen 2014, 38-54.

Ohr, Dieter/Klein, Markus /Rosar, Ulrich 2013: Bewertungen der Kanzlerkandidaten und Wahlentscheidung bei der Bundestagswahl 2009, in: Weßels, Bernhard/ Schoen, Harald/Gabriel, Oscar W., Hg., Wahlen und Wähler: Analysen aus Anlass der Bundestagswahl 2009, Wiesbaden: Springer VS, 206-230.

Ohr, Dieter/Oscarsson, Henrik 2011: Leader Traits, Leader Image and Vote Choice, in: Aarts, Kees/Blais, André /Schmitt, Hermann, Hg., Political Leaders and Democratic Elections, Oxford: Oxford University Press, 187-219.

Pappi, Franz Urban/Shikano, Susumu 2001: Personalisierung der Politik in Mehrparteiensystemen am Beispiel deutscher Bundestagswahlen seit 1980, in: Politische Vierteljahresschrift 42, 355-387.

Schmitt-Beck, Rüdiger 2011: Spitzenkandidaten, in: Rattinger, Hans/Roßteutscher, Sigrid/Schmitt-Beck, Rüdiger/Weßels, Bernhard et al., Zwischen Langeweile und Extremen: Die Bundestagswahl 2009, Baden-Baden: Nomos, 205-222.

Schoen, Harald 2004: Kandidatenorientierungen im Wahlkampf: Eine Analyse zu den Bundestagswahlkämpfen 1980-1998, in: Politische Vierteljahresschrift 45, 321-345.

Wagner, Aiko/Weßels, Bernhard 2012a: Kanzlerkandidaten: Wie beeinflussen sie die Wahlentscheidung?, in: Schmitt-Beck, Rüdiger, Hg., Wählen in Deutschland, Baden-Baden: Nomos, 345-370.

Wagner, Aiko/Weßels, Bernhard 2012b: Parties and their Leaders: Does it matter how they match? The German General Elections 2009 in comparison, in: Electoral Studies 31, 72-82.

6.9 Das TV-Duell

Jürgen Maier, Thorsten Faas, Isabella Glogger

6.9.1 Einleitung

Nach den sogenannten „Elefantenrunden" der 1970er und 1980er Jahre, an denen die Spitzenkandidaten aller großer Parteien teilnahmen, sowie den debattenfreien Jahren zwischen 1990 und 1998 waren es im Jahr 2002 Bundeskanzler Gerhard Schröder (SPD) und sein damaliger Herausforderer Edmund Stoiber (CDU/CSU), die die Tradition der TV-Debatten im Zuge von Bundestagswahlkämpfen wiederbelebten. Mit Schröder und Stoiber trafen sich – ganz nach US-amerikanischem Vorbild – die beiden aussichtsreichsten Kandidaten für das Amt des Bundeskanzlers zweimal vor laufenden Kameras, um die zentralen Themen des Wahlkampfs miteinander zu diskutieren. Auch im Vorfeld der darauffolgenden Bundestagswahlen kam es zum direkten Aufeinandertreffen von Kanzler und Herausforderer – allerdings gab es 2005, 2009 und auch 2013 nur jeweils ein Treffen. Auch wenn deutsche TV-Duelle damit bei weitem keine mit den USA vergleichbare Historie haben, so kann man dennoch nach mehr als einem Jahrzehnt festhalten: TV-Duelle haben sich zu einem festen Bestandteil von Bundestagswahlkämpfen entwickelt. Darüber hinaus sind sie zwischenzeitlich auch aus Landtagswahlkämpfen kaum mehr wegzudenken (Maier et al. 2014).

Diese zügige Institutionalisierung von Fernsehdebatten nach amerikanischem Vorbild kann kaum überraschen, versprechen TV-Duelle doch eine Reihe von Vorteilen für die beteiligten Akteure. So können sich die übertragenden Fernsehsender hoher Einschaltquoten fast sicher sein. Zwischen 14 (2009) und 21 Millionen (2005) Zuschauer schalteten ihr Fernsehgerät ein, wenn sich die Spitzenkandidaten der beiden Volksparteien zum Streitgespräch im Vorfeld einer Bundestagswahl trafen. Mit keiner anderen Politiksendung (und nur wenigen anderen nicht-politischen Sendungen) können so viele Menschen erreicht werden. Fernsehdebatten bringen Medien auch andere Vorteile: Der Wettkampfcharakter von TV-Duellen passt zu dem Trend, über Politik mit Mitteln des „Horse-Race-Journalismus" zu berichten. Wahlkämpfe werden dabei ähnlich wie Rennsportereignisse aufbereitet, bei denen es Sieger und Gewinner gibt, Gegner aufholen oder Kandidaten die Luft ausgeht (Faßbinder 2009).

Auch die Wähler profitieren von TV-Duellen. Da Fernsehdebatten „Wahlkämpfe im Miniaturformat" (Maier/Faas 2011b) sind, in denen die zentralen Protagonisten auftreten und die wichtigsten Themen besprochen werden, können Bürger innerhalb eines sehr überschaubaren zeitlichen Rahmens – die Fernsehdebatte 2013 etwa dauerte 90 Minuten – die Spitzenkandidaten und ihre politischen Positionen direkt miteinander vergleichen. Dass die dabei gesammelten Informationen hilfreich für Wähler sind, zeigen zwei ausgewählte Ergebnisse der bisherigen Debattenforschung. Erstens lernen Wähler etwas über Politik, wenn sie TV-Debatten verfolgen (Faas/Maier 2011a). Zweitens helfen ihnen die Inhalte der Debatte und der Eindruck, den sie von den Kandidaten gewinnen, eine Wahlentscheidung zu treffen. Der Anteil der Unentschiedenen jedenfalls sinkt bei denjenigen, die eine Debatte im Fernsehen verfolgt haben (Maier/Faas 2011a).

Damit unmittelbar verbunden ist schließlich, dass TV-Duelle auch für die beteiligten Kandidaten ein Gewinn sein können. Zum einen bieten Debatten die einzigartige Gelegenheit, eine breite Masse an Bürgern zu erreichen. Dabei werden auch Bürger erreicht, die mit herkömmlichen Kampagnenwerkzeugen nur schwer angesprochen werden können. Zum anderen können Kandidaten den Zuschauern in TV-Duellen politische Inhalte unter weitgehender Umgehung journalistischer Auswahlentscheidungen und Interpretationen präsentieren. Darüber hinaus ermöglichen TV-Duelle den Kandidaten, unmittelbar auf die Argumente des politischen Gegners einzugehen, um diese mit den eigenen Vorstellungen zu kontrastieren. Solche Gelegenheiten gibt es im Wahlkampf sonst kaum.

Selbst wenn es – insbesondere natürlich für die Kandidaten (vgl. z.B. Schroeder 2008) – auch Nachteile von TV-Duellen gibt und das Format an sich auch kritisch betrachtet wird (vgl. z.B. Donsbach 2002), überwiegen für alle beteiligten Akteursgruppen letztlich doch die Vorteile. Fernsehdebatten sind deshalb „win-win-win-Situationen" (Maier/Faas 2011b), was die hohe Attraktivität des Formats ausmacht. Trotz der in der Vergangenheit beobachteten Effekte von TV-Duellen stellt sich aber für jede Debatte aufs Neue die Frage, wie stark die durch sie ausgelösten Wirkungen sind und welcher Kandidat stärker von der Sendung profitieren kann. Für das TV-Duell 2009 lauteten die Ergebnisse (Faas/Maier 2011b): (1) Fernsehzuschauer konnten nach dem Verfolgen der Debatte mehrheitlich einen Sieger (Frank-Walter Steinmeier von der SPD) ausmachen; (2) diese Wahrnehmung wurde in erheblichem Maße durch die im Anschluss an das TV-Duell geführten persönlichen Gespräche und wahrgenommenen Medienberichte zugunsten von Angela Merkel beeinflusst; (3) das Image beider Kandidaten verbesserte sich durch das bloße Sehen der Debatte; (4) dieser Effekt steigerte sich deutlich, wenn ein Kandidat auch als Sieger eingeschätzt wurde; (5) Sieg und Niederlage eines Kandidaten wirkten sich in der entsprechenden Richtung auf die Wahlabsicht aus.

Die aus Anlass des TV-Duells 2009 durchgeführte Analyse soll nachfolgend für die Fernsehdebatte 2013 repliziert werden. Die Fragestellungen lauten deshalb in analoger Weise: Welchem Kandidaten gelang es besser, die Zuschauer von sich zu überzeugen? Konnten die Kandidaten durch das TV-Duell einen Ansehensgewinn verbuchen? Hatte die Fernsehdebatte einen Einfluss auf die Wahlabsichten der Zuschauer? Die Wiederholung der Analyse ist deshalb besonders interessant, weil sich die Ausgangsbedingungen 2013 im Vergleich zu 2009 wesentlich geändert haben. Zwar war Angela Merkel nach wie vor die Bundeskanzlerin, aber einerseits hatte sie 2013 mit Peer Steinbrück (SPD) einen anderen Herausforderer als 2009. Andererseits stand die TV-Debatte 2009 ganz im Zeichen der Großen Koalition, so dass insbesondere Steinmeier – der zu jener Zeit noch in Merkels Kabinett das Amt des Außenministers und Vizekanzlers bekleidete – nur wenig Spielräume hatte, sich von der Kanzlerin abzugrenzen. In der Debatte 2013 vertrat Merkel hingegen die Arbeit der schwarz-gelben Koalition mit dem Ziel, diese auch in der Zukunft fortzusetzen. Demgegenüber arbeitete Steinbrück als Vertreter der größten Oppositionspartei darauf hin, die Regierungskoalition durch ein rot-grünes Bündnis abzulösen.

Zur Beantwortung dieser Fragen werden Daten verwendet, die im Zuge einer Rolling Cross Section-Umfrage (kurz: RCS) mit Nachwahlpanelwelle im Kontext des GLES-Projektes erhoben wurden. Da für die Analyse ausschließlich der Zeitraum zwischen dem TV-Duell und der Bundestagswahl relevant ist, stützt sich diese nur auf Daten vom 2. bis zum 22. September (Kalenderwochen 36 bis 38) in der Vorwahlphase sowie die Daten der Nachwahlerhebung (erhoben ab dem 23. September bis zum Ende der Feldphase am 3. November). Erfasst wurde in den Daten unter anderem, ob die Teilnehmer das Duell gesehen hatten, welchen der beiden Kandidaten sie als Sieger wahrgenommen hatten und wie sympathisch sie Merkel und Steinbrück im Allgemeinen fanden. Außerdem beinhaltet die Studie Fragen zur Wahlabsicht (vor der Wahl) bzw. zum tatsächlichen Wahlverhalten (nach der Wahl)

6.9.2 Wahrnehmung des TV-Duells

Als am 1. September Angela Merkel und Peer Steinbrück gegeneinander antraten, verfolgten insgesamt knapp 18 Millionen Menschen dieses Duell auf einem der fünf Fernsehsender, die die Debatte live übertrugen. Dies entspricht einem Marktanteil von etwas über 50 Prozent (Gscheidle/Gerhard 2013). In den ausgewerteten RCS-Daten gaben 67 Prozent der Befragten an, die Sendung gesehen zu haben. Dabei verfolgten 86 Prozent dieser Zuschauer die Debatte nach eigenen Angaben „(sehr) aufmerksam". Demgegenüber gaben 13 Prozent der Zuschauer an, das Duell „nicht sehr aufmerksam" verfolgt zu haben. Auch wenn diese Selbstberichte möglicherweise verzerrt sind, zeigt ein Vergleich mit den Antworten auf diese Frage aus dem Jahr 2009, dass der Schlagabtausch zwischen Merkel und Steinbrück die Zuschauer offenbar mehr fesselte als das Duell zwischen Merkel und ihrem damaligen Herausforderer Steinmeier (aufmerksam bzw. sehr aufmerksam: 72 Prozent; weniger bzw. überhaupt nicht aufmerksam: 28 Prozent).

Tabelle 1: Wahrgenommener Sieger des TV-Duells 2013

Wahrgenommener Sieger	Vorwahl Gesamt	Vorwahl KW 36	KW 37	KW 38	Nachwahl
Merkel	31	31	30	32	32
Steinbrück	31	30	31	32	26
Unentschieden	38	39	39	36	42
Summe	100	100	100	100	100
N	1296	453	453	312	3370

Quelle: GLES-Rolling Cross Section-Wahlkampfstudie 2013 (ZA5703)
Angaben in Prozent. KW = Kalenderwoche

In den Augen der Zuschauer endete die Debatte mit einem Unentschieden. Jeweils 31 Prozent der Befragten waren der Meinung, Merkel oder aber Steinbrück hätte gewonnen. Die Mehrheit – 38 Prozent – war hingegen der Auffassung, dass sich keiner der beiden Kandidaten einen erkennbaren Vorsprung im Verlauf der 90 Minuten erarbeiten konnte. Im Vergleich zu 2009 hat sich Merkel aus Sicht der Zuschauer also deutlich besser geschlagen; damals waren nur 16 Prozent der Meinung, die Kanzlerin habe gesiegt, während 32 Prozent Steinmeier als Gewinner nannten.

Differenziert man die Einschätzung der Befragten nach den drei Wochen, die zwischen dem TV-Duell und der Bundestagwahl lagen, so zeigen sich keine größeren Schwankungen. Während sich die Siegerwahrnehmung für

Merkel ohne erkennbaren Trend zwischen 30 und 32 Prozent bewegte, erhöhte sich der Anteil derjenigen, die Steinbrück als Sieger sahen, sukzessive von 30 auf 32 Prozent. Die in der Vorwahlzeit gemessenen Schwankungen sind allerdings statistisch nicht bedeutsam. Nach der Bundestagswahl nannten hingegen nur noch knapp 26 Prozent der Befragten Steinbrück als Sieger des TV-Duells. Demgegenüber wurde die im Amt bestätigte Angela Merkel von 32 Prozent der Befragten als Gewinnerin gesehen. Gleichzeitig stieg der Anteil derjenigen, die ein Unentschieden wahrnahmen. Damit zeigt sich 2013 ein etwas anderer Effekt als bei der Bundestagswahl 2009. Damals waren deutlichere Verschiebungen in der Siegerwahrnehmung nach dem Wahltag zu erkennen, die darauf hindeuteten, dass Wähler ihre Wahrnehmungen des Fernsehduells an den Ausgang der Wahl anpassten: Angela Merkel hatte ihr Amt verteidigt und in den Augen der Wähler war sie nun offenbar auch die Siegerin des TV-Duells. Dieses Phänomen wird in der Wahlforschung als „Bandwagon-Effekt" bezeichnet. Bei der Bundestagswahl 2013 war hingegen zu beobachten, dass die Wähler in der Wahrnehmung des TV-Duells vom Wahlverlierer Peer Steinbrück abrückten (anstatt sich wie 2009 der siegreichen Kanzlerin zuzuwenden). Für beide Wahlen waren allerdings die stärkeren Bewegungen in der Wahrnehmung des Debattensiegers nach der Wahl und nicht im Rahmen der Anschlusskommunikation in den Tagen und Wochen nach dem TV-Duell feststellbar.

6.9.3 Imageveränderung durch das TV-Duell

Doch welche Konsequenzen hat es, wenn die Zuschauer eher den einen Kandidaten als Sieger des Duells wahrgenommen haben als den anderen? Wie wirkt sich die Siegerwahrnehmung auf das Wählerbild der beiden Politiker aus? Die Messung von Kandidatenbewertungen mit sogenannten Sympathieskalometern kann helfen, hierauf eine Antwort zu geben. Bereits eine erste – hier nicht tabellarisch ausgewiesene – Analyse zeigt, dass die Zuschauer der Debatte sowohl Merkel (0,63 vs. 0,53 auf einer Skala von -1 bis +1) als auch Steinbrück (0,23 vs. 0,08) sympathischer bewerteten als Bürger, die das Duell nicht gesehen hatten. Dies deckt sich erneut mit den Ergebnissen für die TV-Debatte 2009.

Tabelle 2: Sympathiebewertung von Angela Merkel und Peer Steinbrück in Abhängigkeit vom Sehen des TV-Duells und von der Parteiidentifikation

	Vorwahl Gesamt	Vorwahl KW 36	KW 37	KW 38	Nachwahl
	Gesamtbewertung Merkel				
P.Ident. CDU/ CSU	+0,48[c]	+0,45[c]	+0,50[c]	+0,51[c]	+0,48[c]
Duell gesehen	+0,11[c]	+0,11[b]	+0,03	+0,20[c]	+0,10[c]
Konstante	+0,23[c]	+0,26[c]	+0,29[c]	+0,14[c]	+0,28[c]
R^2	0,20	0,20	0,17	0,24	0,19
N	2076	675	750	652	4968
	Gesamtbewertung Steinbrück				
P.Ident. SPD	+0,49[c]	+0,36[c]	+0,57[c]	+0,53[c]	+0,39[c]
Duell gesehen	+0,13[c]	+0,15[c]	+0,10[a]	+0,12[b]	+0,10[c]
Konstante	-0,03	+0,05	-0,10[c]	-0,02	-0,01
R^2	0,14	0,11	0,19	0,14	0,11
N	2051	667	740	643	4961

Quelle: GLES-Rolling Cross Section-Wahlkampfstudie 2013 (ZA5703)
Ausgewiesen sind unstandardisierte Regressionskoeffizienten linearer Regressionsanalysen. a: $p < 0{,}05$; b: $p < 0{,}01$; c: $p < 0{,}001$ (siehe Anhang 4).

Um alternative Erklärungen für diesen Befund auszuschließen, wird bei der Analyse des Zusammenhangs zwischen dem Sehen des Duells und der Sympathiebewertung die Parteiidentifikation als Kontrollvariable berücksichtigt (Tabelle 2). Der starke Einfluss der Parteiidentifikation, der dabei durch die Bank erkennbar wird, ist keineswegs überraschend, denn die Bewertung der Kandidaten hängt natürlich in hohem Maße von den parteipolitischen Grundüberzeugungen der Wähler ab. Das Interesse gilt hier aber insbesondere dem Einfluss der Debattenwahrnehmung. Es lässt sich für beide Kandidaten festhalten, dass sowohl im Vorfeld der Wahl als auch danach ein positiver Effekt des Verfolgens der Debatten auf die Sympathiebewertung ausging. Für Peer Steinbrück und Angela Merkel war dieser Effekt in der Vorwahlzeit nahezu identisch. Zuschauer, die das Duell gesehen hatten, bewerteten den SPD-Kandidaten im Mittel um 0,13 Skalenpunkte besser als Nicht-Seher. Bei der CDU-Kandidatin waren es 0,11 Skalenpunkte. Ganz ähnlich liegt der Fall auch in der Nachwahlbefragung. Die getrennte Betrachtung der Werte für die drei Wochen zwischen dem Duell und der Bundestagswahl offenbaren einige Schwankungen. Tendenziell waren die im Zeitverlauf gemessenen Unterschiede im Einfluss der TV-Debatte aber bei der Kanzlerin größer als bei ihrem Herausforderer. Auch dieser Befund passt zu den Ergebnissen des Bundestagswahlkampfs 2009. Damals wurde ebenfalls festgestellt, dass die Teilnahme am TV-Duell den Kandidaten zusätzliche Sympathiepunkte bei den Zuschauern verschafft hatte. Insbesondere in der letzten Phase des Wahlkampfs konnten damals Schwankungen beobachtet werden, die bei Merkel größer ausfielen als bei ihrem Herausforderer von der SPD.

Tabelle 3: Sympathiebewertung von Angela Merkel und Peer Steinbrück in Abhängigkeit vom Sehen des TV-Duells, vom wahrgenommenen Ausgang des Duells und von der Parteiidentifikation

	Vorwahl Gesamt	Vorwahl KW 36	KW 37	KW 38	Nachwahl
	Gesamtbewertung Merkel				
P.Ident. CDU/CSU	+0,44[c]	+0,42[c]	+0,46[c]	+0,45[c]	+0,45[c]
Duell gesehen, kein Sieg Merkel	+0,05[a]	+0,07	-0,04	+0,14[b]	+0,02
Duell gesehen, Sieg Merkel	+0,24[c]	+0,18[c]	+0,22[c]	+0,34[c]	+0,27[c]
Konstante	+0,25[c]	+0,28[c]	+0,31[c]	+0,16[c]	+0,29[c]
R^2	0,21	0,20	0,19	0,26	0,22
N	2076	675	750	652	4968
	Gesamtbewertung Steinbrück				
P.Ident. SPD	+0,41[c]	+0,30[c]	+0,48[c]	+0,46[c]	+0,34[c]
Duell gesehen, kein Sieg Steinbrück	+0,05	+0,11[b]	-0,01	+0,03	+0,06[c]
Duell gesehen, Sieg Steinbrück	+0,33[c]	+0,28[c]	+0,42[c]	+0,30[c]	+0,30[c]
Konstante	-0,01	+0,06	-0,08[b]	-0,01	-0,01
R^2	0,17	0,13	0,24	0,16	0,14
N	2051	667	740	643	4961

Quelle: GLES-Rolling Cross Section-Wahlkampfstudie 2013 (ZA5703)
Ausgewiesen sind unstandardisierte Regressionskoeffizienten linearer Regressionsanalysen. a: p <0,05; b: p <0,01; c: p <0,001 (siehe Anhang 4).

Wie sieht die Gesamtbewertung der Spitzenkandidaten aus, wenn man nicht nur das Sehen der Debatte, sondern darüber hinaus auch die Wahrnehmung des Debatten*siegers* einbezieht? Aus Tabelle 3 wird deutlich, dass es von

Bedeutung ist, ob die Zuschauer den jeweiligen Kandidaten als Sieger des Duells wahrgenommen haben oder nicht. Das Verfolgen des Duells und die Wahrnehmung eines Debattensiegers führten zu erheblichen Imageverbesserungen auf beiden Seiten. Die Debatte zu gewinnen, brachte Steinbrück dabei etwas mehr als Merkel. Während der Herausforderer von dieser Zuschauergruppe sowohl vor als auch nach der Wahl im Mittel um etwa 0,3 Skalenpunkte besser bewertet wurde als von Personen, die das Duell nicht gesehen haben, wuchs das Ansehen von Merkel „nur“ um durchschnittlich etwa 0,25 Skalenpunkte auf der von -1 bis +1 reichenden Skala. Bemerkenswert ist, dass der Effekt für die Kanzlerin mit der näher rückenden Wahl stärker wurde, während für Steinbrück nur bis zwei Wochen nach dem TV-Duell eine positive Entwicklung zu beobachten war. Hatten die Befragten das Duell verfolgt, aber den betreffenden Kandidaten nicht als Sieger wahrgenommen, stellte sich der Effekt etwas anders dar. Zwar sind für fast alle Zeiträume ebenfalls Steigerungen in den Sympathiebewertungen festzuhalten, diese waren jedoch wesentlich niedriger als die positiven Effekte, die vom Verfolgen der Debatte bei *gleichzeitiger* Siegerwahrnehmung ausgingen. Häufig waren diese sogar statistisch nicht bedeutsam.

Diese Ergebnisse stehen im Einklang mit den Befunden von 2009. Das Verfolgen der Debatte und Siegerwahrnehmung hatten auch beim TV-Duell zwischen Merkel und Steinmeier zu einer Sympathiesteigerung für beide Kandidaten geführt. Ebenso war damals schon zu beobachten, dass es auch dann positive Effekte auf die Sympathiebewertungen gab, wenn ein Kandidat als Verlierer des Duells wahrgenommen worden war. Vergleicht man die Stärke der Effekte für die Jahre 2009 und 2013, muss allerdings festgehalten werden, dass die Wirkung der jüngsten Debatte im Hinblick auf die Sympathiebewertung der Kandidaten um einiges größer war als der Einfluss in der Merkel-Steinmeier-Debatte. Nimmt man die Ergebnisse beider Debatten zusammen, wird deutlich, welchen Wert die Teilnahme am TV-Duell und hohe Einschaltquoten für die Kandidaten haben können.

6.9.4 Effekte des TV-Duells auf das Wahlverhalten

Effekte des Debattenkonsums auf politische Einstellungen konnten in den vorangegangenen Analysen bestätigt werden. Doch lässt sich diese Wirkung auch für den nächsten Schritt – das konkrete Wahlverhalten – ausmachen? Angela Merkels Abschneiden im TV-Duell fand keinen direkten Niederschlag in den Wahlchancen der Union (Tabelle 4), unabhängig davon, ob sie als Siegerin der Debatte wahrgenommen wurde oder nicht. Jedenfalls sind die Effekte, die vom Verfolgen der Debatte und der damit verbundenen Siegereinschätzung auf die Wahlabsicht ausgehen, statistisch nicht bedeutsam. Diese Situation stellte sich nach der Bundestagswahl etwas anders dar. Fernsehzuschauer, die die Kanzlerin als Debattensiegerin wahrgenommen hatten, votierten mit einer etwas höheren Wahrscheinlichkeit für CDU und CSU als Wähler, die das Duell nicht gesehen hatten. Die auf Basis dieser Beobachtungen naheliegende Einschätzung, dass das TV-Duell für Merkel praktisch ohne Konsequenzen für die Wahlaussichten der Union blieb, wäre allerdings verfrüht, immerhin haben ja die vorhergehenden Analysen gezeigt, dass die Debattenteilnahme – und insbesondere ein erfolgreiches Abschneiden im Duell – einen klaren Effekt auf die Sympathiebewertung der Kanzlerin ausübte. Da die Sympathie gegenüber Merkel einen Einfluss auf das Wahlverhalten hatte (vgl. hierzu auch Tabelle 4), kam ihre Debattenleistung hier auf indirekte Weise zum Tragen.

Demgegenüber sind für Steinbrück und seine SPD zu jedem Zeitpunkt direkte Debatteneffekte zu beobachten. Während die fehlende Siegerwahrnehmung von Steinbrück für die SPD-Wahl keine Rolle spielte, wirkte sich die Einschätzung, dass Steinbrück das Duell für sich entschieden hatte, bei den Zuschauern des Duells deutlich positiv auf die Wahrscheinlichkeit aus, die eigene Stimme für die Sozialdemokraten abzugeben. Dieser Effekt war in der Woche nach der Debatte am stärksten, nahm dann aber ab. Nach der Wahl hat sich die Wirkung des TV-Duells im Vergleich zur 36. Kalenderwoche mehr als halbiert. Auch für Steinbrück gilt natürlich, dass zu den direkten Debatteneffekten auch indirekte, d.h. über die Sympathiebewertung vermittelte Wirkungen des Duells hinzukamen, die sich auf die Wahlchancen der SPD niederschlugen.

Im Vergleich zu 2009 waren die 2013 beobachteten Muster wesentlich eindeutiger. Dies gilt insbesondere für den Herausforderer und seine Partei, für die 2013 über den gesamten hier untersuchten Zeitraum deutliche direkte Debatteneffekte gemessen wurden. 2009 waren die Wirkungen der Debatte dagegen nur punktuell zu beobachten. Im Einklang mit dem letzten Bundestagswahlkampf ist jedoch der Befund, dass die TV-Debatte 2013 – über die Veränderung der Sympathiebewertung – eine starke indirekte Wirkung auf Wahlabsicht und Wahlverhalten ausübte.

Tabelle 4: Veränderung der Wahrscheinlichkeit, CDU/CSU bzw. SPD zu wählen in Abhängigkeit von der Parteiidentifikation, vom Sehen der Debatte, vom wahrgenommenen Ausgang der Debatte und von der Sympathiebewertung der Kandidaten

	Vorwahl Gesamt	Vorwahl KW 36	KW 37	KW 38	Nachwahl
			Wahl der CDU/CSU		
P.Ident CDU/CSU	+40[c]	+48[c]	+40[c]	+33[c]	+41[c]
Duell gesehen, kein Sieg Merkel	-2	-3	+1	-3	+1
Duell gesehen, Sieg Merkel	+5	+5	+8	+2	+3[a]
Sympathie Merkel	+34[c]	+22[c]	+49[c]	+31[c]	+36[c]
Nagelkerke R^2	0,34	0,35	0,39	0,30	0,36
N	2098	683	764	651	5112
			Wahl der SPD		
P.Ident. SPD	+42[c]	+44[c]	+31[c]	+50[c]	+45[c]
Duell gesehen, kein Sieg Steinbrück	-1	-3	-2	-0	-2
Duell gesehen, Sieg Steinbrück	+12[c]	+13[b]	+9[b]	+11[a]	+6[c]
Sympathie Steinbrück	+18[c]	+13[b]	+28[c]	+13[b]	+13[c]
Nagelkerke R^2	0,35	0,32	0,41	0,35	0,33
N	2079	679	756	644	5106

Quelle: GLES-Rolling Cross Section-Wahlkampfstudie 2013 (ZA5703)
a: $p < 0{,}05$; b: $p < 0{,}01$; c: $p < 0{,}001$ (siehe Anhang 4).

6.9.6 Fazit

Hinsichtlich der Frage nach dem Debattengewinn zeigen unsere Ergebnisse, dass zunächst keiner der beiden Spitzenkandidaten das Duell in den Augen der Zuschauer mehrheitlich für sich entscheiden konnte. Auch ausgeprägte zeitliche Dynamiken der Siegerwahrnehmungen im Vorfeld der Wahl, wie sie noch 2009 festzustellen waren, konnten dieses Mal nicht ausgemacht werden. Erst nach der Bundestagswahl wurde ein Unterschied in der Siegerwahrnehmung deutlich. Steinbrück verlor in der Gunst der Duellzuschauer und wurde von weniger Befragten als Sieger wahrgenommen. Die Wahrnehmung von Merkel blieb hingegen stabil. Bei der Bundestagswahl 2009 war noch eine Veränderung der Siegerwahrnehmung zu Gunsten von

Merkel zu beobachten gewesen. Die Wahrnehmungen des Debattenausgangs verschoben sich damals massiv *in Richtung der Wahlsiegerin Angela Merkel*; die Bürger brachten die retrospektive Beurteilung des Duells in Einklang mit den Ergebnissen der Bundestagswahl (Bandwagon-Effekt). Diesmal ist festzustellen, dass die Wähler in der Wahrnehmung des TV-Duells *vom Wahlverlierer Steinbrück abrückten*. Nach der verlorenen Wahl sahen ihn weniger Wähler als Debattensieger als noch vor der Wahl.

Das Sehen der TV-Debatte führte zu einem systematischen Anstieg der Sympathie gegenüber *beiden* Kandidaten. Diese wurde nochmals deutlich weiter gesteigert, wenn die Kandidaten in den Augen der Zuschauer die Debatte für sich entschieden. Bemerkenswerterweise waren positive Effekte der Debatte auf die Sympathiebewertung selbst dann zu erkennen, wenn Merkel beziehungsweise Steinbrück aus Sicht des Zuschauers die Debatte nicht gewonnen haben. Dieses Muster deckt sich mit den Resultaten von Analysen des TV-Duells 2009. Schließlich lassen sich Effekte auf das Wahlverhalten registrieren, die auf das Verfolgen des TV-Duells zurückzuführen sind. Einerseits lag ein direkter Einfluss auf die Wahlchancen der SPD vor, der dann zum Tragen kam, wenn Steinbrück als Sieger des Duells wahrgenommen wurde. Andererseits übte das TV-Duell auf beide Kandidaten einen indirekten Einfluss aus, der sich über die Sympathiebewertung auf die Stimmabgabe niederschlug.

Die empirischen Befunde für das Duell 2013 bestätigen zu weiten Teilen die für die Merkel-Steinmeier-Debatte des Jahres 2009 festgestellten Muster. Allerdings waren die gemessenen Effekte 2013 oftmals stärker als 2009 – möglicherweise eine Folge der veränderten politischen Rahmenbedingungen und des gestiegenen Interesses an diesem Großereignis. In der Gesamtschau ergibt sich ein Bild, das zeigt, dass solche Live-Konfrontationen von Spitzenpolitikern nicht nur für die Medien und die Wähler gut sind, sondern auch den Kandidaten Vorteile versprechen. Dies gilt insbesondere dann, wenn sie von den Fernsehzuschauern zum Debattensieger gekürt werden. Da aber auch eine Niederlage nicht negativ zu Buche schlägt, kann man tatsächlich von einer „win-win-win"-Situation für alle beteiligten Akteure sprechen. Angesichts dieser Konstellation ist davon auszugehen, dass die noch junge Tradition der TV-Duelle nach amerikanischem Muster auch bei den kommenden Wahlen in Deutschland eine Zukunft haben wird.

Literatur

Donsbach, Wolfgang 2002: Sechs Gründe gegen Fernsehduelle: Zur politischen Bewertung eine medialen Inszenierung, in: Die politische Meinung 396, 19-25.

Faas, Thorsten/Maier, Jürgen 2011a: Medienwahlkampf: Sind TV-Duelle nur Show und damit nutzlos?, in: Bytzek, Evelyn/Roßteutscher, Sigrid, Hg., Der unbekannte Wähler?: Mythen und Fakten über das Wahlverhalten der Deutschen, Frankfurt am Main: Campus, 99-114.

Faas, Thorsten/Maier, Jürgen 2011b: Das TV-Duell, in: Rattinger, Hans/Roßteutscher, Sigrid/Schmitt-Beck, Rüdiger/Weßels, Bernhard et al., Hg., Zwischen Langeweile und Extremen: Die Bundestagswahl 2009, Baden-Baden: Nomos, 223-236.

Faßbinder, Kerstin 2009: Endspurt: Mediales Horse-Racing im Wahlkampf, in: Publizistik 54, 499-512.

Gscheidle, Claudia/Gerhard, Heinz 2013: Berichterstattung zur Bundestagswahl 2013 aus Sicht der Zuschauer, in: Media Perspektiven 2013, 558-573.

Maier, Jürgen/Faas, Thorsten 2011a: Das TV-Duell 2009 – langweilig, wirkungslos, nutzlos?: Ergebnisse eines Experiments zur Wirkung der Fernsehdebatte zwischen Angela Merkel und Frank-Walter Steinmeier, in: Oberreuter, Heinrich, Hg., Am Ende der Gewissheiten: Wähler, Parteien und Koalitionen in Bewegung, München: Olzog, 147-166.

Maier, Jürgen/Faas, Thorsten 2011b: 'Miniature campaigns' in comparison: the German televised parliamentary electoral campaign debates, 2002-09, in: German Politics 20, 75-91.

Maier, Jürgen/Faas, Thorsten/Maier, Michaela 2014: Aufgeholt, aber nicht aufgeschlossen: Wahrnehmungen und Wirkungen von TV-Duellen am Beispiel von Angela Merkel und Peer Steinbrück 2013, in: Zeitschrift für Parlamentsfragen 45, 38-54.

Schroeder, Alan 2008: Presidential Debates: Fifty Years of High-Risk TV, 2. Auflage, New York, Chichester: Columbia University Press.

6.10 Koalitions- und strategisches Wählen

Sascha Huber

6.10.1 Einleitung

Wähler lassen sich von einer Vielzahl von Faktoren beeinflussen. Das wurde auch in den vorangegangenen Kapiteln deutlich. Einer weiteren wesentlichen Bestimmungsgröße des Wahlverhaltens, den Präferenzen und Erwartungen über bestimmte Regierungskoalitionen, wird dagegen meist weniger Aufmerksamkeit geschenkt, auch nicht in den klassischen Modellen des Wahlverhaltens (siehe Unterkapitel 6.1). In Mehrparteiensystemen wie in Deutschland können Koalitionsüberlegungen aber eine bedeutende Rolle bei Wahlentscheidungen spielen. Koalitionsregierungen sind in der Bundesrepublik seit Jahrzehnten die Regel. In Wahlen stimmen die Bürger zwar für bestimmte Parteien ab, regiert wird dann aber meist von mehreren Parteien und auch nicht unbedingt von der Partei mit den meisten Stimmen. Wähler, die vor allem daran interessiert sind, von wem das Land regiert wird und welche Politik nach den Wahlen umgesetzt wird, werden also gegebenenfalls auch Überlegungen über bevorzugte Koalitionen und ihre Erwartungen über deren Zustandekommen bei der Wahlentscheidung berücksichtigen. Nachdem Wähler also ihre Parteibindungen (siehe Unterkapitel 6.3) berücksichtigt, die wirtschaftliche Entwicklung (siehe Unterkapitel 6.5) und die Leistungen der Regierung (siehe Unterkapitel 6.6) evaluiert, politische Sachthemen (siehe Unterkapitel 6.7) einbezogen und sich ein Bild von den Spitzenkandidaten (siehe Unterkapitel 6.8) gemacht haben und gegebenenfalls auch zu einer Entscheidung darüber gelangt sind, welche Parteien ihnen bei dieser Wahl mehr oder weniger zusagen, werden sich abschließend einige von ihnen auch noch mit den möglichen Koalitionen und ihren Einschätzungen dieser Koalitionen befassen. Möglich ist dann, dass diese Koalitionsbewertungen und die Erwartungen der Wähler über ihr Zustandekommen einen eigenständigen Einfluss auf die Wahlentscheidung ausüben oder sich Wähler gegebenenfalls aus taktischen Überlegungen auch für eine andere als ihre eigentlich bevorzugte Partei entscheiden.

Für verschiedene Wahlen in Deutschland konnte wiederholt solches strategische Wählen nachgewiesen werden (z.B. in Pappi/Thurner 2002; Gschwend 2007; Huber et al. 2009). Beim deutschen Zweistimmensystem ist dabei zunächst zwischen verschiedenen strategischen Anreizen bei Erst- und Zweitstimme zu unterschieden. Bei der Erststimme für den Wahlkreiskandidaten steht vor allem dessen Chance im Vordergrund, den Wahlkreis auch tatsächlich zu gewinnen. Wer bei der relativen Mehrheitswahl mit der Erststimme seine Stimme nicht vergeuden möchte, wird deshalb gegebenenfalls nicht für den eigentlich bevorzugten Kandidaten stimmen, wenn dieser im Rennen um das Direktmandat aussichtslos ist. Stattdessen erscheint es dann für ihn sinnvoll, den aus eigener Sicht vergleichsweise „besseren" der tatsächlich aussichtsreichen Kandidaten zu wählen. In Deutschland waren und sind fast ausschließlich die Direktkandidaten der CDU/CSU und der SPD aussichtsreich beim Erringen des Direktmandats, in Ostdeutschland zum Teil auch Kandidaten der Linken (Herrmann/Pappi 2008). Daraus ergibt sich ein systematischer Unterschied zum abweichenden, strategischen Wählen mit der Erststimme zwischen Anhängern von großen und kleinen Parteien. Während es für Anhänger der großen Parteien meist Sinn macht, mit der Erststimme für den Kandidaten der eigenen Partei zu stimmen, macht das für Anhänger der kleinen Parteien meist wenig Sinn (zum Stimmensplitting siehe auch Unterkapitel 5.3). Auf das strategische Erststimmenwählen wird im Folgenden nicht gesondert eingegangen, vielmehr wird sich dieses Unterkapitel wie auch die vorherigen auf das Wahlverhalten mit der in Deutschland wichtigeren Zweitstimme konzentrieren.

Die taktischen Anreize bei der Zweitstimme, mit der Wähler letztendlich über die Sitzverteilung im Bundestag und mögliche Regierungskoalitionen bestimmen, sind durch das Verhältniswahlrecht nicht ganz so eindeutig. Will der Wähler seine Zweitstimme so einsetzen, dass sie den größten Einfluss auf die zukünftige Regierungsbildung hat, genügt es auch hier nicht, nur zu berücksichtigen, welche Partei am besten bewertet wird. Er muss zusätzlich antizipieren, welche Koalitionen er bevorzugen würde, welche Erfolgsaussichten Parteien bei einer Wahl haben, welche Signale die Parteien für mögliche Koalitionen aussenden und was dies für den Regierungsbildungsprozess bedeutet. Wähler können sich beispielsweise dagegen entscheiden, für eine Kleinstpartei zu stimmen, die keinerlei Chance hat, die Fünf-Prozent-Hürde und damit den Einzug in den Bundestag zu erreichen. Daneben können sie versuchen, ihre Stimme möglichst so einzusetzen, dass sie den größtmöglichen Einfluss auf die Bildung einer bestimmten Koalition hat. Das erfolgt beispielsweise beim sogenannten „Leihstimmen"-Wählen (siehe z.B. Pappi/Thurner 2002; Gschwend 2007). Ein Wähler vergibt hierbei seine Stimme nicht an die von ihm bevorzugte Partei, sondern an deren potentiellen – kleineren – Partner in der gewünschten Koalition, dessen Einzug ins

Parlament gefährdet ist. Wählt der Bürger seine eigentlich bevorzugte Partei, so läuft er eventuell Gefahr, dass der mögliche Koalitionspartner an der Fünf-Prozent-Hürde scheitert und das gegnerische Lager eine Mehrheit der Sitze erhält. Mit einer Stimme für den kleineren Partner kann versucht werden, dessen Einzug ins Parlament zu ermöglichen und so die Wunschkoalition zu erreichen. Nach der Leihstimmen-These sollten also vor allem Anhänger der großen Parteien mit der Zweitstimme strategisch wählen. Das gilt besonders dann, wenn klare Koalitionssignale vor der Wahl vorliegen und die erwarteten Mehrheitsverhältnisse zu einer klaren Lagerbildung nach der Wahl führen (Linhart/Huber 2009). Bei unklaren Koalitionsstrukturen sollten sich deshalb die Anreize zur Vergabe einer Leihstimme reduzieren (Golder 2005). Die Vergabe von Leihstimmen an potentielle Koalitionspartner konnte für Deutschland bei unterschiedlichen Wahlen in unterschiedlichem Ausmaß nachgewiesen werden. Danach profitierte vor allem die FDP von Leihstimmen von CDU/CSU-Anhängern (z.B. Shikano et al. 2009; Gschwend 2007).

Unabhängig von der strikten Logik der Leihstimmen und der Bedeutung der Fünf-Prozent-Hürde dafür, besteht auch die Möglichkeit, dass Wähler mit ihrer Zweitstimme einfach ihre Koalitionspräferenz ausdrücken wollen (z.B. Blais et al. 2006; Huber 2014). Koalitionspräferenzen hätten dann einen direkten Einfluss auf das Wahlverhalten – völlig unabhängig von den Erwartungen der Wähler und möglichen strategischen Überlegungen. Das deutsche Zweistimmensystem gibt Wählern, die ihre Koalitionspräferenzen ausdrücken wollen, die scheinbar einfache Möglichkeit, ihre beiden Stimmen zwischen den bevorzugten Koalitionspartnern aufzuteilen. So könnte ein Anhänger der Union, der sich eine schwarz-gelbe Koalition wünscht, versucht sein, einfach seine beiden Stimmen auf Union und FDP aufzuteilen. Da die Wahl des FDP-Kandidaten mit der Erststimme wenig Sinn ergibt, könnte er dann entsprechend mit der Erststimme Union und mit der Zweitstimme die FDP wählen. Klar ist aber auch, dass die Stimmen natürlich getrennt voneinander ausgezählt werden und der Wähler mit der Zweitstimme für die FDP seiner eigentlich bevorzugten Partei schadet. Nichtsdestotrotz könnten viele Wähler das Wahlsystem rein expressiv nutzen und aufgrund von Koalitionspräferenzen abstimmen.

Bei der Bundestagswahl 2013 war die Ausgangslage bezüglich potentieller Regierungskoalitionen nicht unkompliziert. Die Koalitionsparteien CDU/CSU und FDP der amtierenden Regierung wollten gerne gemeinsam weiter regieren. Auf der anderen Seite signalisierten SPD und Bündnis 90/Die Grünen, dass sie gerne miteinander die Regierung übernehmen würden.

Gleichzeitig schlossen sie aus, zusammen mit der Linken eine Koalition zu bilden, sollte es für eine eigene rot-grüne Mehrheit nicht reichen. Da die Umfragen vor der Wahl aber suggerierten, dass es tatsächlich nicht für eine rot-grüne Mehrheit genügen würde, wurden auch andere Koalitionsoptionen diskutiert: Schwarz-Grün und die Ampelkoalition aus SPD, FDP und Grünen. Doch auch diese Koalitionsoptionen wurden von den beteiligten Parteien mehr oder weniger klar ausgeschlossen. Für viele professionelle Beobachter blieben deshalb nur zwei aussichtsreiche Koalitionen übrig: die bestehende schwarz-gelbe Koalition auf der einen Seite und die Bildung einer großen Koalition aus CDU/CSU und SPD auf der anderen Seite. Aufgrund der ausgesendeten Signale war dabei klar: Wenn Schwarz-Gelb eine parlamentarische Mehrheit erreichen würde, dann würde sich diese Koalition auch bilden, und nur falls das nicht der Fall wäre, würde sich vermutlich eine große Koalition bilden. Die Meinungsumfragen vor der Wahl deuteten darauf hin, dass Schwarz-Gelb eine Mehrheit auch erlangen könnte. Die größte Unsicherheit betraf dabei die FDP, die in den meisten Umfragen nur knapp oberhalb der Fünf-Prozent-Hürde geführt wurde. Das Fortbestehen der schwarz-gelben Koalition hing also vor allem an der FDP und der Frage, ob sie es wieder ins Parlament schaffen würde oder nicht (siehe auch Unterkapitel 3.1 und 3.4).

Die Situation von Schwarz-Gelb entsprach also ziemlich genau der oben erläuterten Idee des Leihstimmen-Wählens. Wenig verwunderlich warb die FDP in ihrer Kampagne deshalb wieder speziell um die Anhänger der Union, die mit einer Stimmabgabe für die FDP das Fortbestehen der schwarz-gelben Koalition sichern sollten. Im Gegensatz zu früheren Wahlen, bei denen die FDP nicht selten weit oberhalb der Fünf-Prozent-Hürde lag und trotzdem wie bei der Bundestagswahl 2009 um Leihstimmen buhlte, war dieses Werben dieses Mal aus theoretischer Sicht auch plausibel. Leihstimmen-Wählen von Anhängern einer schwarz-gelben Koalition erschien als eine durchaus rationale Strategie. Im Gegensatz zu früheren Wahlen konterkarierte der große Koalitionspartner diese Strategie aber dieses Mal sehr deutlich. Die Union sprach sich in ihrer eigenen Kampagne explizit gegen Leihstimmen aus („Beide Stimmen für die CDU") und verwies dabei auch auf das neue Wahlrecht, das es noch klarer als zuvor machte, dass jede „verliehene" Zweitstimme der eigentlich bevorzugten Partei schaden würde.

Vor diesem Hintergrund verschiedener Koalitionsoptionen und dem bewussten Werben um Leihstimmen wird in diesem Unterkapitel untersucht, wie die Bürger über mögliche Koalitionen im Vorfeld der Bundestagswahl 2013 dachten und wie sich diese Überlegungen möglicherweise auf das

Wahlverhalten auswirkten. Im Folgenden wird zunächst analysiert, welche Koalitionsoptionen in der Wählerschaft insgesamt und bei bestimmten Anhängergruppen vor der Wahl besonders beliebt oder unbeliebt waren. Danach wird in einem zweiten Schritt analysiert, welche Erwartungen die Wähler bezüglich des Abschneidens der kleinen Parteien hatten und welche Regierungskoalitionen sie am ehesten nach der Wahl erwarteten. Abschließend wird dann der Einfluss der Koalitionspräferenzen auf die Wahlentscheidung analysiert – zunächst unabhängig von den jeweiligen Erwartungen der Wähler und dann für eine Subgruppe der Wähler auch unter Einbezug der jeweiligen Erwartungen.

6.10.2 Koalitionsbewertungen und Koalitionserwartungen

Zunächst zu den Bewertungen der Koalitionen. In den GLES-Querschnittsbefragungen wurden die Befragten gebeten, sechs mögliche Koalitionen auf einer Skala von -5 bis +5 zu bewerten. -5 bedeutete, dass die Befragten die Koalition überhaupt nicht wünschenswert fanden, während +5 bedeutete, dass sie die Koalition sehr wünschenswert fanden. Aus diesen Angaben lässt sich nun einfach berechnen, welche Koalition den höchsten Wert aufwies und damit den anderen Koalitionen vorgezogen wurde. Außer Acht gelassen werden dabei diejenigen Befragten, die gleichzeitig unterschiedlichen Koalitionen den höchsten Wert zuwiesen. Wie hoch der Anteil an Befragten war, der sich vor der Bundestagswahl eindeutig für eine bestimmte Koalition ausgesprochen hat, ist aus Tabelle 1 ersichtlich.

Tabelle 1: Koalitionspräferenzen für alle Befragten und nach Anhängergruppen

		Anhänger von				
	Alle	CDU/ CSU	SPD	FDP	Grüne	Die Linke
Schwarz-Gelb	34,7	72,5	1,2	79,0	1,8	5,1
Rot-Grün	24,3	1,4	57,9	4,0	63,3	8,9
Große Koalition	22,5	21,1	26,7	6,0	10,2	8,5
Schwarz-Grün	4,0	4,0	1,5	0,9	11,3	0,0
Ampelkoalition	2,9	0,5	5,9	10,0	0,0	1,8
Rot-Rot-Grün	11,7	0,4	6,8	0,0	13,5	75,7
N	1430	548	328	34	139	152

Quelle: GLES-Vorwahl-Querschnittsbefragung 2013 (ZA5700).
Angaben in Prozent.

Mit 34,7 Prozent war die schwarz-gelbe Koalition (bestehend aus CDU/CSU und FDP) die beliebteste Koalition. Ihr folgte die rot-grüne Koalition (bestehend aus SPD und Bündnis 90/Die Grünen) mit 24,3 Prozent, der Abstand zu Schwarz-Gelb war jedoch beträchtlich. Die große Koalition, die sich am Ende gebildet hat, wünschten sich vor der Wahl lediglich 22,5 Prozent der Befragten. Eine rot-rot-grüne Koalition (bestehend aus SPD, Bündnis 90/ Die Grünen und Die Linke) wünschten sich immerhin 11,7 Prozent der Befragten. Die beiden ebenfalls diskutierten Möglichkeiten einer schwarz-grünen oder einer Ampel-Koalition hatten nur sehr wenige Anhänger. Eine schwarz-grüne Koalition aus CDU/CSU und Grünen bevorzugten vier Prozent, eine Dreier-Koalition aus SPD, FDP und Grünen wünschten sich lediglich 2,9 Prozent. Das zeigt, dass die traditionellen Koalitionen am beliebtesten waren. Wenn politische Lagergrenzen überschritten werden, wie im Fall von Schwarz-Grün oder bei der Ampel, waren die Wähler, möglicherweise auch aufgrund fehlender Erfahrungen mit diesen Koalitionen, deutlich skeptischer.

Aufschlussreich ist auch die Betrachtung nach Anhängergruppen. Als Anhänger einer Partei wurde dabei gewertet, wer entweder angab, sich mit der jeweiligen Partei zu identifizieren, oder ihr die höchste Bewertung aller Parteien gab. Wie erwartet, war die schwarz-gelbe Koalition äußerst beliebt bei den CDU/CSU- und FDP-Anhängern, die rot-grüne Koalition dagegen bei SPD- und Grünen-Anhängern. Die große Koalition wiederum war bei Anhängern der Union und der SPD verhältnismäßig beliebter als bei den Anhängern anderer Parteien. Der Blick auf diese Ergebnisse zeigt zunächst, dass Partei- und Koalitionspräferenzen eng miteinander zusammenhingen. Die meisten Wähler fanden naturgemäß eine Koalition eher wünschenswert, wenn sie die präferierte Partei enthielt. Das ist zunächst wenig verwunderlich. Interessanter sind deshalb die Unterschiede zwischen den Koalitionen, bei denen die präferierte Partei enthalten war. Unter den Anhängern der Union wünschten sich knapp 73 Prozent die Fortsetzung der schwarz-gelben Koalition, aber nur 21 Prozent eine große Koalition und verschwindend geringe vier Prozent Schwarz-Grün. Bei den SPD-Anhängern fällt auf, dass sich die meisten von ihnen zwar eine rot-grüne Koalition wünschten, dass aber auch knapp 27 Prozent eine große Koalition bevorzugten. Die von der Parteiführung ausgeschlossene rot-rot-grüne Koalition war dagegen deutlich unbeliebter. Nur knapp sieben Prozent der SPD-Anhänger wünschten sich im Vorfeld der Wahl diese Koalition. Noch unbeliebter war die Ampelkoalition unter SPD-Anhängern. Bei den Anhängern der Linken ist auffällig, dass sich verhältnismäßig viele eine Koalition wünschten, bei der die

Linke überhaupt nicht beteiligt gewesen wäre. Knapp neun Prozent der Linken-Anhänger wünschte sich eine rot-grüne Regierung, ähnlich viele eine große Koalition. Zusammengenommen wünschten sich knapp ein Viertel der Linken-Anhänger ihre Partei in der Oppositionsrolle. Die meisten Grünen-Anhänger hatten eine klare Präferenz für eine rot-grüne Koalition, elf Prozent wünschten sich Schwarz-Grün und immerhin knapp 14 Prozent Rot-Rot-Grün. Interessant ist auch, dass sich zehn Prozent der Grünen-Anhänger für eine große Koalition aussprachen, ihre eigene Partei also nicht in der Regierung sehen wollten. Unter den FDP-Anhängern wünschte sich eine sehr große Mehrheit die Fortsetzung der schwarz-gelben Regierung und nur zehn Prozent sprachen sich für eine Ampelkoalition mit SPD und Grünen aus.

Vergleicht man die Koalitionspräferenzen 2013 mit denen vor der Bundestagswahl 2009 (siehe Bytzek/Huber 2011: 252), zeigt sich eine relativ große Stabilität der Bewertungen. Auch vor der Bundestagswahl 2009 wurde eine schwarz-gelbe Koalition von den meisten Befragten (37,7 Prozent) bevorzugt. Eine rot-grüne Koalition hatten sich damals 21,2 Prozent gewünscht. Beide Werte haben sich also kaum verändert. Lediglich die damals noch amtierende große Koalition war 2009 deutlich unbeliebter gewesen: nur 13 Prozent hatten sich da eine Fortsetzung der Koalition gewünscht. Vor der Bundestagswahl 2013 war dieser Anteil nun fast doppelt so groß. Durchaus bemerkenswert ist vor allem die große Stabilität der Präferenzen für die schwarz-gelbe Koalition. Im Vorfeld der Bundestagswahl 2009 hatten Union und FDP allgemein als bis dahin verhinderte Traumpartner gegolten, nach der Regierungsbildung schienen aber viele Wähler von der Regierungszusammenarbeit von Union und FDP mehr und mehr enttäuscht zu sein (siehe Kapitel 2). Dennoch zeigen die vorliegenden Daten: Schwarz-Gelb war weiterhin die bevorzugte Koalition der Mehrheit der Wähler.

In der Literatur zu Koalitionswählen werden, wie oben ausgeführt, ganz allgemein zwei Möglichkeiten diskutiert, wie Koalitionsbewertungen auf Wahlentscheidungen wirken können. Einerseits können Koalitionsbewertungen einen direkten Einfluss auf die Wahlentscheidung ausüben, wenn Wähler mit ihrer Stimmabgabe einfach ihre Präferenz für eine bestimmte Koalition ausdrücken wollen. Andererseits können Koalitionsbewertungen auch einen bedingten Einfluss ausüben, wenn die Wähler instrumentell vorgehen und strategisch einer bestimmte Koalition an die Regierung helfen wollen. Für diese Wähler ist dann auch wichtig, welche Erwartungen sie über den Wahlausgang haben: Welche Parteien schaffen es überhaupt in den Bundestag und welche Parteien werden sich nach der Wahl am ehesten zu einer Koalition zusammenschließen? Im folgenden Abschnitt werden deshalb auch die Erwartungen der Wähler über den Wahlausgang beschrieben. In Abbildung 1 werden zunächst die Erwartungen der Wähler bezüglich der Chancen der kleinen Parteien dargestellt. Abgetragen ist jeweils der Anteil der Wähler, der bestimmt oder wahrscheinlich davon ausging, dass die jeweilige Partei die Fünf-Prozent-Hürde überschreiten würde.

Abbildung 1: Erwartungen der Wähler über die Chancen der kleinen Parteien, in den Bundestag einzuziehen

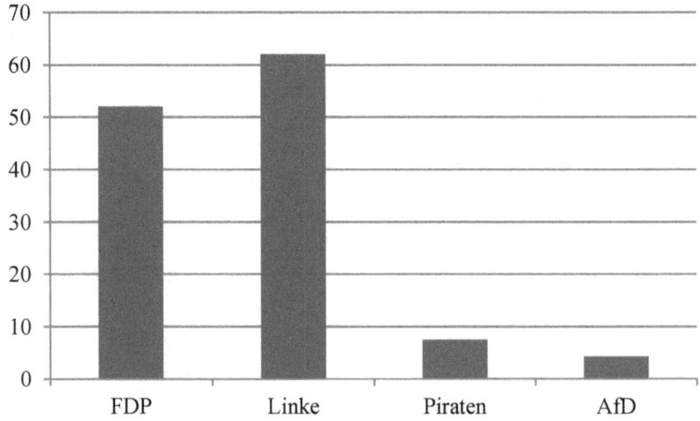

Quelle: GLES-Vorwahl-Querschnittsbefragung 2013 (ZA5700).
Angaben in Prozent. Abgetragen ist jeweils der Anteil der Wähler, der bestimmt oder wahrscheinlich davon ausging, dass die jeweilige Partei in den Bundestag einzieht.

52 Prozent der Wähler erwarteten vor der Wahl, dass die FDP den Einzug ins Parlament „bestimmt" bzw. „wahrscheinlich" schaffen würde. Bei der Linken, die in Umfragen vor der Wahl mit acht bis neun Prozent deutlich besser stand, erwarteten das mit 62 Prozent nur unwesentlich mehr Wähler. Der große Anteil der Wähler, welche die FDP sicher oder wahrscheinlich im nächsten Bundestag erwarteten, fällt aber insbesondere im Vergleich zur Piratenpartei und der AfD ins Auge. Bei der Piratenpartei waren sich nur acht Prozent der Wähler mehr oder weniger sicher, dass sie in den Bundestag einziehen würde, bei der AfD galt das sogar nur für vier Prozent. Vor dem Hintergrund der veröffentlichten Umfragezahlen der Meinungsforschungsinstitute in den Wochen und Monaten vor der Wahl (siehe auch Unterkapitel 3.1) ist der große Unterschied in den Erwartungen über die FDP und die AfD

etwas verwunderlich. Für die AfD wurden von den Instituten zwar konsistent geringere Umfragezahlen als für die FDP ausgewiesen, die Unterschiede waren aber eher gering. Während die FDP in der Vorwahlzeit meist bei fünf bis sechs Prozent gesehen wurde, wurde die AfD von den Instituten meist bei drei bis fünf Prozent gesehen. Bedenkt man die beträchtliche Unsicherheit dieser Zahlen für kleine Parteien bei Stichproben von häufig nur etwa 1.000 Befragten, war es für beide Parteien sehr unsicher, ob sie es in den Bundestag schaffen würden oder nicht. Aus statistischer Sicht ließe sich wahrscheinlich bei den meisten der durchgeführten Vorwahlumfragen der Meinungsforschungsinstitute nicht bestimmen, ob die FDP überhaupt bessere Chancen auf den Einzug in den Bundestag hatte als die AfD. Die Irrtumswahrscheinlichkeit wird häufig zu groß gewesen sein. Nichtsdestotrotz nahmen die Wähler die in den Umfragen ausgewiesenen Unterschiede offensichtlich sehr ernst und bildeten extrem unterschiedliche Erwartungen über die Chancen der beiden Parteien, in den Bundestag einzuziehen. Neben der Tatsache, dass die Meinungsforschungsinstitute die FDP fast durchgängig oberhalb der Fünf-Prozent-Hürde und die AfD fast immer unterhalb der Hürde ausgewiesen hatten, war sicherlich auch wichtig, dass die FDP in ihrer Geschichte schon sehr häufig vor Wahlen um ihren Einzug ins Parlament zittern musste und es, zumindest auf Bundesebene, dann doch immer wieder schaffte. Viele Wähler werden auch das in ihre Erwartungsbildung einbezogen haben. Insgesamt erscheinen die Erwartungen der Wähler bezüglich der Einzugswahrscheinlichkeiten der kleinen Parteien nachvollziehbar. Im Nachhinein betrachtet waren sie aber für die FDP offensichtlich deutlich zu optimistisch.

Im nächsten Schritt wird nun untersucht, welche Koalitionen die Wähler im Vorfeld der Bundestagswahl erwarteten. Tabelle 2 gibt den Anteil der Wähler an, welche die jeweilige Koalitionsoption als die wahrscheinlichste einschätzten. Genutzt wurde dafür eine Frage, bei der angegeben werden sollte, für wie wahrscheinlich die Befragten die Bildung einer Reihe von Koalitionen nach der Wahl hielten. Betrachtet man zunächst alle Befragten, schätzten 54 Prozent der Wähler die Fortsetzung der schwarz-gelben Koalition als die wahrscheinlichste Option ein. Da sich ein Großteil der Wähler vergleichsweise sicher war, dass die FDP den Einzug in den Bundestag schaffen würde, ist das auch nicht sonderlich verwunderlich. Union und FDP hatten vor der Wahl signalisiert, dass sie ihre Koalition gerne fortsetzen würden, und die Meinungsumfragen suggerierten, dass sie auch eine deutliche Mehrheit erreichen würden, wenn denn der FDP den Einzug ins Parlament gelange.

Tabelle 2: Erwartete Koalitionen für alle Befragten und nach Anhängergruppen

		Anhänger von				
	Alle	CDU/ CSU	SPD	FDP	Grüne	Die Linke
Schwarz-Gelb	53,9	65,9	38,5	84,2	48,5	47,1
Rot-Grün	7,1	2,6	15,6	0,0	10,9	6,7
Große Koalition	29,1	24,9	35,7	11,8	32,7	25,1
Schwarz-Grün	3,6	1,4	3,4	0,0	3,5	5,8
Ampelkoalition	1,8	1,2	2,9	2,0	0,9	4,4
Rot-Rot-Grün	4,6	4,0	4,0	2,0	3,6	10,9
N	1376	525	297	32	132	137

Quelle: GLES-Vorwahl-Querschnittsbefragung 2013 (ZA5700).
Angaben in Prozent.

Die große Koalition schätzten 29 Prozent als die wahrscheinlichste Option ein. Die im Wahlkampf immer wieder thematisierte rot-grüne Koalition, die auch das erklärte Ziel von SPD und Grünen war, wurde von den Wählern dagegen als eher unwahrscheinlich eingeschätzt. Nur sieben Prozent der Befragten erwartete die Bildung einer rot-grünen Regierung nach der Wahl. Folgt man den veröffentlichten Umfragen vor der Wahl, ist das nachvollziehbar: SPD und Grüne waren von einer eigenen Mehrheit im Bundestag sehr weit entfernt. Interessant ist, dass die Wähler auch die Wahrscheinlichkeit einer rot-rot-grünen Koalition als sehr gering einschätzten, obwohl von dieser zu erwarten war, dass sie rechnerisch eine Mehrheit im Bundestag erreichen würde. Offensichtlich glaubten die Wähler der Beteuerung der SPD im Vorfeld der Wahl, dass sie keine Koalition mit der Linken eingehen würde. Von allen Befragten schätzten nur knapp fünf Prozent die rot-rot-grüne Koalition als die wahrscheinlichste ein. Die ausgesendeten Koalitionssignale spielten offensichtlich eine wichtige Rolle. Das trifft auch auf die Erwartungen zu Schwarz-Grün und Ampel-Koalition zu. Während bei beiden Koalitionen eine rechnerische Mehrheit nicht unwahrscheinlich war, signalisierten die beteiligten Parteien vor der Wahl, dass diese Koalitionen von ihnen nicht gewollt waren. Auch diese Signale nahmen die Wähler offensichtlich wahr und bildeten entsprechende Erwartungen. Nur knapp vier Prozent der Befragten erwarteten die Bildung einer schwarz-grünen Koalition und nur knapp zwei Prozent die Bildung einer Ampelkoalition.

Betrachtet man die Ergebnisse aufgegliedert nach den verschiedenen Anhänger-Gruppen, fallen vor allem die vergleichsweise geringen Unterschiede auf. Bei den Anhängern aller Parteien erwartete jeweils der größte Teil die Fortsetzung der schwarz-gelben Koalition. Die große Koalition folgte jeweils auf dem zweiten Platz. Wunschdenken zeigte sich hier nur in begrenztem Ausmaß. Anhänger der Union und der FDP erwarteten vergleichsweise häufiger die Bildung einer schwarz-gelben Koalition. Anhänger der SPD und der Grünen erwarteten vergleichsweise häufiger eine rot-grüne Koalition, und einige Anhänger der Linken hofften wohl auch, dass sich trotz anderslautender Koalitionssignale doch eine rot-rot-grüne Koalition bilden würde. Auffällig ist zudem, dass Anhänger der SPD und der Grünen etwas häufiger eine große Koalition erwarteten als die Anhänger von Union und FDP.

6.10.3 Koalitionen und Wahlverhalten

Welchen Einfluss hatten nun Koalitionspräferenzen und Erwartungen auf die Wahlentscheidungen der Bürger? Das wird in diesem Abschnitt untersucht. Zunächst soll der direkte Einfluss von Koalitionsbewertungen untersucht werden, unabhängig von den jeweiligen Erwartungen der Bürger bezüglich des Wahlausgangs. Daran anschließend werden dann auch die Erwartungen der Wähler einbezogen – in einer besonderen Analyse des Leihstimmen-Wählens der Anhänger von Union und FDP. In Tabelle 3 ist der direkte Einfluss der Koalitionsbewertungen auf die Wahlentscheidungen mit der Zweitstimme dargestellt. Bei allen Modellen wird, wie in den vorherigen Kapiteln, für die Identifikation mit der jeweiligen Partei kontrolliert. Aufgrund unzureichender Befragtenzahlen lassen sich die Modelle leider nicht für die Wahl der AfD schätzen.

Wenig verwunderlich erhöhte die Identifikation mit der jeweiligen Partei die Wahrscheinlichkeit, diese auch zu wählen. Die Analysen zeigen aber auch einen zum Teil erheblichen Einfluss der Koalitionsbewertungen auf das Wahlverhalten. Für die Wahl der Unionsparteien hatte sowohl eine positive Bewertung der schwarz-gelben Koalition als auch eine positive Bewertung der großen Koalition einen stark positiven Effekt. So erhöhte sich beispielsweise die Wahrscheinlichkeit, dass ein Wähler die Unionsparteien wählte, um 42 Prozentpunkte, wenn dieser die schwarz-gelbe Koalition maximal positiv statt maximal negativ bewertete. Eine positive Bewertung der rot-grünen Koalition hatte dagegen erwartungsgemäß einen negativen Effekt auf die Wahl von CDU und CSU. Wenn jemand Rot-Grün positiv bewertete, hatte er eine geringere Wahrscheinlichkeit, die Union zu wählen, als wenn er Rot-Grün negativ bewertet hätte. Alle anderen Koalitionsbewertungen hatten keinen statistisch bedeutsamen Einfluss auf die Wahlentscheidungen für CDU und CSU. Das galt auch für die Bewertung der schwarz-grünen Koalition. Für die Wähler mit einer Präferenz für Schwarz-Grün lässt sich also nicht zweifelsfrei sagen, ob sie mit einer höheren Wahrscheinlichkeit die Union wählten.

Tabelle 3: Der Einfluss von Koalitionspräferenzen auf die Vergabe der Zweitstimme

	CDU/CSU	SPD	FDP	Grüne	Die Linke
Parteiidentifikation	+53[c]	+46[c]	+22[c]	+26[c]	+41[c]
Schwarz-Gelb	+42[c]	-13[c]	+9[c]	-4[a]	-3
Rot-Grün	-29[c]	+36[c]	0	+17[c]	-11[c]
Große Koalition	+32[c]	+29[c]	-3[b]	-4[a]	0
Schwarz-Grün	+18	-19[c]	-2	+21[c]	-3
Ampelkoalition	-18	+2	+14[b]	+4	0
Rot-Rot-Grün	-14	-1	-4[b]	-2	+33[c]
Nagelkerke R^2	0,72	0,61	0,32	0,55	0,58
N	1461	1461	1461	1461	1461

Quelle: GLES-Vorwahl-Querschnittsbefragung 2013 (ZA5700).
a: $p < 0{,}05$; b: $p < 0{,}01$; c: $p < 0{,}001$ (siehe Anhang 4).

Die Wahl der SPD wurde positiv sowohl von einer Präferenz für Rot-Grün als auch von einer Präferenz für eine große Koalition beeinflusst. Negativ beeinflusst wurde sie dagegen von positiven Bewertungen für Schwarz-Gelb und Schwarz-Grün. Interessant ist auch der ausbleibende Effekt der Bewertungen für die Ampelkoalition und Rot-Rot-Grün. Obwohl die SPD Teil dieser Koalitionen gewesen wäre, übersetzten sich positive Einschätzungen dieser Koalitionen nicht in eine höhere Wahrscheinlichkeit, für sie zu stimmen. Offensichtlich berücksichtigten die Wähler hier, dass die Bildung dieser Koalitionen aufgrund der ausgesendeten Koalitionssignale sehr unwahrscheinlich war.

Für die Wahl der Linken hatten nur zwei Koalitionsbewertungen einen bedeutsamen Effekt. Wer die rot-grüne Koalition positiv bewertete, wählte mit geringerer Wahrscheinlichkeit die Linke. Wer dagegen eine rot-rot-grüne Koalition positiv bewertete, wählte mit höherer Wahrscheinlichkeit die Linke. Dieser sehr starke Kontrast zwischen zwei nicht unähnlichen linken Koalitionsoptionen ist durchaus bemerkenswert und ein deutlicher Indikator dafür, dass die Befürworter von Rot-Grün klar von den Befürwortern von Rot-Rot-Grün zu unterscheiden waren und bei ihren Wahlentscheidungen die Signale der Parteien zu Koalitionen berücksichtigten.

Die Wahrscheinlichkeit einer Wahl der Grünen erhöhte sich bei einer positiven Bewertung von Rot-Grün und bei einer positiven Bewertung von Schwarz-Grün. Interessant ist dabei auch der Vergleich mit den Effekten auf den jeweils großen Koalitionspartner. Die SPD profitierte deutlich stärker von einer Präferenz für Rot-Grün als die Grünen. Umgekehrt profitierten die Grünen stärker von einer Präferenz für Schwarz-Grün als die Unionsparteien. Die Wahl der FDP wurde überraschend wenig von Koalitionsbewertungen beeinflusst. Es zeigt sich zwar erwartungsgemäß ein positiver Effekt der Bewertungen von Schwarz-Gelb, die Größe dieses Effekts ist aber vergleichsweise gering. Das fällt einerseits im Vergleich mit ihrem großen Koalitionspartner auf: Die Wahl der Union wurde insgesamt deutlich stärker von positiven Bewertungen der schwarz-gelben Koalition beeinflusst als die Wahl der FDP. Andererseits war der Effekt auf die FDP auch im Vergleich zur Bundestagswahl 2009 sehr gering. Bei einer identischen Analyse des Einflusses von Koalitionsbewertungen zeigte sich damals ein mehr als fünf Mal größerer Effekt der Bewertung von Schwarz-Gelb auf die Wahl der FDP: 2009 war die Wahrscheinlichkeit der FDP-Wahl bei einer maximal positiven Bewertung von Schwarz-Gelb um 51 Prozentpunkte gestiegen (siehe Bytzek/Huber 2011: 257). 2013 stieg die Wahrscheinlichkeit nur noch um neun Prozentpunkte. Das spricht dafür, dass die FDP 2013 weit weniger von rein expressivem Koalitionswählen profitierte als noch 2009.

Die Ergebnisse aus Tabelle 3 geben einen ersten Eindruck von den direkten Wirkungen der Koalitionsbewertungen auf die Wahlentscheidungen bei der Bundestagswahl 2013. Um die Entscheidungskalküle und insbesondere die möglichen strategischen Überlegungen der Wähler noch besser abbilden zu können, bietet es sich nun an, einzelne Wählergruppen genauer zu betrachten. Für strategisches Koalitionswählen ist ja insbesondere auch relevant, welcher Partei einer bevorzugten Koalition die Stimme gegeben wird. Wer ein strategisches Kalkül an seine Stimmabgabe anlegt, wird unter Berücksichtigung seiner Erwartungen versuchen, seine Stimme so einzusetzen, dass sie den größtmöglichen Einfluss auf die Bildung der bevorzugten Koalition hat. Besonders interessant bei der Bundestagswahl 2013 waren vor diesem Hintergrund die Anhängergruppen von CDU/CSU und FDP. Wie aus Tabelle 1 hervorgeht, wünschten sich 73 bzw. 79 Prozent dieser Gruppen eine schwarz-gelbe Koalition. Gleichzeitig warb die FDP offensiv um Wähler, die sich eine schwarz-gelbe Koalition wünschten, und spekulierte mit ihrer Zweitstimmenkampagne auch auf Anhänger von CDU und CSU. Anhänger der Union mochten versucht sein, im Sinne einer Leihstimme dem bevorzugten kleineren Koalitionspartner zu „helfen", um die gewünschte Koalition auch tatsächlich zu erreichen. Diese Überlegung ergibt dann Sinn, wenn die Gefahr besteht, dass der kleinere Koalitionspartner an der Fünf-Prozent-Hürde scheitern könnte (siehe oben). Im Fall der FDP bei der Bundestagswahl 2013 sollte diese Logik durchaus einige Wähler angesprochen haben, da die FDP in Meinungsumfragen wie beschrieben bei meist nur fünf Prozent der Stimmen lag. Entsprechend unsicher war nach objektiven Kriterien der Einzug ins Parlament und damit verbunden auch die Bildung einer schwarz-gelben Koalition, die sich ja die überwältigende Mehrheit der Anhänger von Union und FDP wünschten. Wähler, die dem Leihstimmen-Argument folgten, sollten also eher die FDP als die Union gewählt haben, um dieser den Sprung über die Fünf-Prozent-Hürde zu ermöglichen.

Tabelle 4: Koalitionswählen: Anhänger von Union und FDP

	Wahl der FDP im Vergleich zur Wahl von CDU/CSU (nur Anhänger von Union und FDP)	
	FDP Einzug sicher	FDP Einzug unsicher
P.Ident. CDU/CSU	-10	-11
P.Ident. FDP	+65[c]	+14
Bewertung Schwarz-Gelb	-2	+6[a]
Nagelkerke R^2	0,30	0,26
N	334	218

Quelle: GLES-Vorwahl-Querschnittsbefragung 2013 (ZA5700).
a: p <0,05; b: p <0,01; c: p <0,001 (siehe Anhang 4).

Gleichzeitig zeigen die Ergebnisse aus Abbildung 1 und Tabelle 2 aber auch, dass sich sehr viele Wähler vergleichsweise sicher waren, dass die FDP den Einzug ins Parlament schaffen würde, und deshalb auch die Bildung einer schwarz-gelbe Koalition erwarteten. Insbesondere die Anhänger von Union und FDP hatten sehr optimistische Erwartungen bezüglich der Chancen der FDP und der schwarz-gelben Koalition. Für Wähler, die sich sicher waren, dass die FDP den Einzug ins Parlament sowieso schaffen würde, sollte das Leihstimmen-Argument dann auch weniger überzeugend gewesen sein als für Wähler, die den Einzug der FDP als weniger sicher einstuften. In Tabelle 4 wird diese Vermutung überprüft und der Einfluss der Koalitionspräferenz für eine schwarz-gelbe Koalition auf die Wahl der FDP im Vergleich zu einer Wahl der Unionsparteien untersucht. Um die Leihstimmen-Hypothese zu testen, werden nur Anhänger von Union und FDP berücksichtigt. Um den vermittelnden Einfluss der Erwartungen auf den Effekt der Koalitionspräferenzen zu untersuchen, werden getrennte Modelle geschätzt für diejenigen Anhänger von Union und FDP, die angaben, dass die den Einzug der FDP "bestimmt" oder "wahrscheinlich" erwarteten (linke Spalte), und diejenigen Anhänger, die sich darüber weniger sicher waren (rechte Spalte). In beiden Modellen wird für die Parteiidentifikation mit CDU/CSU und FDP kontrolliert.

Der Einfluss der Parteiidentifikation war wie erwartet: Wer sich mit CDU oder CSU identifizierte, wählte mit einer geringeren Wahrscheinlichkeit die FDP im Vergleich zur Union, und wer sich mit der FDP identifizierte, wählte mit einer höheren Wahrscheinlichkeit die FDP im Vergleich zur Union. Interessant ist nun vor allem der Einfluss der Koalitionsbewertung auf die Entscheidung zwischen Union und FDP. Nach dem Leihstimmen-Argument sollte die Bewertung von Schwarz-Gelb insbesondere bei denjenigen Anhängern von Union und FDP eine Rolle gespielt haben, die den Einzug der FDP als unsicher einschätzten. Die Ergebnisse weisen tatsächlich in diese Richtung. Bei Wählern, die den Einzug der FDP als sicher einschätzten, hatte die Bewertung der schwarz-gelben Koalition keinen positiven Effekt auf die Wahl der FDP. Der schwach negative Effekt deutet sogar darauf hin, dass Befragte mit positiven Bewertungen von Schwarz-Gelb eher die Union als die FDP wählten. Dieser Effekt ist aber zu klein, um statistisch bedeutsam zu sein. Bei den Wählern, die den FDP-Einzug als unsicher einschätzten, zeigte sich dagegen der genau umgekehrte Effekt: Sie wählten umso eher die FDP statt der Union, je positiver sie die schwarz-gelbe Koalition bewerteten. Die Wahrscheinlichkeit, die FDP und nicht die Union zu wählen, erhöhte sich um sechs Prozentpunkte, wenn die schwarz-gelbe Koalition maximal positiv bewertet wurde.

Offensichtlich gaben also einige Wähler der FDP ihre Stimme auch aufgrund von strategischen Koalitionsüberlegungen. Das galt aber nur dann, wenn sie den Einzug der FDP als unsicher einschätzten. Aus Sicht der FDP war das einerseits erfreulich. Andererseits war aus ihrer Sicht bedauerlich, dass die Mehrheit der Anhänger von Union und FDP sicher davon ausgegangen war, dass der FDP der Einzug ins Parlament gelingen würde, und die wahrscheinlich deshalb kein Leihstimmen-Kalkül an ihre Wahl anlegte. Die FDP hatte es im Vorfeld der Wahl offensichtlich nicht erreicht, die Anhänger von Union und FDP, die sich ja mit großer Mehrheit eine schwarz-gelbe Koalition wünschten, davon zu überzeugen, dass ihr Einzug ins Parlament tatsächlich gefährdet war. Wenn mehr Wähler überzeugt gewesen wären, dass ihr Einzug unsicher war, hätte die FDP insgesamt stärker von

Koalitionsüberlegungen profitieren können und möglicherweise auch den Einzug in den Bundestag geschafft. Das suggerieren zumindest die hier präsentierten Ergebnisse. Bedenkt man zusätzlich die Ergebnisse zu eher expressivem Koalitionswählen, die oben ausgeführt wurden, profitierte die FDP bei dieser Wahl verhältnismäßig wenig von Koalitionsüberlegungen der Wähler. Das rein expressive Koalitionswählen zugunsten der FDP erscheint deutlich geringer als noch 2009, und strategisches Leihstimmen-Wählen zeigte sich nur bei den Wählern, die sich nicht sicher waren, ob die FDP über die Fünf-Prozent-Hürde kommen würde. Diese waren aber in der Minderheit.

6.10.4 Fazit

Wie bei früheren Wahlen waren auch im Vorfeld der Bundestagswahl 2013 verschiedene Koalitionsoptionen ein wichtiges Thema. Im deutschen Mehrparteiensystem sehen sich Wähler ganz allgemein nicht nur mit verschiedenen Parteioptionen konfrontiert, sondern auch mit verschiedenen Regierungsoptionen. Vor der Bundestagswahl 2013 waren diese Regierungsoptionen weniger klar als die Parteioptionen: Im Wahlkampf standen sich aufgrund der ausgesendeten Koalitionssignale Schwarz-Gelb auf der eine Seite und Rot-Grün auf der anderen Seite des politischen Spektrums gegenüber. Umfragen suggerierten jedoch, dass von diesen beiden Optionen nur Schwarz-Gelb eine Chance hätte, eine Mehrheit im Bundestag zu erreichen. Rot-Grün hatte eigentlich keine realistische Chance. Deshalb wurden im Vorfeld der Wahl auch immer wieder Dreier-Koalitionen wie z.B. Rot-Rot-Grün oder auch unkonventionelle Zweier-Koalitionen wie Schwarz-Grün diskutiert.

Die Koalitionspräferenzen der Wähler waren vor der Bundestagswahl relativ eindeutig: Eine klare Mehrheit bevorzugte die schwarz-gelbe Koalition, gefolgt von Rot-Grün und der Großen Koalition. Dahinter fielen die eher ungewöhnlichen Koalitionen wie Schwarz-Grün, Ampel oder Rot-Rot-Grün deutlich ab. Obwohl im Vergleich zu Bundestagswahl 2009 der Anteil der Anhänger von Schwarz-Gelb etwas abgenommen hat, war Schwarz-Gelb also immer noch die mit Abstand beliebteste Koalition. Das galt insbesondere für Anhänger der Union: Drei Viertel von ihnen wünschte sich eine Fortsetzung der schwarz-gelben Koalition.

Bei der Untersuchung der Erwartungen hat sich gezeigt, dass sich ein Großteil der Wähler relativ sicher war, dass der FDP der Einzug ins Parlament gelingen würde. Entsprechend gingen die Wähler auch davon aus, dass es am Ende auch für die schwarz-gelbe Koalition reichen und diese wieder die Regierung stellen würde. Neben den (zu) optimistischen Erwartungen bezüglich der FDP ist bemerkenswert, dass die Wähler ganz offensichtlich auch die ausgesendeten Koalitionssignale der Parteien in ihre Erwartungsbildung über mögliche Koalitionen einbezogen. Obwohl die veröffentlichten Umfragezahlen darauf hindeuteten, dass Schwarz-Grün oder auch Rot-Rot-Grün eine rechnerische Mehrheit im Bundestag erreichen könnten, erwarteten nur sehr wenige Wähler die Bildung dieser Koalitionen. Im Aggregat bildeten die Wähler also durchaus plausible Erwartungen über die Wahrscheinlichkeit bestimmter Regierungskoalitionen, indem sie sowohl Umfragezahlen (nur sieben Prozent erwarteten Rot-Grün) als auch die ausgesendeten Koalitionssignale (nur fünf Prozent erwarteten Rot-Rot-Grün) einbezogen.

Die einfache Analyse der Auswirkungen von Koalitionspräferenzen auf das Wahlverhalten bei der Bundestagswahl hat gezeigt, dass Wähler Koalitionen sehr wohl in ihr Entscheidungskalkül einbeziehen – auch völlig unabhängig von den jeweiligen Erwartungen. Die zum Teil sehr starken Effekte der Koalitionsbewertungen in Tabelle 3 machen deutlich, dass Koalitionspräferenzen auch bei Kontrolle der Parteibindungen einen bedeutsamen Einfluss auf das Wahlverhalten ausüben können. Offensichtlich wollen viele Wähler mit ihrer Stimmabgabe auch eine Präferenz für eine bestimmte Koalition ausdrücken. Ein möglicher Grund für diese vergleichsweise starken Effekte der Koalitionsbewertungen könnte im deutschen Zweistimmen-System liegen, das es den Wählern scheinbar einfach macht, für eine Koalition zu stimmen, indem es die Möglichkeit bietet, die beiden Stimmen zwischen den Partnern einer bevorzugten Koalition aufzuteilen. Dass am Ende nur die Zweitstimme über die Sitzverteilung im Bundestag bestimmt, wissen manche Wähler nicht und anderen könnte es egal sein.

Theoretisch ist ein rein expressives Koalitionswählen, bei dem Wähler sich einfach von ihren Koalitionspräferenzen leiten lassen, von strategischem Leihstimmen-Wählen zu trennen, bei dem die Erwartungen über die Chancen des kleineren Koalitionspartners eine entscheidende Rolle spielen. Die Ausgangslage vor der Bundestagswahl 2013 war so, dass sich ein solches Leihstimmen-Wählen vor allem bei den Anhängern einer schwarz-gelben Koalition hätte finden sollen. Im Unterschied etwa zur Bundestagswahl 2009 musste die FDP dieses Mal wirklich um den Einzug ins Parlament zittern. Die Analysen haben ein solches Leihstimmen-Kalkül für einige Anhänger von Union und FDP gezeigt, die eher die FDP statt der Union wählten, wenn sie die schwarz-gelbe Koalition sehr positiv bewerteten. Der These des Leihstimmen-Wählens entsprechend war dies allerdings auf diejenigen Wähler beschränkt, die sich nicht sicher waren, ob der FDP der Einzug ins Parlament gelingen würde. Da sich aber viele Wähler sehr sicher waren, dass die FDP den Einzug erreichen würde, war der Effekt insgesamt betrachtet sehr gering. Nach diesen Ergebnissen zu urteilen, hätte die FDP also stärker von Leihstimmen-Wählen profitieren können, wenn die Wähler weniger optimistische Erwartungen über ihr Abschneiden gehabt hätten.

Literatur

Blais, André/Aldrich, John H./Indridason, Indridi H./Levine, Renan 2006: Do Voters Vote for Government Coalitions? Testing Downs' Pessimistic Conclusion, in: Party Politics 12, 691-705.

Bytzek, Evelyn/Huber, Sascha 2011: Koalitionen und strategisches Wählen, in: Rattinger, Hans/Roßteutscher, Sigrid/Schmitt-Beck, Rüdiger/Weßels, Bernhard et al., Zwischen Langeweile und Extremen: Die Bundestagswahl 2009, Baden-Baden: Nomos, 247-264.

Golder, Sona N. 2005: Pre-electoral Coalitions in Comparative Perspective: A Test of Existing Hypotheses, in: Electoral Studies 24, 643-663.

Gschwend, Thomas 2007: Ticket-Splitting and Strategic Voting under Mixed Electoral Rules: Evidence from Germany, in: European Journal of Political Research 46, 1-23.

Hermann, Michael/Pappi, Franz U. 2008: Strategic Voting in German Constituencies, in: Electoral Studies 27, 228-244.

Huber, Sascha 2014: Coalitions and Voting Behavior in a Differentiating Party System, in: Weßels, Bernhard/Rattinger, Hans/Roßteutscher, Sigrid/Schmitt-Beck, Rüdiger, Hg., Voters on the Move or on the Run? Oxford: Oxford University Press: 65-87.

Huber, Sascha/Gschwend, Thomas/Meffert, Michael/Pappi, Franz U. 2009: Erwartungsbildung über den Wahlausgang und ihr Einfluss auf die Wahlentscheidung, in: Gabriel, Oscar W./Falter, Jürgen W./Weßels, Bernhard, Hg., Wahlen und Wähler. Analysen aus Anlass der Bundestagswahl 2005, Wiesbaden: VS Verlag, 562-584.

Linhart, Eric/Huber, Sascha 2009: Der rationale Wähler in Mehrparteiensystemen: Theorie und experimentelle Befunde, in: Henning, Christian/Linhart, Eric/Shikano, Susumu, Hg., Parteienwettbewerb. Wählerverhalten und Koalitionsbildung. Festschrift zum 70. Geburtstag von Franz Urban Pappi, Baden-Baden: Nomos, 133-160.

Pappi, Franz U./Thurner, Paul W. 2002: Electoral Behaviour in a Two-Vote System: Incentives for Ticket Splitting in German Bundestag Elections, in: European Journal of Political Research 41, 207-232.

Shikano, Susumu/Herrmann, Michael/Thurner, Paul W. 2009: Strategic Voting under Proportional Representation: Threshold Insurance in German Elections, in: West European Politics.

6.11 Wahlentscheidungen in der Gesamtschau

Sascha Huber

6.11.1 Einleitung

Nachdem die vorigen Unterkapitel jeweils unterschiedliche Faktoren des Wählerverhaltens einzeln untersucht haben, wird nun versucht, die zentralen Bestimmungsgrößen in einer Gesamtschau zu würdigen und miteinander zu vergleichen. In Unterkapitel 6.1 wurde der wahlsoziologische „Kausalitätstrichter" beschrieben, der eine in der Wahlforschung weit verbreitete Heuristik darstellt, um verschiedene Faktoren des Wählerverhaltens zu sortieren (vgl. Miller/Shanks 1996). Eine der zentralen Unterscheidungen bezieht sich dabei darauf, wie lang- oder kurzfristig die Wirkungsweise verschiedener Faktoren ist. Darauf aufbauend wurden in den nachfolgenden Unterkapiteln zunächst einige langfristige Faktoren des Wahlverhaltens betrachtet. Unterkapitel 6.2 befasste sich mit der sozialen Lage der Wähler. Dabei fanden sich klare und systematische Muster im Wählerverhalten unterschiedlicher sozialer Gruppen. Unterkapitel 6.3 untersuchte die langfristigen Bindungen der Wähler an politische Parteien, die sich häufig bereits sehr früh in der politischen Sozialisation herausbilden. Wie erwartet zeigten diese langfristigen Bindungen einen erheblichen Einfluss auf das Wahlverhalten. Unterkapitel 6.4 befasste sich mit der ideologischen Position der Wähler auf einer allgemeinen Links-Rechts-Dimension und fand, dass diese immer noch eine wichtige Orientierungsfunktion für Wähler erfüllt.

Die anschließenden Unterkapitel analysierten verschiedene kurzfristige Einflussfaktoren bei der Bundestagswahl 2013. Dabei zeigten sich bei fast allen untersuchten Faktoren mehr oder weniger deutliche Effekte. Besonders einflussreich bei der Einzelbetrachtung der Faktoren erschienen die retrospektiven Leistungsbewertungen der Wähler (Unterkapitel 6.6), die Einschätzungen der Spitzenkandidaten (Unterkapitel 6.7) und die Koalitionspräferenzen der Wähler (Unterkapitel 6.10). Daneben fand sich auch für einige der untersuchten politischen Streitfragen ein Einfluss auf Wahlentscheidungen der Bürger (Unterkapitel 6.7). Als einflussreicher stellten sich dabei allerdings die Kompetenzzuschreibungen der Wähler bezüglich der Lösung politischer Probleme heraus. Lediglich die Wahrnehmungen der wirtschaftlichen Lage erwiesen sich bei der Einzelbetrachtung als relativ folgenlos (Unterkapitel 6.5). Schließlich untersuchte Unterkapitel 6.9 mit dem TV-Duell ein zentrales Ereignis des Wahlkampfes noch etwas genauer. Dabei deuten die Ergebnisse darauf hin, dass zumindest Peer Steinbrück im TV-Duell einige zusätzliche Wähler für die SPD mobilisieren konnte.

Insgesamt scheint sich damit die theoretische Erwartung aus Unterkapitel 6.1 zu bestätigen, dass lang- und kurzfristige Faktoren bei der Bundestagswahl zusammenwirkten. Unklar ist aber, wie groß der relative Einfluss der verschiedenen Faktoren war und ob sich die Einzeleffekte auch zeigen, wenn gleichzeitig für die anderen Faktoren kontrolliert wird. In diesem Kapitel wird deshalb ein integriertes Modell geschätzt, welches den Großteil der zuvor beschriebenen Erklärungsvariablen enthält.

6.11.2 Ein integriertes Modell zur Erklärung des Wahlverhaltens bei der Bundestagswahl 2013

Das Gesamtmodell in Tabelle 1 versucht, die zentralen Erklärungsfaktoren der vorherigen Kapitel einzubeziehen. Um das Erklärungsmodell nicht zu überlasten, konnten aber nicht alle beschriebenen Variablen verwendet werden. Datengrundlage ist wie in den meisten Kapiteln zuvor die Kumulation der persönlich-mündlichen GLES-Vorwahl- und Nachwahlbefragungen der Wähler. Damit lassen sich fast alle zuvor behandelten Themenblöcke gut abdecken. Lediglich zum TV-Duell wurden in diesen Komponenten keine Fragen gestellt, weshalb dieses hier auch nicht integriert werden kann. Gleichzeitig lassen sich die Auswirkungen von Koalitionsbewertungen nur sinnvoll mit Vorwahldaten überprüfen, da sich diese schnell an wechselnde Begebenheiten nach der Wahl anpassen. Der Einfluss von Koalitionsüberlegungen wird bei der Gesamtbetrachtung der Vorwahl- und Nachwahldaten deshalb zunächst ausgeklammert. In einem zweiten Analyseschritt werden die Modelle aus Tabelle 1 dann noch einmal nur für die Vorwahlbefragten berechnet und um die Koalitionsbewertungen ergänzt.

Die langfristigen Bindungen der Wähler an Parteien im Sinne einer „psychologischen" Parteimitgliedschaft haben auch im Gesamtmodell einen starken Einfluss auf die Wahlentscheidungen. Wähler, die sich grundsätzlich mit einer bestimmten Partei identifizierten, wählten diese auch mit einer signifikant höheren Wahrscheinlichkeit.

Tabelle 1: Die Bedeutung kurz- und langfristiger Faktoren für das Wahlverhalten bei der Bundestagswahl 2013

	CDU/ CSU	SPD	FDP	Grüne	Die Linke	AfD
Parteiidentifikation	+40[c]	+54[c]	+7[c]	+44[c]	+11[c]	-
Links-Rechts	+27[b]	+2	+1	-1	-2[a]	+10[c]
Leistung Bundesregierung	+19	+9	-6[c]	-7	-1	-3
Leistung Partei	+22[a]	+27[c]	+27[c]	+17[c]	+11[c]	-
Leistung Schuldenkrise	+10	+14[a]	0	-4	+1	-5[c]
EWL gegenwärtig	+10	-10	-1	+1	+1	-4[a]
EWL retrospektiv	-10	+9	+1[c]	-2	+1	+1
EWL prospektiv	-4	-12	-1	-1	+1	+5[a]
AWL gegenwärtig	-11	-2	0	-4	-1	+2
AWL retrospektiv	-6	+1	+1	+3	0	-2
AWL prospektiv	-4	-3	0	+2	-2	-1
Präferenz Merkel	+27[c]	-25[c]	+1[a]	-1	-1	0
Präferenz Steinbrück	-15[a]	+7[a]	+1	-1	-1[a]	-1
Skalometer Brüderle	-7	-13[a]	+2[b]	+3	0	0
Skalometer Gysi	+3	-8	-1	-8[c]	+19[c]	0
Skalometer Trittin	-27[c]	-9	-1	+17[c]	-2[b]	-1
Distanz sozioökonomisch	-17[a]	-11[a]	-1	+2	-2[a]	-
Distanz Zuwanderung	+5	-18[b]	+1	+1	-1	-
Distanz Klimaschutz	-6	+24[c]	0	-4	0	-
Unterstützung EU-Länder	+10	-18[c]	-1	+7[b]	0	-3[b]
Nagelkerke R^2	0,75	0,62	0,46	0,56	0,71	0,25
N	2137	2131	1941	2039	1858	2396

Quelle: GLES-Vor- und Nachwahl-Querschnittsbefragung 2013 (ZA5702).
EWL: Eigene wirtschaftliche Lage; AWL: Allgemeine wirtschaftliche Lage.
-. Nicht einbezogen. a: p <0,05; b: p <0,01; c: p <0,001 (siehe Anhang 4).

Bei der Bundestagswahl 2013 traf das besonders stark auf die Wahl der Union, der SPD und der Grünen zu. Bei FDP und Linken war der Effekt vergleichsweise geringer. Im Modell zur AfD-Wahl lässt sich der Einfluss der Parteiidentifikation nicht berechnen. Theoretisch erscheint das Konzept der Parteiidentifikation bei einer extrem jungen Partei wie der AfD ohnehin fragwürdig. Die Partei war ja erst wenige Monate vor dem Wahltermin entstanden. Langfristige Bindungen an die AfD konnten sich also bis zur Bundestagswahl kaum herausgebildet haben. Nichtsdestotrotz gaben einige Wähler der AfD an, eine solche Bindung an diese Partei zu besitzen. Diese Personen stimmten auch ausnahmslos für diese Partei. Das hat zur Folge, dass sich der Effekt der Parteibindung auf die AfD-Wahl aus statistischen Gründen nicht schätzen lässt. Die Parteiidentifikation musste daher bei der Analyse der AfD-Wahl unberücksichtigt bleiben. Die ideologische Selbsteinschätzung der Wähler auf der allgemeinen Links-Rechts-Dimension hatte den zu erwartenden Effekt: Wähler, die sich eher rechts einschätzten (höherer Wert auf der Skala), wählten mit einer signifikant höheren Wahrscheinlichkeit die Union oder die AfD. Wähler, die sich eher links einschätzten (niedriger Wert auf der Skala), wählten eher die Grünen oder die Linke. Die Effekte für diese Parteien waren jedoch deutlich geringer und auch nur für die Linke statistisch bedeutsam.

Die retrospektiven Leistungsbewertungen der jeweiligen Parteien waren neben den Kandidatenbeurteilungen die einflussreichsten Kurzfristfaktoren im Hinblick auf das Wählerverhalten bei der Bundestagswahl 2013. Für jede Partei galt, dass ein mit ihren Leistungen in der vergangenen Legislaturperiode vollständig zufriedener Wähler diese mit sehr viel höherer Wahrscheinlichkeit wählte als ein Wähler, der unzufrieden war. Besonders stark war der Zusammenhang bei SPD und FDP. Insbesondere bei der FDP ist der starke Zusammenhang bemerkenswert – auch vor dem Hintergrund, dass die grundsätzliche Wahrscheinlichkeit, für die FDP zu stimmen, sehr gering war. Vergleicht man ihn mit den anderen Einflussfaktoren der FDP-Wahl ist er mit großem Abstand der bedeutsamste. Interessant ist dabei auch, dass die Leistungen der FDP in der vergangenen Legislaturperiode mehrheitlich als eher schlecht eingeschätzt wurden. Auf einer Skala von -5 bis +5 wurde die FDP im Durchschnitt mit -1,4 bewertet (zum Vergleich: die Union wurde im Durchschnitt mit +0,6 bewertet, die gesamte Bundesregierung mit +0,2). Der starke Effekt der Leistungsbewertung der FDP deutet also darauf hin, dass viele diese Partei deshalb nicht gewählt haben, weil sie mit ihren Leistungen während der Legislaturperiode nicht zufrieden waren. Die wenigen Wähler, die doch zufrieden waren, wählten die FDP dann entsprechend mit sehr viel größerer Wahrscheinlichkeit als die unzufriedenen. Wie beschrieben wurde auch die Gesamtleistung der Bundesregierung insgesamt deutlich besser eingeschätzt als die des kleinen Koalitionspartners. Der Effekt dieser Einschätzung ist nun nicht minder bemerkenswert und zeigt für die beiden Partner in der Regierung, Union und FDP, sehr unterschiedliche Wirkungsrichtungen. Wähler, die der Bundesregierung unter Angela Merkel ein gutes Zeugnis ausstellten, wählten mit höherer Wahrscheinlichkeit die Union, aber mit geringerer Wahrscheinlichkeit die FDP. Wähler, die zufrieden mit Regierung waren, belohnten also ausschließlich den größeren Koalitionspartner. Offensichtlich schrieben diese Wähler die von ihnen wahrgenommenen Erfolge ausschließlich der Union zu.

Neben den allgemeinen Leistungen der einzelnen Parteien und der Bundesregierung insgesamt enthält das Gesamtmodell auch die spezifischen Leistungsbewertungen des Umgangs der Regierung mit der europäischen Schuldenkrise. Wenig erstaunlich war die Wahrscheinlichkeit, die Union zu wählen, höher, wenn Wähler zufrieden mit dem Umgang der Regierung mit der Krise waren. Der Effekt erreichte allerdings keine statistische Signifikanz. Durchaus erstaunlich ist der positive Einfluss auf die Wahl der SPD, die ja nicht Teil der Regierung war. Ein möglicher Grund könnte das Verhalten der SPD während der Krise gewesen sein, da sie bei allen europapolitischen Entscheidungen und Hilfspaketen die Regierung im Bundestag unterstützt hatte. Auffällig ist daneben der negative Einfluss auf die Wahl der AfD. Wähler, die die Leistung der Regierung beim Umgang mit der Schuldenkrise kritisch sahen, wählten mit signifikant größerer Wahrscheinlichkeit die AfD. Vor dem Hintergrund, dass sich diese Partei gerade aus Protest gegenüber der Europapolitik der Regierung gegründet hat, ist das wenig verwunderlich. Die Einschätzungen der allgemeinen und persönlichen Wirtschaftslage erweisen sich im Gesamtmodell ebenso wie in der Einzelbetrachtung in Unterkapitel 6.5 als vergleichsweise bedeutungslos. Wähler, welche die wirtschaftliche Lage oder die wirtschaftliche Entwicklung in den vergangenen Jahren positiv bewerteten, stimmten nicht häufiger für die Regierungsparteien. Offensichtlich nutzten die Wähler bei der Wahl ihre Einschätzungen der wirtschaftlichen Lage nicht als einfache Daumenregel, um die Regierung zu bestrafen oder zu belohnen. Lediglich für die AfD zeigt sich ein entsprechender Effekt: Wer die eigenen wirtschaftliche Lage schlecht einschätzte, stimmte mit höherer Wahrscheinlichkeit für die AfD. Nicht ins Bild passt dagegen der umgekehrte Effekt bei der Erwartung der zukünftigen eigenen wirtschaftlichen Situation: Hier stimmten die Wähler umso eher für die AfD, je positiver sie ihre zukünftige Situation einschätzten.

Die Einschätzungen der Spitzenkandidaten hatten durchgängig starke und bedeutsame Effekte auf das Wahlverhalten bei der Bundestagswahl 2013. Die Parteien wurden jeweils mit höherer Wahrscheinlichkeit gewählt, wenn ihr eigener Spitzenkandidat positiv bewertet wurde. Bemerkenswert ist dabei vor allem der große Einfluss der Kanzlerpräferenz für Angela Merkel.

Wer sich Angela Merkel als Kanzlerin wünschte, wählte mit einer um 27 Prozentpunkte höheren Wahrscheinlichkeit die Union als jemand, der weder Merkel noch Steinbrück bevorzugte – unter Kontrolle aller anderen untersuchten Faktoren. Vergleicht man dieses Ergebnis mit der sehr ähnlichen Analyse zur Bundestagswahl 2009, die im Vorläuferband vorgelegt wurde (Blumenstiel/Rattinger 2011), zeigt sich, dass der Effekt von Merkel deutlich angestiegen ist. 2009 erhöhte sich die Wahrscheinlichkeit der Union-Wahl lediglich um acht Prozentpunkte, wenn Angela Merkel als Kanzlerin bevorzugt wurde. Bei den kleinen Parteien fällt insbesondere der große Einfluss der Bewertung von Gregor Gysi auf die Wahl der Linken auf. Jemand, der Gregor Gysi maximal positiv bewertete, hatte eine um 19 Prozentpunkte höhere Wahrscheinlichkeit, die Linke zu wählen, als jemand, der ihn extrem negativ bewertete. Im Vergleich dazu hatte beispielsweise die Bewertung von Rainer Brüderle nur einen sehr geringen Einfluss auf die Wahl der FDP. Neben den positiven Effekten der Bewertungen der Kandidaten auf ihre jeweilige Partei zeigten sich auch negative Effekte auf die Wahl anderer Parteien. Besonders ausgeprägt war das wiederum bei der Kanzlerpräferenz für Angela Merkel. Wer sich eine Fortsetzung der Kanzlerschaft der Amtsinhaberin wünschte, wählte die SPD mit einer sehr viel geringeren Wahrscheinlichkeit. Dieser negative Effekt in Bezug auf Merkel war dabei sogar noch größer als der positive Effekt einer Kanzlerpräferenz für Steinbrück auf die Wahl der SPD. Auch bei den kleinen Parteien zeigten sich solche negativen Einflüsse. So hatte eine positive Bewertung von Jürgen Trittin sowohl bei der Union als auch bei der Linken einen signifikant negativen Effekt. Umgekehrt wählten Befragte, die Gregor Gysi positiv bewerteten, mit einer geringeren Wahrscheinlichkeit die Grünen.

Die politischen Sachfragen hatten insgesamt nur einen verhältnismäßig geringen Einfluss. Im Gesamtmodell wird die wahrgenommenen Distanz bei drei politischen Streitfragen untersucht: der sozioökomischen Abwägung zwischen mehr Steuern und einer Reduzierung von Staatsausgaben, der Frage nach der Zuwanderung von Ausländern nach Deutschland und der Abwägung zwischen dem Kampf gegen den Klimawandel und wirtschaftlichem Wachstum. Der vergleichsweise größte Effekt ging von der sozioökonomischen Sachfrage aus. Die wahrgenommene Distanz hatte sowohl bei der Wahl der Union als auch bei der Wahl der SPD den erwarteten Effekt: Je geringer die Distanz zu der Position der Partei wahrgenommen wurde, desto eher wurde diese gewählt. Da das Steuerthema im Wahlkampf sehr prominent besprochen wurde und Union und SPD dabei auch klar voneinander unterscheidbare Positionen einnahmen, erscheint dieser Effekt sehr nachvollziehbar. Offensichtlich hat der Wahlkampf dazu geführt, dass die Wähler Positionsunterschiede zwischen Union und SPD bei dieser Frage deutlich wahrgenommen haben. Zumindest einige Wähler haben dies dann auch in ihre Wahlentscheidungen einbezogen. Die anderen Sachfragen hatten dagegen nur einen geringen Einfluss. Die wahrgenommene Distanz bei der Frage der Zuwanderung von Ausländern hatte nur bei der Wahl der SPD einen statistisch bedeutsamen Einfluss. Bezüglich der wahrgenommenen Distanz beim Klimaschutz findet sich für keine Partei der erwartete Effekt. Lediglich bei der Wahl der SPD wird derselbe unplausible positive Zusammenhang erkennbar, der auch bei der Einzelbetrachtung in Kapitel 6.7 zutage trat: Wähler, die eine größere Distanz bei der Frage des Klimaschutzes zwischen ihrer eigenen Positionen und der Position der SPD wahrnahmen, wählten diese mit höherer Wahrscheinlichkeit und nicht, wie es theoretisch plausibel wäre, mit geringerer Wahrscheinlichkeit. Erstaunlich ist auf jeden Fall auch, dass die Frage des Klimaschutzes keinen stärkeren Effekt auf die Wahl der Grünen ausgeübt hat. Offensichtlich konnten die Grünen im Wahlkampf mit einem ihrer Kernthemen kaum an die Wähler durchdringen. Das Thema spielte für die Wahlentscheidungen der Bürger jedenfalls so gut wie keine Rolle.

Neben den Distanzmaßen zu den wahrgenommenen Positionen der Parteien wurde im Gesamtmodell auch die Position der Befragten zu einer möglichen weiteren finanziellen Unterstützung von europäischen Krisenstaaten untersucht. Dabei zeigt sich zunächst, dass Wähler, die für eine Unterstützung europäischer Krisenstaaten waren, mit einer signifikant höheren Wahrscheinlichkeit die Grünen wählten. Interessanterweise zeigt sich für die Wahl der SPD der umgekehrte Effekt: Je stärker die Befragten eine weitere Unterstützung der Krisenstaaten befürworteten, desto geringer war die Wahrscheinlichkeit der SPD-Wahl. Betrachtet man diese beiden Effekte zusammen, scheint die Sachfrage also vor allem zwischen SPD- und Grünen-Wahl differenziert zu haben: Wer mehr europäische Solidarität in der Schuldenkrise befürwortete, stimmte – unabhängig von allen anderen Erklärungsfaktoren – eher für die Grünen als für die SPD. Wenig überraschend hatte diese Sachfrage auch bei der Wahl der AfD einen signifikanten Einfluss. Die Wahrscheinlichkeit einer AfD-Wahl verringerte sich bei Wählern, die Krisenstaaten stärker unterstützen wollten.

Ein letzter Block von Einflussfaktoren, die Koalitionswünsche der Wähler, konnte in Tabelle 1 nicht beschrieben werden, da diese nur sinnvoll in einer Vorwahluntersuchung erhoben werden können. Das soll im Folgenden nachgeholt werden. Um den Einfluss von Koalitionsbewertungen auch vor dem Hintergrund der anderen im Gesamtmodell enthaltenen Variablen zu überprüfen, wurden gesonderte Modelle nur mit den Vorwahldaten geschätzt. Hierzu wurden alle in Tabelle 1 untersuchten Faktoren berücksichtigt und zusätzlich die Bewertungen der vier am häufigsten diskutierten Koalitionsoptionen einbezogen: die Bewertung von Schwarz-Gelb, großer Koalition, Rot-Grün und Rot-Rot-Grün. Insgesamt zeigen die Analysen (tabellarisch hier nicht ausgewiesen) einen vergleichsweise großen Einfluss von Koalitionsbewertungen. Die Wahl der Union wurde – unter Kontrolle aller bereits diskutierten Faktoren – signifikant wahrscheinlicher, wenn sich Wähler Schwarz-Gelb oder eine Große Koalition wünschten, aber deutlich unwahrscheinlicher, wenn sie sich eine rot-rot-grüne Koalition wünschten. Die Wahl der SPD wurde noch stärker von Koalitionsbewertungen beeinflusst: Wähler mit einer Präferenz für eine große Koalition stimmten signifikant häufiger für die SPD. Das gleiche galt für Wähler mit einer Präferenz für Rot-Grün. Umgekehrt hatte auch die Bewertung von Schwarz-Gelb einen signifikanten Einfluss: je negativer diese Kombination bewertet wurde, desto eher stimmten die Wähler für die SPD. Bei allen drei Koalitionsbewertungen waren die Unterschiede in den vorhergesagten Wahrscheinlichkeiten der SPD-Wahl mit 20 Prozentpunkten sehr substantiell. Bei der Wahl der FDP zeigen zwei Koalitionsbewertungen einen signifikanten Effekt: Eine positive Bewertung von Schwarz-Gelb erhöhte die Wahrscheinlichkeit der FDP-Wahl und eine positive Bewertung der Großen Koalition verringerte sie deutlich. Bei der Grünen-Wahl hatte ausschließlich die Bewertung von Rot-Grün einen positiven Effekt. Dieser war aber sehr substantiell. Wer Rot-Grün maximal positiv bewertete, hatte eine um 13 Prozentpunkte höhere Wahrscheinlichkeit, die Grünen zu wählen. Die Wahl der Linken wurde schließlich von zwei Koalitionsbewertungen signifikant beeinflusst. Wer Rot-Rot-Grün positiv bewertete, wählte eher die Linke. Wer dagegen Rot-Grün positiv bewertete, unterstützte die Linke eher nicht an der Urne. Die Analyse des Einflusses der Koalitionsbewertungen auf das Wahlverhalten im Gesamtmodell bestätigt also weitgehend die Einzelbetrachtung in Kapitel 6.10: Die Koalitionspräferenzen der Wähler spielen im deutschen Mehrparteiensystem eine nicht zu vernachlässigende Rolle – auch bei Kontrolle und damit unabhängig von einer Vielzahl anderer Bestimmungsgrößen des Wahlverhaltens.

6.11.3 Die Erklärungskraft verschiedener Einflussfaktoren im Vergleich

In der bisherigen Analyse wurden die einzelnen Faktoren – unter Kontrolle der jeweils anderen Faktoren – getrennt voneinander untersucht. Die Darstellung der Effekte in Form von Wahrscheinlichkeitsänderungen für einzelne unabhängige Variablen veranschaulichte dabei die Richtung und Stärke der gefundenen Zusammenhänge. Daraus wird aber nicht unbedingt ersichtlich, welchen Beitrag die in den Teilkapiteln untersuchten Themenkomplexe insgesamt zur Erklärung der Wahlentscheidung leisten. Um darauf einen Hinweis zu bekommen, wurde die Modellgüte von einzelnen Teilmodellen berechnet (siehe Tabelle 2). In einem ersten Schritt wurde hierzu nur die Parteiidentifikation berücksichtigt. Im nächsten Schritt wurden dann jeweils zusätzliche Variablen aus den verschiedenen Blöcken von Erklärungsfaktoren hinzugenommen und die jeweilige Veränderung der Erklärungskraft berechnet. Je größer diese Veränderung ist, desto größer war die zusätzliche Erklärungskraft der verschiedenen Faktoren bei der Bundestagswahl 2013. Um eine einheitliche Betrachtung zu ermöglichen, wurde in Tabelle 2 nur die Wahl der Union, der SPD, der Grünen, der Linken und der FDP berücksichtigt, da nur für diese alle Variablen zur Verfügung standen.

Tabelle 2: Vergleich der Erklärungsleistungen der Teilmodelle

	CDU/ CSU	SPD	FDP	Grüne	Die Linke
Parteiidentifikation (P.Ident)	0,61	0,52	0,19	0,41	0,49
Δ P.Ident + Links-Rechts	0,03	0,01	0,03	0,02	0,04
Δ P.Ident + Leistungen	0,06	0,02	0,16	0,09	0,11
Δ P.Ident + Wirtschaft	0,01	0,01	0,02	0,01	0,03
Δ P.Ident + Kandidaten	0,11	0,07	0,11	0,11	0,14
Δ P.Ident + Sachfragen	0,03	0,02	0,05	0,04	0,03
Δ P.Ident + Koalitionen	0,10	0,06	0,12	0,08	0,07

Quelle: GLES-Vor- und Nachwahl-Querschnittsbefragung 2013 (ZA5702).
Angegeben sind Werte für Nagelkerke R^2.
Δ gibt die Veränderung der Erklärungsleistung an, wenn der jeweilige Erklärungsblock zum Basismodell mit der Parteiidentifikation hinzugenommen wird. Die Angaben für Koalitionen beziehen sich auf Berechnungen mit den Vorwahldaten.

In der ersten Zeile von Tabelle 2 wird ersichtlich, dass die Parteiidentifikation alleine bereits eine sehr große Erklärungsleistung entfaltete. Lediglich die Wahl der FDP ließ sich mit der Parteiidentifikation nur mäßig erklären. In den folgenden Zeilen von Tabelle 2 wird nun die über die Parteiidentifikation hinausgehende zusätzliche Erklärungskraft der einzelnen Themenblöcke ersichtlich. Wenn die Links-Rechts-Position der Wähler einbezogen wird, erhöht sich die Erklärungskraft insgesamt nur leicht. Erwartungsgemäß zeigen sich die größten zusätzlichen Effekte bei den polaren Parteien auf der Links-Rechts-Dimension: CDU/CSU und Linke. Berücksichtigt man neben der Parteiidentifikation die verschiedenen Leistungsbewertungen der Wähler, steigert sich die Erklärungsleistung bei fast allen Parteien sehr deutlich. Besonders stark war der Beitrag der Leistungsbewertungen bei der Wahl der FDP. Leistungsbewertungen waren für die FDP auch der im Vergleich einflussreichste Themenkomplex. Die verschiedenen Wahrnehmungen der wirtschaftlichen Lage steigerten die Erklärungsleistungen der einzelnen Wahlmodelle dagegen so gut wie gar nicht. Einen vergleichsweise großen Einfluss hatten die Kandidatenbewertungen. Die Erklärungskraft steigerte sich bei allen Parteien sehr deutlich, wenn die Kandidatenbewertungen berücksichtigt wurden. Bei Union und Linke entfalteten die Kandidatenbewertungen jeweils die im Vergleich zu den anderen Themenkomplexen größte zusätzliche Erklärungskraft. Auch die Positionierung der Wähler bei politischen Streitfragen steigerte die Erklärungsleistung im Vergleich zum Ausgangsmodell, das nur die Parteiidentifikation enthält. Der zusätzliche Beitrag der abgefragten Sachfragen war allerdings vergleichsweise gering. Die Koalitionsbewertungen hatten dagegen einen deutlich stärkeren zusätzlichen Effekt. Bei allen fünf Parteien zeigt sich ein substantieller Anstieg der Erklärungsleistung, wenn man die Koalitionsbewertungen der Wähler einbezieht.

6.11.4 Fazit

Die beschriebenen Ergebnisse zeigen, dass das Wahlverhalten bei der Bundestagswahl 2013 stark von Langfristfaktoren geprägt wurde. Die Gesamtschau belegt im direkten Vergleich der Einflussfaktoren, dass die Wahlentscheidungen insgesamt weniger von kurzfristigen Faktoren beeinflusst waren als von der längerfristigen Identifikation der Wähler mit einer Partei. Die Parteien konnten viele ihrer Anhänger mobilisieren, und nicht wenige Wähler entschieden sich schlicht für die Partei, mit der sie sich längerfristig verbunden fühlten. Trotzdem waren Kurzfristfaktoren keineswegs bedeutungslos. Auch die konkreten Umstände der Bundestagswahl 2013 prägten das Wahlverhalten. Die hier vorgestellte umfassende Analyse deutet darauf hin, dass sich vor allem zwei der untersuchten Kurzfristfaktoren auf Wahlentscheidungen auswirkten: die Leistungsbewertungen für die Bundesregierung und die einzelnen Parteien auf der einen Seite und die Einschätzungen der Spitzenkandidaten auf der anderen Seite. Beide Faktoren hatten einen sehr ausgeprägten Einfluss auf das Wahlverhalten. Daneben waren auch die Bewertungen verschiedener Koalitionsoptionen eine wichtige kurzfristige Einflussgröße. Offensichtlich nutzten Wähler bei der Bundestagswahl 2013 nicht nur ihre Beurteilungen von Parteien und Kandidaten, sondern auch ihre Einschätzungen verschiedener Koalitionsalternativen, um ihre Wahlentscheidung zu treffen. Nicht sonderlich wichtig waren trotz Eurokrise die Einschätzungen der wirtschaftlichen Lage. Von aktuellen politischen Streitfragen gingen in dem beschriebenen Gesamtmodell nur vereinzelte Effekte aus. Am einflussreichsten erwies sich dabei die Steuerfrage für die Wahl von Union und SPD.

Die hier präsentierten Ergebnisse geben einen Hinweis auf die Wichtigkeit verschiedener Faktoren bei der Bundestagswahl. Bei der Interpretation darf allerdings nicht übersehen werden, dass sich kausale Wechselbeziehungen zwischen verschiedenen Erklärungsfaktoren in einfachen Regressionsmodellen von Umfragedaten mit nur einer Erhebungswelle nicht abbilden lassen. In der Realität werden die untersuchten Faktoren aber nicht nur jeweils direkte Effekte auf das Wahlverhalten ausüben, sondern sich auch gegenseitig beeinflussen. So kann zum Beispiel die Parteiidentifikation als Wahrnehmungsfilter dienen, der auch die Einschätzungen von Kandidaten oder die Leistungsbewertungen von Regierungen beeinflusst. Umgekehrt kann aber auch nicht völlig ausgeschlossen werden, dass Parteibindungen ihrerseits von kurzfristigen Faktoren beeinflusst werden. Wer sehr unzufrieden mit der Leistung seiner Partei während der Legislaturperiode war oder sich über die von der Partei bezogenen Positionen bei aktuellen politischen Streitfragen ärgerte, fühlte sich am Ende möglicherweise auch nicht mehr so stark mit dieser Partei verbunden oder gab in Umfragen zumindest nicht mehr an, sich mit ihr zu identifizieren. Gleichzeitig ist auch nicht auszuschließen, dass sich kurzfristige Faktoren gegenseitig beeinflussen. So könnten beispielsweise Wähler, die Bundeskanzlerin Merkel sehr sympathisch fanden, auch deshalb die Leistung der Regierung besser bewertetet haben. Das in Tabelle 1 ausgewiesene umfassende Analysemodell kontrolliert diese Wechselbeziehungen mit statistischen Mitteln und bringt für jeden Erklärungsfaktor nur den Einfluss zum Ausdruck, den dieser eigenständig und unabhängig von den jeweils anderen Faktoren auf das Wahlverhalten ausübt. Eine Analyse der Wechselbeziehungen zwischen den einzelnen Faktoren kann diese Analyse jedoch nicht ersetzen. Die berichteten Zahlen zeigen zwar in statistisch fundierter Weise die Wichtigkeit verschiedener Einflussfaktoren bei der Bundestagswahl auf, lassen aber keine Rückschlüsse auf die hinter den Wahlentscheidungen stehenden Prozesse der individuellen Meinungs- und Entscheidungsbildung der Wähler zu. Im folgenden Unterkapitel 6.12 wird deshalb mit Hilfe der Analyse einer Serie von Wiederholungsbefragungen versucht, unterschiedliche Arten der Entscheidungsbildung der Wähler während des Bundestagswahlkampfes 2013 etwas genauer nachzuzeichnen.

Literatur

Blumenstiel, Jan Eric/Rattinger, Hans 2011. Das Modell der Wählerentscheidung in der Gesamtschau, in: Rattinger, Hans/Rossteutscher, Sigrid/Schmitt-Beck, Rüdiger/Weßels, Bernhard et al., Zwischen Langeweile und Extremen: Die Bundestagswahl 2009, Baden-Baden: Nomos, 237-245.

Miller, Warren E./Shanks, J. Merrill 1996: The New American Voter, Cambridge/Mass.: Harvard University Press.

6.12 Entscheidungsprozesse von Wählern

Elena Wiegand und Hans Rattinger

6.12.1 Einleitung

Wahlentscheidungen werden aus den verschiedensten Gründen getroffen. Fragt man Wähler direkt nach den Motiven ihrer Wahl, geben manche an, sich aus dem Bauch heraus entschieden zu haben, andere wollten mit ihrer Wahl beeinflussen, wer Bundeskanzler wird, und wieder andere wählten die Partei, die sie schon immer gewählt haben. Die Vielzahl von weiteren denkbaren Wahlgründen macht deutlich, dass es keinen einheitlichen Entscheidungsprozess für alle Wähler geben kann. Der genaue Ablauf der Entscheidungsfindung ist noch nicht vollständig erforscht worden. Das vorliegende Unterkapitel möchte daher die vielfältigen Entscheidungsprozesse beleuchten, die letztendlich Millionen von Bürgern zu einer Wahlentscheidung führen. Die vorangegangenen Kapitel haben Indizien geliefert, auf welcher Grundlage eine Wahlentscheidung getroffen wird: Eine emotionale Bindung an eine Partei, die Bewertung der Spitzenkandidaten oder auch Einschätzungen der Parteileistung können dazu beitragen zu erklären, *warum* jemand eine bestimmte Partei gewählt hat. Die genauen Entscheidungsabläufe konnten in diesen Beiträgen jedoch nicht berücksichtigt werden, da sie immer nur auf dem zu einem bestimmten Zeitpunkt angegebenen Wahlverhalten beruhen.

Um Entscheidungsprozesse von Wählern untersuchen zu können, wird Datenmaterial benötigt, das Informationen über dieselben Personen zu mehreren Zeitpunkten enthält. Solches stellt für dieses Unterkapitel das GLES-Wahlkampfpanel zur Bundestagswahl 2013 zur Verfügung. Dabei handelt es sich um eine Wiederholungsbefragung, die zwischen dem 20. Juni und dem 4. Oktober 2013 durchgeführt wurde. Innerhalb dieses Zeitraums wurden dieselben Personen sechs Mal vor der Wahl und einmal nach der Bundestagswahl eingeladen, an einer Befragung zu ihren politischen Einstellungen und ihrem Wahlverhalten teilzunehmen. Insgesamt beteiligten sich 4.423 Wahlberechtigte an mindestens vier Befragungen und 3.487 Personen an allen sieben Befragungen. Mit diesen Daten können individuelle Veränderungen von politischen Einstellungen und somit auch Entscheidungsprozesse der Wähler untersucht werden. Um die unterschiedlichen Entscheidungsprozesse zu analysieren, werden in dem vorliegenden Unterkapitel zuerst verschiedene Typen von Wählerentscheidungen charakterisiert. Es folgt eine genauere Betrachtung der Entscheidungssituationen der Wähler und der Veränderungen wahlrelevanter Einstellungen während des Wahlkampfes, welche als wesentliche Bestandteile des Entscheidungsprozesses zu sehen sind.

6.12.2 Entscheidungstypen bei der Bundestagswahl 2013

Anlässlich der amerikanischen Präsidentschaftswahl von 1940 widmete sich eine Forschergruppe erstmals dem Prozess der Entscheidungsfindung von Wählern. Paul F. Lazarsfeld und seine Kollegen (1944) wollten herausfinden, wie stark sich Wahlkämpfe und die währenddessen stattfindende Kommunikation auf die Wahlentscheidung auswirken. Dafür befragten sie mehrmals dieselben Bürger des Bezirks Erie im US-Bundesstaat Ohio. Die Forscher fanden (für sie damals überraschend) heraus, dass ein großer Teil der Befragten bereits vor Beginn des Wahlkampfes eine Wahlentscheidung getroffen hatte. Knapp die Hälfte der Befragten hatte bereits fünf Monate vor der Wahl eine Entscheidung gefällt, welcher Partei sie Ihre Stimme geben wollen. Nur wenige Befragte waren sich bis kurz vor der Wahl nicht sicher, wen sie wählen wollten, oder revidierten die einst getroffene Wahlentscheidung noch einmal. Weitere Untersuchungen unterstützten den Befund, dass nur ein geringer Teil der Wähler ihre Wahlentscheidung während des Wahlkampfes trifft (siehe z.B. Berelson et al. 1954; Campbell et al. 1960; Plischke 2014).

Auf der Grundlage der wiederholten Angaben der Befragten zu ihrem Wahlverhalten entwickelte die Forschergruppe um Lazarsfeld eine Typologie, welche die Wähler je nach dem Verlauf ihres Entscheidungsprozesses in vier Gruppen unterteilte. Die erste Gruppe bestand aus Personen, die während des gesamten Untersuchungszeitraums ein und dieselbe Partei wählen wollten und diese stabile Wahlabsicht auch an der Wahlurne umsetzten. Dieser erste Entscheidungstyp kann als „Parteianhänger“ oder „stabiler Parteiwähler“ bezeichnet werden. Eine zweite Gruppe von Befragten nannten Lazarsfeld und Kollegen (1944: 65) „Kristallisierer“, weil sich deren Wahlentscheidung erst im Laufe der Untersuchung herausbildete. Diese Personen wussten zu Beginn des Wahlkampfes nicht, ob sie überhaupt wählen gehen würden, oder waren unentschlossen, wen sie wählen wollten. Erst im Laufe der Zeit entschieden sie sich dann für eine Partei. Der dritte Entscheidungstyp, der „Schwankende“, zeichnete sich dadurch aus, dass anfangs zwar eine Wahlabsicht geäußert, von dieser jedoch im Verlauf des Wahlkampfes abgerückt, letztendlich aber doch wieder die schon zu Beginn genannte Partei gewählt wurde (Lazarsfeld et al. 1969: 102). Der letzte Entscheidungstyp verändert seine Wahlentscheidung während der Wahlkampfzeit und wählt eine andere Partei als anfangs angegeben, weswegen er auch „Parteiwechsler" genannt wird.

Diese von Lazarsfeld entwickelte Typologie kann auch auf die deutschen Wähler angewendet werden. Dazu wurden die wiederholten Angaben der Befragten ausgewertet, die sie in der GLES-Wahlkampfstudie zu ihrem Wahlverhalten machten. Tabelle 1 zeigt für jeden Entscheidungstyp einen beispielhaften Entscheidungsverlauf. In den einzelnen Spalten sind fiktive Wahlentscheidungen zu den entsprechenden Befragungszeitpunkten eingetragen, wobei im August zwei und im September drei Befragungen stattfanden. Während bei der letzten Befragung nach dem tatsächlichen Wahlverhalten gefragt wurde, handelt es sich sonst immer um die aktuelle Wahlabsicht. In dem ersten fiktiven Entscheidungsverlauf gab der stabile Parteiwähler in allen sieben Interviews an, die CDU wählen zu wollen bzw. dies am Wahltag auch getan zu haben. Ein Kristallisierer entschied sich im Verlauf des Wahlkampfes zum Beispiel für die SPD. Ein Schwankender wollte möglicherweise im Juni die Linke wählen, entschied sich zwischenzeitlich um und gab der Linken am Wahltag aber doch die Stimme. Schließlich wechselte der beispielhafte Parteiwechsler im Bundestagswahlkampf 2013 von der FDP zu CDU, wobei zwischenzeitlich verschiedene Parteialternativen in Frage kamen.

Tabelle 1: Beispiele für die Wahlentscheidungstypen in Deutschland

Entscheidungstyp	Juni	Juli	Aug. I	Aug. II	Sept. I	Sept. II	Sept. III
Stabiler Parteiwähler	CDU	CDU	CDU	CDU	CDU	CDU	CDU
Kristallisierer	Unent.	Unent.	Unent.	SPD	SPD	SPD	SPD
Schwankender	Linke	Linke	Grüne	Unent.	SPD	Linke	Linke
Parteiwechsler	FDP	Unent.	SPD	CDU	Grüne	FDP	CDU

Unent.: (noch) unentschlossen.

Betrachtet man nun die tatsächliche Verteilung dieser verschiedenen Entscheidungstypen in der Wahlkampfstudie, fällt auf, dass ungefähr 42 Prozent der Teilnehmer bei jeder Befragung dieselbe Partei nannten (siehe Abbildung 1). Etwa zwölf Prozent der Befragten waren sich zu Beginn der Untersuchung noch unsicher, wen sie wählen sollten, und entwickelten erst im Wahlkampfverlauf eine Wahlentscheidung. Knapp 23 Prozent zogen ihre anfangs geäußerte Parteiwahl noch einmal in Zweifel, wobei sie dieser Partei am Ende dann doch an der Wahlurne ihre Stimme gaben. Weitere 23 Prozent änderten ihre zuerst genannte Wahlentscheidung endgültig.

Schaut man sich die Verteilung der Entscheidungstypen getrennt nach der Wählerschaft der sechs stärksten Parteien an, lassen sich einige Unterschiede feststellen. So zeigt sich, dass knapp die Hälfte der Unionswähler, der Wähler der SPD und der Grünen während des gesamten Wahlkampfes sicher waren, die entsprechende Partei wählen zu wollen, und dies am Wahltag auch umsetzten. Nur jeweils ein Drittel der Wähler der FDP, der Linken und der AfD waren sich ihrer Sache genauso sicher und können als stabile Parteiwähler bezeichnet werden. Ein größerer Teil der Wähler dieser Parteien (34 bis 38 Prozent) änderte die Wahlentscheidung jedoch im Verlauf des Wahlkampfes. Hingegen veränderten nur 16 Prozent der endgültigen Unionswähler ihre Wahlentscheidung.

Betrachtet man die Gruppen der Kristallisierer und Schwankenden, fallen bei den vier stärksten Parteien keine großen Unterschiede auf. Zwischen 22 und 25 Prozent der Wählerschaft der im Bundestag vertretenen Parteien zogen ihre zu Wahlkampfbeginn genannte Wahlentscheidung noch einmal in Zweifel, kehrten letzten Endes aber doch wieder zu „ihrer“ Partei zurück. Unter den AfD-Wählern waren dies nur 14 und bei den FDP-Wählern 19 Prozent. Ein Fünftel der Wahlentscheidungen für die AfD kristallisierte sich erst während des Wahlkampfes heraus. Dies zeigt, dass ehemals unentschlossene Bürger oder Nichtwähler von der Partei Alternative für Deutschland angezogen wurden. Demgegenüber entwickelten nur elf bis 13 Prozent der Wähler der anderen Parteien ihre Wahlentscheidung während des Wahlkampfes. Insgesamt zeigen sich also nur relativ kleine Unterschiede zwischen den Parteien: Die Wähler der Linken, der FDP und der AfD scheinen im Bundestagswahlkampf 2013 etwas wechselfreudiger gewesen zu sein als die Wähler der CDU/CSU, der SPD und der Grünen.

Nun stellt sich die Frage, durch welche Eigenschaften die verschiedenen Entscheidungstypen charakterisiert werden können. Betrachtet man die sozialstrukturelle Zusammensetzung der verschiedenen Typen, fallen keinerlei Unterschiede nach Bildung oder Geschlecht auf. Auch das Alter hilft nur in geringem Maße, die Zugehörigkeit zu einem Entscheidungstyp zu erklären. Während mit zunehmendem Alter die Wahrscheinlichkeit stieg, zu den stabilen Parteiwählern, Schwankenden oder Parteiwechslern zu gehören, wurde die Zugehörigkeit zu den Kristallisierern seltener. So waren nur sieben Prozent der Befragten, die 60 Jahre oder älter waren, zu Beginn der Untersuchung unentschlossen, wen sie wählen wollten. Alle anderen über 60-Jährigen äußerten dagegen schon damals eine Wahlentscheidung, wobei 68 Prozent diese Partei dann auch an der Wahlurne unterstützten. Somit taugt das Alter zur Unterscheidung zwischen den Kristallisierern und anderen Entscheidungstypen. Zwischen den stabilen Parteiwählern, Schwankenden und Parteiwechslern dagegen kann das Alter nicht genauer differenzieren. Da Geschlecht, Bildung und Alter kaum Einfluss darauf haben, wie ein Wahlberechtigter zu seiner Stimmabgabe findet, ist es sinnvoll, nach weiteren Unterscheidungsmerkmalen zu suchen.

Abbildung 1: Zugehörigkeit zu den Wahlentscheidungstypen insgesamt und getrennt nach der endgültigen Wahlentscheidung bei der Bundestagswahl 2013

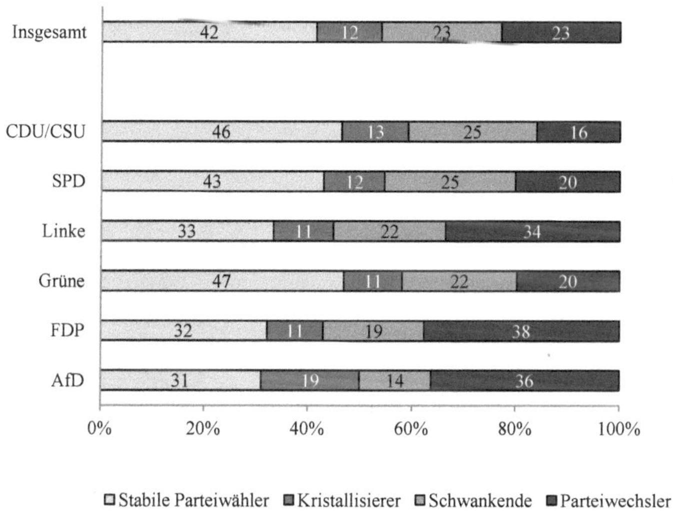

Quelle: GLES-Wahlkampfpanel 2013 (ZA5704).
Angaben in Prozent.

Als nächstes wird daher das politische Interesse betrachtet, da es denkbar ist, dass politische Entscheidungsprozesse bei politisch Interessierten anders ablaufen als bei politisch weniger interessierten Menschen. Vor allem Personen, die sich stark für Politik interessieren, sollten sich häufiger mit politischen Fragen beschäftigen und daher eine Vielzahl von politischen Einstellungen zu den Parteien, den Spitzenkandidaten oder den Wahlprogrammen aufweisen. Deswegen wäre zu erwarten, dass diese Personen jederzeit eine Wahlabsicht nennen können, wenn sie danach gefragt werden. Politisch weniger interessierte Bürger hingegen haben eine schwächere Motivation, sich mit der Bundestagswahl und den Wahlalternativen auseinanderzusetzen, und werden daher zu Beginn des Wahlkampfes weniger wahrscheinlich eine Partei nennen können, die sie wählen möchten. Möglich ist auch, dass sie noch gar nicht wissen, ob sie überhaupt zur Wahl gehen werden.

Abbildung 2: Zugehörigkeit zu den Wahlentscheidungstypen nach politischem Interesse

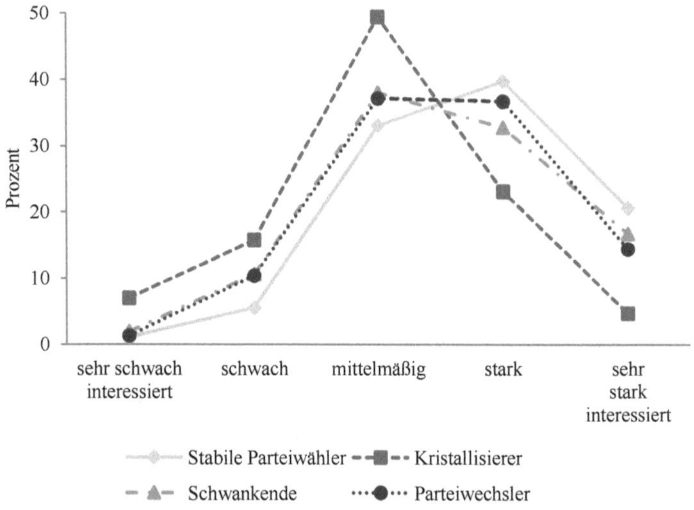

Quelle: GLES-Wahlkampfpanel 2013 (ZA5704).
Angaben in Prozent.

Betrachtet man die Zugehörigkeit zu den Entscheidungstypen nach dem politischen Interesse, findet man genau diesen erwarteten Zusammenhang. Mit steigendem politischem Interesse nimmt die Neigung zu, ein stabiler Parteiwähler, Schwankender oder Parteiwechsler zu sein (siehe Abbildung 2). Demgegenüber geben die Hälfte der Kristallisierer bei der ersten Befragung an, nur mittelmäßig an Politik interessiert zu sein. Weitere 16 Prozent interessieren sich nur schwach und sieben Prozent nur sehr schwach für Politik. Somit verfügen vor allem die schwach bis mittelmäßig politisch Interessierten zu Beginn des Wahlkampfes noch über keine Wahlabsicht. Erst im Verlauf desselben bilden sie eine Wahlentscheidung aus. Das politische Interesse hilft jedoch nicht, den genauen Entscheidungsverlauf im Wahlkampf abzubilden, da politisch hoch interessierte Menschen sowohl unter den stabilen Parteiwählern als auch unter den Parteiwechslern besonders häufig zu finden sind. Daneben muss es noch weitere Faktoren geben, die den Entscheidungsverlauf von Wählern bestimmen. Diese sollten vor allem in den politischen Einstellungen zu finden sein, die für die Wahlentscheidung relevant sind. Daher wird nun in einem nächsten Schritt ein Blick auf die Entwicklung der politischen Einstellungen bei den vier verschiedenen Entscheidungstypen geworfen und die Konsistenz der Entscheidungssituationen der Wähler beleuchtet.

6.12.3 Politische Einstellungen und Entscheidungssituationen bei der Bundestagswahl 2013

Um den Entscheidungsprozess von Wählern zu verstehen, sollte man sich den theoretischen Ablauf von Entscheidungen vergegenwärtigen. Die Sozialpsychologie beschäftigt sich schon seit langem mit den einer Entscheidungsfindung zugrunde liegenden Mechanismen. Fest steht, dass es keinen einheitlichen Mechanismus gibt, sondern dass verschiedene Auswahlprozesse zu einer Entscheidung führen können. Manche Menschen bewerten alle Merkmale eines Gegenstandes einzeln, um daraus ein Gesamturteil zu bilden, dieses mit dem Gesamturteil über einen anderen Gegenstand abzugleichen und anschließend eine Kauf- oder Wahlentscheidung zu fällen (Payne 1976: 367). Andere wiederum betrachten nur ein einzelnes Kriterium eines Gegenstandes, welches sie als besonders bedeutsam empfinden, und treffen anhand dieses einen Merkmals eine Entscheidung. Dabei können Menschen versuchen, alle verfügbaren Informationen zu dem Gegenstand zu verwenden, oder aber sie beenden ihre Überlegungen, sobald sie eine zufriedenstellende Information über den Gegenstand erhalten haben (Payne 1976: 368). Objekte können auch aus dem Entscheidungsprozess ausgeschlossen werden, wenn sie unter ein individuell festgelegtes „K.O.-Kriterium" fallen.

Deshalb ist es plausibel anzunehmen, dass manche Wähler nicht alle zur Verfügung stehenden Parteien in Betracht ziehen, sondern systematisch bestimmte Parteien ausschließen. Dies zeigt sich auch in der Wiederholungsbefragung. Die Studienteilnehmer wurden nicht nur danach gefragt, welche Partei sie wählen wollten, sondern auch, ob noch andere Parteien für ihre Zweitstimme in Frage kämen und was sie generell von den Parteien hielten. Bewertete jemand eine Partei schlecht oder gab an, negative Gefühle gegenüber dieser Partei zu haben, kam sie weniger wahrscheinlich für die Wahlentscheidung in Betracht. Je mehr negative Einstellungen jemand gegenüber den Parteien besaß, desto weniger Parteien standen auch für seine Wahlentscheidung zur Auswahl. Demnach moderieren Einstellungen und Gefühle gegenüber den Parteien den Auswahlprozess.

Dieser Mechanismus gilt jedoch nicht für alle Wähler. So gingen andere Wahlberechtigte –unabhängig davon, ob sie negative Gefühle oder Einstellungen zu den Parteien hatten – völlig ergebnisoffen an die Wahlentscheidung heran und schlossen anfangs keine Partei für ihre Stimmabgabe aus. Erst im Verlauf des Wahlkampfes machten sie sich Gedanken darüber, welche Partei oder welcher Kandidat die eigenen Interessen am besten vertrat, welches Programm den eigenen Vorstellungen am besten entsprach oder welche Parteien generell für ihre Wahlentscheidung in Frage kamen. Hierbei können sich Wahlberechtigte theoretisch auf der Basis von vielen einzelnen Urteilen über die Parteien oder auch nur an einem einzigen Entscheidungskriterium (wie z.B. dem zukünftigen Bundeskanzler) orientieren. Wann eine Person aufgrund von vielen einzelnen Urteilen über die Parteien eine Entscheidung trifft und wann nur ein Kriterium ausschlaggebend für die Wahlentscheidung ist, ist bisher nicht bekannt. Daher scheint es sinnvoll zu sein, sich die Einflussfaktoren der Wahlentscheidung und deren Entwicklung im Wahlkampf genauer anzuschauen. Denn im Verlauf des Wahlkampfes können nicht nur Wahlentscheidungen entstehen, sondern auch vormals getroffene Wahlentscheidungen revidiert werden. So könnten einen Schwankenden oder Parteiwechsler etwa strategische Überlegungen dazu bringen, sich kurzfristig für eine andere Partei zu entscheiden. Möchte ein Wahlberechtigter mit seiner Stimmabgabe eventuell eine bestimmte Koalition ermöglichen oder verhindern, könnte dies Folgen für seine Wahlabsicht haben. Wenn dieses Kalkül in seinem Entscheidungsprozess sehr wichtig wird, überdenkt er möglicherweise die zur Auswahl stehenden Parteien und richtet seine Wahlentscheidung danach aus. Auch Veränderungen in den Entscheidungskriterien können wechselnde Wahlentscheidungen begünstigen.

In allen bisherigen Unterkapiteln des sechsten Kapitels wurden solche Faktoren beschrieben, die das Wahlverhalten beeinflussen können. In der Gesamtschau stellten sich vor allem drei Faktoren als besonders erklärungsstark für eine Wahlentscheidung heraus: Neben einer emotionalen Bindung an eine Partei sind dies Bewertungen der Spitzenpolitiker und Einstellungen zu politischen Sachfragen (siehe Unterkapitel 6.11). Deshalb kann eine Betrachtung dieser drei Einflussgrößen nach den Entscheidungstypen weiteren Aufschluss über den Ablauf des Entscheidungsprozess liefern.

Abbildung 3: Konsistenz der Einschätzung der Problemlösungskompetenz der Parteien bei den verschiedenen Entscheidungstypen im Juni 2013

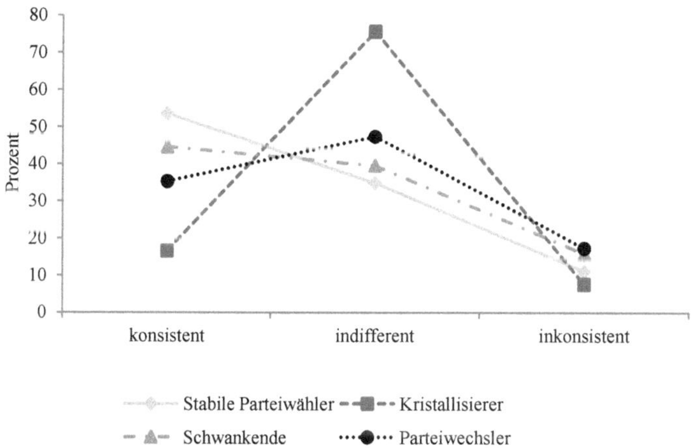

Quelle: GLES-Wahlkampfpanel 2013 (ZA5704).
Angaben in Prozent.

Es wird mit den Einstellungen zu politischen Sachfragen begonnen. Diese können für die Wahlentscheidung eine Rolle spielen, wenn etwa die Lösung eines als wichtig wahrgenommenen Problems mit einer Partei verbunden wird. Schreibt eine Person einer Partei die Kompetenz zu, ein als wichtig empfundenes Problem lösen zu können, wird sie dieser Partei sehr wahrscheinlich ihre Stimme geben. Ist für einen Wahlberechtigten jedoch nicht klar ersichtlich, welche Partei die von ihm als wichtig identifizierte Herausforderung für Deutschland meistern kann, könnte diese Indifferenz auch Unsicherheit bei der Wahlentscheidung bewirken. Auch bei nicht eindeutigen, inkonsistenten Einstellungen zu der Lösungskompetenz könnte die vorläufig getroffene Wahlentscheidung wieder in Zweifel gezogen werden. Demnach sollte die Betrachtung der Entscheidungstypen nach der Konsistenz ihrer Einschätzungen der Problemlösungskompetenz weiteren Aufschluss über ihre unterschiedlichen Entscheidungsprozesse liefern.

Abbildung 3 zeigt, wie konsistent die Einschätzungen der Problemlösungskompetenz der Parteien durch die verschiedenen Wahlentscheidungstypen zu Beginn des Wahlkampfes bei der Bundestagswahl 2013 ausfielen. Der Grad der Konsistenz wird dabei über die verschiedenen Antwortkombinationen bei der Abfrage der wichtigsten politischen Probleme in Deutschland definiert. Manche Befragte nannten zwei wichtige politische Aufgaben und schrieben konsistent ein und derselben Partei die Lösungskompetenz für diese Herausforderungen zu. Andere Personen konnten hingegen kein wichtiges Problem nennen oder gaben an, nicht zu wissen, welche Partei dieses Problem am besten lösen könne, weswegen sie als indifferent klassifiziert wurden. Jemand mit inkonsistenten Einschätzungen der Problemlösungskompetenz gab zwei wichtige Probleme an und schrieb zwei unterschiedlichen Parteien die Lösungskompetenz dafür zu.

Bei der Betrachtung des Konsistenzgrads von Einschätzungen der Problemlösungskompetenzen nach den Entscheidungstypen stellt man insbesondere einen großen Unterschied zwischen stabilen Parteiwählern und Kristallisierern fest. Während knapp 80 Prozent der Kristallisierer im Juni entweder kein wichtigstes politisches Problem in Deutschland identifizierten oder keine Partei nannten, die diese Probleme lösen kann, lag der Anteil der Indifferenten unter den stabilen Parteiwählern im Vergleich zu den anderen Wahlentscheidungstypen am niedrigsten. Bei höchster Konsistenz jedoch ist das Bild genau andersherum: Während etwa 54 Prozent der stabilen Parteiwähler konsistente Einschätzungen aufweisen, sind es bei den Kristallisierern lediglich knapp 20 Prozent, womit diese Gruppe das Schlusslicht bildet. Somit wusste etwas mehr als die Hälfte der stabilen Parteianhänger nicht nur bereits zu Wahlkampfbeginn, wen sie wählen wollen, sondern sie konnten auch konsistent einer Partei die Lösungskompetenz für zwei wichtige Herausforderungen in Deutschland zuschreiben. Für die meisten Kristallisierer war jedoch zu Wahlkampfbeginn noch unklar, welche wichtigen politischen Aufgaben anstanden oder wer diese lösen konnte. Dadurch waren sie möglicherweise auch noch gar nicht fähig, eine Wahlentscheidung zu treffen. Erst im Verlauf des Wahlkampfes bildeten sie allenfalls Einstellungen zu den Lösungskompetenzen der Parteien und eine Wahlentscheidung heraus.

Auch unter den Schwankenden und Parteiwechslern befanden sich Personen mit indifferenten Einschätzungen der Lösungskompetenz von Parteien. Etwa 40 Prozent der Schwankenden und 47 Prozent der Parteiwechsler nannten zu Beginn des Wahlkampfes kein wichtigstes politisches Problem oder hielten keine Partei für fähig, wichtige Herausforderungen bewältigen zu können. Bei diesen Entscheidungstypen schien ebenfalls die anfängliche Indifferenz für eine Instabilität der Wahlentscheidung im Wahlkampfverlauf zu sprechen. Gleichzeitig wies jedoch ein ähnlich großer Anteil der Schwankenden und der Parteiwechsler konsistente Einschätzungen der Problemlösungskompetenz auf. Obwohl bei etwa 45 Prozent der Schwankenden und 35 Prozent der Parteiwechsler die Einschätzung der Problemlösungskompetenz zu Beginn des Wahlkampfes klar für eine Partei sprach, veränderten sie dennoch ihre Wahlentscheidung während des Wahlkampfes. Somit können auch Personen mit einer konsistenten Einschätzung der Problemlösungskompetenz unterschiedliche Parteien favorisieren. Hierfür können entweder andere wahlrelevante Einstellungen verantwortlich gemacht werden oder aber es treten Veränderungen in den Einschätzungen der Lösungskompetenzen im Wahlkampf auf. Daher werden in einem nächsten Schritt die Veränderungen von wahlrelevanten Einstellungen im Verlauf des Wahlkampfes betrachtet. Vorher wird jedoch noch kurz auf die Personen mit inkonsistenten Einschätzungen der Lösungskompetenz von Parteien eingegangen, da diese sich bereits zu Wahlkampfbeginn in einer nicht-eindeutigen Entscheidungssituation befanden. Nur wenige Personen von allen vier Entscheidungstypen hielten im Juni zwei unterschiedliche Parteien für kompetent, die wichtigsten Probleme in Deutschland lösen zu können. Mit etwa 17 Prozent wiesen vor allem Parteiwechsler inkonsistente Kompetenzeinschätzungen auf und schrieben zwei unterschiedlichen Parteien Problemlösungskompetenzen zu. Durch diese zweideutige Entscheidungssituation konnte die vormals getroffene Wahlentscheidung weniger stabil sein und sich im Verlauf des Wahlkampfes noch einmal verändern. Dies musste allerdings nicht notwendigerweise eintreten, da auch die inkonsistenten Einschätzungen von Lösungskompetenzen während des Wahlkampfes an die gerade favorisierte Partei angepasst werden konnten. Auch beeinflussten eine emotionale Parteibindung und Einstellungen gegenüber den Spitzenpolitikern die Wahlentscheidung, weswegen nun die Veränderungen dieser drei Einflussgrößen des Wahlverhaltens im Wahlkampfverlauf betrachtet werden sollen.

Betrachtet man die Veränderung der drei wahlrelevanten Einstellungen während des Wahlkampfes getrennt nach den Entscheidungstypen, zeigen sich bei einem Teil der Personen aus jedem der vier Entscheidungstypen Einstellungsänderungen im Verlauf der Untersuchung (siehe Abbildung 4). Etwa 14 Prozent der stabilen Parteiwähler änderten ihre Parteiidentifikation in der Wahlkampfzeit. 15 Prozent von ihnen veränderten von Juni bis September ihre Haltung dazu, wer nach der Bundestagswahl Kanzler werden sollte. So bevorzugten manche von ihnen noch zu Wahlkampfbeginn Angela Merkel als Kanzlerin und wünschten sich bei der Bundestagswahl schließlich Peer Steinbrück als Kanzler. Auch der umgekehrte Entscheidungsverlauf oder erst die Entwicklung einer Kanzlerpräferenz finden sich in diesen Veränderungsanteilen wieder. Zudem variierten 34 Prozent der stabilen Parteiwähler ihre Einschätzung dazu, welche Partei das wichtigste politische Problem in Deutschland lösen könne. Die Veränderungen dieser politischen Einstellungen führten allerdings bei den stabilen Parteiwählern nicht zu einer anderen Wahlintention. Dies kann damit erklärt werden, dass eine Veränderung von wahlrelevanten Einstellungen nicht unbedingt zu einer veränderten Wahlentscheidung führen muss. Vielmehr bestimmt die genaue Entscheidungssituation der Wähler, ob eine geänderte Wahlentscheidung daraus resultiert. Gab es etwa Widersprüche zwischen den drei Erklärungsfaktoren, in der die Kanzlerpräferenz und die Einschätzung der Lösungskompetenz für die Wahl einer bestimmten Partei sprachen und nur die Parteibindung nicht in Einklang mit der beabsichtigen Wahlentscheidung stand, könnte diese Unstimmigkeit den Wähler dazu veranlasst haben, nicht die Wahlentscheidung anzupassen, sondern die Parteibindung abzuändern.

Abbildung 4: Veränderungen von wahlrelevanten Einstellungen von Juni bis September 2013 nach den Entscheidungstypen

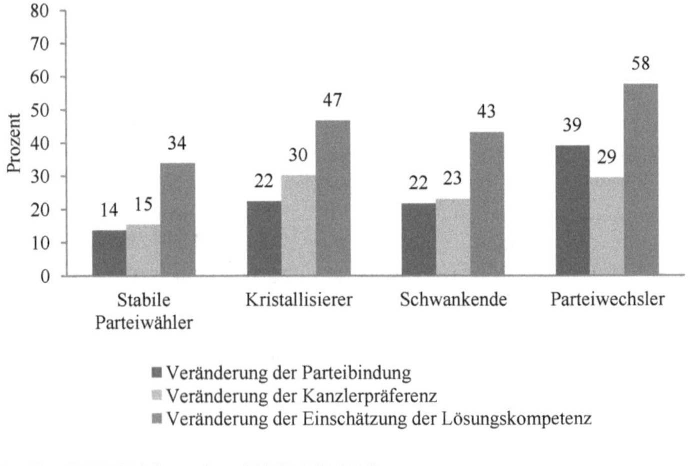

Quelle: GLES-Wahlkampfpanel 2013 (ZA5704).
Angaben in Prozent.

Bei den Schwankenden und Parteiwechslern begünstigten eine Veränderung und fehlende parteipolitische Übereinstimmung der wichtigsten drei wahlrelevanten Einstellungen jedoch einen Wechsel in der Wahlentscheidung. Schwankende und Parteiwechsler pendeln zwischen mehreren Alternativen und weisen daher auch häufiger eine instabile Parteibindung sowie einen höheren Anteil an Veränderungen in der Kanzlerpräferenz und der Einschätzung der Lösungskompetenzen auf. Etwa 23 Prozent der Schwankenden bevorzugten zu Beginn des Wahlkampfes einen anderen Kanzlerkandidaten als im September und etwa 43 Prozent der Schwankenden revidierten ihre Einschätzung der parteipolitischen Lösungskompetenzen. Diese Einstellungsveränderungen konnten sie verunsichern, ob die getroffene Wahlentscheidung die richtige war – oder nicht doch andere Parteien als Wahlalternative eher in Frage kommen konnten. Etwas mehr als die Hälfte der Parteiwechsler veränderten auch ihre Einschätzung der Lösungskompetenz und ungefähr 40 Prozent änderten ihre Parteibindung zwischen Juni und September. Zwar wird der emotionalen Parteibindung insgesamt eine hohe Prägekraft zugesprochen, da sie Menschen veranlasst, eine Partei immer wieder zu wählen. Dennoch zeigt sich, dass sich die politische Richtung einer Parteibindung mit der Zeit verändern und so den Entscheidungsverlauf beeinflussen kann. Personen mit einer starken Parteibindung sollten sich zwar bereits zu Wahlkampfbeginn über ihre Präferenzen im Klaren sein. Dies bedeutet jedoch nicht, dass Parteianhänger auch zwangsläufig dem Entscheidungstyp des stabilen Parteiwählers angehören müssen. So können auch eine Kandidatenpräferenz oder Einstellungen zu politischen Sachfragen und deren Veränderungen das Wahlverhalten noch stärker beeinflussen und letztendlich die Wahlentscheidung im Wahlkampfverlauf noch einmal verändern. Insgesamt sind also nicht nur die Veränderungen von wahlrelevanten Einstellungen für den Entscheidungsprozess bedeutend, sondern auch das Zusammenspiel dieser Einstellungen und damit die Eindeutigkeit der Entscheidungssituation.

6.12.4 Fazit

Das vorliegende Unterkapitel konzentrierte sich auf die Entscheidungsfindung von Wählern. Als Datengrundlage diente das GLES-Wahlkampfpanel, welches es ermöglichte, anhand der genannten Wahlabsichten eine Typologie von Entscheidungsverläufen zu bilden. So wiesen manche Befragte im Juni 2013 noch keine Wahlentscheidung auf (Kristallisierer), andere hatten bereits eine Wahlentscheidung getroffen, der sie entweder über den ganzen

Wahlkampf treu blieben (stabile Parteiwähler) oder die sie kurzfristig verloren (Schwankende) oder gänzlich änderten (Parteiwechsler). Politisch schwach bis mittelmäßig interessierte Menschen gehören vor allem zu den Kristallisierern. Sie wussten etwa vier Monate vor der Wahl nicht, ob sie überhaupt wählen gehen wollten, und wenn ja, wen sie dann wählen sollten. Personen mit hohem politischem Interesse gehörten häufiger den stabilen Parteiwählern, Schwankenden oder Parteiwechslern an. Zudem konnte gezeigt werden, dass Kristallisierer nicht nur keine Wahlentscheidung zu Beginn des Wahlkampfes aufwiesen, sondern überwiegend auch keine Einschätzungen zu den Problemlösungskompetenzen der Parteien herausgebildet hatten. Stabile Parteianhänger hatten demgegenüber häufiger eine konsistente Einschätzung zu den wichtigen politischen Herausforderungen und den Kompetenzen der Parteien.

Zwischen 14 und 58 Prozent der vier Entscheidungstypen veränderten im Verlauf des Wahlkampfes wahlrelevante politische Einstellungen. Bei den stabilen Parteiwählern führten diese Einstellungsänderungen jedoch nicht zu einer Veränderung der Wahlentscheidung. Nur bei den Schwankenden und Parteiwechslern entstanden andere Wahlabsichten. Die Entwicklung oder Änderung einer Parteibindung, der Kanzlerpräferenz oder der Einschätzung der Lösungskompetenz konnte einen Schwankenden oder Parteiwechsler dazu bringen, die einst in Betracht gezogene Wahlentscheidung wieder zu verwerfen. Auch spielte die Widerspruchsfreiheit der wahlrelevanten Einstellungen eine wichtige Rolle. Welches Kriterium nun den Ausschlag für die Änderung der Wahlentscheidung gab, konnte die vorliegende Analyse nicht zeigen. Einen Kristallisierer kann eine Einstellungsänderung auch erst in die Lage versetzen, eine Wahlentscheidung treffen zu können. Weitere Untersuchungen sollten sich daher dem Einstellungswandel und der Eindeutigkeit von Entscheidungssituationen der unterschiedlichen Wählertypen widmen. Auch wurden aus Platzgründen die politische Kommunikation und das interpersonale Entscheidungsumfeld in diesem Unterkapitel ausgeblendet. Um ein vollständiges Bild des Entscheidungsprozesses von Wählern zu erhalten, müssen solche Faktoren jedoch in weiteren Arbeiten berücksichtigt werden.

Literatur

Berelson, Bernard R./Lazarsfeld, Paul F./McPhee, William N. 1954: Voting, Chicago/ London: The University of Chicago Press.

Campbell Angus/Converse, Philip E./Miller, Warren E./Stokes, Donald E. 1960: The American Voter, Chicago: University of Chicago Press.

Lazarsfeld, Paul F./Berelson, Bernard R./Gaudet, Hazel. 1944: The People's Choice. How the Voter Makes Up His Mind in a Presidential Election, New York: Columbia University Press.

Lazarsfeld, Paul F./Berelson, Bernard R./Gaudet, Hazel. 1969: Wahlen und Wähler: Soziologie des Wahlverhaltens (The People's Choice. How the Voter Makes Up His Mind in a Presidential Election), übersetzt von R.F.Schorling, München: Hermann Luchterhand Verlag.

Payne, John W. 1976: Task Complexity and Contingent Processing in Decision Making: An Information Search and Protocol Analysis. In: Organizational Behavior and Human Performance 16, 366-387.

Plischke, Thomas 2014: Wann Wähler entscheiden. Abläufe von Entscheidungsprozessen und der Zeitpunkt der Wahlentscheidung, Nomos: Baden-Baden.

7. Die Regierungsbildung

Manuela S. Blumenberg und André Förster

7.1 Einleitung

Die Bundestagswahl 2013 endete mit einem Novum in der Geschichte der Bundesrepublik Deutschland. Erstmals seit Bestehen der Bundesrepublik war die FDP nicht mehr im Bundestag vertreten, sondern scheiterte mit 4,8 Prozent an der Fünf-Prozent-Hürde. Dieses Wahlergebnis schockierte nicht nur die FDP, auch die Siegesfreude der Unionsparteien über ihren überragenden Wahlerfolg wurde davon getrübt. Diese verloren durch das schlechte Abschneiden der FDP ihren Wunschkoalitionspartner, was die Suche nach einem geeigneten Koalitionspartner erschwerte. In Folge führte die Union insgesamt fünf Sondierungsgespräche mit Vertretern der SPD und der Grünen, bevor schließlich Koalitionsverhandlungen mit der SPD aufgenommen wurden. Aufgrund der Sondierungsgespräche und vergleichsweise lang währenden Koalitionsverhandlungen dauerte es mit 85 Tagen so lange wie nie zuvor, bis das neue Kabinett vereidigt wurde. Dabei erwies sich die Situation nach der Wahl auch gerade für die SPD als schwierig. Während die Führungsspitze der SPD einer Großen Koalition mit der Union nicht abgeneigt gegenüberstand und ein Großteil der Wähler der SPD diese Option ebenfalls befürwortete, schien die Haltung der SPD-Mitglieder eher kritisch. Um die Basis in den Entscheidungsprozess einzubinden, entschloss sich die Führungsspitze der SPD deshalb erstmalig in der Geschichte der 150 Jahre alten Partei dazu, nach Abschluss der Koalitionsverhandlungen die Basis über den Koalitionsvertrag abstimmen zu lassen.

In diesem Kapitel wird die Regierungsbildung nachgezeichnet und eingeordnet. Begonnen wird dabei mit der Suche der Union nach einem möglichen Koalitionspartner, bevor dann die Koalitionsverhandlungen näher beleuchtet werden. Anschließend werden die Ergebnisse der Verhandlungen anhand des Koalitionsvertrages sowie die Verteilung der Ressorts dargestellt. Aufgrund der nur geringen Größe der Oppositionsfraktionen waren die Rechte der Opposition zumindest auch am Rande Thema der Koalitionsverhandlungen und werden dementsprechend auch kurz betrachtet. Das Kapitel schließt mit einem Ausblick und einer ersten Einordnung, vor welchen Problemen die Große Koalition in den ersten Monaten ihrer Regierung bereits stand.

7.2 Die Union auf der Suche nach einem Koalitionspartner

In Deutschland bilden sich nach Wahlen für gewöhnlich Koalitionsregierungen. Dabei ist der Typ der *minimal winning coalition* vorherrschend. Das bedeutet, an einer Koalition sind nur so viele Parteien beteiligt, wie für die absolute Mehrheit im Parlament notwendig sind. Neben diesem rechnerischen Kriterium spielen auch ideologische Gründe eine wesentliche Rolle, schließlich müssen sich die Parteien auf eine gemeinsame Regierungspolitik verständigen (Schüttemeyer 2001: 234).

Auf Bundesebene existiert in Deutschland derzeit ein Fünfparteiensystem (Niedermayer 2001: 107), in dem sich die Parteien in zwei Koalitionslager unterteilen lassen. Die Unionsparteien und die FDP werden dem bürgerlichem Lager zugerechnet, die SPD, Grünen und Linken dem linken Lager. In den letzten Jahrzehnten haben sich (mit Ausnahme der zweiten Großen Koalition zwischen 2005 und 2009) typischerweise Koalitionen innerhalb der Lager (CDU/CSU und FDP oder SPD und Grüne) gebildet. Im Vorfeld der zweiten Großen Koalition hatte es Befürchtungen gegeben, dass die beiden Regierungsparteien – wie schon 1969 nach der ersten großen Koalition – hohe Stimmverluste erleiden würden. Im Ergebnis waren die Wähler mit der Großen Koalition zwischen 2005 und 2009 aber zufrieden gewesen – insbesondere mit der Arbeit der Union. Zwar hatte sich die SPD als „Leistungsträger“ der Großen Koalition unter Angela Merkel gesehen, die Wähler dagegen hatten die SPD als Verlierer der Großen Koalition wahrgenommen und die Erfolge mehrheitlich der Union zugeschrieben (Sturm 2014: 208). Durch ein sehr starkes Abschneiden der FDP konnte ab 2009 wieder eine bürgerliche Koalition zwischen Union und FDP gebildet werden. Auch wenn diese Koalition von den beteiligten Parteien ebenso wie von den Medien häufig als „Wunschehe“ bezeichnet wurde, stellte sich schnell heraus, dass es deutliche Differenzen zwischen den beiden Partnern gab. Dies zeigte sich bereits bei den Koalitionsverhandlungen, bei denen Zielvereinbarungen zur Lösung etlicher konfliktreicher Themen, insbesondere der Steuer- und Gesundheitspolitik, in die Zukunft verlegt wurden (Bytzek/Roßteutscher 2010: 277f; siehe auch Kapitel 2). Die Ausgangssituation vor der Bundestagwahl 2013 hatte sich also gewandelt: Ein Großteil der Wähler hatte nun eine deutliche Präferenz für eine Große Koalition (siehe Kapitel 2 und Unterkapitel 3.4) – ganz im Gegensatz zu den Parteien selbst.

Die Union erreichte mit 41,4 Prozent eine für sie hohe Zustimmung, was die Regierungsbildung aber nicht einfacher gestaltete. Der bisherige Koalitionspartner FDP war an der Fünf-Prozent-Hürde gescheitert und zwischen Union und SPD bzw. den Grünen gab es deutliche Differenzen. Zudem sah sich die Union nach der Wahl einer linken Mehrheit im Parlament gegenüber. Lediglich die Tatsache, dass SPD, Grüne und Linke eine gemeinsame Koalition ausschlossen, sorgte dafür, dass die Unionsparteien eine Regierungsbildung des linken Lagers nicht fürchten mussten (Sturm 2014: 208).

Auch wenn es in Deutschland keine Rechtsvorschrift gibt, welche Partei nach einer Wahl zu Sondierungsgesprächen bzw. Koalitionsverhandlungen einlädt, übernimmt diesen Part üblicherweise die Partei, die im Parlament die meisten Sitze gewonnen hat. Dementsprechend lud die Union sowohl Vertreter der Grünen, als auch der SPD zu Sondierungsgesprächen ein. Am 4. Oktober 2013 fand das erste Sondierungsgespräch zwischen der Union und der SPD statt. In der nachfolgenden Woche – am 10. Oktober – kam es zu einem ersten Sondierungsgespräch zwischen den Unionsparteien und den Grünen. Es fand noch ein zweites und letztes Sondierungsgespräch zwischen Union und den Grünen statt, welches aus Sicht der Union der SPD wohl auch signalisieren sollte, dass es neben der Großen Koalition noch eine weitere mögliche Koalitionsoption gab (Sturm 2014: 209). Nach zwei weiteren Gesprächen zwischen Union und SPD beschlossen die Spitzen beider Parteien am 17. Oktober 2013, Koalitionsverhandlungen aufzunehmen. Dieser Beschluss wurde drei Tage später auch vom Parteikonvent der SPD bestätigt.

7.3 Koalitionsvertrag und SPD-Mitgliedervotum

Mit über 63.000 Wörtern auf 134 Seiten ist der Koalitionsvertrag der Großen Koalition aus dem Jahr 2013 das bislang umfangreichste Dokument dieser Art in der Geschichte der Bundesrepublik. Auch war der Zeitraum zwischen der Bundestagswahl (22. September) und der Vereidigung des Kabinetts (17. Dezember) mit 85 Tagen länger als jemals zuvor. Selbst die Große Koalition 2005 benötigte „nur" 65 Tage. Lange Koalitionsverhandlungen können problematisch sein, weil sich der Bundestag spätestens 30 Tage nach der Wahl konstituieren muss – der letztmögliche Termin war 2013 damit der 22. Oktober. Zu diesem Zeitpunkt hatten die Koalitionsverhandlungen zwischen Union und SPD zwar schon begonnen (sie starteten am 4. Oktober), waren allerdings noch nicht abgeschlossen. Entsprechend wurden die Geschäfte des Bundestages fast drei Monate von einer geschäftsführenden Regierung geleitet. Dies ist an sich nicht unüblich, so wurden auch schon nach der Bundestagswahl 2005 die Geschäfte der Regierung gut zwei Monate geschäftsführend geregelt. Jedoch forderten die kleineren Parteien bereits während der konstituierenden Sitzung am 22. Oktober die Einrichtung der Ausschüsse des Bundestages. Das verweigerten Union und SPD allerdings und begründeten ihre Haltung damit, dass die Zuschnitte der Ministerien noch nicht feststünden und damit die Ausschüsse – die eine Spiegelung der Ministerien darstellen – noch nicht gebildet werden könnten. Stattdessen wurde erstmalig die Einrichtung eines Hauptausschusses beschlossen, dem 47 Mitglieder angehörten. Aufgabe des Hauptausschusses war es, nicht aufschiebbare Gesetzesvorhaben zu beraten und damit die gesetzgeberische Arbeitsfähigkeit des Parlaments zu gewährleisten (Sturm 2014: 226f.).

Währenddessen berieten Union und SPD über den Koalitionsvertrag. Obwohl ein Koalitionsvertrag rechtlich nicht verbindlich ist und seine Inhalte nicht einklagbar sind (Kropp/Sturm 1998), hat er aufgrund der gesellschaftlichen Wahrnehmung einen hohen Stellenwert. So können Parteien den Koalitionspartner öffentlichkeitswirksam kritisieren, wenn sich dieser nicht an getroffene Vereinbarungen hält. Und auch für die Parteien hat ein ausführlicher Koalitionsvertrag Vorteile: Inhalte zukünftiger Politik werden festgelegt, Planungssicherheit wird geschaffen und damit die Regierung stabilisiert. Die Folge der großen Bedeutung des Koalitionsvertrages ist, dass die beteiligten Parteien möglichst viele ihrer Ideen und Vorstellungen im Vertrag unterbringen wollen.

Die Koalitionsverhandlungen zwischen der Union und der SPD waren nach der Bundestagswahl von verschiedenen Erwartungen geprägt. Beispielsweise forderte die SPD trotz ihres schlechteren Abschneidens gegenüber der Union Verhandlungen „auf Augenhöhe“. Eine besondere Rolle nahm auch die CSU ein. Neben dem gemeinsamen Wahlprogramm der Union veröffentlichte sie ihren „Bayernplan“ im Zuge der Landtagswahlen in Bayern (15. September 2014), der auch bundespolitische Ziele enthielt. Von den Medien und Bürgern wurden die Koalitionsgespräche deshalb als Verhandlungen zwischen drei eigenständigen Parteien wahrgenommen.

In den langen Koalitionsverhandlungen, die sich auch im detaillierten Koalitionsvertrag widerspiegeln, machen im Wahlkampf stark betonte Themen wie der *Mindestlohn*, die *Rentenpolitik* und die *PKW-Maut* lediglich einen Bruchteil der Vereinbarungen aus. Dennoch lohnt ein detaillierter Blick gerade auf diese Themen, da sie zwischen den Koalitionspartnern umstritten waren und bereits im Wahlkampf medienwirksam diskutiert wurden. Im Folgenden werden die Vereinbarungen aus dem Koalitionsvertrag im Hinblick auf die drei oben genannten Themen mit den Forderungen in den jeweiligen Wahlprogrammen verglichen. Berücksichtigt werden hierbei das gemeinsame Wahlprogramm von CDU und CSU, das Wahlprogramm der SPD sowie der „Bayernplan" der CSU. Dadurch kann die Frage beantwortet werden, bei welchen Themen sich in den Verhandlungen eher die CDU, die CSU oder die SPD durchsetzen konnte und bei welchen Themen Kompromisslösungen gefunden wurden.

Im Hinblick auf das Themenfeld *Mindestlohn* lehnte die Union in ihrem Wahlprogramm eine Lohnfestsetzung durch die Politik ab. Allerdings plante sie, die Aushandlungen eines tariflichen Mindestlohns durch die Tarifpartner gesetzlich vorzuschreiben, sofern es in der jeweiligen Branche noch keine Tarifverträge gibt. In diesen Punkten stimmte der „Bayernplan" der CSU mit den Forderungen des gemeinsamen Unionsprogramms überein. Die SPD hingegen legte sich in ihrem Programm auf einen gesetzlichen flächendeckenden Mindestlohn von 8,50 Euro brutto pro Zeitstunde fest, der für das gesamte Bundesgebiet gelten sollte. Zudem forderte sie, eine Mindestlohnkommission durch das Bundesministerium für Arbeit und Soziales einsetzen zu lassen, die das Lohnniveau des Mindestlohns jährlich überprüft.

Bei einem Blick auf die im Koalitionsvertrag getroffenen Vereinbarungen fällt auf, dass sich die SPD mit ihrer Forderung nach einem flächendeckenden Mindestlohn von 8,50 Euro durchgesetzt hat. Dieser soll laut Vertrag zum 1. Januar 2015 eingeführt werden. Allerdings sind Abweichungen von dieser allgemeinen Einführung des Mindestlohns möglich. So gilt für Branchen mit einem Tariflohn unter 8,50 Euro eine Übergangsfrist bis zum 31. Dezember 2016. Erst danach muss hier der Mindestlohn gezahlt werden. Auch bei der Zusammensetzung der Mindestlohnkommission musste die SPD Kompromisse eingehen. So wird nicht wie gefordert nur das Arbeitsministerium über mögliche Änderungen an der Höhe des Mindestlohns entscheiden, sondern die gesamte Bundesregierung.

In der *Rentenpolitik* setzte die Union in ihrem Wahlprogramm vor allem auf die sogenannte Mütterrente. Diese sollte Müttern und Vätern, deren Kinder vor dem Jahr 1992 geboren wurden, einen zusätzlichen Rentenpunkt garantieren, so dass die Erziehungsleistung dieser Eltern besser anerkannt wird. Außerdem plante die Union eine sogenannte Lebensleistungsrente. Hiernach sollten Personen mit 40-jähriger Versicherungszeit sowie einer privaten Vorsorge einen Zuschuss zur Rente auf 850 Euro monatlich erhalten. Die Mütterrente wurde auch im „Bayernplan" der CSU erwähnt. Im Wahlprogramm der SPD fand sich das Konzept der Solidarrente, welches inhaltliche Überschneidungen mit der Lebensleistungsrente und der Mütterrente der Union aufweist.

Auch die Forderung der SPD nach einem abschlagsfreien Zugang zur Rente ab 63 Jahren hat Eingang in den Koalitionsvertrag gefunden. Allerdings wird mit der allgemeinen schrittweisen Erhöhung des Eintrittsalters auf 67 Jahre gleichzeitig auch die Möglichkeit des abschlagsfreien Zugangs schrittweise auf 65 Jahre angehoben. In der sogenannten solidarischen Lebensleistungsrente haben sich sowohl die Forderungen der SPD, als auch der Union manifestiert: Demnach erfolgt in Zukunft bei einer 40-jährigen Beitragszahlung in die gesetzliche Rentenversicherung und weniger als 30 Rentenpunkten eine Anhebung auf eben diese 30 Punkte. Das entspricht einem monatlichen Betrag von etwa 844 Euro. Auch das Konzept der Mütterrente der Union wurde in den Koalitionsvertrag aufgenommen.

Schließlich fand sich das Thema *PKW-Maut* weder im Unions-, noch im SPD-Wahlprogramm, wurde allerdings von Horst Seehofer (CSU) im Wahlkampf stark in den Vordergrund gestellt und hat so auch Eingang in den Koalitionsvertrag gefunden. Im „Bayernplan" forderte die CSU eine aus ihrer Sicht gerechtere Straßenfinanzierung, die vor allem ausländische Autofahrer einbeziehen sollte, weil diese für die Benutzung der deutschen Autobahnen nichts bezahlten. Folglich sprach sich die CSU für die Einführung einer PKW-Maut für Reisende aus dem Ausland auf deutschen Autobahnen aus. Die Mittel aus dieser PKW-Maut sollten ausschließlich im Straßenbau eingesetzt werden. Das Thema PKW-Maut wurde unter den Koalitionspartnern im Hinblick auf die Frage, ob eine solche Maut mit europäischem Recht vereinbar ist, kontrovers diskutiert. Die Maut muss zum einen europarechtskonform sein, zum anderen aber auch die Halter von nicht in Deutschland zugelassenen PKW an der Finanzierung der zusätzlichen Ausgaben beteiligen, ohne im Inland zugelassene Fahrzeuge höher zu belasten. Diese Bedingungen, von der SPD und einigen Medien mitunter als „Quadratur des Kreises" bezeichnet, werden vermutlich die höchsten Hürden bei der Umsetzung der PKW-Maut sein.

Zusammenfassend lässt sich festhalten, dass die Einigungen bei den strittigen Themen im Wesentlichen durch inhaltliche Kompromisse zustande gekommen sind. Dies lässt sich bei den Regelungen zum Mindestlohn erkennen, bei denen die Forderungen der SPD mit Bedingungen der Union verknüpft wurden. Zudem finden sich beim Thema Rente einige inhaltliche Überschneidungspunkte der Wahlprogramme der Koalitionsparteien. Lediglich beim Thema PKW-Maut hat es die Forderung einer einzelnen Partei – und dazu noch der kleinsten der Koalitionsparteien – nahezu unverändert in den Koalitionsvertrag geschafft. Das lässt sich möglicherweise durch Zugeständnisse an die SPD in Bezug auf deren Kernforderungen erklären.

Im Anschluss an die Koalitionsverhandlungen führte die SPD im Dezember 2013 ein Mitgliedervotum zum Koalitionsvertrag durch. Die über 470.000 Mitglieder der Partei waren aufgerufen, sich am Mitgliederentscheid zu beteiligen und sich für oder gegen den ausgehandelten Koalitionsvertrag auszusprechen. Das Ergebnis sollte für die Parteispitze bindend sein. Angesichts vieler kritischer Stimmen gegenüber dieser Form der Zustimmung zum Koalitionsvertrag – auch aus der SPD selbst – musste die Parteispitze im Vorfeld des Votums viel Überzeugungsarbeit für den Koalitionsvertrag bei den Mitgliedern leisten. Wie das Ergebnis des Entscheids ausfallen würde, war bis zuletzt unsicher, da sich innerhalb der SPD auch etliche Gegner einer Koalition mit der Union zu Wort meldeten. Sowohl in Teilen der SPD, als auch in den Medien und von den Koalitionspartnern CDU und CSU wurde auch der Mitgliederentscheid selbst zum Teil kritisch beurteilt. Im Folgenden werden die Pro- und Contra-Argumente dieser Diskussion zusammenfassend dargestellt. Diese Argumente verlaufen im Wesentlichen entlang einer demokratietheoretischen und einer verfassungsrechtlichen Dimension.

Für den Mitgliederentscheid sprach laut der SPD-Spitze, dass Parteien laut Grundgesetz an der Meinungs- und Willensbildung mitwirken sollen und ein Mitgliedervotum somit die Umsetzung innerparteilicher Demokratie darstelle. Der gängigen Praxis, wonach gewählte Parteivorstände – also eine relativ geringe Anzahl an Personen – über eine Koalition entscheiden, werde mit dem Mitgliederentscheid entgegen gewirkt. Außerdem wähle der Bürger bei der Bundestagswahl ohnehin keine Koalition, sondern Parteien und Kandidaten. Aus demokratietheoretischer Perspektive argumentierten allerdings auch Gegner des Entscheids: So sei die Kritik an dem Vorgehen, Parteivorstände über Regierungskoalitionen entscheiden zu lassen, unangebracht. Schließlich würden die Vorstände auf Parteitagen demokratisch genau dazu gewählt, um unter anderem Koalitionsentscheidungen zu treffen. Der Mitgliederentscheid der SPD hingegen sorge für ein Zwei-Klassen-Wahlsystem: Die Mitgliederstimmen seien mehr wert als die der Wähler, wodurch vor allem Nicht-SPD-Wähler benachteiligt würden.

Kritik am SPD-Mitgliederentscheid wurde in den Medien auch aus verfassungsrechtlicher Perspektive von den Staatsrechtlern Christoph Degenhart und Ulrich Battis vorgetragen. Bei dem Votum handele es sich um ein imperatives Mandat, also einen konkreten Auftrag an die SPD-Bundestagsabgeordneten. Das aber ist nach dem Grundgesetz verboten. Diesem Argument entgegneten die Befürworter, dass das Votum keine rechtliche Bindung, sondern eine politische Entscheidung darstelle. Die Abgeordneten blieben folglich nach Artikel 38 des Grundgesetzes in ihrer Entscheidung frei. Auch stelle die mögliche Ablehnung der Großen Koalition nicht die Verhinderung einer Regierung generell, sondern nur die Verhinderung eben dieser Regierung aus CDU, CSU und SPD dar. Andere Optionen seien stets möglich.

Letztlich stimmten bei einer Beteiligung von 78 Prozent 76 Prozent der Teilnehmer für eine Annahme des Koalitionsvertrags und damit für eine Regierungsbildung mit der Union. Damit war auch die letzte Hürde auf dem Weg zu einer Regierungsbildung aus Union und SPD genommen.

7.4 Das Kabinett

Nach Abschluss der Koalitionsverhandlungen, die vom 4. Oktober 2013 bis zum 27. November 2013 andauerten und nach der Durchführung des SPD-Mitgliederentscheids, dessen Ergebnis am 14. Dezember 2013 feststand, konnte am 17. Dezember 2013 mit der Wahl der Kanzlerin und der Vereidigung des Kabinetts der Prozess der Regierungsbildung abgeschlossen werden. Personalfragen und die Ressortverteilung waren bereits vorher verhandelt worden. Das Kabinett Merkel III besteht wie schon die vorherige Regierung aus 16 Mitgliedern. Gemäß der sogenannten Gamson-Regel, die hilft, die Regierungsbildung theoretisch zu erklären, findet die Verteilung der Ministerposten in der Regel proportional zur Sitzverteilung innerhalb der Koalition statt (Gamson 1961). In der neuen Großen Koalition waren dieser Formel zufolge acht Posten für die CDU, zwei für die CSU und sechs für die SPD zu erwarten. Sieht man sich die tatsächliche Verteilung an (siehe Tabelle 1), so lässt sich erkennen, dass die Gamson-Regel bei der aktuellen Bundesregierung nahezu perfekt erfüllt wurde. Lediglich der CSU wurde mit drei Bundesministerien – zum Nachteil der CDU – ein Posten mehr zugesprochen als es auf Grundlage der Gamson-Regel zu erwarten gewesen wäre. Es kann vermutet werden, dass aufgrund des Status der Union als Fraktionsgemeinschaft abweichende Normen bezüglich der Verteilung der Posten gelten oder bestimmte Machtpositionen in Bezug auf die Verteilung der Posten ausgespielt wurden.

Tabelle 1: Verteilung der Bundesministerien

Partei	Bundeskanzlerin und Ministerien
CDU	Angela Merkel (Bundeskanzlerin) Thomas de Maiziere (Bundesministerium des Innern) Wolfgang Schäuble (Bundesministerium der Finanzen) Ursula von der Leyen (Bundesministerium der Verteidigung) Hermann Gröhe (Bundesministerium für Gesundheit) Johanna Wanka (Bundesministerium für Bildung und Forschung) Peter Altmaier (Chef des Bundeskanzleramts und Bundesminister für besondere Aufgaben)
CSU	Bis 17.2.2014: Hans-Peter Friedrich, ab 17.2.2014: Christian Schmidt (Bundesministerium für Ernährung und Landwirtschaft) Alexander Dobrindt (Bundesministerium für Verkehr und digitale Infrastruktur) Gert Müller (Bundesministerium für wirtschaftliche Zusammenarbeit und Entwicklung)
SPD	Sigmar Gabriel (Vizekanzler, Bundesministerium für Wirtschaft und Energie) Frank-Walter Steinmeier (Auswärtiges Amt) Heiko Maas (Bundesministerium der Justiz und für Verbraucherschutz) Andrea Nahles (Bundesministerium für Arbeit und Soziales) Manuela Schwesig (Bundesministerium für Familie, Senioren, Frauen und Jugend) Barbara Hendricks (Bundesministerium für Umwelt, Naturschutz, Bau und Reaktorsicherheit)

Ein verfassungsmäßiges Vorrecht der Kanzlerin ist es, die Struktur der Ministerien festzulegen und die Ministerposten zu verteilen. Praktisch wird dies in Deutschland aber im Einvernehmen zwischen den zukünftigen Regierungspartnern festgelegt. Im Rahmen der Koalitionsverhandlungen wurden einige Ministerien 2013 neu justiert, was neben inhaltlichen Gründen auch mit der personellen Besetzung der Ministerien begründet werden kann. So wurde für den SPD-Parteichef Sigmar Gabriel das Bundesministerium für Wirtschaft um das Ressort Energie erweitert, weshalb es von den Medien fortan als „Superministerium" bezeichnet wurde. Außerdem hat Gabriel das Amt des Vizekanzlers inne. Der Kanzlerkandidat der SPD, Peer Steinbrück, ist hingegen kein Mitglied der neuen Regierung. Wie er schon während des Wahlkampfes angekündigt hatte, stand er für einen Ministerposten unter Merkel nicht zur Verfügung, nahm jedoch an den Koalitionsverhandlungen teil. Neben den Ressortzuschnitten ist auch die Verteilung der Ministerien auf die zukünftigen Regierungspartner von Bedeutung. So wurden Ministerien, die einem bestimmten Politikfeld angehören, auf unterschiedliche Parteien verteilt. Dies ist beispielsweise bei der Wirtschaftspolitik (mit den Ministerien für Finanzen sowie Wirtschaft und Energie) und bei der Sozialpolitik (mit den Ministerien für Arbeit und Soziales, Gesundheit sowie Familie, Senioren, Frauen und Jugend) der Fall. Durch diese Verteilung können sich die Regierungsparteien gegenseitig kontrollieren, denn bei Gesetzesvorhaben in einem Politikbereich müssen mehrere Ministerien und folglich auch die Parteien zusammenarbeiten. Eine besondere Bedeutung kommt auch den Ministerien für Finanzen und Justiz zu, da dies die einzigen Ministerien sind, die bei jedem Gesetzentwurf ein Vetorecht besitzen. Sie können die Entwürfe ablehnen, sofern Vorhaben nicht finanzierbar oder mit geltendem Recht unvereinbar sind. Aufgrund dieser hohen Bedeutung der beiden Ministerien sind auch sie in Bezug auf ihre Besetzung zwischen der Union und der SPD aufgeteilt.

Nur zwei Monate nach seiner Vereidigung trat Hans-Peter Friedrich von seinem Amt als Bundesminister für Ernährung und Landwirtschaft zurück. Ihm wurde im Zuge der sogenannten Edathy-Affäre vorgeworfen, geheime Informationen im Rahmen der Sondierungsgespräche an Sigmar Gabriel weitergegeben zu haben. Ende Februar 2014 wurde – kurz nach seinem Rücktritt – ein Ermittlungsverfahren wegen des Anfangsverdachts der Verletzung von Dienstgeheimnissen gegen Friedrich eingeleitet. Nachfolger im Amt des Bundesministers wurde, ebenfalls von der CSU, Christian Schmidt.

7.5 Rechte der Opposition

Schon zu Beginn der Legislaturperiode – also vor der Bildung der Großen Koalition – forderten die beiden kleineren Parteien im Bundestag (Linke und Grüne), dass im Falle der Bildung einer Großen Koalition „die Minderheitenrechte der Oppositionsfraktionen im Hinblick auf diese außergewöhnliche Konstellation anzupassen und zu stärken“ seien (Lorenz 2013). Bislang war es so, dass zur Anwendung wichtiger Minderheitsrechte mindestens ein Viertel aller Mitglieder des Bundestages zustimmen müssen. Nach der Wahl entfielen jedoch nur 20,1% der Sitze auf die Opposition – zu wenig, um selbstständig auf die gegebenen Rechte zurückzugreifen. Gerade die Minderheitsrechte sind für die Opposition jedoch ein wichtiges Instrument, um ihrer Rolle, zum Beispiel der Kontrolle der Regierung, nachkommen zu können. Zu den wichtigen Kontrollinstrumenten der Opposition zählt die Einrichtung von Untersuchungsausschüssen. Dafür müssen allerdings 25

Prozent der Mitglieder des Bundestages zustimmen. Gleiches gilt für die Normenkontrollklage, mit deren Hilfe die Opposition vor dem Bundesverfassungsgericht ein von der Regierung beschlossenes Gesetz prüfen lassen kann.

Um die Rechte der Opposition zu schützen und zu stärken, forderten die Oppositionsparteien eine Änderung des Grundgesetzes. Dies wäre prinzipiell möglich gewesen, da die Regierungsparteien über die notwendige Zwei-Drittel-Mehrheit verfügen. Dennoch standen die Regierungsparteien dieser Forderung von Beginn an kritisch gegenüber und präferierten eine einfacher durchzuführende Änderung der Geschäftsordnung des Bundestages, die nur für die derzeitige Legislaturperiode vorgenommen wurde. Demgegenüber wäre eine Änderung des Grundgesetzes nicht zeitlich befristet. Um weiteren „willkürlichen" Änderungen der Geschäftsordnung zum Nachteil der Oppositionsparteien vorzubeugen, setzten die Grünen eine „Abweichungsfestigkeit" durch. Dies bedeutet, dass die Große Koalition auch mit ihrer Zwei-Drittel-Mehrheit die Geschäftsordnung nicht im Einzelfall aufheben kann.

Durch die Änderung der Geschäftsordnung können die Oppositionsparteien die Einrichtung eines Untersuchungsausschusses beantragen. So sind dafür in der 18. Legislaturperiode nur die Stimmen von 120 Abgeordneten (ca. 19 Prozent) notwendig – die Opposition verfügt über 127 Sitze im Bundestag. Des Weiteren wurden die Rechte der Oppositionsparteien zu den Euro-Rettungsmaßnahmen gestärkt. Ebenso werden Ausschussanhörungen und Enquetekommissionen des Bundestages auch auf Antrag der Oppositionsparteien eingerichtet. Als letzter Punkt wurde vereinbart, den Oppositionszuschlag von 10 auf 15 Prozent zu erhöhen, so dass die Einnahmen der Linken und Grünen um jeweils circa 300.000 Euro pro Jahr steigen.

Durch die geringe Größe der Opposition ist es dieser allerdings nicht möglich, ein abstraktes Normenkontrollverfahren beim Bundesverfassungsgericht zu erwirken. Die Zustimmungsrate von 25 Prozent wurde mit der Begründung, dass es sich dabei nicht um ein Minderheitenrecht handle, von der Großen Koalition nicht gesenkt.

7.6 Fazit

Der Prozess der Regierungsbildung im Jahr 2013 war der bislang längste in der Geschichte der Bundesrepublik. Hatten Union und FDP nach der Bundestagswahl 2009 ihre Koalitionsverhandlungen bereits innerhalb von drei Wochen abgeschlossen, waren es bei Union und SPD 2013 über sieben Wochen. Vom Tag der Wahl bis zur Abgabe der Regierungserklärung vergingen sogar elf Wochen. Diese Entwicklung ist vor allem darauf zurückzuführen, dass Politikfelder, in denen unterschiedliche Auffassungen zwischen Union und SPD vorherrschten, ausführlich diskutiert wurden und die Parteien sich mit dem Koalitionsvertrag auf einen Fahrplan festlegten. Auch die Durchführung des SPD-Mitgliederentscheids verlängerte den Prozess der Regierungsbildung.

Die Bilanz der ersten Regierungsmonate wird nach aktuellen Umfragen von den Wählern als positiv wahrgenommen – auch dies ist ein deutlicher Unterschied zu 2009, wo sich in den Meinungsumfragen sehr bald nach der Regierungsbildung der Union und FDP eine deutliche Unzufriedenheit insbesondere mit der FDP widerspiegelte. Die positive öffentliche Wahrnehmung der Großen Koalition dürfte maßgeblich durch die zügige Umsetzung der „Wahlgeschenke", wie der Rentenreform oder des Mindestlohns, bedingt sein.

Literatur

Bytzek, Evelyn/Roßteutscher, Sigrid 2010: Holpriger Start einer Wunschehe? Die Regierungsbildung der schwarz-gelben Koalition, in: Rattinger, Hans/Roßteutscher, Sigrid/Schmitt-Beck, Rüdiger/Weßels, Bernhard, Hg., Zwischen Langeweile und Extremen: Die Bundestagswahl 2009, Baden-Baden: Nomos, 265-280.

CDU-Bundesgeschäftsstelle 2013: Gemeinsam erfolgreich für Deutschland. Regierungsprogramm 2013 – 2017 [http://www.cdu.de/sites/default/files/media/dokumente/regierungsprogramm-2013-2017-langfassung-20130911.pdf] <8.4.2014>.

CDU Deutschlands/CSU-Landesleitung/SPD 2013: Deutschlands Zukunft gestalten: Koalitionsvertrag zwischen CDU, CSU und SPD [https://www.cdu.de/sites/default/files/media/dokumente/koalitionsvertrag.pdf] <8.4.2014>.

CSU-Landesleitung 2013: Der Bayernplan 2013 – 2018: Regierungsprogramm der Christlich-Sozialen Union [http://csu.de/programm/csu_regierungsprogramm_2013-2018_der_bayernplan/] <8.4.2014>.

Forschungsgruppe Wahlen, Politbarometer April 2014 [http://www.forschungsgruppe.de/Aktuelles/Politbarometer/] <16.4.2014>

Gamson, William A. 1961: A Theory of Coalition Formation, in: American Sociological Review 26, 373-382.

Kropp, Sabine/Sturm, Roland 1998: Koalitionen und Koalitionsvereinbarungen: Theorie, Analyse und Dokumentation, Opladen: Leske+Budrich.

Lorenz, Astrid 2013: Die Kontrollrechte der Opposition in bpb-Wahlblog vom 22.11.2013 [https://www.bpb.de/dialog/wahlblog/173277/die-kontrollrechte-der-opposition] <16.4.2014>

Niedermayer, Oskar 2001: Nach der Vereinigung: Der Trend zum fluiden Fünfparteiensystem, in: Gabriel, Oscar W./Niedermayer, Oskar/Stöss, Richard, Hg., Parteiendemokratie in Deutschland, Bonn: Bundeszentrale für politische Bildung, 107-127.

Schüttemeyer, Suzanne S. 2001: Koalition/Koalitionsbildung, in: Nohlen, Dieter, Hg., Kleines Lexikon der Politik. München: C.H. Beck, 234-235.

SPD-Parteivorstand 2013: Das Wir entscheidet: Das Regierungsprogramm 2013–2017 [http://www.spd.de/linkableblob/96686/data/20130415_regierungsprogramm_2013_2017.pdf] <8.4.2014>.

Sturm, Roland 2014: Die Regierungsbildung nach der Bundestagswahl 2013: lagerübergreifend und langwierig, in: Zeitschrift für Parlamentsfragen 2014, 207-230.

8. Fazit und Ausblick: Langweile und Extreme, Fragmentierung und Konzentration

Rüdiger Schmitt-Beck, Hans Rattinger, Sigrid Roßteutscher, Bernhard Weßels, Christof Wolf

Einer der wichtigsten Anlässe für die Gründung des GLES-Projektes war der nicht nur bei Wahlforschern, sondern auch bei anderen Beobachtern des Wahlgeschehens in Deutschland (z.B. Seils 2011) verbreitete Eindruck, dass die Wähler beweglicher werden und verstärkt situativ entscheiden. Die in diesem Band vorgestellten Analysen der Bundestagswahl am 22. September 2013 unterstreichen diesen Eindruck, wenngleich auf der anderen Seite deutlich ist, dass Parteibindungen und ideologische Grundorientierungen das Wahlverhalten immer noch stark prägen. Ähnlich der vorangegangenen Wahl im Jahr 2009 war die Bundestagswahl 2013 durch eine durchaus paradox anmutende Mischung von Merkmalen gekennzeichnet. Wie schon in der Einleitung des Bandes betont, hätte der Titel des Vorgängerbuches, das der Bundestagswahl 2009 gewidmet war (Rattinger et al. 2011), ohne weiteres für den vorliegenden Band wiederverwendet werden können. Es gab bei der Bundestagswahl 2013 erneut sowohl „Langeweile" als auch „Extreme". Kennzeichnend waren aber auch Phänomene der „Fragmentierung" und – damit dialektisch verknüpft – der „Konzentration". Die nachfolgende zusammenfassende Diskussion orientiert sich an diesen vier Leitmotiven.

Der Eindruck der *Langeweile* entstand vor allem im Hinblick auf den Wahlkampf. Die Parteien und ihre Kandidaten absolvierten ihre Kampagnen ohne rhetorisches Säbelrasseln und großes Drama. Das war schon 2009 so gewesen, aber manche Journalisten fanden den Wahlkampf 2013 noch ereignisloser und spannungsärmer. Das hatte mehrere Gründe. Dazu gehörte, dass den meisten Beobachtern wie auch der Mehrzahl der Wähler schon lange klar war, dass die nächste Regierungschefin erneut Angela Merkel heißen würde. Die in dichter Folge publizierten und von vielen Wählern auch intensiv beachteten Meinungsumfragen (Partheymüller/Schäfer 2013) ließen keinen anderen Schluss zu. Fraglich war allenfalls, mit welcher Partnerpartei die seit 2005 amtierende Kanzlerin und CDU-Vorsitzende die nächste Bundesregierung bilden würde. Da die Parteien keine koalitionspolitische Experimentierfreude erkennen ließen (und die Wähler ihnen in ihren

Koalitionspräferenzen erkennbar folgten), kamen hierfür nur zwei Aspiranten in Frage. Der bisherige Koalitionspartner FDP wollte unbedingt mit der Union weiterregieren, und diese erklärte das auch selbst zu ihrem Wahlziel, wenngleich ohne plakativen Enthusiasmus. Der SPD konnte die Aussicht einer neuen Großen Koalition hingegen keineswegs verheißungsvoll erscheinen. Dass für sie die letzte Kooperation dieser Art 2009 mit ihrem schlechtesten Wahlergebnis seit Gründung der Bundesrepublik geendet hatte, war noch frisch im Gedächtnis. Allerdings musste sie sich im Wahlkampf damit arrangieren, dass ihr Wunschbündnis mit den Grünen angesichts des zu erwartenden Wahlergebnisses kaum realistisch erschien. Da die SPD ebenso wie die Grünen erneut jegliche Kooperation mit der Linken auf Bundesebene ausschloss, stellte die Möglichkeit einer Koalition mit der Union für die Sozialdemokraten die einzige Machtperspektive dar, auch wenn sie das beharrlich in Abrede stellten (Schubert 2014).

Wesentlich verantwortlich für den gedämpften Verlauf des Wahlkampfes war aber auch die nun schon zum zweiten Mal von der Union verfolgte Kampagnenstrategie der „asymmetrischen Demobilisierung“ (Bannas 2013). Diese setzte entschlossen auf die große persönliche Popularität der Bundeskanzlerin und vermied sowohl Angriffe als auch Angriffsfläche. Inhaltliche Aussagen wurden kleingeschrieben. Konkret wurde der Wahlkampf vor allem, wenn es um kostspielige Wahlversprechen ging (z.B. in der Rentenpolitik), doch darin unterschieden sich die Kampagnen der großen Parteien kaum. (Dasselbe gilt im Übrigen auch für den Eifer, mit dem sie nach der Regierungsbildung darangingen, die versprochenen Begünstigungen bestimmter Wählergruppen in die Tat umzusetzen.) Hilfreich war dabei, dass sich die Bundesrepublik des Jahres 2013 wirtschaftlich fast wie eine Insel der Seligen inmitten von Nachbarländern ausnahm, die in mehr oder minder dramatischem Ausmaß mit der europäischen Verschuldungskrise zu kämpfen hatten, welche der Wirtschafts- und Finanzkrise von 2008 gefolgt war und einige Länder bis an den Rand des Staatsbankrotts gedrängt hatte. Unter anderem auch als späte Konsequenz der 2003 von der rot-grünen Bundesregierung unter Bundeskanzler Schröder begonnenen Agenda 2010-Reformpolitik hatte sich die Arbeitslosigkeit dramatisch verringert, und auch bei anderen Wirtschaftsindikatoren schrieb Deutschland rasch wieder schwarze Zahlen, während in der restlichen Euro-Zone immer noch die Farbe Rot vorherrschte. Sogar das Ziel eines ausgeglichenen Bundeshaushalts erschien nach Jahrzehnten erstmals wieder greifbar. Als (Mit-)Garant mehrerer Rettungspakete für überschuldete Euro-Länder war zwar auch Deutschland von der Krise des europäischen Währungsraums massiv betroffen. Aber im Wahlkampf schien das ein Tabuthema zu sein, um das nicht nur die Union, sondern auch die meisten anderen Parteien einen großen Bogen machten.

Doch waren die Bundestagswahlen 2009 und 2013 keineswegs nur langweilig – im Gegenteil. Schon 2009 waren mehrere Entwicklungen in einer solchen Weise aufeinandergetroffen, dass die Rede von *Extremen* durchaus passend erschien. Dazu gehörten eine geringere Wahlbeteiligung als je zuvor, eine deutlich gestiegene Wechselhaftigkeit im Wahlverhalten, der größte Stimmenverlust, den je eine Partei – in diesem Fall die SPD – bei einer Bundestagswahl hinnehmen musste, eine starke Stimmenverschiebung von den Großparteien zu den im Bundestag vertretenen drei Kleinparteien und ein Höchstwert beim Stimmensplitting. Auch die Wahlkampfausgaben der Parteien erreichten 2009 einen Höhepunkt. 2013 setzte sich nicht jeder dieser Trends fort, aber die extremen Werte von 2009 erwiesen sich auch nicht als punktuelle Ausnahmen. So sank die Wahlbeteiligung zwar nicht weiter, verharrte aber auf einem gegenüber der Vorwahl nur geringfügig höheren Niveau. Kennziffern für die Zersplitterung des Parteiensystems wie die effektive Zahl der Parteien und der gemeinsame Stimmenanteil von Union und SPD gingen ebenfalls zurück, allerdings nicht weiter als bis auf den Stand der Bundestagswahl 2005. Ebenso verstärkte sich wieder leicht der Zusammenhang zwischen dem Wahlverhalten und sozialstrukturell fundierten Konfliktlinien, ohne jedoch an das Niveau der 1970er oder 1980er Jahre heranzureichen. Dass zunehmende *Fragmentierung* die langfristige Entwicklung des Wahlgeschehens in Deutschland kennzeichnet, steht deswegen außer Frage. Die Bundestagswahl 2013 bekräftigte diese Diagnose auch durch einige neue Rekordwerte. Insbesondere ist die elektorale Volatilität weiter gewachsen und 2013 höher ausgefallen als jemals zuvor bei einer Bundestagswahl. Noch nie haben sich die Stimmenanteile der Parteien von einer Wahl zur nächsten so stark verschoben. Hinter dieser deutlichen Zunahme der Wählermobilität stehen einige Entwicklungen, welche das deutsche Parteiensystem in erheblichem Maße gewandelt haben und möglicherweise weitere Veränderungen in der Zukunft nach sich ziehen werden.

An vorderster Stelle ist hierbei auf das Abschneiden der FDP zu verweisen. Zwar hatte sich die schwarz-gelbe Koalition 2009 als „Wunschehe" präsentiert, die von beiden Partnern lange erfolglos angestrebt worden war und nun endlich realisiert werden konnte. Aber die Realität der Regierungsarbeit sah anders aus, Disharmonien machten sich alsbald bemerkbar. Das blieb den Wählern nicht verborgen, der Ansehensverlust der Koalition erfolgte rasch und ungewohnt drastisch. Der Union gelang es zwar, sich allmählich wieder in der Wählergunst nach vorne zu arbeiten, doch die FDP verlor dabei den Anschluss. Kaum fähig, ihre politischen Ziele in der Bundesregierung zu realisieren, und in Fragen des politischen Stils von vielen Seiten unter Kritik, blieb den Liberalen eine Erholung versagt. Sie wurden aus mehreren Landtagen herausgewählt und gingen 2013 mit ausgesprochen schlechten Wählerbewertungen in den Wahlkampf. Die Regierungsarbeit insgesamt wurde zwar von der Wählerschaft wieder durchaus positiv beurteilt. Dazu hatten sicherlich auch ihr stark von Bundeskanzlerin Merkel persönlich geprägter Umgang mit der Eurokrise ebenso wie die gute Wirtschaftslage beigetragen (auch wenn von den Wirtschaftswahrnehmungen wie schon 2009 kaum direkte Effekte auf das Wahlverhalten ausgingen). Aber die FDP konnte davon nicht profieren; unmittelbar vor der Bundestagswahl 2013 wurde sie kaum weniger negativ beurteilt als 2010. Ihr schon immer sehr schmaler Sockel parteigebundener Wähler hatte sich zwischen 2009 und 2013 fast vollkommen aufgelöst. Auch wiederholte Wechsel in der Parteiführung hielten diese ungünstige Entwicklung nicht auf. Der für die Bundestagswahl nominierte liberale Spitzenkandidat war für seine Partei eher Hypothek als Zugpferd – ganz im Gegensatz zur Kanzlerkandidatin der Union, die erheblich positiver beurteilt wurde als die CDU/CSU selbst. Das schlechte Ansehen der FDP drückte sich auch in extrem geringem Vertrauen in ihre Fähigkeit aus, drängende politische Probleme zu lösen, und strahlte selbst auf die Koalitionspräferenzen der Wähler aus. Die Option „Schwarz-Gelb" war seit 2009 ihrer Strahlkraft verlustig gegangen. In starkem Gegensatz zur Vorwahl fanden sehr viele Wähler nun eine Große Koalition attraktiver – obwohl diese von keiner Partei offen angestrebt wurde und deswegen auch von relativ wenigen Wählern als wahrscheinliches Wahlergebnis gesehen wurde.

Hatten Meinungsumfragen während des gesamten Wahlkampfes Zweifel an der Fähigkeit der FDP genährt, die Fünf-Prozent-Hürde zu meistern, so setzte die bewusst nur eine Woche vor der Bundestagswahl terminierte Landtagswahl in Bayern kurzfristig noch ein starkes Negativsignal: Die bayerischen Wähler beendeten auf unsanfte Weise die dortige schwarz-gelbe Koalition, indem sie die FDP aus dem Landtag entfernten und der CSU die nötige Mehrheit für eine Alleinregierung verschafften. Dem Versuch der FDP, wie schon oft in der Vergangenheit durch „Leihstimmen" von der großen Partnerpartei ihr parlamentarisches Überleben im Bundestag zu sichern, verweigerte die Union diesmal ihre Unterstützung. Die Szene war damit bereitet für ein beispielloses Wahldebakel. Nach ununterbrochener Präsenz im Deutschen Bundestag seit 1949 und dem besten Wahlergebnis aller Zeiten bei der Bundestagswahl 2009 büßte die FDP zwei Drittel ihrer vormaligen Wähler ein und scheiterte an der Sperrklausel. Bei der Europawahl im Juni 2014 erging es ihr kaum besser. Ihre weniger als eine Million Wählerstimmen konnten der FDP nur deswegen drei Sitze im Europaparlament sichern, weil das Bundesverfassungsgericht die Sperrklausel des Wahlrechts abgeschafft hatte (vgl. http://www.bverfg.de/pressemitteilungen/bvg14-014 <29.7.2014>). Die Nachrichtenmedien scheinen den Liberalen als (auf Bundesebene) außerparlamentarischer politischer Kraft nur noch wenig Aufmerksamkeit zu schenken, ihre stark geschmälerten finanziellen und personellen Ressourcen setzen ihren Möglichkeiten enge Kapazitätsgrenzen. Auch deswegen erscheint es durchaus ungewiss, ob es der FDP in absehbarer Zukunft gelingen kann, auf der bundespolitischen Bühne wieder eine tragende Rolle zu übernehmen.

Während die FDP den tiefsten Sturz ihrer Geschichte erlebte, konnte die CDU/CSU den größten jemals bei einer Bundestagswahl erzielten Stimmengewinn verbuchen – ein weiterer, die Bundestagswahl 2013 kennzeichnender Rekordwert. Nur um wenige Stimmen verfehlte sie die absolute Mehrheit und damit die Möglichkeit, erstmals in der Geschichte der Bundesrepublik eine Alleinregierung zu bilden. Dazu trugen Voraussetzungen bei, die für die Union in mehrerlei Hinsicht besonders günstig ausfielen, insbesondere im Vergleich zur SPD. So verfügte sie über einen deutlich breiteren Sockel parteigebundener Wähler. Verglichen mit den Anhängern der Sozialdemokraten fühlten sich diese ihrer Partei auch stärker verbunden und waren früher und verlässlicher bereit, für sie zu stimmen. Vermutlich als Langzeitfolge der innerparteilich bis heute umstrittenen Agenda 2010 sind viele SPD-Anhänger bis heute zögerlicher als ihre christdemokratischen Pendants, wenn es darum geht, die eigene Partei bei Bundestagswahlen zu stützen. Zudem profitierten die Unionsparteien stark von ihrer beliebten Spitzenkandidatin. Die von Peer Steinbrück 2012 übernommene Kanzlerkandidatur der SPD stand hingegen von Anfang an unter keinem guten Stern. Wie auch schon 2009 brachten die Wähler der amtierenden Bundeskanzlerin Angela Merkmal nicht nur sehr viel mehr Ansehen entgegen als dem jeweiligen Herausforderer von der SPD, sondern stützten auch ihre Wahlentscheidungen in starkem Maße auf ihre Kanzlerpräferenzen. Die Union profitierte also stark von personalisiertem Wahlverhalten. Ein dritter Erfolgsfaktor war die hohe politische Kompetenz bezüglich der Lösung wichtiger Sachprobleme, welche der CDU/CSU sowohl rückblickend als auch vorausschauend von den Wählern zugeschrieben wurde. Trotz dieser ungewöhnlich günstigen Voraussetzungen erreichte die Union jedoch kein

Wahlergebnis in der Größenordnung, die sie von den 1950er bis in die 1980er Jahre hinein gewöhnt war. Dass sie so viele Mandate errang, verdankte sie vielmehr auch dem Umstand, dass 2013 mehr Stimmen als je zuvor bei der Verteilung der Bundestagsmandate unberücksichtigt blieben. Eine weitere Besonderheit der Bundestagswahl 2013 bestand nämlich darin, dass jeder siebte Wähler für eine Partei votierte, die keine Vertretung im Deutschen Bundestag fand. Zusammengenommen waren das deutlich mehr Stimmen als auf jede der beiden noch im Bundestag vertretenen Kleinparteien – Linke und Grüne – entfielen.

Zu den Kleinparteien ohne parlamentarische Präsenz zählte nun natürlich auch die FDP. Fast ebenso viele Stimmen erhielt jedoch auch eine Partei, die wenige Monate vor der Bundestagswahl noch gar nicht existiert hatte – die Alternative für Deutschland (AfD). Mit ihr verbindet sich eine weitere Besonderheit der Bundestagswahl 2013: Noch nie hat eine Partei bei der ersten Teilnahme an einer Bundestagswahl ein so gutes Ergebnis errungen. Die erst im Februar des Wahljahres gegründete AfD präsentierte sich als „single issue"-Partei und profilierte sich in erster Linie über Kritik an der auch von SPD und Grünen mitgetragenen Euro-Rettungspolitik der Bundesregierung. An der Urne profitierte sie (teilweise auf Kosten der FDP) von den Sorgen mancher Wähler über die Perspektiven Deutschlands als Mitglied der europäischen Währungsunion. Insoweit kann ihr Wahlerfolg als Konsequenz daraus gedeutet werden, dass sowohl die Regierungsparteien als auch SPD und Grüne im Wahlkampf vermieden haben, sich mit der Problematik der Eurokrise auseinanderzusetzen. Daneben erfuhr die AfD aber auch Unterstützung von Wählern, die durch ihre Stimmabgabe Ressentiments gegen Immigranten zum Ausdruck bringen wollten (Schmitt-Beck 2014). Im Hinblick auf dieses Themenfeld, das sie im Wahlkampf gleichsam nebenbei durch immigrationskritische Stellungnahmen bediente, könnte ihr zugutegekommen sein, dass es in Deutschland bislang keine wählerwirksame rechtspopulistische Partei wie in den Niederlanden, Österreich oder Frankreich gibt. Möglicherweise wird die AfD künftig versuchen, diese Leerstelle zu besetzen. Bei der Europawahl 2014 erreichte sie sieben Mandate und wäre damit auch erfolgreich gewesen, wenn die Sperrklausel nicht abgeschafft worden wäre. Zumindest auf mittlere Sicht dürfte das die Aussichten dieser neuen Partei befördern.

Der Erfolg der AfD deutet darauf hin, dass es in der Wählerschaft eine wachsende Bereitschaft gibt, bei der Bundestagswahl mit der Stimme zu experimentieren und dabei verstärkt auch Parteien ins Entscheidungskalkül einzubeziehen, die nicht im Bundestag vertreten sind. Diese gewachsene

Beweglichkeit der Wähler drückte sich auch in gleichsam virtuellen Wahlerfolgen aus, die in bestimmten Phasen der Legislaturperiode wahrscheinlich erschienen, sich aber am Ende doch nicht einstellten. Dass die Piratenpartei bei der Bundestagswahl nicht erfolgreich sein würde, ließen Umfragen zwar schon lange vorher erwarten. Allerdings hatte diese Partei zeitweise in der Wählerschaft so viel Unterstützung erfahren, dass ein Wahlerfolg auch bei der Bundestagswahl durchaus möglich oder gar wahrscheinlich schien. 2011 und 2012 wurden die Piraten sogar in einige Landtage gewählt. Auch wenn diese Episode rückblickend wie ein Strohfeuer erscheint, verdeutlicht sie doch die beachtliche Mobilität der heutigen Wähler. Und jene 2,2 Prozent der Zweitstimmen, welche die Piratenpartei bei der Bundestagswahl tatsächlich gewonnen hat, waren keine vernachlässigbare Größe, selbst wenn sie weit unterhalb der Sperrhürde lagen. Die Grünen erlebten ebenfalls in der Mitte der Legislaturperiode ein ausgesprochenes Hoch in der Wählergunst, das bis zur Bundestagswahl wieder verebbte. Unter dem Eindruck der Atomkatastrophe im japanischen Fukushima gewannen sie rapide an Zuspruch und errangen bei der baden-württembergischen Landtagswahl 2011 erstmals sogar die Führung in einer Landesregierung (Gabriel/Kornelius 2011). Dem folgte jedoch ein anhaltender Sinkflug und das erhoffte zweistellige Ergebnis bei der Bundestagswahl verfehlten die Grünen ebenso deutlich wie die Linke.

Die Linke ist nun, nach Bildung der dritten Großen Koalition, die führende Oppositionspartei im Bundestag. Sie scheint über einen relativ stabilen Wählersockel zu verfügen, der ihr Züge einer klassischen „cleavage"-Partei verleiht, und zwar sowohl in Bezug auf den regionalen Gegensatz zwischen neuen und alten Bundesländern als auch auf die sozioökonomische Konfliktlinie. Auf dieser steht sie jedoch in nachbarschaftlicher Nullsummen-Konkurrenz zur SPD, die sie insbesondere in Bezug auf klassische Themen sozialdemokratischer Politik, also bezogen auf die Sozial-, Arbeits- und Wirtschaftspolitik, stets – wie ihre Selbstbezeichnung erwarten lässt – „links" zu überholen sucht. Das lässt sich ganz konkret durch Zahlen aus den Wahlprogrammen illustrieren, etwa in Bezug auf Forderungen nach einem gesetzlichen Mindestlohn (SPD: 8,50 Euro pro Stunde, Linke: 10 Euro) oder nach einer Erhöhung des Spitzensteuersatzes (SPD: 49 Prozent, Linke: 53 Prozent).

Eine Zukunftsfrage mit größter Tragweite in Bezug auf das Wahlverhalten, das Parteiensystem und die Perspektiven des Regierens in Deutschland betrifft die Möglichkeit der Enttabuisierung einer rot-rot-grünen Koalition auf Bundesebene. Nach der Bundestagswahl 2009 hat der Urnengang von

2013 den Sozialdemokraten erneut vor Augen geführt, wie schwierig es ist, einen Wahlkampf mit einem Koalitionsszenario ohne plausible Mehrheitsperspektive zu führen. Die immer stärker auf „horse race"-Berichterstattung setzenden Nachrichtenmedien (Esser/Hemmer 2008: 296f.) trugen das Ihrige dazu bei. Die Linke signalisiert der SPD zwar inzwischen größere Offenheit für eine Zusammenarbeit auf Bundesebene, aber viele ihrer Vorstellungen, insbesondere in der Außenpolitik, könnten sich auch weiterhin als unüberwindbare Hürden erweisen. Zudem stößt diese Option in der Wählerschaft auf große Vorbehalte. Die CDU/CSU dürfte sich allerdings bei der nächsten Bundestagswahl mit einer ähnlich gelagerten strategischen Herausforderung konfrontiert sehen: Wie weiter ohne die FDP? Die AfD dient sich der Union bereits als neuer Partner an, doch niemand weiß, wie sich diese Partei im Jahr 2017 darstellen wird. Entsprechend zurückhaltend gehen die Christdemokraten mit diesen Avancen um. Die bislang auf Bundesebene noch nicht sehr ernsthaft ausgelotete und daher auch von den Wählern mehrheitlich nicht gut geheißene Möglichkeit einer schwarz-grünen Kooperation könnte vor diesem Hintergrund langfristig neues Interesse wecken.

Ein anderes, freilich eher unwahrscheinliches und aus demokratietheoretischer Sicht auch nicht wünschenswertes Langfristszenario ist eine neue Normalität großkoalitionären Regierens. Bei der Bundestagswahl 2013 hat das zunehmend bewegliche Stimmverhalten der Wähler den Parteien zum zweiten Mal innerhalb weniger Jahre schwierige Mehrheitsverhältnisse im Bundestag beschert, die keine Regierungsbildung im Sinne des hergebrachten Modells ideologisch einseitiger Zweiparteienkoalitionen zuließen. Christ- wie Sozialdemokraten einigten sich in dieser Situation auf eine Neuauflage der nur eine Legislaturperiode zuvor beendeten Großen Koalition. Die Fragmentierung des Parteiensystems führte also paradoxerweise zu einer *Konzentration* der politischen Macht. Der für die repräsentative Demokratie zentrale Konkurrenzmechanismus, in dem die Opposition als Regierung im Wartestand fungiert, wird bei Großen Koalitionen außer Kraft gesetzt. Den seit 2013 gemeinsam regierenden Großparteien steht nun sogar eine noch kleinere Opposition gegenüber als der vorherigen Großen Koalition von 2005 bis 2009. Linke und Grüne verfügen zusammen nur über ein Fünftel der Sitze im Bundestag. Die Regierungsparteien waren zwar bereit, die parlamentarischen Minderheitsrechte durch Änderung der Geschäftsordnung des Bundestages zu stärken. Aber das machtvollste Kontrollinstrument der parlamentarischen Opposition, die Möglichkeit der abstrakten Normenkontrollklage beim Bundesverfassungsgericht, bleibt den Oppositionsfraktionen aufgrund ihrer numerischen Schwäche verwehrt. Überdies gibt es innerhalb der Regierung diesmal eine stärkere Konzentration auf die Kanzlerpartei, die anders als 2005 an der Urne deutlich besser abgeschnitten hat als die SPD. Die Asymmetrie des Parteiensystems, d.h. der Stimmenüberhang der Union gegenüber der SPD, erreichte 2013 sogar ein Ausmaß wie zuletzt in den 1950er Jahren.

Allerdings sind Große Koalitionen keine Koalitionen wie andere. Ihnen haftet der Ruch der Notlösung an, zu der nur gegriffen wird, wenn es nicht anders geht. Mit ihnen verbindet sich dadurch zwangsläufig auch etwas Unaufrichtiges, denn es gehört zum eingeübten Kampagneninventar der Großparteien, während des Wahlkampfes stets abzuleugnen, dass die Möglichkeit einer Großen Koalition einen Platz in ihrem strategischen Kalkül einnimmt. Koalitionssignale in diesem Sinne werden weitestgehend vermieden. Legitimatorisch ist es deswegen prekär, nach der Wahl dann doch eine solche Zusammenarbeit einzugehen. Auch nach ihrem Zustandekommen präsentieren sich solche Kooperationen eigentlich miteinander konkurrierender Großparteien stets nur als Bündnisse auf Zeit, deren Fortsetzung keiner der Partner anstrebt (Egle/Zohlnhöfer 2010). In der Tat kostete der Schritt in die Große Koalition 2013 beide Parteien, insbesondere aber die SPD, einige Überwindung. Vollzogen wurde er erst nach den längsten Koalitionsverhandlungen aller Zeiten, deren Ergebnisse im umfangreichsten und detailliertesten Koalitionsvertrag aller Zeiten festgehalten wurden, der seinerseits erstmals in der Geschichte der SPD durch einen Mitgliederentscheid bestätigt werden musste.

Wenn man das institutionelle Gefüge der Bundesrepublik in den Blick nimmt, die aufgrund der für sie typischen föderalen Machtverflechtung als informeller „Staat der Großen Koalition" charakterisiert worden ist (Schmidt 2008), wird allerdings klar, dass der Großen Koalition bei der Bundestagswahl 2013 durchaus auch eine Notwendigkeit jenseits der an Bundestagsmehrheiten orientierten Parteienkombinatorik innewohnte. Die einzige während des Wahlkampfes noch realistisch erscheinende Alternative, die von Union und FDP angestrebte Fortsetzung der schwarz-gelben Zusammenarbeit, wäre im Falle ihrer Realisierung auf empfindliche Einschränkungen ihrer politischen Handlungsfähigkeit gestoßen, weil sie im Bundesrat nur auf wenige Stimmen hätte zählen können (nach der hessischen Landtagswahl, die zeitgleich mit der Bundestagswahl abgehalten wurde und in Wiesbaden eine schwarz-grüne Koalition etablierte, nur noch die zehn Stimmen Bayerns und Sachsens). Einfach „durchregieren" kann allerdings auch die Große Koalition nicht, dafür ist die politische Farbenpalette der Landesregierungen heute zu bunt. Derzeit (im Juli 2014), entfallen nur 23 der 69 Bundesratsstimmen auf Große Koalitionen oder Alleinregierungen der CDU, CSU oder SPD. Vom „Staat der Großen Koalition“ ausgehend scheint sich Deutschland inzwischen in Richtung eines „Staates übergroßer Koalitionen“ zu bewegen.

Literatur

Bannas, Günther 2013: Mit den Ideen der anderen, in: FAZ, 10.6.2013, 1.

Egle, Christoph/Zohlnhöfer, Reimut 2010: Die Große Koalition – eine „Koalition der neuen Möglichkeiten“?, in: Egle, Christoph/Zohlnhöfer, Reimut, Hg., Die zweite Große Koalition. Eine Bilanz der Regierung Merkel 2005–2009, Wiesbaden: VS, 11-25.

Esser, Frank/Hemmer, Katharina 2008: Characteristics and Dynamics of Election News Coverage Coverage in Germany, in: Strömback, Jesper/Kaid, Lynda Lee, Hg., The Handbook of Election News Coverage Around the World, New York: Routledge, 298-307.

Gabriel, Oscar W./Kornelius, Bernhard 2011: Die baden-württembergische Landtagswahl vom 27. März 2011: Zäsur und Zeitenwende?, in: Zeitschrift für Parlamentsfragen 42, 784-804.

Partheymüller, Julia/Schäfer, Anne 2013: Das Informationsverhalten der Bürger im Bundestagswahlkampf 2013, in: Media Perspektiven 12, 574-588.

Rattinger, Hans/Roßteutscher, Sigrid/Schmitt-Beck, Rüdiger/Weßels, Bernhard et al. 2011: Zwischen Langeweile und Extremen: Die Bundestagswahl 2009, Baden-Baden: Nomos.

Schmidt, Manfred G. 2008: Germany. The Grand Coalition State, in: Colomer, Josep M., Hg., Comparative European Politics, New York: Routledge, 58-93.

Schmitt-Beck, Rüdiger 2014: Euro-Kritik, Wirtschaftspessimismus und Einwanderungsskepsis: Hintergründe des Beinah-Wahlerfolges der Alternative für Deutschland (AfD) bei der Bundestagswahl 2013, in: Zeitschrift für Parlamentsfragen 45, 94-112.

Schubert, Thomas 2014: Politikfloskeln oder Bündnissignale? Koalitionsaussagen zwischen Wahlkampfstrategie und Bündnispolitik, in: Jesse, Eckhard/Sturm, Roland, Hg., Bilanz der Bundestagswahl 2013, Baden-Baden: Nomos, 75-93.

Seils, Christoph 2011: Parteiendämmerung. Oder: Was kommt nach den Volksparteien, Berlin: wjs-Verlag.

9. Anhänge

Jan Eric Blumenstiel und Sascha Huber

Anhang 1: Wahlverfahren

Bei der Wahl des Deutschen Bundestages sind Personen wahlberechtigt, welche die deutsche Staatsangehörigkeit besitzen und das 18. Lebensjahr vollendet haben. Jeder Wähler verfügt über zwei Stimmen. Die Erststimme wird für einen Direktkandidaten im Wahlkreis abgegeben. In jedem der 299 Wahlkreise der Bundesrepublik wird ein Direktmandat nach der einfachen Mehrheit der Erststimmen vergeben. Mit der Zweitstimme kann der Wähler für die Landesliste einer Partei stimmen. Die Zweistimmen sind letztlich ausschlaggebend für die Sitzverteilung der einzelnen Parteien im deutschen Bundestag.

Zur Bundestagswahl 2013 wurde das Bundestagswahlrecht grundlegend reformiert. Kritiker des bis dahin geltenden Wahlrechts bemängelten vor allem zwei Phänomene, die sich aus dem alten Wahlrecht ergeben konnten: Überhangmandate und das sogenannte negative Stimmengewicht. Überhangmandate entstanden im alten Wahlrecht immer dann, wenn eine Partei in einem Bundesland mehr Direktmandate gewann, als ihrer Landesliste in diesem Land auf Grundlage der Zweitstimmen eigentlich zustanden, denn diese Direktmandate wurden den betreffenden Parteien zusätzlich zugesprochen. Dadurch hätte es erstens passieren können, dass eine Partei oder eine Koalition keine Mehrheit der eigentlich maßgeblichen Zweitstimmen erzielt und dennoch durch die Überhangmandate eine Mehrheit der Sitze bekommt. Ein noch gravierenderes Problem war, dass es in Verbindung mit den Überhangmandaten zu der paradoxen Situation kommen konnte, dass eine Partei durch zusätzliche Stimmen einen Sitz verliert („negatives Stimmengewicht"). Dies wurde besonders bei der Bundestagswahl 2005 zum Politikum, als in Dresden aufgrund des Todes einer Direktkandidatin eine Nachwahl stattfinden musste. Den Wählern war damals bekannt, dass ein hohes Zweitstimmenergebnis für die CDU dazu geführt hätte, dass die Christdemokraten aufgrund der damaligen Verrechnung der Überhangmandate zwischen den Landeslisten einen Sitz im Bundestag verloren hätten, welcher ihrer Landesliste in einem anderen Bundesland zugeteilt worden war, im Falle eines Wahlerfolges in Dresden jedoch paradoxerweise aberkannt worden wäre. Dieses Wissen ermöglichte den Dresdner Wählern taktische Stimmabgaben und verschaffte ihnen somit einen Vorteil gegenüber allen anderen Wählern, die am regulären Wahltag in Unkenntnis des Ergebnisses und damit ohne die Möglichkeit, sich in ihrem Wahlverhalten darauf einzustellen, abstimmten (Behnke 2008). Nach einer Klage entschied das Bundesverfassungsgericht im Jahr 2008, dass die Möglichkeit eines „negativen Stimmgewichts" die Grundsätze der Gleichheit und Unmittelbarkeit der Wahl verletze. Deshalb wurde dem Gesetzgeber aufgetragen, das Wahlrecht zu überarbeiten und dabei die Möglichkeit des negativen Stimmengewichts zu beseitigen. Eine im Jahr 2011 von der damaligen Regierung aus CDU/CSU und FDP verabschiedete Reform des Wahlrechts wurde nach Verfassungsklagen der SPD und der Grünen sowie zahlreicher Bürger wieder am Bundesverfassungsgericht verhandelt. Das Gericht lehnte die Reform ab und beauftragte den Gesetzgeber erneut, das Wahlrecht zu ändern. Im Dezember 2012 einigten sich schließlich die Fraktionen der CDU/CSU, FDP, SPD und der Grünen auf ein neues Wahlsystem, das im Februar 2013 gegen die Stimmen der Linken im Bundestag verabschiedet wurde. Die Grundidee zur Lösung der beschriebenen Probleme im neuen Sitzverteilungsverfahren besteht darin, Überhangmandate nicht abzuschaffen, sondern sie durch zusätzliche Ausgleichsmandate für andere Parteien zu kompensieren. Dadurch steigt zwar die Zahl der Abgeordneten im Bundestag, aber die Sitzverteilung liegt näher am tatsächlichen Verhältnis der Zweitstimmen und wird nicht mehr durch Überhangmandate verzerrt (zur Entwicklung der Wahlrechtsreform siehe Grotz 2014; zur ersten Anwendung des reformierten Wahlrechts bei der Bundestagswahl 2013 siehe Behnke 2014).

Die Verteilung der Sitze im Deutschen Bundestag erfolgt in mehreren Schritten (für eine ausführlichere Darstellung siehe http://www.wahlrecht.de/bundestag/index.htm#wahlsystem-aktuell <31.7.2014>). Zunächst werden die regulären 598 Bundestagssitze rechnerisch gemäß der jeweiligen Einwohnerzahl auf die Bundesländer verteilt, es wird also für jedes Land ein Sitzkontingent berechnet. Anschließend werden die Sitze in jedem Land nach dem Verhältnis ihrer Zweitstimmen vorläufig auf die Parteien verteilt. Dabei werden allerdings nur diejenigen Parteien berücksichtigt, die bundesweit mindestens fünf Prozent der Zweitstimmen erzielt oder mindestens drei Direktmandate gewonnen haben („Grundmandatsklausel"). Als mathematisches Verrechnungsverfahren für die Umwandlung von Stimmen in Sitze gilt seit der Bundestagswahl 2009 das Divisorverfahren mit Standardrundung (Sainte-Laguë; für eine detaillierte Erläuterung siehe www.bunde

swahlleiter.de/de/glossar/texte/Saint_Lague_Schepers.html <31.7.2014>). Sofern eine Partei in einem Land mehr Direktmandate gewonnen hat, als ihr nach dieser Rechnung zustehen, werden ihr diese Sitze als Überhangmandate zusätzlich zugeteilt. Bei der Wahl 2013 war das in Brandenburg, im Saarland, in Sachsen-Anhalt und in Thüringen der Fall, wo die CDU jeweils ein Direktmandat mehr gewonnen hat, als sie gemäß der Verteilung des Ländersitzkontingents auf die Parteien erwarten durfte. Die so ermittelten Sitze werden für jede Partei über alle Bundesländer zusammengezählt. Daraus ergibt sich für jede Partei eine sog. „Mindestsitzzahl", die sie mindestens beanspruchen durfte.

Für die folgende endgültige Verteilung der Sitze werden die im Bundestag regulär vorgesehenen 598 gemäß ihrer bundesweiten Zweitstimmen auf die im Bundestag vertretenen Parteien verteilt. Dabei kann es passieren, dass eine Partei nach dieser bundesweiten Verhältnisrechnung weniger Sitze bekommen würde, als ihr nach der zuvor durch Summierung der Länderkontingente der Parteien ermittelten Mindestsitzzahl zustehen. Bei der Bundestagswahl 2013 war das bei der CSU der Fall, die nach ihrem Zweitstimmenanteil nur 53 Sitze erwarten durfte, für die aber eine Mindestsitzzahl von 56 errechnet wurde. Auch den Grünen und der SPD fehlte nach dieser Rechnung jeweils ein Sitz im Vergleich zu ihrer Mindestsitzzahl. Um diese Abweichungen zu kompensieren, werden Ausgleichsmandate vergeben. Diese orientieren sich an der Partei, bei der das größte Missverhältnis aus Verhältnisrechnung und Mindestsitzzahl besteht. Dies war 2013 also die CSU. Deshalb erhielten die anderen im Bundestag vertreten Parteien zusätzliche Ausgleichsmandate (die CDU 13, die SPD neun, die Linke vier und die Grünen zwei; siehe Behnke 2014). Dadurch vergrößerte sich der Bundestag auf 631 Sitze, es wird aber gewährleistet, dass jede Partei ihre Mindestsitzzahl erhält und gleichzeitig die Sitzverteilung (von Rundungsfehlern abgesehen) genau dem Verhältnis der Zweitstimmen entspricht.

Anhang 2: Wahlergebnis, repräsentative Wahlstatistik, Stimmensplitting

Tabelle 1: Wahlergebnis der Bundestagswahl 2013 – Erst- und Zweistimmen

	Erststimmen			Zweitstimmen		
	2013		2009	2013		2009
	Anzahl	%	%	Anzahl	%	%
Wahlberechtigte	61.946.900	-	-	61.946.900	-	-
Wähler	44.309.925	71,5	70,8	44.309.925	71,5	70,8
Gültige Stimmen	43.625.042	98,5	98,3	43.726.856	98,7	98,6
CDU	16.233.642	37,2	32,0	14.921.877	34,1	27,3
CSU	3.544.079	8,1	7,4	3.243.569	7,4	6,5
SPD	12.843.458	29,4	27,9	11.252.215	25,7	23,0
FDP	1.028.645	2,4	9,4	2.083.533	4,8	14,6
Grüne	3.180.299	7,3	9,2	3.694.057	8,4	10,7
Die Linke	3.585.178	8,2	11,1	3.755.699	8,6	11,9
AfD	810.915	1,9	-	2.056.985	4,7	-
Sonstige	2.398.826	5,5	3,0	2.718.921	6,2	6,0

Quelle: Bundeswahlleiter.

Tabelle 2: Wahlbeteiligung der Männer und Frauen nach Altersgruppen und Ost/West bei der Bundestagswahl 2013

Alter	Gesamt	Ost	West	Frauen	Männer
18-20 Jahre	64,2	58,4	64,9	64,1	64,4
21-24 Jahre	60,3	55,0	61,3	60,7	59,9
25-29 Jahre	62,4	58,5	63,3	63,3	61,4
30-34 Jahre	65,5	61,9	66,4	66,6	64,5
35-39 Jahre	68,7	65,7	69,4	69,6	67,8
40-44 Jahre	72,4	69,4	73,0	73,7	71,1
45-49 Jahre	74,7	70,0	75,6	75,4	73,9
50-59 Jahre	75,5	70,8	76,7	75,8	75,2
60-69 Jahre	79,8	75,3	80,9	79,7	79,9
Ab 70 Jahre	74,8	68,9	76,3	71,3	79,9
Insgesamt	72,4	68,1	73,4	72,1	72,7

Quelle: Bundeswahlleiter, Repräsentative Wahlstatistik. Angaben in Prozent.
Ost: Neue Länder und Berlin-Ost.West: Früheres Bundesgebiet und Berlin-West.

Tabelle 3: Zweitstimmen der Männer und Frauen nach dem Alter bei der Bundestagswahl 2013

	CDU/ CSU		SPD		FDP		Grüne		Die Linke		AfD	
Alter	F	M	F	M	F	M	F	M	F	M	F	M
18-24	33,7	29,7	23,8	25,2	4,0	5,7	15,3	8,7	7,5	7,3	3,9	6,7
25-34	38,7	34,4	21,8	22,1	4,1	5,4	12,8	8,6	8,5	8,7	4,2	6,7
35-44	42,6	38,4	21,4	22,1	4,1	5,6	12,9	9,5	7,8	8,3	4,1	6,9
45-59	40,1	36,4	25,3	27,2	3,7	5,0	11,8	9,0	9,4	10,1	4,3	6,4
Ab 60	50,9	43,6	27,2	29,7	4,4	5,7	4,9	4,2	7,5	9,4	2,8	4,7
Gesamt	44,3	38,6	25,0	26,6	4,1	5,5	9,6	7,3	8,1	9,1	3,6	5,9

Quelle: Bundeswahlleiter, Repräsentative Wahlstatistik.
Angaben in Prozent.
F: Frauen, M: Männer.

Tabelle 4: Kombination der Erst- und Zweitstimmen bei der Bundestagswahl 2013

	Erststimme					
Zweitstimme	CDU/ CSU	SPD	FDP	Grüne	Die Linke	AfD
CDU/CSU	91,1	3,4	1,4	1,4	0,7	0,3
SPD	5,4	84,1	0,5	5,1	2,7	0,3
FDP	63,1	5,4	27,4	1,2	0,6	0,5
Grüne	7,8	34,4	0,6	51,4	3,2	0,2
Die Linke	6,0	15,7	0,4	4,7	69,2	0,5
AfD	22,6	13,9	2,6	2,9	9,0	30,0

Quelle: Bundeswahlleiter, Repräsentative Wahlstatistik.
Angaben in Zeilenprozenten. Lesehilfe: Von 100 Wählern, die mit der Zweitstimme CDU/CSU gewählt haben, entschieden sich beispielsweise 91,1 mit der Erststimme ebenfalls für den Wahlkreiskandidaten/die Wahlkreiskandidatin der Union, 3,4 für den- bzw. diejenige der SPD usw. Abweichungen der Zeilensummen von 100: Sonstige Parteien.

Anhang 3: Datensätze

Die Grundlage der in diesem Buch präsentierten Analysen bilden Datensätze unterschiedlicher Komponenten der German Longitudinal Election Study (GLES), die anlässlich der Bundestagswahl 2013 erhoben wurden. Alle verwendeten Datensätze sind über GESIS frei verfügbar (http://www.gesis.or g/wahlen/gles/ <31.7.2014>).

GLES-Vor- und Nachwahl-Querschnittsbefragung 2013 (ZA5702)

Insgesamt wurden 3.911 zufällig ausgewählte wahlberechtigte Bürger befragt, davon 2.003 Personen für die Vorwahlbefragung in der Zeit vom 29. Juli bis 21. September 2013 und 1.908 Personen für die Nachwahlbefragung in der Zeit vom 23. September bis 23. Dezember 2013. Die Befragungen wurden von ausgebildeten Interviewern in den Wohnungen der Befragten in Form computergestützter persönlich-mündlicher („face-to-face“) Interviews durchgeführt. Um eine ausreichend hohe Zahl ostdeutscher Befragter z.B. für getrennte Ost-West-Analysen zu gewährleisten, wurden überproportional viele Ostdeutsche interviewt. Von den 3.911 Befragten stammen rund 56% (2.199) aus West- und rund 44 % (1.712) aus Ostdeutschland. Für die Analysen wurde ein gemeinsamer Datensatz mit allen Befragten aus den Vor- und Nachwahl-Erhebungen erstellt. Die meisten Analysen in diesem Buch (insbesondere in Kapitel 6) verwenden diese Kumulation aus Vorwahl- und Nachwahldaten. Einige Analysen beschränken sich auch auf die Daten aus der Vorwahlbefragung (ZA5700) oder der Nachwahlbefragung (ZA5701). Bei den Analysen wurden die Daten mit einem Repräsentativgewicht gewichtet, das die disproportionale Stichprobenziehung bezüglich Ost- und Westdeutschland ausgleicht und zufällige Abweichungen zwischen Stichprobe und Grundgesamtheit hinsichtlich Alter, Geschlecht und Bildungsabschluss korrigiert (für eine umfassende Übersicht zum Thema Gewichtung von Umfragedaten siehe Gabler et al. 1994).

GLES-Rolling Cross Section-Wahlkampfstudie 2013 (ZA5703)

In dieser Komponente wurden in der Zeit vom 8. Juli bis zum 21. September 2013 insgesamt 7.882 zufällig ausgewählte Personen in telefonischen Interviews befragt, von denen 5.353 nach der Wahl noch ein zweites Mal interviewt wurden (vom 23. September bis zum 3. November). Die Besonderheit dieser Studie besteht darin, dass während der 76-tägigen Feldzeit der Vorwahlbefragung jeden Tag durchschnittlich 104 Befragte interviewt wurden. Die Durchführung wurde so organisiert, dass nicht nur die gesamte Stichprobe, sondern auch die Sub-Stichproben, die für jeden Tag des Wahlkampfs zur Verfügung stehen, Zufallsstichproben aus der Grundgesamtheit der wahlberechtigten Bürger darstellen. Dieses Design erlaubt die Analyse von Veränderungen der Einstellungen und Meinungen der Wählerschaft während des Wahlkampfs. Für die in diesem Band dargestellten Analysen wurden Repräsentativgewichte verwendet.

GLES-Wahlkampfpanel 2013 (ZA5704)

Das Wahlkampfpanel 2013 ist eine Wiederholungsbefragung mit insgesamt sieben Wellen, welche während des Wahlkampfes zur Bundestagswahl und danach durchgeführt wurde. Dabei handelte es sich um eine Online-Befragung, die auf Teilnehmer eines Online-Access-Panels zurückgriff. Die Befragten wurden also nicht mit Hilfe einer Zufallsstichprobe aller Wahlberechtigten ausgewählt und sind für diese deswegen nicht repräsentativ. Stattdessen wurden Mitglieder des Online-Access-Panels Respondi mit Hilfe vorgegebener Quoten bezüglich Alter, Geschlecht und Bildung ausgewählt. Insgesamt nahmen 5.256 Personen an der Studie teil, von denen 4.226 neu rekrutiert wurden und 1.030 bereits am Wahlkampfpanel 2009 teilgenommen hatten und wieder eingeladen wurden. In der Zeit vom 20. Juni bis zum 4. Oktober wurden die Teilnehmer in sechs Vor- und einer Nachwahlwelle befragt. 4.423 Befragte haben an mindestens vier Panelwellen teilgenommen und 3.487 Befragte an allen sieben Wellen. Mit den Daten des Wahlkampfpanels lassen sich insbesondere Veränderungen politischer Einstellungen und politischen Verhaltens auf der Ebene einzelner Wähler untersuchen. Auch bei Analysen mit diesem Datensatz wurden entsprechende Repräsentativgewichte verwendet.

GLES-Kandidaten-Studie 2013 (ZA5716)

Bei der Kandidatenstudie 2013 wurden die Wahlkreis- und Listenkandidaten von CDU, CSU, SPD, Die Grünen, FDP, Die Linke und AfD postalisch bzw. mit Hilfe eines personalisierten Online-Fragebogens befragt. Die Erhebung fand nach der Bundestagswahl von Oktober bis Dezember 2013 statt. Von den insgesamt 2.776 kontaktierten Kandidaten haben 1.304 Personen den Fragebogen ausreichend detailliert beantwortet (Ausschöpfungsquote 41 Prozent). Diese 1.304 Kandidaten sind Grundlage des Datensatzes. Von diesen 1.304 Kandidaten haben 232 ein Mandat bei der Bundestagswahl

2013 errungen. Bei den Analysen dieser Studie in Kapitel 3.2 wurden Gewichte verwendet, um die realisierte Stichprobe möglichst gut an die Grundgesamtheit aller Kandidaten bei der Bundestagswahl anzupassen.

GLES-Langfristpanel 2005-2009-2013 (ZA5321), 2009-2013-2017 (ZA5322)

Das Langfristpanel der GLES besteht aus einer Reihe langfristiger Wiederholungsbefragungen mit jeweils drei Hauptwellen zu drei aufeinanderfolgenden Bundestagswahlen. Dazu wurden die Befragten der repräsentativen Vor- und Nachwahl-Querschnittsbefragung am Ende des Interviews nach ihrer Bereitschaft gefragt, auch zu den kommenden Bundestagswahlen befragt zu werden. Der Vorteil dieser Studienkomponente liegt vor allem darin, dass politische Einstellungen und Verhaltensweisen im langfristigen zeitlichen Verlauf auf individueller Ebene analysiert werden können. Für die Analysen in Kapitel 5.2 wurden zwei Panelstudien verwendet. Das *Langfristpanel 2005-2009-2013 (ZA5321)* basierte auf der Querschnittsbefragung 2005, an der 2.540 Personen teilnahmen. Davon waren 1.526 (60,1 Prozent) bereit, an der Wiederholungsbefragung teilzunehmen. Tatsächlich befragt werden konnten davon 667 Personen im Jahr 2009 und 491 Personen im Jahr 2013, dabei nahmen 396 Personen an allen drei Wellen teil. Das *Langfristpanel 2009-2013-2017 (ZA5322)* führt die Querschnittsbefragung 2009 fort. An dieser nahmen 4.288 Personen teil, davon erklärten sich 2.699 (63 Prozent) wiederbefragungsbereit. An der Befragung 2013 nahmen davon 774 Personen teil.

GLES-Langfrist-Online-Trackings (ZA5341 – ZA5351; ZA5719 – ZA5721)

In dieser Komponente der GLES werden seit 2009 in der Regel vierteljährlich die politischen Einstellungen der Wähler erfasst. Dabei handelt es sich um einzelne Querschnittsbefragungen mit jeweils circa 1.000 Befragten. Die Tracking-Studien werden online erhoben und rekrutieren sich aus einem Online-Access-Panel. Sie basieren also nicht auf Zufallsstichproben aller Wahlberechtigten in Deutschland und sind für diese deswegen nicht repräsentativ. Stattdessen wird versucht, durch Quotierungen der Befragten und Verwendung von Gewichtungen bei Analysen eine möglichst große Bandbreite der Bevölkerung entsprechend der realen Anteile abzudecken. Ziel des Langfrist-Online-Trackings ist die Darstellung von Veränderungen der politischen Einstellungen zwischen einzelnen Bundestagswahlen.

GLES-Themen- und Ereignisanalyse 2013 (ZA5323)

Diese Komponente dient der langfristigen Aufzeichnung von Themenkonjunkturen, mit deren Hilfe der Einfluss politisch relevanter Ereignisse auf die Veränderung politischer Einstellungsmuster untersucht werden soll. Dazu wurden, im Zeitraum vom 5. Oktober 2009 bis zum 5. Dezember 2013, Artikel aus Zeitungen und Zeitschriften mittels einer diktionärsbasierten, computerunterstützten Inhaltsanalyse untersucht. Untersucht wurde dabei eine Stichprobe von Artikeln aus den wöchentlich erscheinenden Politmagazinen Spiegel und Focus sowie ausgewählten regionalen und überregionalen Tageszeitungen.

Anhang 4: Methodische Hinweise

1. Statistische Signifikanz

Bei den in diesem Buch präsentierten Analysen wird häufig der Begriff der „statistischen Signifikanz“ verwendet (siehe dazu z.B. Bortz 2005: Kapitel 4). Dieser Begriff hat in der empirischen Sozialforschung eine zentrale Bedeutung, weil er Aufschluss darüber gibt, ob ein in der analysierten Stichprobe gefundenes Ergebnis auf die Grundgesamtheit (im vorliegenden Buch die wahlberechtigte Bevölkerung) übertragen werden kann oder ob dieses auf die zufällige Stichprobenzusammensetzung zurückzuführen ist.

Ausgangspunkt jeder empirischen Analyse ist eine Vermutung über einen Zusammenhang oder einen Unterschied, die sogenannte Alternativhypothese. Diese wird anhand der Daten aus der Stichprobe gegen die Nullhypothese getestet, welche immer die Existenz des in der Alternativhypothese unterstellten Zusammenhangs oder Unterschieds verneint. Theoretisch können bei der anschließenden Interpretation des Ergebnisses vier Situationen eintreten, von denen zwei problematisch sind (Tabelle 5).

Tabelle 5: Mögliche Entscheidungen bei der Ergebnisinterpretation

Entscheidung aufgrund der Stichprobe für die	Richtig in der Grundgesamtheit ist die	
	Nullhypothese	Alternativhypothese
Nullhypothese	Richtige Entscheidung	β-Fehler
Alternativhypothese	α-Fehler	Richtige Entscheidung

Signifikanzaussagen bezeichnen die Wahrscheinlichkeit eines α-Fehlers (auch Irrtumswahrscheinlichkeit genannt), d.h. einen in der Stichprobe gefundenen Zusammenhang oder Unterschied fälschlicherweise auch für die Grundgesamtheit anzunehmen. Das Risiko eines β-Fehlers wird dagegen meist ohne weitere Spezifikation in Kauf genommen, u.a. weil die Berechnung der entsprechenden Wahrscheinlichkeit nicht immer möglich ist und weil dieser Fehler „statistisch konservativ“ dazu führt, die Alternativhypothese aufgrund der Stichprobenergebnisse zu verwerfen. Gängige Konvention ist es, bei einer Irrtumswahrscheinlichkeit von höchstens fünf Prozent von einem signifikanten Ergebnis zu sprechen. In vielen Fällen, so auch in diesem Buch, werden neben diesem zwei weitere Signifikanzniveaus unterschieden, nämlich für Irrtumswahrscheinlichkeiten von höchstens einem und höchstens 0,1 Prozent. Diese Signifikanzniveaus sind in den Tabellen und Abbildungen zu den Kapiteln dieses Buches durch hochgestellte Buchstaben hinter der entsprechenden Zahl wie folgt ausgewiesen: a: p <0,05; b: p <0,01; c: p <0,001.

2. Logistische Regressionen und die Darstellung der Effekte und Modellgüte

Der Großteil der in diesem Buch präsentierten statistischen Modelle befasst sich mit den Wahlentscheidungen der Bürger. In diesen Modellen wird die Wahl vereinfacht als Entscheidung für oder gegen eine bestimmte Partei konzipiert. Das Ziel der Analysen besteht darin, zu ermitteln, welche Faktoren sich in welcher Weise (mit welcher Stärke und in welcher Richtung) darauf auswirken, ob Wähler für diese Partei oder aber für eine der konkurrierenden Parteien stimmen. Entsprechend wurden für jede der Parteien Einzelmodelle berechnet, in denen die Wahl dieser Partei als Ereignis aufgefasst werden kann, das entweder eintritt oder nicht. Numerisch kann dieses Ereignis dann nur zwei Werte annehmen: 0, wenn ein Wähler eine Partei nicht wählt, und 1, wenn er sie wählt.

Für eine solche zweistufige abhängige Variable bietet sich das Verfahren der logistischen Regression an (siehe z.B. Backhaus et al. 2006: 425ff.). Die S-förmige logistische Funktion bildet – anders als eine Gerade, wie sie etwa bei einer linearen Regression berechnet würde – ein zweistufiges 0/1-Merkmal gut ab und nähert sich, abgesehen von einem schmalen Zwischenbereich, immer einem der beiden wahren Werte null oder eins an. Auch bei sehr kleinen oder sehr großen Werten der erklärenden Variablen nimmt die logistische Funktion nie Werte kleiner als null oder größer als eins an. Der Verlauf der logistischen Funktion kann als Wahrscheinlichkeit für das Eintreten des interessierenden Ereignisses interpretiert werden.

Ziel der logistischen Regression ist aber nicht nur, die Wahrscheinlichkeit zu schätzen, mit der das interessierende Ereignis eintritt. Zusätzlich wird ermittelt, wie stark und in welcher Richtung (positiv oder negativ) die erklärenden Merkmale (z.B. die Einstellungen zu den Kandidaten oder die Parteiidentifikation) diese Wahrscheinlichkeit beeinflussen. Dazu könnten verschiedene Maße verwendet werden. In den Analysen dieses Buches ist für jede einzelne Erklärungsgröße angegeben, wie stark sie die Wahrscheinlichkeit für die Wahlentscheidung zugunsten einer bestimmten Partei verändert, wenn alle anderen erklärenden Merkmale konstant gehalten werden (siehe z.B. Long/Freese 2006).

Am Beispiel der hier nochmals abgedruckten Tabelle 3 aus Kapitel 6.6 kann dieses Vorgehen einfach erläutert werden. Um den Einfluss der Leistungsbeurteilung der CDU/CSU auf die Wahlabsicht für die Union zu schätzen, wird zunächst die Kontrollvariable Parteiidentifikation auf den Mittelwert über alle Befragten gesetzt (dieser entspricht dem mit 100 multiplizierten Anteil der Befragten mit einer Identifikation für die Union). Anschließend werden anhand der Regressionsgleichung die Wahrscheinlichkeit der Wahl der CDU/CSU berechnet, und zwar einerseits für die mit der Leistung der Union *vollständig unzufriedenen* Wähler und andererseits für die mit der Leistung der Union *voll und ganz zufriedenen* Wähler. Das entspricht der höchsten und der tiefsten Ausprägung, welche die Variable „Leistung der Partei" annehmen kann.

Tabelle 6: Einflüsse der Bewertung der Leistung der Parteien auf das Wahlverhalten

	CDU/ CSU	SPD	FDP	Grüne	Die Linke
Leistung der jeweiligen Partei	$+67^c$	$+30^c$	$+31^c$	$+40^c$	$+49^c$
Parteiidentifikation	$+63^c$	$+64^c$	$+18^c$	$+44^c$	$+51^c$
Nagelkerke R^2	0,67	0,53	0,32	0,48	0,60
N	2782	2782	2782	2782	2782

Quelle: GLES-Vor- und Nachwahl-Querschnittsbefragung 2013 (ZA5702).
a: p<0,05; b: p<0,01; c: p<0,001

Die Differenz dieser beiden Wahrscheinlichkeiten ist in den Tabellen als Wahrscheinlichkeitsänderung ausgewiesen. Im hier ausgewählten Beispiel erhöht also die maximal mögliche Veränderung der Leistungseinstufung der Union von der negativsten zur positivsten Einschätzung die Wahrscheinlichkeit, diese Partei zu wählen, um 67 Prozentpunkte. Ein Befragter, der mit den Leistungen der FDP voll und ganz zufrieden ist, hat eine um 31 Prozentpunkte höhere Wahrscheinlichkeit, diese Partei zu wählen, als ein mit den Leistungen der Liberalen vollständig unzufriedener Befragter. Durch die multivariate Modellierung, bei der stets mehrere Erklärungsfaktoren gleichzeitig betrachtet werden (im Regelfall ist zumindest die Parteiidentifikation als sogenannte Kontrollvariable in den Modellen enthalten), können diese Effekte eindeutig als eigenständige, um überlappende Effekte der anderen Erklärungsfaktoren im jeweiligen Modell bereinigte Wirkungen interpretiert werden. So sind beispielsweise die in der oben abgebildeten Tabelle ausgewiesenen Effekte der Leistungsbeurteilungen der Parteien auf das Wahlverhalten um den Zusammenhang dieser Leistungsbewertungen mit den Parteibindungen der Wähler (aufgrund derer diese dazu neigen, ihrer eigenen Partei eine größere Leistungsfähigkeit als den anderen Parteien zuzuschreiben) bereinigt.

Zu bedenken ist dabei immer, dass die Sockelwahrscheinlichkeit, die verschiedenen Parteien zu wählen, natürlich variiert – sie reflektiert die unterschiedliche Größe der Parteien. So war bei der Bundestagswahl 2013 die Grundwahrscheinlichkeit von Wählern, für die CDU/CSU zu stimmen, deutlich höher als jene, für die FDP zu stimmen. Gleichzeitig variieren natürlich auch die Werte der erklärenden Variablen. So waren beispielsweise die Wähler deutlich zufriedener mit der Leistung der Union als mit der Leistung der FDP. Es ist also sehr vorteilhaft für eine Partei, wenn ein Faktor, dessen Werte in der Wählerschaft für sie sehr günstig ausfallen (z.B. eine mehrheitlich positive Leistungsbeurteilung wie im Fall der CDU/CSU), auch einen großen Einfluss auf Wahlentscheidungen ausübt, wie das ausweislich der Tabelle der Fall gewesen ist. Sie wird dann viele Stimmen gewinnen. Erweist sich hingegen ein Faktor als einflussstark, dessen Werte für die betreffende Partei insgesamt sehr negativ ausfallen (z.B. mehrheitlich schlechte Leistungsbeurteilungen wie bei der FDP), so ist das für diese äußerst ungünstig, denn viele Wähler werden ihr dann ihre Stimme gerade nicht geben. Möglich ist aber auch, dass mehrheitlich positive oder negative Urteile der Wählerschaft über bestimmte, mit einer Partei zusammenhängende Aspekte für deren Abschneiden bedeutungslos bleiben, weil sie von den Wählern nicht in Betracht gezogen werden, wenn sie ihre Entscheidungen treffen. Das drückt sich in schwachen oder gar statistisch insignifikanten Effekten in den Tabellen aus.

Um vergleichen zu können, wie gut die einzelnen Modelle und damit die in ihnen enthaltenen Erklärungsfaktoren die Wahlentscheidung erklären können, ist in den Tabellen jeweils auch der Wert für das statistische Gütemaß Nagelkerke R^2 angegeben. Dieses Maß kann theoretisch Werte zwischen null und eins annehmen, wobei null eine sehr schlechte und eins eine sehr gute Erklärungskraft bedeutet. Nagelkerke R^2 ist in etwa vergleichbar mit dem Bestimmtheitsmaß R^2 der linearen Regressionsanalyse, welches angibt, wie viel Prozent der Unterschiede zwischen den Befragten hinsichtlich des zu erklärenden Merkmals auf Unterschiede in den erklärenden Merkmalen zurückzuführen sind.

3. Moving Averages bei Analysen mit Daten der Rolling Cross Section-Wahlkampfstudie

Die in Kapitel 3.4 und 6.3 dargestellten Zeitverläufe basieren auf Daten der *Rolling-Cross-Section-Wahlkampfstudie 2013*. Wie beschrieben wurden im Rahmen dieser Studie an jedem einzelnen Tag während des Wahlkampfs durchschnittlich 104 Wahlberechtigte zufällig ausgewählt und befragt. Wegen der geringen täglichen Fallzahlen sind die Daten allerdings mit einem relativ großen Zufallsfehler behaftet, so dass die Mittelwerte von Tag zu Tag stark schwanken können. Um diesen zufallsbedingten Schwankungen entgegenzuwirken, wurden bei den präsentierten Analysen zur Datenglättung gleitende Durchschnitte („moving averages") über mehrere Erhebungstage hinweg gebildet. Dazu wurde jeweils der Durchschnittswert der zurückliegenden sieben Tage errechnet und graphisch dargestellt. Die ersten drei Erhebungstage wurden stets aus der Analyse ausgeschlossen, weil die in der Anlaufphase gewonnenen Interviews noch nicht das richtige Mischungsverhältnis aus leicht und schwer erreichbaren Befragungspersonen aufweisen, um als repräsentativ für die Wählerschaft gelten zu können.

Literatur

Backhaus, Klaus/Erichson, Bernd/Plinke, Wulff/Weber, Rolf 2006: Multivariate Analysemethoden: Eine anwendungsorientierte Einführung, 11. Auflage, Berlin/Heidelberg: Springer.

Behnke, Joachim 2008: Strategisches Wählen bei der Nachwahl in Dresden zur Bundestagswahl 2005, in: Politische Vierteljahresschrift 49, 695-720.

Behnke, Joachim 2014: Das neue Wahlgesetz im Test der Bundestagswahl 2013, in: Zeitschrift für Parlamentsfragen 45, 17-37.

Bortz, Jürgen 2005: Statistik für Human- und Sozialwissenschaftler, 6. Auflage, Heidelberg: Springer Medizin Verlag.

Gabler, Siegfried/Hoffmeyer-Zlotnik, Jürgen H.P./Krebs, Dagmar, Hg., 1994: Gewichtung in der Umfragepraxis, Wiesbaden: Westdeutscher Verlag.

Grotz, Florian 2014: Happy End oder endloses Drama? Die Reform des Bundestagswahlsystems, in: Jesse, Eckhard/Sturm, Roland, Hg., Bilanz der Bundestagswahl 2013, Baden-Baden: Nomos, 113-140.

Long, J. Scott/Freese, Jeremy 2006: Regression Models for Categorical Dependent Variables Using Stata, 2. Auflage, College Station: Stata Press.

10. Die Autoren

Dr. Ina Bieber ist Projektmitarbeiterin der „German Longitudinal Election Study – GLES" an der Johann Wolfgang Goethe-Universität Frankfurt am Main.

Dr. Manuela S. Blumenberg ist wissenschaftliche Mitarbeiterin der Abteilung „Dauerbeobachtung der Gesellschaft" der GESIS – Leibniz-Institut für Sozialwissenschaften Mannheim.

Dipl.-Pol.wiss. Jan Eric Blumenstiel ist wissenschaftlicher Mitarbeiter am Lehrstuhl für Vergleichende Politische Verhaltensforschung der Universität Mannheim.

Prof. Dr. Thorsten Faas ist Professor für Empirische Politikforschung am Institut für Politikwissenschaft der Johannes Gutenberg-Universität Mainz.

André Förster, M.Sc., ist wissenschaftlicher Mitarbeiter der Abteilung „Datenarchiv für Sozialwissenschaft" der GESIS – Leibniz-Institut für Sozialwissenschaften Köln.

Heiko Giebler, M.A., ist wissenschaftlicher Mitarbeiter der Abteilung „Demokratie: Strukturen, Leistungsprofil und Herausforderungen" im Projekt „German Longitudinal Election Study – GLES" am Wissenschaftszentrum Berlin für Sozialforschung (WZB).

Isabella Glogger, M.A., ist wissenschaftliche Mitarbeiterin am Institut für Kommunikationspsychologie und Medienpädagogik der Universität Koblenz-Landau.

Dipl.-Soz.wiss. Tobias Gummer ist wissenschaftlicher Mitarbeiter der Abteilung „Dauerbeobachtung der Gesellschaft" der GESIS – Leibniz-Institut für Sozialwissenschaften Mannheim.

Dr. Sascha Huber ist akademischer Rat am Lehrstuhl für Politische Wissenschaft I – Politische Soziologie der Universität Mannheim.

Mona Krewel, M.A., ist wissenschaftliche Mitarbeiterin am Lehrstuhl für Politische Wissenschaft I – Politische Soziologie der Universität Mannheim.

Dipl-Soz.wiss. Patrick Lamers ist wissenschaftlicher Mitarbeiter am Fachbereich Gesellschaftswissenschaften des Instituts für Soziologie der Johann Wolfgang Goethe-Universität Frankfurt am Main.

Prof. Dr. Jürgen Maier ist Professor für Politische Kommunikation der Universität Koblenz-Landau.

Dipl.-Pol.wiss. Julia Partheymüller ist Projektmitarbeiterin der „German Longitudinal Election Study – GLES" am Mannheimer Zentrum für Europäische Sozialforschung (MZES) der Universität Mannheim.

Dr. Thomas Plischke ist wissenschaftlicher Mitarbeiter am Lehrstuhl für Vergleichende Politische Verhaltensforschung der Universität Mannheim.

Prof. Dr. Hans Rattinger ist Inhaber des Lehrstuhls für Vergleichende Politische Verhaltensforschung der Universität Mannheim.

Joss Roßmann, M.A., ist wissenschaftlicher Mitarbeiter der Abteilung „Datenarchiv für Sozialwissenschaft" der GESIS – Leibniz-Institut für Sozialwissenschaften Mannheim.

Prof. Dr. Sigrid Roßteutscher ist Professorin für Soziologie mit dem Schwerpunkt sozialer Konflikt und sozialer Wandel am Institut für Politik- und Gesellschaftsanalyse der Johann Wolfgang Goethe-Universität Frankfurt am Main.

Anne Schäfer, M.A., ist Projektmitarbeiterin der „German Longitudinal Election Study – GLES am Mannheimer Zentrum für Europäische Sozialforschung (MZES) der Universität Mannheim.

Prof. Dr. Rüdiger Schmitt-Beck ist Inhaber des Lehrstuhls für Politische Wissenschaft I – Politische Soziologie der Universität Mannheim.

Dipl.-Soz.wiss. Philipp Scherer ist Projektmitarbeiter der „German Longitudinal Election Study – GLES" an der Johann Wolfgang Goethe-Universität Frankfurt am Main.

Dr. Markus Steinbrecher ist Akademischer Rat am Lehrstuhl für Vergleichende Politische Verhaltensforschung der Universität Mannheim.

Dr. Aiko Wagner ist wissenschaftlicher Mitarbeiter der Abteilung „Demokratie: Strukturen, Leistungsprofil und Herausforderungen" im Projekt „German Longitudinal Election Study – GLES" am Wissenschaftszentrum Berlin für Sozialforschung (WZB).

Prof. Dr. Bernhard Weßels ist Senior Research Fellow und stellvertretender Direktor der Abteilung „Demokratie: Strukturen, Leistungsprofil und Herausforderungen" am Wissenschaftszentrum Berlin für Sozialforschung (WZB) und Privatdozent am Institut für Sozialwissenschaften, Philosophische Fakultät III, an der Humboldt-Universität zu Berlin.

Elena Wiegand, M.A., ist Projektmitarbeiterin der „German Longitudinal Election Study – GLES" am Mannheimer Zentrum für Europäische Sozialforschung (MZES) der Universität Mannheim.

Prof. Dr. Christof Wolf ist wissenschaftlicher Leiter der Abteilung „Dauerbeobachtung der Gesellschaft" und stellvertretender Direktor der GESIS – Leibniz-Institut für Sozialwissenschaften und Professor für Soziologie an der Universität Mannheim.

FSC
www.fsc.org
MIX
Papier | Fördert
gute Waldnutzung
FSC® C083411

Zeitfracht Medien GmbH
Ferdinand-Jühlke-Straße 7
99095 Erfurt, Deutschland
produktsicherheit@kolibri360.de